U0099312

滄海叢刊

盧溝橋事變

李雲漢　著

1987

東大圖書公司印行

© 盧溝橋事變

作者　李雲漢
發行人　劉仲文
出版者　東大圖書股份有限公司
總經銷　三民書局股份有限公司
印刷所　東大圖書股份有限公司
地址／臺北市重慶南路一段六十一號二樓
郵撥／○一○七一七五－○號
初版　中華民國七十六年九月
編號　E 64034
基本定價　柒元柒角捌分
行政院新聞局登記證局版臺業字第○一九七號

戍守盧溝橋頭的勇士

盧溝橋側影

盧溝橋事變目次

肆、由盧溝橋事變到平津淪陷

伍、全面抗戰

一　引　言

盧溝橋，這座中國歷史上的名橋，由於馬可波羅（Marco Polo）在其遊記中盛讚其莊嚴宏偉「在世界上恐無與倫比」，而聞名歐洲，復由於民國二十六年即一九三七年七月七日發生的「盧溝橋事變」，而在亞洲歷史上留下了永不磨滅的紀錄。

橋跨於永定河上，東北距北平十五公里。永定河別名盧溝，故名盧溝橋，俗稱蘆溝橋。依據金史河渠志的記載，金世宗大定二十七年（一一八七），「以盧溝河流湍急，命建石橋」，歷四載（一一八七－一一九〇）而成，當時稱作廣利橋，以後改稱盧溝橋。建橋已經八百年了，但由於明英宗正統九年（一四四四）曾經重修一次，今天所見到的盧溝橋已非初建時的原貌。

盧溝橋屬宛平縣，縣城在橋之東北側。這座不算大的縣城，係明代崇禎年間（一六二八－一六四四）所建，初名拱北，後改拱極。民國十七年（一九二八），北京改稱北平，並爲直轄於行政院之特別市，原設於北平城區的宛平縣治遂遷拱極城，稱宛平城。這是中日戰爭發生後，第一座受到日軍砲火攻擊的縣城，美國南伊利諾大學（Southern Illinois University at Carbondale）歷史學教授戴德華（Donald S. Detwiler）最近寫了一篇論文，認爲宛平才是第二次世界大戰開始的地點。

盧溝橋夜月，景色至美，波光曉月，上下蕩漾，名曰「盧溝曉月」，爲燕京八景之一。盧溝橋更爲交通要道，在橋北側建有平漢鐵路經過其上之鐵橋，與豐臺同爲北平出入必經之門戶。豐臺於民國二十五年（一九三六）九月爲日軍强行進駐後，平漢鐵路乃爲北平惟一通往中國中部的交通線，盧溝橋也就成了北平南郊的惟一門戶，它的戰略地位更顯得特別重要。日軍之汲汲在盧溝橋附近挑釁，本意卽在藉故控制此一戰略要地，以截斷北平與南方各地的來往，迫使冀察當局在孤立無援的危境中，不能不聽命於日人的擺佈。但日人的估計錯了，中國不再退讓一寸土地，結果是兩國全面戰爭的展開。七七之夜，也就開啓了中日關係史上的一個新紀元。

二

造成盧溝橋事變的根本原因何在？

不容置疑的答案是：日本在華北駐軍的違約擴張，非法侵佔，對中國軍民恣意欺凌、壓迫與侮辱。誠然，日本之駐軍北平、天津及北寧鐵路沿線，是依據一九〇一年的辛丑和約，但其兵額、裝備、駐地及演習地帶等，則早已超過了條約規定的權利範圍。如豐臺，並非條約規定的駐兵地點，而係日軍非法强佔，卽係一例。日軍無限制的擴張，不停息的挑釁，於中國國土內策動所謂「華北自治」，並建立僞蒙、僞冀東等傀儡組織，其駐屯軍的活動也早已超越了條約規定保護使館及維護交通安全的範圍。其慫恿走私，任意捕人，包庇奸宄，策動叛亂，公然販毒，肆意詆毀國民政府及其領袖等等妄行，不一而足。中國政府及華北地方當局雖極力忍讓，期可委屈求全，然民間的抗日情緒，則因日方之步步侵逼而迅速增漲。這種情勢，不僅中國朝野認定爲戰爭已無法避免，卽對中國事務有所了解的日本政府人員，甚至軍人，也未曾否認。日本資深外交官重光葵卽亦說過：

> 日本軍人在華北造成一種情勢，非引起兩國間的全面戰爭，不能解決。

「軍閥興亡史」一書的著作人伊藤正德，亦曾坦誠的認定：「盧溝橋事件，乃是當地（日本）軍憲政治工作的結果。」他並認爲當時情勢如不改善，軍事衝突遲早是要發生，曾謂：「盧溝橋事件決非偶發事件，而是有其發生此種事件的暗流存在；如果不能將其流入堰塘內，而改變其方向，則是項不幸事件的發生，遲早將不能避免，乃爲想像得到的事，而且具有充分的理由。」

由。著者研究戰前的華北情勢，始終認定日本在平津地區的「駐屯軍」，才是盧溝橋事變的眞正元兇。研究中日戰爭之起因的人，如果忽略了戰前華北日本駐軍的實力及其活動，就不能了解事變起因的眞相，自然也就無法作出公正客觀的論斷。多數外籍學者論述中日戰爭時都忽視了這一層，不能不引爲遺憾。

戰爭結束後，日本政府大部分檔案爲美國所佔有，並予以公開。檔案中顯示，一九三七年的日本林銑十郎內閣，已減弱對華侵略的政治與軍事壓力，主張「經濟提攜」，避免武力衝突。然而，這種情形並不足以證明日本軍人沒有挑動戰爭的本意，因爲一九三一年以後日本內閣實際上已無力約束其軍人的行動，試問日本關東軍發動一九三一的「九一八事變」，何曾經過日本內閣的決議？於一九三七年六月繼林銑十郎出任日本首相的近衛文麿，倒是比較冷靜持平些，他認爲：日本於一九三六年發生「二二六事」後，素主侵華的「統制派」長州系軍閥，將「一意對蘇」的「皇道派」（薩摩，佐賀，土佐等系軍閥的聯合勢力）打垮後，就已伏下了引起「支那事變」的契機；至於盧溝橋事變，則完全出自駐屯中國華北之軍人的策動，他身爲首相，事前毫無所知。近衛文麿在其自著「日本政界二十年」中，曾坦誠的說出下面一段話：

> 余拜命組閣之時，陸軍自滿洲事變以來所為之諸種策動，已相繼成熟，在中國大陸似有一觸卽發之勢；當時中國問題，已至非武力解決不可之程度，余當然不知。故組閣後不足一月，盧溝橋事件爆發，竟至擴大為中國事件。當時各種事件之發生，政府中人固無所聞，

卽陸軍省亦無所知，完全出自當地軍人之策動。

近衞文麿又慨嘆「內閣已成爲無影無蹤之統帥權下的傀儡」，在此情形下，日本政府表面上表示對華採取「緩進政策」，並不構成決定戰爭是否發生的主要因素；決定戰爭與否的動力在軍部，不在內閣。然而，在法理上，任何政府在對外關係上，都要對其國民的行爲負責；盧溝橋事變既爲駐華日本軍人所策動，日本政府又如何能推卸其發動戰爭的責任？

三

盧溝橋事變本爲一地方性之軍事衝突，如何能發展爲長達八年之久的全面性戰爭？

對此一問題，歷史學者們見仁見智，中國人與日本人的認知，差距尤大。筆者的論斷是：日本於事變發生後雖對外宣稱「不擴大」，實際上却不肯放棄其侵略的既定計劃，一意要在「現地解決」的陷阱下置冀察兩省於其勢力範圍之內；中國政府，則已由於統一的完成與國力的增强，決心維護華北的領土與主權，不再對日本的侵略作任何退讓。日本要進攻，中國不退守，戰爭當然就無可避免，而且越來越激烈，越來越擴大！

美國駐日大使格魯（Joseph C. Grew）在其「使日十年」（*Ten Years in Japan*）一書中，批評日本軍國主義者，犯了對中國估計錯誤的錯誤，是很理智、很深入的論斷。著者亦發現，在華日本軍人之侵略華北，猶之六年前之侵略東北，相信「只依威壓卽可使問題解決」，這就犯了狂妄自大，忽視現實的錯誤。彼等不獨未能認清中國民族的精神、意志和潛力，以及六年以來中國國情和國力的顯著變化，卽於華北在中華民族生存上的地位及國際間對華北重視的程度，亦毫不考慮。著者以爲，日本軍人在對所謂「華北問題」的認識上，最低限度犯了下面敍述的四項錯誤。

其一，忽視了華北在中華民族的生存和發展上的不可分離；他們不曉得沒有華北，就沒有中國；要攫取華北，勢必要與中國全國爲敵。九一八事變發生，中國政府和人民就有和日人一拚的決心，只是爲了培養國力和等待有利的時機，才作了忍辱負重的決定，忍下了「壯士斷臂」的哀痛。華北告急，中國人感到已面臨民族存亡的最後關頭，不能不爲保衞華北而奮起抗戰。蔣中正委員長於二十六年七月十七日在廬山發表的決策性談話中，卽曾指出：

> 北平若可變成瀋陽，南京又何嘗不可變成北平！所以盧溝橋事變的推演，是關係中國國家整個的問題，此事能否結束，就是最後關頭的境界！

中國國民黨於民國二十七年（一九三八）四月一日發表的臨時全國代表大會宣言中，亦宣示中外：「北方各省之存亡，卽中國之存亡」，「北方各省若不能保全，不特東北四省問題，永無合理解決之望，中國領土之全部，亦將淪胥以亡。」

其二，忽視了北平在中國知識份子心理上的特殊地位；日本軍人沒有理解到，北平是中國文化的中心，是民族尊嚴的象徵，不少名流學者愛北平甚於愛生命，他們六年來在日軍刀刃槍刺的威脅之下，表現出威武不屈的精神，青年人的心中尤其在燃燒着抗日雪耻的烈火。蔣夢麟雖受到日軍憲兵非法拘訊的侮辱，仍不願離開北平一步。蔣廷黻自稱是個「愛惜北平者」，他「覺得北平事事可愛，處處可愛」，認爲「北平是我民族的至寶偉業，同時也是我民族的希望和鼓勵。」一蔣氏並提示國人：

我們若要給世界的人一個證據，證明我們不是劣種，是個偉大的民族，還有什麼證據比北平更好呢？

蔣廷黻的感觸如此，胡適、梅貽琦、張伯苓、傅斯年、丁文江、陳之邁等馳名中外的學者們，亦無不如此。他們所代表的是一股民族正氣，他們的言論和舉止更是安定華北人心的一項重要因素。日本軍人不懂中國歷史，不瞭解中國文化，更沒認清中國人的民族性，亦無視於北平在中國國民心理上的地位以及知識份子的廣大影響力，只是一味蠻幹的要以武力攫取北平，其必然遭到全面性的仇視和抗拒，是可以想像得到的！

其三，錯估了冀察當局和華北人民的愛國心；日本軍人只見到中國歷史上的吳三桂、洪承疇，却未能見到史可法、鄭成功。日本軍人無所不用其極的要「分離華北」，係基於自以爲是的兩項錯誤設想：一爲認爲冀察政務委員會委員長兼冀察綏靖主任，且爲二十九軍軍長之宋哲元，非中央嫡系，有威迫利誘其自立政權的可能；一爲國民政府係代表南方人的政權，對華北漠不關心，甚或加以壓迫，華北人民都對國民政府不滿，因而有慫恿華北人民反對南京的可能。

事實上，日本軍人的想法錯了，他們連「兄弟鬩於牆，外禦其侮」這句中國古訓，都不能瞭解，頭腦太過於簡單。就宋哲元而言，倒是日本駐華大使川越茂看得清楚些，他向東京報告：「今日日本陸軍以爲宋已爲日本收買，實則宋亦支那人也，決不願日本奪取支那領土，觀其態度之曖昧可知也。」一直到戰爭結束後，日本才有人承認「宋哲元並不是一個容易屈服的人物」，而且「他的見解，也較土肥原遠大」。至於南方人北方人問題，傅斯年以北方人的身分作過下面的一段評論：

我們毫無證據，政府曾經在何項大政上偏袒過南方。恰恰相反，南京有些領袖，時時覺得北方應該格外重視，如戴季陶院長卽其一人。他的政論，我向不敢恭維，但他有一句話我覺得非常有見地。他說：北方人若不起來擔負政治上文化上的責任，中國無宏大之前途；政府若不能把北方人的同情喚起，政府終歸失敗。這不是戴先生一人的見解，這見解確能代表南京的清流。

其四，忽略了西方國家在華北的地位與利益。九一八事變以後，日本軍人嘗以輕易取得獨霸中國的優勢而沾沾自喜，殊不知軍事上在華北的冒險倖進却已造成了國際間對日本侵略行動的警覺，美、英、蘇聯，都因日本的入侵華北而深感不安。美國駐華大使詹森的態度改變了。他的傳記（*Nelson T. Johnson and American Policy Toward China, 1925-1941*）作者薄洛素

(Russell D. Buhite) 指出：當日人侵佔中國東北各省時，詹森認爲日本行動不會傷害到美國利益，但當日本進侵華北之後，他開始談論到暗淡的未來，注意日本正如何設法排除美國在亞洲的利益，以及美國在最後應如何爲保持其地位而戰。英國外相艾登（Anthony Eden）於盧溝橋事變爆發後第五日—七月十二日，卽對日本駐英大使吉田茂警告說：「假使北平地區的緊張情勢繼續下去，或是變得更壞，促進英日兩國間較好關係的談判是不可能的。」蘇聯則於八月間與中國政府締結互不侵犯條約並提供軍事援助，則是人盡皆知的事實，不必論述了。

雖然美、英等國，由於各自其他因素的牽制，未能對於日本之大舉入侵中國，立卽採取有效的制裁，但其逐步形成一個反侵略陣線的結合，則是歷史的事實。日本於第二次世界大戰中慘遭敗績的因素固然很多，然由於入侵中國而爲各國所孤立，甚至裁制，自亦不失爲主要的原因之一。

四

著者開始研究盧溝橋事變，是二十年以前的事。民國五十八年（一九六九）在哥倫比亞大學寫成的英文論文 Sung Che-yuan and the Twenty-ninth Army，和六十二年（一九七三）由臺北傳記文學社出版的宋哲元與七七抗戰一書，都是初步的研究成果。其後由於工作的調整和其他事故，本主題的研究暫時放下了一段時期，直到民國七十六年才完成了這册專著，作爲盧溝橋事變五十週年的一項紀念，也完成了二十年來的一份心願。

五十年了，有關盧溝橋事變的中、日文史料已出現了不少。雙方的檔案文件，大多數已經公佈了，遠東國際軍事法庭的審判紀錄和有關文證，也早已公開，兩國的當事人也寫了一些回憶錄，學者們研究中日戰爭的專著近年也陸續出版。理論上講，盧溝橋事變應當已是「眞象大白」，實際的情形却又令人失望。由於若干著作人的立場不同，所依據的資料有異，因而仍不免各執一詞，存有爭議。尤其是最近四、五年來，由於一部分日本軍國主義殘餘份子及右翼學者的「侵略戰爭否定論」，更使中日戰爭的起因蒙上一層陰雲。對盧溝橋事變，日人一直嘵嘵於所謂「第一槍」問題，不再提及日本軍人連年來的無理尋釁，在此種不敢面對歷史裁判，一味推卸戰爭責任之觀念的支配下，如何能對歷史作出公正的交代！連侵略二字都不許可在教科書中出現，能不使人懷疑日本三十年代的軍國主義正在借屍還魂！

這種現象，提高了著者的警惕，也加重了著者的責任。著者於寫作過程中，時時刻刻牢記在心的一個信條，就是求眞。筆者的基本態度是：

其一，對中日雙方若干官方文件的眞僞、時效與範圍，重作審愼的鑑定。如「辛丑條約」、「日清議定書」、及所謂「何梅協定」等，都應當從原始文件中了解其眞實意義、性質和範圍，絕對不能盲從任何單方面的認定或解釋。

其二，對當事人的記述和回憶文字，應與他方的記述及實際的狀況詳作比對，見其眞亦取其眞，明其僞也斥其僞。

其三，對某些被湮埋的史實，應盡力發掘其原貌；對以往忽略的爭端，應盡力作適度的補正。如胡適「敬告日本國民」一文，日本評論刊出時刪去了若干詞句，應依據中文原文加以補正，西安事變的地位與影響以往受到忽視，本書則列有專章來討論。

本書在內容上，分爲五章，十六節，五十五目。第一、二兩章，重在敍述盧溝橋事變發生的背景，第三、四兩章重在陳論事變發生前後華北政局的變化，第五章則專論戰爭初期中華民國政府的因應與決策。全書可視作盧溝橋事變的全史，也可視作是抗戰建國史的第一部：第二次中日戰爭的開端。

著者承中國國民黨中央黨史委員會秦主任委員心波先生許可，引用該會庋藏的中央會議紀錄和若干機要檔案，澄清了若干重要的問題，謹向心波先生表示由衷的謝意。寫作過程中，若沒有內子韓榮貞女士的鼓勵和協助，也不可能如期完成。我一生的研究和著作，內子的助力最大也最多；她不允許我言謝，但我不能不從心靈的深處感激她。出版過後，所有友好及讀者們給我的指教和建議，當然萬分感謝，並虛心接受，儘可能於增訂時補正。

李雲漢　識於臺北懷元廬

中華民國七十六年七月七日

壹、九一八事變後之國難

駐屯中國東北境內之日本關東軍於民國二十年（一九三一）九月十八日深夜在瀋陽發動事變，一舉侵佔遼寧、吉林、黑龍江三省。這一舉世震驚的九一八事變，使日本吞下了一顆定時炸彈，❶更給中國帶來了空前嚴重的國難，面臨千鈞一髮的危機。傅斯年指陳：

> 中國現在所處的危機，「國難」二字不足以盡之。國難是一個國家雖不常有而總當有過的事情，中國現在的危機卻是有史以來的最大危機。從內說，是文化的崩潰，社會的分裂；從外說，是若干倍危險於一九一四年的局面。❷

九一八事變僅是日本大舉侵略中國的開端，她不以在毫無犧牲的情形下佔領東北為滿足。次

---

❶ 這是日本外相幣原喜重郎說過的一句話。幣原因不滿九一八事變而於一九三一年十二月被迫卸職。參閱崔萬秋：幣原外交與中國。

❷ 孟眞：中國現在要有政府，見獨立評論，第五號，民國二十一年六月十九日出版，北平。

年（一九三二）一月二十八日又進攻上海，再一年（一九三三）三月開始進攻熱河和河北。❸接着進行分離華北於中華民國中央政府統治權之外的「自治運動」，華北岌岌可危，國難的嚴重性有增無已，直到二十五年（一九三六）十一月綏遠戰爭及同年十二月西安事變之後，才稍見緩和。

面對日本對華北節節進逼的侵略行動，❹以及在中國其他各地日人的挑釁事件，❺國民政府—當時的中央政府—不能不謀求適當、有利而安全的對策。武力抵抗是最有效、最直截了當的手段，也符合當時大多數國民的願望，但實際上卻有極大的困難。不僅當時的國防力量不足以抵抗日本，❻而且內部尚在分裂狀態中，中共的叛亂，長江的水災，在在都顯示中國尚不具備和日本作戰的條件。中國此時尚未建立空軍，海軍力量微不足道，陸軍曾於二十一年一月在上海，二十

---

❸ 詳中日外交史料叢編(三)：日軍侵犯上海與進攻華北，中華民國外交問題研究會印行，民國五十四年十一月，臺北，未公開發行。

❹ 日本侵略華北情形，參閱梁敬錞：日本侵略華北史述（臺北：傳記文學出版社，民國七十三年）；李雲漢：宋哲元與七七抗戰（臺北：傳記文學出版社，民國六十二年）；九一八事變後日本對華北的侵略（中華民國建國史研討會論文，民國七十年八月，臺北）；周開慶：抗戰以前之中日關係（臺北：自由出版社，民國五十一年）。

❺ 其主要者，爲青島日兵登陸事件，上海新生雜誌事件，南京藏本失蹤事件等，不一而足。

❻ 中國國民黨中央常務委員朱培德對特種外交委員會報告時，曾謂：「據軍事專家推測，前方一經接觸，至多恐不過維持一星期左右。」見中央政治會議特種外交委員會第五十九次會議記錄，民國二十年十二月八日，南京。

二年三月在長城，兩度對日軍奮勇抵抗，結果仍是無力却敵，國力完全經不起考驗。而最大的危機，乃在共軍每藉日軍進攻之機會對國軍攻擊，無異與日軍內外呼應，使國軍處於內外受敵之境。國民政府處此情形下，因不得不採取攘外須先安內的政策；對內進剿共軍，以求統一，同時大力建設，培育國力；對外暫時忍讓，長期抵抗，爭取時間，創造可戰可勝之條件。就在這一背景下，蔣中正委員長全力倡導民族復興運動，國民政府經歷了艱苦奮鬥的六年，至二十五年秋季，眞正統一的局面始告出現，國家建設亦有了長足進步，認為是「中國歷史上可謂從來未有之現象。」❼

對於國難感觸最敏感，情緒也最激昂的，當然是集中於各大都市的知識份子和青年學生。他們都一致要求抗日救國，多數人是純粹基於愛國的眞誠，但也有少數人別有用心，以抗日救國作爲從事政治活動的護符，甚至利用此一護符掩護其非法的活動。所幸大多數有聲望、有見識的名流學者，出於理性的救國主張，表現出威武不屈的民族精神和氣節，認同政府的國策和成就，盡到了論政從政，激揚正論，啓導社會，培育人才的責任。❽

本章主旨，在對日本侵略華北、國民政府決策及知識份子愛國救亡運動三者，作簡明的敍述與分析，期能對盧溝橋事變歷史背景之認識，有所裨益。

---

❼ 蔣中正：中國之統一與建設，民國二十五年十月十日，南京中央日報。

❽ 李雲漢：抗戰前中國知識份子的救國運動，教育部社會教育司印，民國六十六年，文化講座專集之一〇五。

一、日本侵略華北

日本之侵佔中國東北—日人稱之曰「滿洲」，自以爲有兩點理由：一是所謂「生命線」的錯誤觀念，一是所謂「防俄」的戰略需要。爲了鞏固東北並準備與蘇俄作戰，日本野心軍人認爲必須控制華北地帶廣大的人力和資源。換言之，日本以鄰爲壑，於佔領東北後必將侵略華北。其關東軍司令官本庄繁並不掩飾此一野心，他曾於九一八事變之後三個月，對美國新聞記者彭海萊(Hallett Abend)坦承：日本如不能控制黃河以北中國領土，就不能安全，彭氏敍述他訪問本庄繁談話情形：

> 早在一九三一年的十二月，日本在東亞大陸武裝力量的司令官本庄繁很坦誠的告訴我：日本如果不能控制平津地區，佔有重要的平綏鐵路，並支配北平西北察綏兩省四百多公里面積的鐵礦區域，將無法安心；而且，除非日本控制了黃河以北的全部中國領土，平津地區就不能安全。❾

---

❾ Hallett Abend, *My Life in China, 1926-1941* (New York, Harcourt, Brace & Company, 1943), p. 173.

九一八事變後不久，遼寧地方官員卽發現日人不斷輸送武器至東蒙地區，煽動蒙人叛變。⑩同年十一月，日本駐天津的軍隊開始增兵，並發動了天津事變，刼走溥儀，並企圖製造暴亂。⑪次年（二十一）一月，青島日人則藉口民國日報刊載日皇被刺事件，發動暴動，搗毀中國國民黨青島市黨部及民國日報社。⑫這些事件，都是日軍將進侵華北的先聲。但由於國際聯盟（League of Nations）（以下稱國聯）決議要派李頓調查團（Lytton Commission of Enquiry）來遠東調查中日衝突，日方乃一意製造僞滿政權藉作欺飾，暫時延緩其侵略華北的軍事行動。

日本之侵略華北，在戰略及手段上，依時間及政局的演變可劃分爲三個階段。其第一階段係軍事進佔，主力是日本關東軍，其目標爲占領熱河並控制北平與天津地區。其行動於二十二年卽一九三三年一月開始，同年五月末經由塘沽停戰協定的簽訂而暫告停止。

㈠ 侵佔熱河與進攻冀東

日本軍人於發動九一八事變之初，卽已決定侵佔熱河省，而將其劃入僞滿版圖之內。九一八

⑩ 中日外交史料叢編㈡：九一八事變，頁三八，張學良呈國民政府電。

⑪ 國聞週報第八卷第四十五期（民國二十年十二月），「日人作祟之演變」。

⑫ 一九三二年一月八日，韓人李奉昌謀刺日皇裕仁，不中。青島民國日報以「韓國不亡，義士行刺」爲題報導其事，日僑日兵竟於一月十二日發動暴動，侵襲市黨部與民國日報社。十四日，中國外交部向日方提出抗議。

事變主謀者之一的石原莞爾於事變發生後不久，作成一份「滿蒙問題解決方案」和一份「滿蒙統治方案」，都將熱河和內蒙劃入僞滿領域內，直接受關東軍的支配。⓭因此，僞「東北行政委員會」發表的「獨立宣言」暨僞「滿洲國」發表的「建國宣言」中，均視熱河爲僞國疆域。⓮關東軍所繪軍用地圖中，甚至將北平、天津、濟南等地亦均列入僞國勢力範圍內。據宋哲元向外交部報告：

職軍前在喜峯口激戰時，曾於砍斃日砲兵司令某身畔，搜出大滿洲國地圖一幅，內劃侵略預定標線，平津濟南均在該圖範圍之內，由此可知其侵略野心尚不在佔據熱河為止，勢必進擾平津，以完成其妄想中大滿洲國之計畫。⓯

民國二十一年（一九三二）五月五日，淞滬停戰協定簽字。兩個月後之七月七日，日本關東軍開始對熱河採取行動。這一天，有一列自熱河北票開往遼寧錦州的火車，於駛經兩省交界之南嶺與朝陽寺之間時，突被一支番號不明的地方部隊阻止，並將車上乘客中的一名從事秘密聯絡任

⓭ 蘇振申：「石原莞爾的世界帝國構想」，見中華學報，第六卷，第一期，民國六十八年一月，臺北。

⓮ 「獨立宣言」謂：「由東北四省一特別區及蒙古各王公組織一機關，名曰東北行政委員會」，「建國宣言」則更明言：「集合奉天、吉林、黑龍江、熱河、東省特別區域，及蒙古之官紳士民，創設滿蒙新國。」「獨立宣言」見國聞週報第九卷第八期（民國二十一年二月二十九日出刊）「日人卵翼下的滿洲僞國運動」，「建國宣言」見同報九卷十期（民國二十一年三月十四日出刊）「一週間國內外大事述評」。

⓯ 宋哲元致外交部長羅文幹電，民國二十二年三月二十日，見中日外交史料叢編㈢日本侵犯上海與進攻華北，頁一二一。

務的「關東軍囑託」石本權四郎帶走，這就是當時日方所謂「石本失蹤事件。」⑯日本駐錦州之第八師團部隊，遂以救出石本爲藉口，派出裝甲車逕向熱河境內之朝陽寺進擊，與中國軍隊第一○九旅二一四團第三營遭遇，發生戰鬥，華軍不敵，退守南嶺。日機並飛至朝陽轟炸，掃射。⑰日軍旋向熱河省政府提出限七日救出石本交還日方之無理要求，但遭拒絕。⑱國民政府軍事委員會的一項軍事報告中，曾對此一事件作如下的說明：

> 日軍先以參謀眞崎在錦州發表宣言，必用武力侵熱。果於二十一年七月間，藉口石本失蹤事，向熱省府要求五項，經嚴詞拒絕後，乃嗾使漢奸在朝陽暴動，同時派大部別働隊鐵甲車飛機，向朝陽一帶進擊轟炸。但我董（福亭）旅已嚴行戒備，並以日軍無故挑釁，卽予抵抗，並破壞南嶺遼道，移在該處佈防，使日軍鐵甲車不得西進。二十六日，又向我猛撲，抗戰甚烈。至八月七日再向熱河省政府提出哀的美敦書，要求四十八小時交還石本，且加種種恫嚇。中國已洞燭其奸，知為九一八後第二步進犯之大陰謀，當令各軍戮力抗禦，並由外部電國聯及各友邦注意。暴日知已有備，事遂稍戢。⑲

---

⑯中日外交史料叢編㈢，頁一四六—一五一，張學良各電，據熱河省政府參議邵子峯查報，綁架石本權四郎之匪首姓姜，是否係受日人嗾使，尙屬疑問。

⑰同上，頁一四八。

⑱同上。

⑲國民政府軍事委員會軍事報告，民國二十二年一月二十四日，見李雲漢編：抗戰前華北政局史料（臺北，正中書局，民國七十一年），頁二二三。

事件爆發，國民政府嚴令熱河省政府主席湯玉麟堅決抵抗，軍事委員會委員長蔣中正且有調兵入熱與日軍作戰之意。⑳惟張學良、湯玉麟，意有躊躇，湯且有與日方通款之謠，作戰計劃遂不果行。日軍亦自感兵力尚不足，東京參謀本部又顧慮國際間之不良反應，因指示關東軍：「不宜立卽對於熱河方面進行武力解決，此事可期之他日。」㉑

民國二十一年（一九三二年）八月，日本參謀本部更換了關東軍司令官：本庄繁調職，由武藤信義繼其任。武藤曾於一二八事變時在上海率部對華軍作戰，以主張武力侵略中國而爲日本陸相荒木貞夫所欣賞，他於出任關東軍司令官之時，關東軍兵力亦同時加强─熊本第六師團增調東北。武藤兼任日本駐僞滿「大使」，他公開聲言：依據「日滿協定書」，日本關東軍有爲「滿洲國」取得其「領土」熱河的義務，他並於十月一日，十二月八日，兩度對山海關作試探性的挑釁，㉒熱河前線情勢突告緊張。張學良曾向軍事委員會報告日軍準備攻熱情形：

> 頃據探報，日本急欲行其滿蒙政策。連日派出熟諳中國語言文字之日人多名，附以華人潛赴各王旗，秘密運動。以便將來攻熱之時，用為內應。……現由遼寧兵工廠及其本國各廠趕造載重汽車五千輛，每輛可載陸軍二十名，並裝設機關槍二架，新式七生五口徑砲一

⑳ 秦孝儀編：總統蔣公大事長編初稿（未發行稿），卷二，頁二一一，七月二十日紀事。
㉑ 古屋奎二原著，中央日報社譯印：蔣總統秘錄，第九册，頁二九。
㉒ 日本參謀本部：滿洲事變作戰概要；梁敬錞：日本侵略華北史述，頁四。

門，車之周圍護以鋼板，上用鐵棚以避槍彈，以備為將來攻熱之用。㉓

民國二十二年（一九三三年）一月一日夜晚，日軍發動對山海關攻擊。三日，在陸海空聯合作戰之攻擊下，攻陷山海關。㉔守軍何柱國旅石世安團安德馨營，「幾全部殉難。日軍攻佔山海關，爲民國二十二年大擧進侵華北的開端，其目的在於「壓迫平津，使熱河歸其掌握。」㉕中國政府於一月三日將此事提訴國聯，㉖日本外相內田康哉乃於一月四日向英、法、美、日、俄等國大使說明山海關事件經過，聲稱「不願擴大」。㉗日本駐華公使館參贊上村於一月八日訪晤外交部次長劉崇傑時，亦聲言「擬撤回軍隊」，「日本決無擴大之意」。㉘事實却證明內田和上村都在說謊，上海市長吳鐵城却已獲得確切的情報，日軍正計劃於三月初進侵熱河。吳鐵城於一月十九日致電外交部報告。

據確訊：日侵熱河正着着進行，發動期似在三月初旬，其作戰計劃仍如前定，以偽國軍隊為前驅，日軍在後方，仍窓向平、津工作，期減少攻佔熱河之困難。㉙

㉓ 中日外交史料叢編㈢，頁一五四。
㉔ 梁敬錞前書，頁五；中日外交史料叢編㈢，頁一〇一、一〇三—一一一，各電。
㉕ 駐日公使蔣作賓致外交部電，民國二十二年一月三日。見中日外交史料叢編㈢，頁一五六。
㉖ Foreign Relations of the United States, 1933, (3), p. 51.
㉗ 蔣作賓致外交部電，民國二十二年一月五日，見中日外交史料叢編㈢，頁一一二。
㉘ 劉次長會晤駐華日本公使館上村參贊談話紀錄，民國二十二年一月八日，南京。
㉙ 外交部致北平劉崇傑電，民國二十二年一月十九日。見中日外交史料叢編㈢，頁一五二。

事實上，日本關東軍司令官武藤信義已對其屬下第六、第八兩師團下達準備攻熱命令，日本駐天津總領事桑島主計已在與華北駐屯軍司令官中村孝太郎秘密會商在平津地區的策應行動，以使關東軍「藉以解決熱河」。㉚二月十七日，日本內閣正式通過進攻熱河的決議。同月二十三日，武藤信義下達了總攻擊令，連下北票、開魯、朝陽、凌南、凌原、赤峯等要地，並於三月四日僅以一百二十八人的兵力，不戰而攻佔熱河省會承德。爲時僅及一週，熱河即垂手而得，日本關東軍志得氣滿，遂又揮師南侵長城各隘，三月間爆發了長城戰役。㉛

熱河之淪陷，係由於湯玉麟之不戰而退。行政院於三月七日決議湯玉麟免職查辦，張學良亦引咎辭職。中央急調宋哲元、徐庭瑤等部應援，雖於喜峯口、羅文峪、南天門等地英勇抵抗，然無力阻遏日軍攻勢，五月中旬，日軍前鋒已「狂奔」至北平近郊。國民政府於時機危迫的情形下，派黃郛北上交涉，終於以簽訂塘沽協定保存了平津，日本對華北第一階段的侵略乃如願以償。㉜

塘沽協定的簽訂，雖然暫時停止了日本關東軍的攻勢，却並未能解除華北的危機。不論日本

㉚ 何遂、嚴寬致外交部次長劉崇傑電，民國二十二年一月七日。見中日外交史料叢編㈢，頁一一二—三。

㉛ 有關長城戰役，參閱宋哲元：第二十九軍華北抗日戰鬪經過；李雲漢：宋哲元與七七抗戰，頁二七—三〇；梁敬錞：日本侵略華北史述，頁四—三六。

㉜ 抗戰前華北政局史料，頁二一九—二四八；塘沽協定交涉，見中日外交史料叢編㈢，頁一七一—一九〇；沈亦雲：亦雲回憶（臺北，傳記文學社，民國五十七年），頁四六七—五〇〇；熊斌：塘沽協定經過（傳記文學，第十二卷，六期）。

軍部及外交當局，均未戢止對華侵逼的野心與行動。在日本軍方「老虎政策」與外交當局「水鳥政策」的相互爲用之下，㉝民國二十三年（一九三四年）一年間，吾人見到四月十七日外務省發布的「天羽聲明」，㉞五月二十三日發生於長崎的「葉木花被害事件」，㉟六月八日在南京製造的「藏本失蹤事件」，㊱均爲外交與武力交互爲用的行動。「塘沽協定」最大的後遺症，即所謂「戰區」問題。日軍雖從冀東佔領地區撤退，中國僅能從表面上接收其行政，軍隊則不能進駐，因而形成一個特殊地帶—日本浪人、漢奸、毒梟及其他不肖分子麕集活動，形成華北的毒癌。正如中國國民黨華北黨務特派員方覺慧向中央所報告者：

㉝ 李雲漢：九一八事變後日本對華北的侵略，見中華民國建國史討論集（臺北，中國國民黨中央黨史委員會，民國七十年），第四册，頁一一四。「老虎政策」係關東軍對其侵略威力與行動之誇詞，「水鳥政策」則爲日本駐華大使有吉明對其對華外交政策之比喻，意指日本外交人員宜採取隱密活動，猶如水鴨游於水池中，表面上看來安靜，水裏面却在不停的活動。

㉞ 日本外務省情報司長天羽英二於一九三四年四月十七日發表聲明，妄稱日本不能容忍國際聯盟及其他第三國對中國提供援助，是爲「天羽聲明」。

㉟ 一九三四年五月二十三日，留學日本長崎之中國學生葉木花，由於成績優異而招日本學生妬忌，竟被日人橫加侮辱之後再被刺死。犯人却獲得從輕發落，並對葉木花之父葉修儀所提最低限度之賠償費要求，亦予拒絕。此外，中國僑民也受到迫害，山形縣米澤市經營中華料理店的華僑有十六人被遣送回國，接着又有七十二人被迫離開日本。見蔣總統秘錄，第九册，頁一七五。

㊱ 有關日本駐南京副領事藏本英明「失蹤」事件，詳中日外交史料叢編㈣：盧溝橋事變前後的中日外交關係，頁一四四—一五六。

塘沽協定制定之戰區，中國政權不能在內充分行使，因之戰區遂成藏垢納污之藪，失意軍人漢奸盜匪肆意活動，日人毒品公開銷售，我國政府無力予以制裁。為此問題，華北當局雖與日方數度交涉，但至今尚不得解決方案。蓋日人欲操縱我華北，則不願吾人有安寧之秩序與穩定之政權也，故戰區問題一日不能解決，則華北將永受其威脅。」㊲

㈡ 分離華北

一九三四年—中華民國二十三年，日本昭和九年—十二月上旬，日本岡田啓介內閣作了兩項重要的決定：一是十二月三日決定單方面廢棄華盛頓海軍軍縮條約—即日本海軍艦艇不再受華盛頓會議時五強間所定比例的限制，這顯示日本將毫無限制的建造艦艇，亦卽加速了邁向戰爭的步伐；一是十二月七日決定的「對支新政策」，强調對中國採取「分治政策」，認爲中華民國國民政府的指導原理與日本國策根本不相容，日本要扶植華北及西南的反國民政府勢力，尤其要「將國民政府在華北的勢力減到最小限度。」㊳這顯示日本對華北的侵略已進入了第二階段；以軍事與外交相互爲用的手段，壓迫國民政府的勢力退出華北，並策動所謂「自治運動」，企圖建立受

㊲ 方覺慧：中央華北黨務特派員報告，原件。
㊳ 蔣總統秘錄，第十册，頁二四—二五。James B. Crowley, *Japan's Quest for Autonomy* (New Jersey: Princeton University Press, 1966) p. 301.

日本人操縱的「華北新政權」。

民國二十四年卽一九三五年的中日關係，充滿了矛盾、陷阱、諷刺、甜言蜜語與軍刀槍刺同時並用的陰謀詭計。一月間，日本外相廣田弘毅先後於二十二、二十五兩日，兩度在日本國會中講話，强調中日關係的改善，並擔保「在本人擔任外相任內，絕不會發生戰爭。」㊴事實上，就在廣田向國會提出保證的同時，日本關東軍開始攻擊熱河與察哈爾邊境的中國駐軍，壓迫察哈爾省政府主席宋哲元派代表和日方擧行「大灘會議」，强佔了察哈爾省境內長城以東的土地。㊵

察東事件甫告解決，關東軍司令官南次郎卽在大連召開了駐華各地武官及關東軍幕僚會議，決定以武力爲背景推進分離華北的政策。南次郎決定派特務機關長土肥原賢二到華北去執行此一任務，東京參謀本部表示同意。㊶土肥原卽於一九三五年四月間進入華北，往來於平、津及華北各地間，與華北駐屯軍及日僑與浪人組織聯絡，伺機製造事端。

日本要在華北建立「親日政權」，其第一步工作乃在製造事端，壓迫中國國民黨和國民政府的勢力退出冀、察兩省，造成政治上的無政府狀態，以便於親日分子的活動。因此，五月間製造

㊴ 蔣總統秘錄，第十册，頁二五。

㊵ 有關「大灘會議」文件，見中日外交史料叢編㈢，頁二一九—二二一；李雲漢：宋哲元與七七抗戰，頁六〇—六七；梁敬錞：日本侵略華北史述，頁七一—七五。

㊶ 東京遠東國際軍事法庭審判紀錄、英文稿，頁二〇七六一—八一，河邊虎次郎證詞，又見日文「東京裁判」，頁二〇七五〇。

一個「河北事件」，六月間製造一個「張北事件」，然後以之爲藉口提出苛刻無理的强硬要求，逼迫冀察地方當局接受其條件。

所謂「河北事件」，是日本關東軍與華北駐屯軍聯合製造的一項陰謀。他們藉口天津日租界內兩個親日報人—國權報社長胡恩溥和振報社長白逾桓，於五月三日晨被人暗殺，以及雜牌軍孫永勤部的進入「戰區」，因而由日本公使館武官高橋坦和華北駐屯軍參謀長酒井隆，於五月二十九日向軍事委員會北平分會代委員長何應欽提出撤退中央軍及第五十一軍，國民黨部停止活動，取締反日團體及其活動等無理要求，導致了所謂「何梅協定」。而正當華北日軍對冀察當局極盡壓迫凌辱之際，日本外務省則於五月十七日宣布中日兩國間公使升格爲大使以改善兩國關係，在中國人心目中，此乃一大諷刺。

對河北交涉方面，有兩點必須澄清。一爲胡恩溥、白逾桓被殺的責任問題。日軍當時誣爲「藍衣社」所爲，要求中國政府負擔「擾亂日本租界治安」責任。實則天津爲日本駐屯軍司令部所在地，日本租界非中國軍警治安力量所能及，租界內任何事件，均不應由中國政府負責。㊷尤有進者，依據二次世界大戰結束後公開的史料，證明胡、白的被殺，實出於酒井隆的嗾使，乃是出於日軍所設計的謀略。㊸二爲所謂「何梅協定」的效力問題。日本方面單方面的認定此乃「協

㊷ *China Weekly Review*, June 8, 1935, p. 39

㊸ 秦郁彥：日中戰爭史（東京，河出書房新社，一九六一），頁一七—八，註二一；蔣總統秘錄，第十册，頁三四。

定」，並列入外交文書，但中國方面自始卽認爲僅是何應欽致梅津美治郎的一份通告書，告以「六月九日酒井參謀長所提各事項均承諾之，並自主的期其遂行。」並非「協定」。不獨何應欽本人自始卽予以否認，㊹軍事委員會委員長蔣中正亦於二十五年卽一九三六年一月十六日公開宣告：「絕對沒有這個何梅協定」。㊺戰爭結束後，有些日人亦確知所謂「何梅協定」，事實上並非協定，卽當時擔任駐華武官曾參與河北事件談判的磯谷廉介於病危時，亦坦率告其同僚岡田芳政：「何梅協定是日本單獨迫中國而寫的，何將軍根本沒有簽字或蓋章，而日本方面故意宣傳，使人發生誤會似乎眞有其事的現象。」㊻

「河北事件」的交涉尚未落幕，土肥原賢二就又利用日本關東軍派駐察哈爾特務人員所誘發的「張北事件」爲藉口，向察哈爾省政府主席宋哲元提出無理要求，終於迫使宋氏去職，土肥原又壓迫奉令代理察省主席的秦德純與之簽訂「秦土協定」。㊼依此「協定」，中國駐軍撤出張北以北地區，中國政府不向察北移民，國民黨部從察省撤退，並禁止察省境內之反日組織及其活

㊹ 何應欽：河北事件中絕無所謂「何梅協定」，見近代中國，第三期（民國六十六年九月三十日，臺北）；抗戰前華北政局史料，頁四四〇—四七〇。

㊺ 蔣中正：接見全國中等以上學校校長及學生代表之講話，民國二十五年一月十六日，南京。

㊻ 梁敬錞：日人岡田有關「何梅協定」的一封信，見傳記文學，二卷一期，民國五十七年一月。

㊼ 「張北事件」發生於民國二十四年六月五日，「秦土協定」簽訂於同年六月二十七日，事詳秦德純：海澨談往，頁六〇—六三；李雲漢：宋哲元與七七抗戰，頁八三—九〇；梁敬錞：日本侵略華北史述，頁六九—八八。

動。經由所謂「何梅協定」與「秦土協定」，日本軍方僅憑其特務人員的威脅與壓迫伎倆，即已完成其從冀察兩省「驅逐國民政府勢力」的計劃。二十四年八月以後，乃又進一步策動其所謂「華北自治」，然據田中隆吉於戰後作證時透露，「自治運動」早在是年四月間，即已由關東軍作成決定，從內蒙及華北同時進行。[48]關東軍方面仍由土肥原賢二負責執行，華北駐屯軍的態度更爲積極，新任司令官多田駿於九月二十四日公開發表標題爲「對華政策之基礎觀念」（日文原題爲「我帝國之對支基礎的觀念」）小册，聲言與國民黨及國民政府「決不兩立」，妄稱要把華北建設成一個「中日兩國人民共存共榮的樂園。」[49]華北駐屯軍參謀中村增太郎亦曾表明：「華北自治組織，係外務省與軍部一致主張，並非少數人所策動。」[50]

中村增太郎的話，是實在的。同年—一九三五—十月四日，日本內閣同時通過陸相川島義之的「鼓勵華北自治案」與外相廣田弘毅的「對華三原則案」，[51]足可說明廣田弘毅與川島義之的

[48] 田中隆吉於一九四六年七月六日及二十六日，在東京國際審判法庭之證言；鄭學稼：日帝侵華秘史（臺北，地平線出版社，民國六十四年），頁五二。

[49] 周開慶：抗戰以前之中日關係（臺北，自由出版社，民國五十一年），頁一一〇；英文全文見 *China Weekly Review*, November 2, 1935, pp. 306–312.

[50] 中日外交史料叢編㈤：日本製造僞組織與國聯的制裁侵略，頁四六九，軍政部保定來電抄商震馬申機電。

[51] James B. Crowley, *Japan's Quest for Autonomy*, pp. 228–29.「三原則」的內容，一爲中國徹底禁止排

（續下頁）

侵華態度一致，軍部與外交人員乃各以不同手段對中國進行威逼，其作用則是相互爲用。梁敬錞曾感慨言之：「三十年來，世人因日本軍人煽動華北自治，遂疑廣田外交曾用二元政策，今日史料發掘，始知其二元之政策，正出自一元之閣議也。」[52]

民國二十四年（一九三五）九月以後，日本在華軍人及外交人員開始向華北各省軍政負責當局進行游說，策動所謂「華北自治」。根據日本軍方之計劃，是要策動包括河北、山東、山西、察哈爾、綏遠五省和北平、天津、青島三市在內的「自治政權」，並已定名爲「華北防共自治委員會」。[53]事實上，早在是年六月間，駐日大使蔣作賓卽曾向中國外交部電告：「若輩以中國將趨統一，認爲不利，欲在北方組織一反中央勢力，先以冀、晉、察、綏、魯爲範圍，俾與中央脫離，以便爲所欲爲。現正積極進行，並欲利用閻主任爲傀儡云云。」[54]

十月間，日本關東軍派出的特務人員土肥原賢二、華北駐屯軍參謀長橋本羣，駐華大使館武官高橋坦等，開始威逼平津衞戍司令宋哲元，河北省主席商震，山東省主席韓復榘等，籌開所謂

（接上頁）
日，二爲中國事實上默認僞滿，三爲中日共同防共。詳中日外交史料叢編(四)，頁一四—三一；日本現代史資料⑧，頁一〇二—一〇八；秦郁彥：日中戰爭史，頁四八；梁敬錞：日本侵略華北史述，頁八九—一〇二。

52 梁敬錞：日本侵略華北史述，頁八九。

53 「北支自治運動之根底」，見日文國際知識雜誌，第十六卷一號，一九三六年一月。

54 中華民國重要史料初編—對日抗戰時期，緒編(一)，頁六九三—四，蔣作賓電，二十四年六月十九日。

「自治會議」。時蔣中正委員長尙在四川，於接獲各方關於華北情勢趨於危急的報告後，決定先赴洛陽，對華北先作安排後，再回南京主持大計。蔣氏於十月十日到達洛陽，十二日卽派參謀次長熊斌前往保定、北平及濟南，傳達中央意旨。[55]他本人則於十三日前往太原，與山西綏靖主任閻錫山面商方略，發現閻錫山「態度光明，意志堅定」，斷定閻氏「決不爲日方威脅利誘所能屈」。[56]商、宋、韓亦深明大義，堅持國家立場。惟宋哲元爲日方所欲利用之首要目標，所受壓力最大，蔣委員長於十月三十日再電宋氏予以規戒，勿爲日人之威脅所動，言詞極爲懇切而嚴正：「此時兄處境只聽命中央，諉責中央爲惟一之法，否則所謂其他辦法，皆自陷絕境，則將來之悲慘煩悶必更有不堪設想者。」[57]

十一月，華北危機達到高潮。日方限宋哲元於是月二十日以前宣佈成立「華北新組織」，「否則將自行辦理」，[58]土肥原聲言「日軍將以五師兵力攻河北，六師兵力佔山東」，[59]事實

[55] 總統蔣公大事長編初稿，卷三，頁二二九；中華民國重要史料初編，對日抗戰時期，緒編㈠，頁七〇一—二，致熊斌、商震、韓復榘各電。

[56] 蔣委員長民國二十四年十月十四日致沈鴻烈電，十五日致熊斌電，見中華民國重要史料初編—對日抗戰時期，緒編㈠，頁七〇二—三。

[57] 蔣委員長中正致宋哲元電，民國二十四年十月三十日，南京。

[58] 外交部駐北平特派員程伯昂（錫庚）致外交部電，民國二十四年十一月十八日；中日外交史料叢編㈤，頁四六九。

[59] *International Military Tribunal for the Far East*, 1946-48, Document No, 3319.

上，日本駐屯軍當局也確向天津市政府要求供給容納一萬五千兵士的營房設備，[60]關東軍也確以「關參一，第六十八號密電」，要求東京以「現地保僑」爲名，出兵山東。[61]宋哲元處此情形下，除秘密派人向中央報告並函電請示外，亦曾通過蕭振瀛對外透露日人要求宣佈「自治」的三條件：「不侵犯主權，不干涉內政，不侵佔領土。」[62]似已顯露其不得不屈服的隱衷。[63]中央政府却態度堅定，蔣委員長於十一月十六日、十七日兩電宋哲元指示應付方策，[64]並於十九日—土肥原限宋宣佈「自治」日期之前一日，電令宋哲元卽行停止與土肥原之間的談判，並派石敬亭當夜北上晤宋說明應付辦法。[65]蓋蔣委員長已得中國駐日大使館密報，日本元老爲避免國際糾紛，不支持華北日軍之妄動，並電令制止。[66]宋以蔣委員長電令告知土肥原，並於二十日離平赴津，土肥原十一月二十日迫成「自治」的陰謀遂不得逞。

十一月二十日，蔣委員長再電宋哲元，詳切剖陳「仍本初衷，堅定應付，以寢其謀」之

---

[60] Thomas A. Bison, *Japan in China* (New York: The MacMillan Company, 1938), p. 91.

[61] 國際政治學會太平洋戰爭原因調查部編：太平洋戰爭之路③日中戰爭(朝日新聞社，一九六二)，頁一五六。

[62] 胡適：華北問題，見獨立評論，第一七九號，民國二十四年十二月一日，北平。

[63] 程伯昂於二十四年十一月十八日向外交部報告，曾言：「現當局（宋）陷於不得不屈服之勢，華北政局變化恐難倖免。」，見中日外交史料叢編㈤，頁四六九。

[64] 中華民國重要史料初編—對日抗戰時期，緒編㈠，頁七一一—二。

[65] 同上書，頁七一三，蔣委員長七月十九日致宋哲元電。

[66] 同上；中日外交史料叢編㈤，頁四六九，丁紹伋東京來電。

理。[67]他於同日接見日本駐華大使有吉明，鄭重告以：「所謂華北自治運動多是日方策動，中國方面並無此事。」[68]然日本軍人在平津地區之策動有增無已，並再度決定迫宋於十一月三十日前向國民政府辭職，並發佈「自治宣言」。[69]土肥原並於十一月二十四日嗾使身兼薊密、灤榆兩區行政督察專員之殷汝耕，在通縣宣佈成立「冀東防共自治委員會」之傀儡組織。[70]國民政府當機立斷，除明令通緝殷汝耕、任命宋哲元爲冀察綏靖主任外，並派何應欽於十一月三十日北上磋商，終於決定由國民政府明令設立冀察政務委員會，以應付華北特殊局面，日本所策動的「華北自治」運動因而消弭於無形。

民國二十五年（一九三六），日本對中國的侵逼，採軍事與外交交互爲用，同時並進策略。廣田弘毅內閣一方面令其先後任駐華大使有田八郎、川越茂接續向國民政府進行所謂依據「廣田三原則」的「調整國交」談判，[71]一方面於五月間增兵華北，企圖威脅冀察當局「明朗化」—即公開接受日方的「指導」，實現華北「特殊化」。[72]但國民政府不爲所屈，宋哲元亦始終服從中央，日

---

[67] 蔣委員長致宋哲元電，見中華民國重要史料初編—對日抗戰時期，緒編(一)，頁七一四—五。

[68] 中日外交史料叢編(五)，頁四七三。

[69] 同[63]。

[70] 此一傀儡組織，於民國二十四年十二月二十五日改名爲「冀東防共自治政府」。有關史料見中華民國重要史料初編—對日抗戰時期，第六編，傀儡組織(二)，頁一八三—二一〇。

[71] 張羣：我與日本七十年（臺北：中日關係研究會，民國六十九年），頁五六—八五。

[72] 周開慶：抗戰以前之中日關係，頁一〇八—一六六；李雲漢：宋哲元與七七抗戰，頁一四五—一五四。

方的活動終歸徒勞無功。而日人利用冀東偽組織為掩護大規模進行走私、販毒等不法活動，尤在國際間造成惡劣印象，美國駐日大使格魯（Joseph C. Grew）即曾指出日本對華政策之失敗：

> 有足夠的證據，證明日本軍部公然要將華北五省從南京國民政府統治下分離出來的努力，是大部分失敗了。日本軍方普遍的支持走私行動一事，不僅是國際間的醜行，而且招致了包括英美兩國在內的外國的譴責。日本未能與中國政府合作來控制遍佈全中國的抗日情緒，反而由於其橫蠻的侵略態度與策略，更加加強了中國人民的抗日情緒。[73]

(三) 所謂「內蒙工作」

日本於侵略冀、察的同時，亦同時進行其所謂「內蒙工作」—煽動並利用內蒙要求「自治」的願望，誘迫其盟旗王公在「自治」的名義下樹立傀儡政權，叛離中國中央政府。

內蒙古，或稱作漠南蒙古，係指自東北呼倫貝爾西至寧夏蒙人所居住的狹長地帶。九一八事變後，原屬黑龍江省管轄的呼倫貝爾淪陷於日本勢力之下，二十二年（一九三三）三月熱河又為日本關東軍佔領，因而內蒙古之東半部已落入日軍之手，其次一侵略目標就是所謂「西蒙」—即內蒙古西部，亦即察哈爾、綏遠兩省境內的蒙古盟旗：察哈爾部十三旗、錫林郭勒盟、烏蘭察布

[73] Joseph C. Grew, *Ten Years in Japan* (New York: Simon and Schuster, 1944), p. 198.

盟、伊克昭盟以及歸化土默特族。

熱、察、綏在北京政府時代，卽已劃爲特別區，設一都統管理之。國民政府統一全國後，爲鞏固邊防及開發邊疆，將熱、察、綏及寧夏、青海、西康改建行省，然此一措施，却「使內蒙古各盟旗陷於不安」。(74)彼等對中央改省的決策持有異議，對於閻錫山、傅作義等地方軍政首長所推行的屯墾政策，尤爲憤激。內蒙王公仍希望維持原有盟、旗的地位和制度，享有高度的自治。因此，自十七年（一九二八）以後，卽不斷有爭取自治的呼籲和行動，至二十二年便形成了內蒙自治運動的高潮，其主要領導人爲德穆楚克棟魯普——一般文件簡稱他爲德王。(75)內蒙王公此一基於民族意識的自治慾望，遂爲日本關東軍利用爲進行分化並誘使其叛離中國中央政府的一項主要因素。(76)

日軍於攻佔熱河後，隨卽利用投降受編的蒙人李守信攻佔察東重鎭多倫。(77)二十二年七月，馮玉祥所部「察哈爾民衆抗日同盟軍」曾一度收復多倫，然未及一個月，卽再爲日人强佔。關東

(74) 札奇斯欽：三十年代的內蒙古—從蒙古人的觀點看蔣中正先生與蒙古，蔣中正先生與現代中國研討會論文，民國七十五年，臺北。

(75) 德王爲錫林郭勒盟副盟長，被稱爲是「年富力强的貴族」。

(76) 札奇斯欽前文，謂：「內蒙古自治運動的起因，大致上可分爲蒙古人內在的矛盾，外來政治力量的衝擊，和經濟上的死結，三個項目。」

(77) 李守信，蒙古土默特人，惟幼年卽脫離家鄉，混跡於地方匪徒中，其後投效湯玉麟部，任團長，承德淪陷後降日。他不會說蒙古話。

軍設立了多倫特務機關部，派淺田彌五郎爲機關長，控制李守信部，同年七月十六日，日本關東軍參謀部提出一份「暫行蒙古人指導方針綱要案」，要「誘導」西蒙人民「自決」以轉向「親滿親日」的道路。78這一方針，獲得新任關東軍司令官菱刈隆（原任司令官武藤信義於七月二十八日死亡），參謀長小磯國昭的核可，小磯並命令關東軍駐承德特務機關長松室孝良和多倫特務機關長淺田彌五郎，利用僞蒙軍李守信部積極進行西蒙的分離工作。誠如古屋奎二所指證者：

一九三三年八月，關東軍唆使土匪出身的蒙族人李守信，以其部隊自熱河省侵入察哈爾，在多倫製造所謂「察東特別區」，即以李守信為行政長官兼軍長，打下了向察、綏推進的基礎。79

松室孝良是一位剽悍而具野心的騎兵大佐—相當於中國軍制的上校。他惟恐察哈爾省政府主席兼第二十九軍軍長宋哲元採取攻擊行動，乃先發制人，於九月十六日派飛機一架飛到張家口上空，投下「警告」的傳單，要求宋哲元即行將昌平、延慶延長線以東地區之二十九軍部隊撤退，否則，「日、滿兩軍爲維持停戰協定之精神起見，不得已必採取斷然之措置，不但攻擊該軍，而且策源地之張家口，亦必同時炸毀。」80

78 「暫行蒙古人指導方針綱要案」全文，見（日本）「現代史資料」⑧「日中戰爭」㈠，頁四四七—四四八。
79 蔣總統秘錄，第十冊，頁一三三。
80 中日外交史料叢編㈢，頁一八七—八，北平何應欽電。

松室孝良和淺田彌五郎聯名函邀牛羊羣等八旗總管，於九月二十五日前往多倫出席所謂「察哈爾八旗總管會議」，討論所謂「日後復興蒙旗重要關係事件」。邀請函中，特別聲明「保護各總管完全負責，盤費由特務機關發給」，並稱「此日，敝關東軍派一名參謀官參加會議」，其威迫利誘之伎倆，顯而易見。多倫會議，均按照松室孝良的安排進行，會後日本駐多倫特務機關部卽宣佈設立「察綏蒙古各盟旗聯合辦事處」一所，並稱「所用款由敝特務機關完全負責」。同時，關東軍總特務機關部亦宣佈設置「察東特別自治區行政長官公署」於多倫，以李守信爲「行政長官」，李於九月二十二日通告「接任視事」。(81)這是日本關東軍在察哈爾省境內設立的第一個傀儡組織，儼然與設於張家口的察哈爾省政府成對峙之局。

設立僞察東特別自治區僅是日人分離內蒙的第一步。二十二年十月，松室孝良又提出一份「建設蒙古國之意見」，(82)妄稱要實現日本帝國的「大亞細亞政策」。他所設計的「蒙古國」的領域，除西蒙三盟、察哈爾八旗及歸化土默特部外，尙且包括了察哈爾省的原口北道和山西省的原雁門道各縣，其「元首」稱爲「可汗」。其地位則與僞滿洲國相同，由日人擔任「指導官」。

二十三年卽一九三四年一月，日本陸軍參謀部又決定了「對蒙施策」，(83)要依據上述關東

(81) 李雲漢：宋哲元與七七抗戰，頁五七。
(82) 全文見「現代史資料」⑧「日中戰爭」(一)，頁四四九—四六三。
(83) 同上書，頁四六八—四七一。

軍「暫行蒙古人指導方針綱要案」的精神，以錫林郭勒盟和察東地區爲「施政目標」；「施政項目」則包括開闢交通、通商交易、開發產業，利用喇嘛教及回教徒，經營教育、醫療和善鄰會館、宣傳、建立蒙古軍、强化蒙古自衞軍、設置通訊機關、諜報。此一「施策」，並特別書明「爲滿洲國、滿鐵、東亞產業協會及善鄰協會的事業」，竟將西蒙與僞滿視爲一體，同爲日本計劃中的殖民地。同年二月，松室孝良則又提出一種「滿洲國鄰接地方占領地統治案」，主張建立「蒙古自治聯合政府」，其領域則又擴至寧夏省及外蒙古一部分地區。[84]

爲取得錫林郭勒盟的合作，日本關東軍特務人員積極拉攏盟長索諾穆喇布坦——一般通稱爲索王——和副盟長德王。索王穩健，且具人望，他雖關心內蒙民族的前途，却更爲擔心日軍的侵略，當日人要求在錫林郭勒盟首府烏珠穆沁設立特務機關時，他立予拒絕，曾告訴日人：「這是中國領土，有任何問題，應向中央政府交涉。在未得中央政府允許前，無法同意，亦不負任何保護之責。」[85]德王對於日本之協助內蒙「自治」，則表示歡迎。他在獲得索王的勉强諒解下，發起於二十二年九月間，在百靈廟召集內蒙各盟旗代表會議，發出要求中央政府准許內蒙自治的通電，引起了中外新聞的轟動。

然德王發動的「自治」運動，並未獲得綏遠境內伊克昭盟各旗的支持。國民政府爲安撫內蒙

[84] 同上書，頁四七二—四八五。

[85] 札奇斯欽：三十年代的內蒙古。

各盟旗王公使不受日人利用，一方面派章嘉呼圖克圖爲蒙旗宣化使，北上宣導；一方面派內政部長黃紹竑、蒙藏委員會副委員長趙丕廉，前往百靈廟商談，徵詢烏蘭察布盟盟長雲端旺楚克（一般簡稱爲雲王）、德王意見，終於獲得了內蒙在中央指導下實行地方自治的協議。二十三年二月，中國國民黨中央政治會議通過「蒙古自治辦法原則」，國民政府依據此項「原則」決定設立蒙古地方自治政務委員會，指派雲端旺楚克等二十四人爲委員，以雲端旺楚克爲委員長，索諾穆喇布坦、沙克都布札布爲副委員長，德穆楚克棟魯普爲秘書長。另派軍事委員會北平分會代委員長何應欽爲蒙古地方自治指導長官，太原綏靖公署總參議趙戴文爲副指導長官。均於四月二十三日就職，蒙古地方自治政務委員會同時宣告成立。這個委員會，一般簡稱爲「蒙政會」。

蒙政會成立，對日本勢力的入侵內蒙自有防制或緩和作用。二十三年十一月，軍事委員會委員長蔣中正至歸綏視察時，曾召見蒙政會的主持人雲王和德王，予以慰勉，內蒙情勢亦暫趨穩定。但至二十四年（一九三五）夏，所謂「河北事件」發生後，日本關東軍又開始積極推動其「內蒙工作」。關東軍副參謀長板垣征四郎帶了參謀田中隆吉先到烏珠穆沁勸說索王「獨立」，但遭到拒絕，於是關東軍開始以德王爲其「內蒙工作」的首要目標，於是年七月間決定一種「對內蒙施政要領」，決促成德王、李守信、卓什海三人的聯合，以組成內蒙傀儡政權。

關東軍不待中國政府的同意，即擅行在烏珠穆沁和歸綏設立了特務機關部。二十四年六月藉口「張北事件」而壓迫察省當局與之訂簽「秦土協定」後，第二十九軍被迫撤退至張家口以南，使察北各縣及蒙古旗盟落入日人掌握之下。宋哲元當時卽向國民政府報告：

> 據報日人此次實行壓迫我軍退出察北各縣，其目的在便於實現蒙古自治政府，以民衆自決，演成傀儡，再圖南侵。現熱察蒙旗及百靈廟蒙古受日人壓迫，已製造成熟，短期內卽將發動以兵力佔據察北。[86]

二十四年十二月，關東軍果然支持僞蒙軍李守信部攻佔了察北沽源、張北、商都、康保、寶昌、德化六縣，至是察省錫林郭勒盟各旗完全與長城線內隔絕。日人並暗殺了內蒙人士中與南京關係密切的尼瑪鄂索爾，蒙政會委員長雲王也因難以支持內外交困的局面而告辭職。二十五年二月，德王遂在關東軍的嗾使與支持下，在德化縣成立了「內蒙軍政府」，德王自任蒙古軍總司令，一方面聯絡各盟旗王公進行所謂「蒙古建國」運動，一方面準備執行日本關東軍的政策，進侵綏遠。據白雲梯向蔣中正委員長報告：

> 比日接蒙旗及平津密報，滂江方面以日人時相威逼，德君艱於應付，勢不能不與周旋，並聞日方擬乘晉綏軍全力剿匪之際，北顧不暇，協同僞軍襲佔綏遠，預期於兩月內完成，詭謀成立內蒙獨立國。[87]

---

86 中華民國重要史料初編—對日抗戰時期，第六編，傀儡組織(二)，頁二一一六，宋哲元二十四年七月二十一日電。

87 同上，頁二一一八，白雲梯民國二十五年五月一日電。白雲梯，蒙古人，原名色楞棟魯布，時任職於蒙藏委員會。

德王這個人，是個具有野心，工於心計，領導力甚强，頗爲內蒙青年所擁護的內蒙王公。他推動內蒙自治運動，反對綏遠省主席傅作義，勢同水火，接受日本關東軍的庇護與資助，却又表示不背叛南京國民政府，容許蒙古各盟旗駐京辦事處主任吳鶴齡回蒙任事。他於二十五年十一月，以百靈廟爲基地向綏遠省政府所在地的歸綏大舉進攻，却又上電南京，謂「蒙古從未有負於國家」，用兵乃在「剷除」綏遠省，並稱：

綏省當局百般摧殘，屢施壓迫，經此間各盟旗長官及代表妥籌所以自處之道，僉謂綏既始終妨害蒙古之生存，惟有以全力剷除該省之一途，並公推德穆楚克棟魯普為蒙古軍總司令，卓特巴札普為副司令，即日動員掃蕩久為蒙患之綏遠省，以期蒙地仍由蒙人治理，洪非脫離中央。事平之後，當即解除正副司令名義，仍任原職。苟國家不負蒙古，蒙古不負國家，尚乞明察。88

政府覆電德王，希望他「皤然憬悟，一本初衷，取消自署之名義，一切仍當用命中央」，89德王却並未曾遵命。二十五年十一月十三日開始，德王所部僞蒙軍王英部在日軍軍官指使下，向綏遠陶林縣之紅格爾圖進攻，爆發了「綏東戰爭」。依據日本關東軍德化特務機關輔佐官松井忠

88 同上，頁二二八—九，翁文灝二十五年十一月十九日皓電。
89 同上。

雄的記述，此次進攻綏遠，實係板垣征四郎和田中隆吉所策劃。⑳田中隆吉爲關東軍參謀部第二課參謀，亦是德王的最高軍政顧問，戰後也坦承綏遠戰爭是他一手挑起。日軍出動了飛機十數架掩護，並曾轟炸平地泉。但僞蒙軍受到傅作義部將孫長勝、孫蘭峯等部的有力反擊，其大本營所在地的百靈廟於十一月二十四日爲中國軍隊光復，造成了「綏東大捷」。十二月九日，傅作義部又乘勝攻佔了僞蒙軍的最大據點錫拉木楞廟—俗稱大廟，有二十九名日軍官兵被擊斃。㉑中國統帥部本有命令晉綏軍乘勝攻取商都的計劃，但由於西安事變的發生，未能實行。及二十六年七月中日戰爭爆發，內蒙傀儡組織也在日人的驅策下，成立了所謂「蒙古聯盟自治政府」，二十八年（一九三九）九月，又改組爲所謂「蒙古聯合自治政府」。㉒德王仍居傀儡「主席」之位，但他受不了日人的壓迫，竟有「出走」前往重慶的打算，却也未能成爲事實。㉓

二、中國政府的決策

中共的叛亂，構成國民政府心腹之患的內憂；九一八事變後日本的侵略，構成有史以來空前

⑳ 松井忠雄：綏遠戰爭始末記拔萃，見「現代史資料」⑧，頁五六二—五七八。
㉑ 名單見「現代史資料」⑧，頁六六一。
㉒ 有關僞蒙傀儡組織史料，見註⑯書，頁二一一—五二六。
㉓ 札奇斯欽：三十年代的內蒙古。

嚴重的外患。面對同時存在足以影響國脈民命的內憂和外患，國民政府必須立卽採取適時而有效的因應。因應之道首應考慮的問題是：安內與攘外同時進行？抑有所先後？

決策不能脫離現實的環境與國力。就九一八事變當時的環境和國力而言，安內與攘外同時進行乃屬絕不可能，卽單純安內亦艱難萬分，如欲攘外則力有未逮。這是當時的實況，無關理論與激情。

(一) 安內攘外，長期抵抗

如歷史業已顯示於吾人面前者，國民政府諸領袖的決定是：攘外須先安內，統一始能禦侮。無庸否認：九一八前後，中國政府的政策是避免與日軍衝突。軍事委員會委員長蔣中正認為「此非對日作戰之時」，❶監察院長于右任亦電告張學良「中央以平定內亂爲第一」，❷張學良以東北邊防軍司令長官兼中華民國陸海空軍副司令坐鎮北平，更曾於七月六日電告東北政務委員會，告以「亟宜力避衝突」。❸事變發生之夜，駐瀋陽第七旅旅長王以哲電話指示北大營駐軍「不抵

❶ 此語見於日本外務省紀錄密電情報關係卷，梁敬錞九一八事變史述引用之（梁書頁一〇七），又見吳相湘第二次中日戰爭史（臺北，綜合月刊社，民國六十二年），頁八四。

❷ 同上，于電係發於民國二十年七月十三日。

❸ 日本關東廳一九三一年七月十五日上外務省次官電透露，張學良致其參謀長榮臻電云：「此時與日本開戰，我方必敗。敗則日本將要求割地賠款，東北萬刼不復。宜力避衝突，以公理相周旋。」

抗，等候交涉」❹，次晨遼寧省主席臧式毅與參謀長榮臻電告張學良「我軍抱不抵抗主義，毫無反響。」❺張因拒以通電各方：「日軍宣傳，因我軍襲擊南滿路，故日軍施行追擊，但事實上我方絕無此事，卽日軍犯我北大營時，亦毫未與之抵抗。」❻張於十九日在協和醫院接受天津大公報記者訪問時，則更坦誠以告：「吾早已令我部士兵，對日兵挑釁，不得抵抗。」❼——這就是「不抵抗主義」的來源。

當代歷史學者，對「不抵抗主義」之含義，有不同的認知和評價。中共份子及若干反對國民政府人士，固然指此一名詞爲「不抗日」「不愛國」甚至「賣國」的證據，卽自由地區的歷史學者的論點，亦非一致：肯定其爲畏縮與妥協行動者有之，❽認爲不能成爲「主義」者有之，❾指此名詞爲「似通非通」者有之。❿儘管此一名詞帶有怯懦與屈辱的意味，政府當時決定「不抵抗」

❹ 王鐵漢：不抵抗之抵抗，見傳記文學，四卷一期。
❺ 張學良爲日軍入侵東省事通電引臧、榮皓電文字，張電全文見民國二十年九月二十日天津大公報，革命文獻第三十四輯，頁八九一。
❻ 同上，張學良電。
❼ 張學良對新聞記者之談話，見國聞週報第三十八期；九一八事變史料，頁二六一—三。
❽ 梁敬錞：九一八事變史述，頁一〇七。
❾ 王鐵漢前文。
❿ 蔣永敬：從九一八事變到一二八事變中國對日政策之爭議，見抗戰前十年國家建設史研討會論文集（臺北南港：中央研究院近代史研究所，民國七十三年），頁三五八。

則係事實。然論斷「不抵抗」的效用與是非，不能依據「不抵抗」的字面意義，而應於當時的史實中冷靜分析形成「不抵抗」的因素，以及「不抵抗」的程度和時限。

誠然，日人侵華，蠻橫已極，一夜之間，河山變色！是可忍孰不可忍？全國輿論立卽如湯之沸，青年學生尤其悲憤激昂，要求政府立卽對日作戰，寧爲玉碎勿爲瓦全。這種情緒起於愛國的熱誠，是可以理解而且値得同情的。然而，眞正的問題並不在於戰與不戰，而是在於是否能戰或不能戰。戰的目的是勝利，是生存的保障；不是失敗，不是更大更多的屈辱。簡言之，問題在於中國當時有沒有戰勝日本的條件！

「可戰而不戰，以亡其國」，固然爲政府之罪；「不可戰而戰，以亡其國」，政府亦當負其責。⓫當時的國民政府，有沒有對日作戰獲取勝算的可能？無論朝野，只要求之於客觀，理智的觀察與思慮，就會發現答案是否定的。理由是：

第一，黨政中樞，尙在寧粵對立狀態，處於「一個被分裂的黨所統治的分裂的國家」情勢下的中國，⓬如何言戰？

第二，沒有力量；不獨空軍尙未建立，陸軍亦因連年征戰而疲弱異常，兵役及後勤制度尙未

⓫ 中國國民黨中央執行委員會告全國學生書，民國二十年九月二十八日，見中央週報，第一七四期（民國二十年十月五日出刊，南京）

⓬ T. K. Tong, *China's Decision for War*, Columbia University Faculty Seminar Paper, 1963.

建立，財力物力均嚴重困絀。

第三，中共居心叵測。九一八事變發生後，蔣委員長曾命令撤退一部分江西剿共的軍隊以防衞京滬，然中共並未因國難之到來而稍變其叛意，反於十一月七日成立僞「中華蘇維埃共和國」，繼續並擴大其推翻國民政府的行動，國民政府不能不有所顧慮。

以上這種情形，迫使國民政府無法採取積極的抗日行動。因而，不少歷史學者如朱文長者，認爲「不抵抗」是政府「不得已而求其次」的「對策」，⓭「也是當時的歷史產品」。⓮朱文長回憶當時的情勢後說出下面一段話：

依賴國聯的不抵抗政策，當然受盡罵名。可是今日回想起來，這政策也是當時的歷史產品。民國十八年、十九年的內戰，民國二十年長江流域的水災，削弱了本已不强的國力，面對處心積慮而來的日本軍國主義，抵抗是怎樣的結果？（不抵抗的結果已是歷史事實，大家可以覆按）依據抗戰八年的經驗，可以想像如果只是局部抵抗，必被蠶食，如果全面作戰，必被鯨吞。因為當時還沒有民國二十六年那樣的同仇敵愾。⓯

⓭ 朱文長：抗戰時期之民心士氣與知識份子，見許倬雲、丘宏達主編：抗戰勝利的代價—抗戰勝利四十週年學術論文集（臺北：聯合報社，民國七十五年），頁二〇三。
⓮ 朱文長：抗戰艱苦的前因與後果，見傳記文學四十九卷一期，民國七十五年七月。
⓯ 同上。

尚有須加澄清者，不抵抗，係九一八事變後東北地區的現象；事實上，東北亦非完全不抵抗。九一八之夜，卽有王鐵漢的率部抵抗，隨後卽見馬占山在黑龍江的抗日事蹟；二十一、二年間東北義勇軍的蜂起，尤足說明東北軍民的抗日意志與行動。

至於國民政府的對日政策，一則由於毫無準備，一則由於政局變動與人事更易，因而於抵抗與不抵抗，交涉與不交涉之間，數作更張。依蔣永敬的分析，從九一八到次年一二八的五個月間，南京國民政府的對日政策經歷三度變化：由蔣中正主席主張「一面申訴國聯，一面準備作必要之抵抗」，經孫科行政院長的「直接交涉」，而至一二八事變「汪（兆銘）蔣復合」後之「一面抵抗，一面交涉」。⑯蔣氏這一分析，大體正確。依筆者之觀察，國民政府九一八事變後對日政策的演變軌跡是：由不抵抗、不交涉（只訴諸國聯），而局部抵抗、局部談判（一二八淞滬之戰），最後的決定則是：長期抵抗，全面談判。淞滬停戰後至二十六年七月盧溝橋事變這幾年間，國民政府的基本政策就是：一方面準備長期抵抗，一方面進行改善全面關係的外交談判。

國民政府對日政策的制定，蔣中正委員長的意見自是最重要的因素。九一八事變發生，蔣先生時任國民政府主席兼全國陸海空軍總司令，他當時的主張是：一則就日本的侵略向國際聯盟提出申訴，希望以國際干涉迫使日本撤兵；⑰一則建議中央設置特種外交委員會，研商具體可行的

---

⑯ 同⑩。

⑰ 董顯光：蔣總統傳（中華文化事業出版委員會，民國四十一年），中册，頁二一六。

對日政策，⑱一則推請蔡元培、張繼、陳銘樞專程赴粵，磋商統一與團結禦侮辦法。⑲平心而論，蔣氏此種政策，係出於遷就現實的冷靜考慮。他自知不可能卽時與日軍對抗，故於九月二十八日的日記中，以「期於十年內湔除國恥」自誓。⑳然訴求於國聯，國聯卻無能爲力。特種外交委員會雖提出「處理時局之根本方針」之建議，主張對內「團結民心，保持政府人民之信任」，對外「決不先對日本宣戰」，「維持各國對我之好感」，以及必要時「軍事上爲民意所犧牲亦所不卹」，㉑愼則愼矣，但難收立竿見影之效。惟促成寧粵團結一事，蔣氏誠心相與，乃有上海寧、粵雙方統一會議（十月二十七日至十一月七日）之擧行，促成了寧、粵名義上的統一，但卻由於粵方諸人的一時意氣，蔣氏被迫於十二月十五日辭職。㉒及孫科主持下之行政院陷於一籌莫展之境，始

---

⑱ 此一特種外交委員會，係蔣氏召集中央黨政軍首長聯席會議決定設立者，以戴季陶爲委員長，宋子文爲副委員長，顧維鈞爲秘書長，委員爲顏惠慶、熊式輝、吳鐵城、朱培德、劉哲、羅文幹、孔祥熙、賀耀組、于右任、吳敬恒、邵元沖、李煜瀛、丁惟汾、程天放、陳布雷、陳立夫、邵力子、朱兆莘等二十餘人。

⑲ 全文計七條，見革命文獻第三十五輯，頁一二二七—二九；戴季陶先生文存，第一册，頁三七三。

⑳ 中華民國重要史料初編—對日抗戰時期，第一編，緒編(一)，頁一九一—二〇〇，影印文件七。

㉑ 特種外交委員會報告第五條，見革命文獻，第三十五輯，頁一二二八。

㉒ 關於上海會議，參閱沈雲龍：「民國史事與人物論叢」（臺北，傳記文學社，民國七十年），頁三〇七—三二九；張天任：「寧粵『上海和平會議』之研究」，張著現代中國史事，頁六七—一〇五。粵方堅持蔣主席辭職之「對人而不對事」作法，史家頗有指責其不顧大體者，梁敬錞卽曾評曰：「粵方主張對人而不對事。其對人目標，除蔣主席外，尚有張學良，蔣雖願下野，然抗日剿共諸大事，蔣去誰可擔當？則汪胡均不計及；張學良喪師失地，雖有可去之理由，但錦州、熱河、華北之奉軍尚數十萬，張去誰可指揮？粵方亦不理會。」，見梁著九一八事變史述，頁一三一—二。

又邀請蔣氏返京主持軍事，汪兆銘亦出任行政院長，中樞始暫告穩定。

二十一年上海「一二八事變」爆發，國軍奮起抵抗，國民政府亦遷都洛陽，顯示不妥協之決心。此為中國對日軍侵略進行抵抗之開端，亦為對中國國力之首度實地考驗。第十九路軍及增援而來之第五軍，忠勇奮勵，苦戰之三十二日之久，國人為之歡騰，外人亦表示驚佩。然中國軍隊實非日軍對手，結果仍不能不與之簽訂停戰協定。滬戰期間，內陸軍隊不聽調遣，運輸困難，財力困絀，江西共軍趁機反擊國軍，並建立偽政權以擴大叛亂，均足證明國家尚不具備全面抵抗的條件。㉓蔣委員長遂決定先行肅清豫鄂皖三省邊區的共軍，以爭取「自強的空間」——即政府控制足够的地區作為支援作戰的基地，以供未來在對日戰爭中有廻旋之餘地。

民國二十一年五月以後，國民政府確定採行「安內攘外」政策，對中共的叛亂必須先行肅清，對日本侵略則決定長期抵抗；亦即先求統一，再事禦侮。二十二年三月長城戰役爆發，國民政府第二度動員兵力對日本作大規模抵抗，第二十九軍，第二師、第二十五師等部也有輝煌的戰績，結果却仍然無力阻遏日軍的進攻，最後的結局仍是塘沽協定的簽訂。㉔而江西共軍於蔣中正

㉓ 此等情形，見吳相湘：第二次中日戰爭史，頁一〇四；蔣永敬：九一八事變中國方面的反應，見新時代，五卷十二期（民國五十二年十二月）；李雲漢：九一八事變前後蔣總統的對日政策，見師大學報，第二十一期（民國六十五年四月）。

㉔ 中日外交史料叢編㈢：日本侵犯上海與進攻華北，頁一七一——一九〇。

委員長北上保定指揮長城抗日軍事之際，又復分途出擊，無異與日軍遙爲呼應，益使國人體會到攘外必先安內的重要。如蔣廷黻，卽認爲「先剿匪，後抗日，這是當然的步驟。」他提醒國人：「共黨勢力蔓延之廣，幾等於明末的流寇，而有組織，有計劃，有主義則又過之。」主張：「我們惟一的出路在於未失的疆土的整理，而整理的初步就是共黨的肅清。」㉕

安內攘外政策在當時的情勢下，殊難獲得國人的一致認定，但絕大多數的社會人士及教育文化界名流，都予以有力的支持。對於日本侵略採取長期抵抗的策略，北方的學界領袖胡適、蔣廷黻、丁文江、傅斯年等原也各有意見，但他們從二十一、二兩年國軍在淞滬和長城兩度抵抗的經驗和教訓中，眞正認清了中日問題的本質，因而完全同意長期抵抗的政策。丁文江本是主戰者，當他從軍備和財政方面作了客觀的了解後，認定中國還沒有和日本作戰的可能，他說：「抗日救國不是幾天的事，並且不是幾年的事，是要有長期的決心與努力，才能够有成效。」㉖丁氏並呼籲國人：「大家準備到（中國的）堪察加（雲南、貴州）去！」表示對抗日本至死不屈。㉗蔣廷黻提示國人：「我們現在根本要放棄短期內解決的希望，而咬住牙根作長期—五年或十年—抵抗的計劃。」㉘胡適甚至主張作更長遠的打算：「我們可以等待五十年」，他沉痛的說出發人深省

㉕ 蔣廷黻：未失的疆土是我們的出路，見獨立評論，第四十七號，民國二十二年四月二十三日出版。
㉖ 丁文江：抗日的效能與青年的責任，見獨立評論，第三十七號，民國二十二年二月十二日出版。
㉗ 吳相湘：第二次中日戰爭史，上册，頁三四二—三。
㉘ 蔣廷黻：中俄復交，見獨立評論，第三十二號，民國二十一年十二月二十五日出版。

的話：

我們不能依靠他人，只可依靠自己。我們應該下決心作一個五年或十年的自救計劃，咬定牙根做點有計劃的工作，在軍事、政治、經濟、外交、教育的各方面都得有個「長期拚命」的準備。㉙

一九一四年比利時全國被德國軍隊佔領蹂躪之後，過了四年，才有光榮的復國。一八七一年法國割地兩省給普魯士，過了四十八年，才收回失地。我們也許應該準備等候四年，我們也許應該準備等候四十八年！在一個國家的千萬年生命上，四、五年或四五十年算得什麼？㉚

㈡ 統一與建設

長期抵抗並非長期等待；而是以忍辱負重的心境，利用暫時對日忍讓所換得的時機，積極培植國力，以創造可戰可勝的條件，應付最後的決戰。培養國力之道無他，乃是全力促進國家的統一與建設。

中國之所以積弱不振，主要原因之一乃是國家的未能統一。不統一就無法團結，不團結就沒

㉙ 胡適：內田對世界的挑戰，見獨立評論，第十六號，民國二十一年九月四日出版。
㉚ 胡適：我們可以等待五十年，見獨立評論，第四十四號，民國二十二年四月二日出版。

有力量，沒有力量就不能禦侮救國。這一淺顯的道理，蔣中正委員長曾對全國在南京受檢閱的童子軍强調過：

不統一便沒有力量，沒有力量便要受人家的輕蔑！所以我們要挽救國家，要復興民族，要收回主權，求得中國之自由平等，首先就要將中華民國整個的統一起來！要使全國四萬萬同胞，大家永遠堅固的團結起來。㉛

國民革命軍之北伐，國民政府於民國十八、九年間的中原戡亂，目的都是爲了國家的統一。然此亂甫平，彼亂又起，尤以中共之叛亂，更爲心腹之患。自九一八至一二八的國難期間，共軍乘機竄擾，其勢力竟擴及贛、皖、鄂、豫、湘、浙、閩七省部分地區，形成所謂「中央」、「湘鄂贛」、「贛東北」、「湘贛」、「鄂豫皖」、「湘鄂西」以及「陝甘」等七個「蘇維埃區」。㉜政府如不積極剿共，不僅對日作戰爲不可能，本身的生存且已面臨極大的威脅。因而，蔣中正委員長於淞滬抗日戰爭簽訂停戰協定後，立卽展開圍剿共軍的行動：一方面設立豫鄂皖剿匪總司令部，由其本人兼任總司令，限期肅清長江北岸的匪患；一方面在廬山召開豫、鄂、皖、贛、湘五省剿匪會議，決定「攘外必先安內」。㉝

㉛ 總統蔣公思想言論總集，卷十四，頁四六四。
㉜ 曹伯一：「江西蘇維埃之建立及其崩潰」（國立政治大學東亞研究所，民國五十八年），頁四〇—四七。
㉝ 總統蔣公大事長編初稿，卷二，頁一九八。

蔣委員長的剿共工作，自二十二年六月開始，至二十四年十月共軍被驅逐至陝北，爲時三年又四個月。大體可分爲三個階段：一是清剿豫鄂皖邊區之共軍，歷時六個月；一是對江西共軍發動第四次圍剿，二十二年一月開始，但因日軍之侵陷熱河與進攻長城，而致未竟全功；一是二十二年十月發動的第五次圍剿，在「七分政治、三分軍事」的方針，碉堡封鎖與編組保甲政策，以及步步爲營、穩紮穩打的戰術運用下，㉞終於肅淸了長江流域的共禍，奠定了國家統一的穩固基礎。

剿共過程中，蔣委員長同時進行軍事政治教育的加强與交通建設及農村開發。軍事與政治教育方面，主要的是廬山與峨嵋兩個軍官訓練團的訓練，增强了國軍軍官的政治認識與戰術修養；尤其是廬山的訓練，自二十二年七月至二十六年七月，調訓了全國各軍的高級將領和地方重要行政官員，於意志力量的陶冶以及士氣民心的鼓舞，都發揮了極大的功能。地方建設與開發方面，如豫、鄂、皖、贛四省農民銀行的設立，農村教育與識字運動的推行，各省公路網的構築，地方行政制度的改革與效率的提高，以及新生活運動的推行與禁烟禁毒的實施，都有可觀的績效。美籍的基督教會傳教士詹森（William Johnson）、史費德（George Shepherd）等也參加了江西收

㉞ 有關第五次圍剿之政策與行動，參閱五次圍剿戰史（中華民國開國五十年文獻編纂委員會重印，民國五十七年）；陶希聖、唐縱：淸共剿匪與戡亂（蔣總統對中國及世界之貢獻叢書編纂委員會，民國五十六年）；曹伯一：江西蘇維埃之建立及其崩潰，頁五〇五—五六七。

復區的農村重建，於其「成爲鄉村改革者」的經驗，無不津津樂道。㉟

統一的本義，首在全國軍令政令的一致。中共係破壞統一的最大障碍，然中共以外，亦尙有若干阻撓統一的集團和叛亂的組織存在。故國民政府所致力的安內工作，於剿共以外，也同時要消弭其他的叛亂與分裂活動。方法上，也非全用武力，若干事件都係以政治手段獲得了解決。如二十二年五月至八月的馮玉祥擅組察哈爾民衆抗日同盟軍事件，同年十一月至翌年一月的十九路軍福建叛變事件，以及二十五年六月至七月的兩廣異動事件，主要的係採政治與軍事相互爲用的途徑，使犧牲達到最低限度而能實現國家的統一。

培植國力以抵禦外侮的更重要工作，乃在積極推動國家的建設。自北伐統一至抗戰爆發的十年——十七年至二十六年（一九二八——一九三七），國民政府於內憂外患交相侵逼的困難處境中，仍能積極推動國家建設，創造了相當豐碩的成績，國勢有日新月異之趨向。以是在華服務的外籍人士如卜凱（John L. Buck）、楊格（Arthur N. Young）等人，都對中華民國艱苦建國的成就給予很高的評價。㊱魏德邁（Albert C. Wedemeyer）則曾向美國國會指出：「一九二七年至一

㉟ James C. Thomson, Jr. *While China Faced West, American Reformers in Nationalist China, 1928-1937* (Harvard University Press, 1969), Chapters 4-5.

㊱ Paul K. T. Sih (ed.), *The Strenuous Decade: China's Nation-Building Efforts, 1927-1937* (New York: St. John's University Press, 1970), pp. 83-124, 171-193.

九三七年之間，是許多在華很久的英美和其他各國僑民公認的黃金十年（Golden Decade）。」㊲

國家建設，大體可分別爲物質建設和精神建設兩個層面。物質建設，係有形的建設，其成就顯而易彰，且多有專門著述分別介紹。㊳其中以財政改革，交通建設及國防整備三方面的成就，更爲突出。茲分別擧其犖犖大者如後。

先談財政改革。國民政府財政部自十八年起，卽聘用外籍顧問羅德瓦爾德（Augast Rohde-wald）、凱末爾（E. W. Kenmerer）、楊格等人，㊴協助研訂財政改革步驟，並奠定近代金融管理的基礎。其步驟是：整理稅制、調整稅率、關稅自主、裁撤釐金、建立預算制度、廢兩改元

㊲ 美國第八十二屆國會參議院調查太平洋關係學會記錄，頁八〇一。

㊳ 討論戰前中國建設的中外書籍，其主要者：(1)十年來之中國經濟建設（中國國民黨中央國民經濟建設委員會主編，民國二十六年初版，南京）；(2)薛光前編：艱苦建國的十年（臺北：正中書局，民國六十年）；(3)淩鴻勛：十六年築路生涯（臺北：傳記文學社，民國五十七年）；(4)中國國民黨中央黨史委員會編：革命文獻，第五十三至六十三輯：抗戰前的教育文化與學術；(5)中央研究院近代史研究所：抗戰前十年國家建設史研究會論文集（民國七十三年）；(6)卓文義：艱苦建國時期的國防軍事建設—對日抗戰前的軍事整備（臺灣育英社文化事業有限公司，民國七十三年）；(7)卓遵宏：抗戰前十年貨幣史資料(一)—幣制改革（國史館，民國七十四年），(8)卓遵宏：中國近代幣制改革史（一八八七—一九三九）（國史館，民國七十五年），(9)賴淑卿：國民政府六年禁烟計劃及其成效（民國二十四年至二十九年）（國史館，民國七十五年）(10) Arthur N. Young. *China's Nation-Building Effort, 1927–1937: The Financial and Economic Record* (Stanford Junior University, 1971) Paul K. T. Sih, *The Strenuous Decade: China's Nation-Building Efforts, 1927–1937* (New York: St. John's University Press, 1970).

㊴ 羅氏爲德籍，凱、楊二氏爲美籍。

—幣制廢除金本位改採銀本位，最後於二十四年十一月斷然實行了幣制改革—亦卽新貨幣政策：以法幣代替銀元，亦卽將銀本位改制爲滙兌本位。㊵其主要規定是：

中央銀行、中國銀行、交通銀行所發行的鈔票，定為法幣。所有完糧納稅及一切公私款項收付，概以法幣為限。

凡銀錢行號商店及其他公私機關或個人，持有銀元及生銀者，應交由發行準備管理委員會或其指定之銀行，兌換法幣。㊶

此一政策的實施，得力於英籍財政專家李滋羅斯（Frederick Leith-Rose）的協助。實施之後，由於國人的愛國情緒及其對政府的信任，再加英國政府的支持—令在華英國銀行遵令實施，進行至爲順利。卽日人亦稱之爲「世界上無與倫比的大改革與大成功。」㊷由於幣制改革的成功，不獨白銀集中於政府之手，解除了因美國白銀政策而造成中國白銀大量外流的「經濟國難」，且因全國幣制的統一，奠定了戰時財政因應順利的基礎。劉大中曾作如下的評論：

㊵ 財政部：新貨幣制度說明書，民國二十四年十一月印行。
㊶ 卓遵宏：抗戰前十年貨幣史資料㈠，頁一八四。
㊷ 王俊元著白銀問題與法幣政策，頁八，引當時日本三菱銀行上海分行負責人吉田政治之言。卽日本天津駐屯軍參謀長酒井隆，亦恐懼中國幣制改革的成功，「將令華北和西南完全放棄其從前的半獨立性，並將根本的導致日本對華政策的覆滅。」見陳鵬仁：近代日本外交與中國（臺北，水牛出版社，民國七十五年），頁五六。

一九三五年成功的貨幣改革，是一個主要的成就。中國後來能够在一九三七到一九四一年單獨抵抗日本的侵略，貨幣改革有重大的貢獻。㊸

交通建設的成就，爲戰前國家建設之一大特色。包括鐵路與公路的興建，航運的發展，築港與建橋，以及郵政管理的收回與擴張等，不僅成效卓著，且能配合國防需要，大幅度加强了軍運。二十五年十月十日，蔣中正以行政院院長、軍事委員會委員長身分，發表「中國之統一與建設」專文，明告中外人士：「中國于萬分危難之中，已實行復興與建設之計劃」。㊹其關於交通建設者，蔣文中指出：

關於交通方面之進步，最好以數字表明：鐵道由一九二五年之八、〇〇〇公里，增至一三、〇〇〇公里；公路已完成者凡九六、五四五公里，在建設中者有一六、〇〇〇公里。往日自南京至廣州或南寧，舟楫車馬，費時數月，今藉汽車數日可達。空中飛行，十年前不聞於中國，而今日由上海可達漢口、成都、北平、廣州諸大城市，而遠及於新疆邊省。㊺

國防建設，主要的表現於六個方面：一是陸軍的整編與訓練，二是軍事教育系統的建立，三

㊸ Paul K. T. Sih, *The Strenuous Decade: China's Nation-Building Efforts, 1927-1937*, p. 126.

㊹ 全文見民國二十五年十月十日，南京中央日報。已編入總統蔣公思想言論總集。

㊺ 蔣中正：中國之統一與建設。

是空軍的建軍，四是學校軍訓與國民兵訓練的實施，五是兵役法的頒佈與實施，六是長江下游及沿海地區防禦工事的修築。[46]其中兵役法，係於二十二年六月十七日正式公佈，至二十五年三月一日生效，採徵募並行制。二十五年十二月首次徵兵五萬人，抗戰開始後半年內徵兵七十萬人，使國軍兵員能適時補充，並提高了兵士的素質。

軍中的訓練和學校的軍事教育不斷的進步，敏感的日本人自然看得很清楚。日本駐南京總領事須磨彌吉郎於民國二十六年春奉調回日後，對日本外交協會第六特別委員會報告中國近況時，即曾提醒日人說：「中國自前年十一月以來，由於充實軍備，尤其努力於軍事訓練的結果，軍隊的樣子和士氣，都完全變了。特別是中國各方面的年青人，都充滿了要肩負國家責任的熱情。」[47]

國防建設過程中，有兩事須加注意者：一為外籍顧問的協助，如德籍顧問之於陸軍整訓與軍制改革，義籍顧問之於空軍建軍等是；二為若干軍事計劃係在隱蔽之下進行，以保持機密，如由國防設計委員會改組而成的資源委員會，其職掌即為國防資源的調查與統計，以作戰時經濟動員的基礎。[48]又如軍事委員會決定與中央、清華、交通、武漢四所大學合作設系發展航空並培育人

---

[46] 國防建設詳情，見何應欽：何上將抗戰期間軍事報告，上册；卓文義：艱苦建國時期的國防軍事建設，對日抗戰前的軍事整備；劉鳳翰：戰前的陸軍整編，見抗戰前十年國家建設史研討會論文集。

[47] 陳鵬仁：近代日本外交與中國，頁七五。

[48] 國防設計委員會於二十一年三月成立，隸參謀本部，至二十四年四月易名為資源委員會，改隸軍事委員會，其職能除調查統計國防資源外，並策劃發展國防工業。

才，却不能明白稱作航空工程系，中央大學用了個「特別機械研究班」的名義，這就是羅家倫所說的「悲痛的隱蔽」。㊾

精神建設層面中，最顯著特色是：民族精神教育—亦即愛國教育與國難教育—的普遍，民族復興運動的倡導，及新生活運動的推行。

中國國民黨是個以民族主義為根基的革命黨，國民政府奠都南京後的教育目標與政策，如三民主義教育宗旨之確定，教會學校教育權的收回，黨義課程的開設，廢止日本在華文化事業協定，國家意識與愛國情操的培養，抗日救國思想行動的鼓勵等，均為民族精神教育的發揮。事實上，日本的入侵及其暴行，乃是刺激中國青年民族思想與抗日決心的最大動力。

教育的目標是正確的，教育的進步是明顯的，教育的功效是令人欣慰的。吾人不須列舉教育普及與進步的事實，只舉幾位在華外人—包括日人—的證言，就可明瞭當時中國青年的思想趨向：金陵大學美籍教授卜凱於民國二十五年（一九三六）曾謂：「睡獅已猛醒了；隨便那一方面的發展工作，都有足够的中國人才，所有外國人都回家去，中國仍然會繼續突飛猛進。」㊿曾任日本駐上海總領事的若杉要，亦曾慨然說過：「中國次第變化着，中國正在國民革命的途上。現在大學生等的國家意識，次第進步發展着，中國的青年、軍人、大學生們，把愛國這椿事，視同自

㊾ 羅家倫先生文存（羅家倫先生文存編輯委員會，民國六十五年），第一册，原稿製版。

㊿ 薛光前：艱苦建國的十年，頁一九五。

己生命樣的熱心努力着。中國雖不能急速依照孫中山的理想完成革命，然而平等互惠或是民族解放，已經成了國民的常識。」51

民國二十一年至二十六年間，蔣委員長為謀革命精神的重振與民族精神的發揚，先則許可一部分黃埔軍人建立了「力行社」的組織，繼則以南昌總部為中心，發起新生活運動和國民經濟建設運動，以復興民族道德與精神，奠定國家統一政治安定與社會改革之基礎為目標，因而名之為民族復興運動。52此一運動之開展，觸及軍事、政治、文化、社會各方面，於國難時期國民精神建設的貢獻甚大，是為黨內及軍內的一支新生力量。惟「力行社」及二十二年八月成立的「復興社」之祕密組織形態及工作方式，學術界則有不同的認知與評價。53

與教育文化及民族精神最有關係者，厥為新生活運動。此一運動，係蔣中正委員長於二十三年二月十九日在南昌行營發起，陸續推展至各省及海外，由個人到團體，由家庭到社會、學校、

51 若杉要：請再檢討現在的中國，原文刊於「支那」，一九三七年四月號，中文譯文見「國聞週報」十四卷十七期（二十六年五月），「外論介紹」欄。

52 鄧元忠：民族復興運動在民國史中的意義，見中華民國建國史討論集，第三冊。

53 民國四十年代以後，「力行社」幹部之在臺灣者曾發表若干回憶及介紹文字，强調「力行社」的功能，然歷史學者則持不同的看法。參閱中華民國建國史討論集，第三冊，頁二五一—二，宋晞及胡春惠之發言。美籍歷史學者之評價，亦非一致。Lloyd E. Eastman 强調「力行社」的法西斯色彩，見所著 *The Abortive Revolution* (Harvard University Press, 1974)，Maria Hsia Chang 著 *The Chinese Blue Shirt Society* 一書，則認為「力行社」所代表者，是發展中的民族主義，而非法西斯主義。

軍隊及官署，風行草偃，蔚然成風。故吳相湘認為「是中國近百年來的一個空前的、普遍的、盛大的，並且深入民間的社會改造運動。」[54]

新生活運動以倡導並實踐禮、義、廉、恥為基本綱領，以軍事化、生產化、藝術化為中心目標，以「昨死今生」的精神和決心，滌除舊染惡習，實行合於禮、義、廉、恥之規範的新生活，以達到整齊、清潔、簡單、樸素、迅速、確實的境界。[55]實在說來，是一項國民精神與生活的改造運動，也可說是一項結合民族文化與新時代生活規範的文化建設運動。這一運動的推行，亦頗引起日人的重視；戰爭發生後，日本首相阿部信行即曾指出：戰前中國有三件不可輕易看過的大事，那就是整理財政、建設軍備和推行新生活運動。[56]

(三) 忍讓的條件與限度

「倭寇深入，赤匪猖獗，吾人攘外，必先安內。」[57]這是軍事委員會委員長蔣中正民國二十一年夏決定的政策。他在南昌設立行營，親自督師進剿共軍，而對日本則採取暫時忍讓政策，以免陷於內外交攻，腹背受敵的困境。他曾對剿共將領說明這一意義：

[54] 吳相湘：第二次中日戰爭史，上册，頁二八六—八。
[55] 詳革命文獻，第六十八輯，新生活運動史料。
[56] 張其昀：黨史概要，第二册，頁一〇五九—六〇。
[57] 蔣委員長告剿匪政治宣傳人員攘外必先安內條示，民國二十一年三月十四日。

我們就客觀的情形與主觀的戰略看來，今日救國的途徑，只有照着古人「攘外必先安內」這句話來力行，我們必須先把後方與內部安定下來，然後攘外才有辦法，才不致處於內外夾攻的危急。(58)

然對日忍讓，亦有其基本立場與條件：其一，任何與日本間的接觸與協定，絕不能涉及對東北偽滿的承認，亦即在任何情形下中國絕不放棄東北的主權。其二，盡量用口頭交涉，不作文字協定；倘不得已必須簽訂協定，亦只能限於軍事，不涉政治。這項立場，中樞於二十二年五月華北進行停戰談判時作成如下的決議：

現在前方停戰談判已經開始，逆料對方進行方針不出兩種：甲、對方以强力迫我屈服，承認偽組織及割讓東四省，如果出此，我方必毅然拒絕，無論若何犧牲，均所不避。乙、對方鑒於我方犧牲之決心，與列强之環視，此次停戰目的，在對方軍隊退出長城以北，我方不向之追擊，保留相當距離以免衝突。如果出此，則我方鑒於種種情形，可以接受，惟以不用文字規定為原則，若萬不得已，祇限於軍事，不涉政治，並須留意協定中不可有放棄東四省承認偽組織之疑似文句。(59)

---

(58) 中華民國重要史料初編—對日抗戰時期，第一編緒編(三)，頁三七，蔣委員長二十二年五月八日在崇仁總指揮部講詞。

(59) 中日外交史料叢編(三)，頁一七六，國防會議決議案。

對日忍讓，目的在爭取安內備戰的時間。然能促使日本衡量利害，懸崖勒馬，於中國而言，則爲上策。(60)蔣中正委員長身負國家重任，對時局處理尤出於危懼戒愼，他判斷第二次世界大戰必將於三年內爆發，而第二次世界大戰就是中國存亡的關鍵，中國必須在三年之內，於危難重重中爲國家民族開出一條生路。二十三年三月十八日在南昌講述「今後改造政治的路線」時，蔣氏語重心長的提醒國人：

大家曉得，第二次世界大戰是為什麼？一言以蔽之，就是爭中國，就是要解決中國問題。就中國而言，第二次世界大戰，是我們亡國的時候，也就是我們復興的機會！到那時如果我們沒有自保的力量，便純粹要成「人為刀俎、我為魚肉」的局面，結果，一定亡國！所以我們國家和民族的命運，最多就是在這三年之內決定！三年的時間，總共還不到一千一百天，我們整個國家，就靠在這急迫而短促的一千一百天，能從艱難困苦危險當中竭力造成復興基礎！總要使他轉危為安，轉弱為強！(61)

爲確保在未來戰爭中中國能立於不敗之地，蔣委員長一方面向中央提出「確立今後物質建設根本方針案」，致國防與經濟配合發展；(62)一方面發起新生活運動並大力推行民族復興運動，以

(60) 朱文長氏作如此看法，見朱撰「抗戰時期之民心士氣與知識份子」一文，見抗戰勝利的代價，頁二〇三。
(61) 總統蔣公思想言論總集，卷十二，頁一二七。
(62) 中國國民黨第四屆中央執行委員會第四次全體會議紀錄，民國二十三年一月二十三日，南京。

加速國民精神的建設。然蔣氏細察國內外情勢，深以爲對日態度，「此時仍須以忍耐出之」。(63)故對於二十三年四月十七日日本外務省發表的「天羽聲明」，(64)六月八日日本駐南京總領事館製造的「藏本事件」，(65)除由外交部發表嚴正聲明外，中國政府並未採取相對的抵制立場。然蔣委員長却在廬山召見了近百位華北將領，授以因應敵情之道。七月十三日起蔣委員長在廬山軍官訓練團以「抵禦外侮與復興民族」爲題，連續發表了三次講演。講詞當時列爲機密，抗戰開始後始行公開發表。(66)講詞重點在分析中日兩國國力，並提示對日作戰應有的準備與戰法。其中有一段非常感人的話：

我們要拿一分力量，來抵抗敵人十分力量，我們就是要拿自己的人力，來抵抗敵人的機器。我們要有這樣的一個犧牲的準備，和這樣一種革命的精神，我們每營講營防，每團講團防，每師講師防，拿我們的血肉來代替我們的國防，拿我們的血肉來抵擋敵人的槍砲。(67)

中國準備應付日本的大舉侵略，但不希望戰爭，仍希望日本反省。二十三年十一月，蔣委員

(63) 總統蔣公大事長編初稿，卷三，頁二八，四月五日記事。
(64) 同本章第一節，註㉞。
(65) 同本章第一節，註㊱。
(66) 全文見總統蔣公思想言論總集，卷十二，頁三〇二—三四八。
(67) 同上，頁三一五。

長回到南京，於接見日本大阪新聞記者時，告以中日問題的解決，應以道德信義爲基礎。(68)同年十二月二十日出版的「外交評論」，刊出了蔣委員長口述，陳布雷執筆，徐道鄰具名發表的「敵乎？友乎？」專文，對日本岡田啓介內閣提出忠告。(69)要求中日兩國都要作一番檢討，尤其是日本，對於中日關係的緊張「至少應負十分之六的責任」，更應改變其錯誤的觀念與政策，「斷然歸還東北四省」。蔣氏希望日本能主動採取行動以打開兩國關係的僵局——「解鈴還須繫鈴人」。但日本當局反應冷淡。只由外相廣田弘毅於次年（一九三五）一月在國會答覆質詢時，說是「在本人擔任外相任內，絕不會發生戰爭。」(70)

二十四年一月二十九日、三十日，蔣委員長在南京先後接見了日本駐華公使館陸軍武官鈴木美通和駐華公使有吉明，「語語至誠，所冀促使日方覺悟耳。」(71)二月十四日，蔣氏在牯嶺接見日本朝日新聞記者，告以「中日提携當以道義爲出發點」，並希望日人認清全中國人民自東北問題發生後所感受的創痛，實已根深蒂固，萬難消除，「如東北問題一如今日之現狀，則此種反感

(68) 總統蔣公大事長編初稿，卷三，頁一三四。

(69) 陳布雷回憶錄，謂此文成稿於二十四年一月，顯係誤記，蓋外交評論確係二十三年十二月二十日出版也。三十九年重印時，蔣委員長跋文記爲「二十三年秋」，並謂：「以此爲中日兩國朝野作最後之忠告，期其警覺，克免同歸於盡之浩刼。」

(70) 蔣總統秘錄，第十冊，頁二五。

(71) 總統蔣公大事長編初稿，卷三，頁一六九。

心理日見深刻，史實所賴，非任何力量所能消滅。」[72]次日，致電時任國際法庭法官的王寵惠，盼其赴歐回任路經東京時告訴廣田弘毅，如他願來中國，「對於滿洲問題，必須有一具體解決方案。」[73]

二十四年一年內，由於日本的侵略華北，兩國關係更見緊張。兩國政府雖同於五月十七日發表兩國公使升格爲大使，但未能緩和日本軍人分離華北的活動。六月二十七日，蔣氏聞悉所謂「秦土協定」制止山東人移居察省後，其日記記曰「痛憤曷極」，但考慮到全盤情勢及國家整體利益，仍決定再作忍耐。日記中記曰：「對倭宗旨，非至最後之時，不與決裂，則此時應以保全國脈爲先，而犧牲一切爲最後之處置也。」[74]

二十四年九月，華北情勢益形惡化，日人已公開鼓動所謂「自治」。蔣委員長再發表一篇「如何改善中日關係」的論文，[75]正告日本朝野：「滿洲問題如不能得圓滿解決，中日關係是無改善可能的。」「中國是一個完全自主獨立的國家，我們領土和行政的根本原則，絕無放棄的可

---

[72] 總統蔣公思想言論總集，卷三八，頁二九。

[73] 同[71]，頁一七五。

[74] 同[71]，頁二〇五—六。

[75] 原載日文「經濟往來」一九三五年九月號，標題爲「中日關係的轉回」，中文稿見「中央週報」，第三七八期，民國二十四年九月二日出版，南京。

能。」「中國對於日本的妥協讓步，畢竟有一定的限度。」十一月十二日，中國國民黨在南京召開第五次全國代表大會—是一次黨的團結大會，胡適認爲這次大會是國家統一的象徵。[76]蔣委員長於十九日對大會提出對外關係報告，他宣佈中國對日政策是：

和平未到絕望時期，決不放棄和平；犧牲未到最後關頭，決不輕言犧牲。[77]

國人多能了解蔣委員長的苦心，相信他有最後抵抗的決心。然「最後關頭」的確切定義爲何！則又不無懸疑。八個月後—二十五年七月，蔣氏乃對中國國民黨五屆二中全會作了明確的說明：

中央對外交所抱的最低限度，就是保持領土主權的完整。任何國家要來侵擾我們的領土主權，我們絕對不能容忍。我們絕對不訂立任何侵害我們領土主權的協定，並絕對不容忍任何侵害我們領土主權的事實。更明白些說，假如有人强迫我們欲訂承認僞國等損害我們領土主權的時候，就是我們不能容忍的時候，這是一點。其次，從去年十一月全國代表大會以後，我們如遇有領土主權再被人侵害，如果用盡政治外交方法而仍不能排除這種侵害，就是要危害到我們國家民族之根本的生存；這就是為我們不能容忍的時候。到這時候，我

---

[76] 胡適：用統一的力量守衞國家，民國二十四年十一月十七日，天津大公報星期論文。

[77] 中國國民黨第五次全國代表大會紀錄原件，中央黨史會藏。

們一定作最後之犧牲，所謂我們最低限度，就是如此。[78]

日本方面，却並不理會中國政府的立場和忠告。駐華北軍人變本加厲的對冀察當局施加壓迫，並於二十五年五月大量增兵。先後擔任外相和首相的廣田弘毅則一意執着其所謂「廣田三原則」，與中國進行所謂「調整國交」的談判，壓迫中國接受。「廣田三原則」的要義是：

一、中國放棄以夷制夷政策；

二、中、日、「滿」親善；

三、中、日在華北共同防共。[79]

第一條，干涉中國內政，第二、三條，妨害中國領土完整與主權獨立。中國當然不能接受。外交部長張羣對中國國民黨五屆二中全會作外交報告時，即曾坦誠說明：「廣田提出所謂三原則作對案，要我們先承認。這當然是我們做不到的，所以這交涉沒有成功。雖然日本曾一度宣傳我們接受三原則，其實我們的立場始終未變。」[80]

中國政府爲了順利完成勦共任務，並避免日方與地方當局進行威逼與利誘，因而通知日本和中國地方當局，一切外交事項應由外交部主持談判。[81]以是民國二十五年一年內，張羣先後與三

[78] 會議紀錄報告詞原件。

[79] 詳細內容見中日外交史料叢編(四)：盧溝橋事變前後的外交關係，頁一七—一八。

[80] 中華民國重要史料初編—對日抗戰時期，緒編(三)，頁六六〇—五。報告日期爲二十五年七月十日。

[81] 張羣：我與日本七十年（臺北：中日關係研究會，民國六十九年），頁四九。

位日本駐華大使有吉明、有田八郎和川越茂，進行了一連串的談判。(82)特別是川越茂，張氏和他在三個月內舉行了八次談判，其蠻橫無理乃世界外交史中所罕見者。由於談判期間，先後發生了成都、北海、漢口、上海四處殺害日人事件及北平豐臺軍事衝突事件，(83)日海軍艦隊集中上海並派陸戰隊登陸挑釁，進行所謂「威迫外交」。(84)川越先後提出十一項無理要求：

1. 允許日本在長江駐兵。

---

(82) 談判經過見張羣：我與日本七十年，頁四四—八五；中日外交史料叢編（四），頁一四—三九；周開慶：抗戰以前之中日關係，頁二九——〇五。

(83) 各次事件發生情形：

成都事件：發生於二十五年八月二十四日，起因於日本未得中國同意便擬開設駐成都領事館，派岩井英一爲代理總領事，前往重慶。其隨行人員新聞記者渡邊光三郎、深川經二及田中武夫、瀨戶尙等逕往成都，爲憤怒群衆毆擊，渡邊、深川死亡，田中、瀨戶受傷。

北海事件：發生於二十五年九月三日，駐軍翁照垣部宣傳抗日，發動群衆示威，將日營「丸一藥房」店主中野禎三殺害。

豐臺事件：發生於二十五年九月十八日，日軍擅駐豐臺之部隊演習歸途中，與二十九軍三十七師駐軍一連衝突，兩軍對壘一晝夜。宋哲元讓步，撤退駐軍，豐臺遂爲日軍佔領。

漢口事件：發生於二十五年九月十九日，係漢口日本領事館巡查吉岡庭二郎在日租界日信碼頭，被身分不明份子以手槍射殺。日海軍陸戰隊遂登陸漢口，任意逮捕中國民衆二十三人。

上海事件：發生於二十五年九月二十三日夜晚，日本水兵在公共租界吳淞路口，爲人槍擊，其一等水兵田港朝光死亡，另兩人受傷，日海軍遂調集艦艇四十餘艘至滬，派水兵二千餘人登陸。

(84) 張羣：我與日本七十年，頁七〇。

2.修改教科書，删除排日思想。

3.華北五省（河北、察哈爾、山東、山西、綏遠）自治。

4.中日經濟合作。

5.以華北五省爲緩衝區域，中國政府僅保留宗主權。其他一切權力均歸當地自治政府。

6.仿照華北經濟提携方式，在中國全境進行中日經濟合作。

7.訂立共同防共協定。

8.建立中日間的航空交通線，特別是上海至福岡航線。

9.中國政府聘用日本顧問。

10.訂立特別優待日本貨物的關稅協定。

11.完全壓制排日宣傳，包括修改各級學校教科書以及取締朝鮮人的問題，並要求嚴格限制朝鮮人歸化和參加軍事學校等。[85]

這些條件，不僅超出「廣田三原則」的範圍，其苛毒較民國四年一月提出之二十一條要求，有過之而無不及，「眞是日本亡朝鮮故技」。[86]中國當然不能接受，張羣另提對案五項：

[85] 前四項係九月十五日提出，後七項係九月二十三日提出。據臼井勝美指證，川越此等要求，係遵照廣田弘毅首相九月五日之電令。見陳鵬仁譯：近代日本外交與中國，頁六八。

[86] 顧維鈞、郭泰祺、金問泗、錢泰、梁龍聯名致外交部電。民國二十五年九月二十六日。見中日外交史料叢編(四)，頁五九。

1. 廢止淞滬、塘沽停戰協定。

2. 取消殷汝耕的冀東僞組織。

3. 停止走私並不得干涉緝私。

4. 華北日軍及日機不得任意行動及飛行。

5. 解散察北及綏東匪軍，卽蒙古德王及李守信部僞蒙軍。[87]

但川越茂對於張羣之五項提議，根本拒絕討論。蔣委員長於獲知此種情形後，於九月二十四日日記中記曰：「是可忍，孰不可忍？」[88]他並立電何應欽、吳鐵城積極戒備。[89]然再三考慮，仍取暫時容忍態度，他答允川越茂的要求，於十月八日在南京予以接見，並剴切說明中國維護領土主權的立場。[90]及十一月綏東戰爭發生，外交部遂奉令於十一月十八日通知川越茂，停止中日間「調整國交」的談判。

[87] 張羣：我與日本七十年，頁六六。

[88] 總統蔣公大事長編初稿，卷三，頁三三一，九月二十四日記事。

[89] 同上。時蔣委員長在廣州，何應欽任軍政部長，吳鐵城任上海市長。

[90] 同[88]書，頁三三四—五。

三、知識份子態度與民間輿論

從甲午戰爭（一八九四—一八九五）割取中國領土臺灣澎湖開始，日本當局未嘗一日放棄侵略中國的企圖，中國的知識份子和愛國志士也未嘗一日停止過對日本的規勸與抗拒。民國開國以後，日本的侵華行動變本加厲，如二十一條的提出，山東權利的攫奪，五卅慘案的釀成，濟南慘案的製造，皇姑屯車站的謀殺，沒有一次不是蓄意尋釁的侵略行為。這些事件在已經覺醒了的中國國民心理上刻上了傷痛的烙印，羞辱的感受與悲憤的心情融結為抗日救國的決心。尤其是十七年（一九二八）五月三日濟南慘案發生後，中國朝野無不引為奇恥大辱，決志雪恥；❶九一八事變發生，日本人一口呑去東北三省廣大的沃野，中國知識份子久已蟄伏在心底的悲憤情緒即時迸發出來，怒潮洶湧，衝擊到全國的每個角落。

刺激是尖銳的，感受是痛苦的，心情是激動的。人們對於國難的認知及對政府的態度，卻非

❶ 蔣中正在「誓雪五三國恥」講詞（民國十八年五月三日在中央軍校講）中，指出五三「是我們中華民族最近最恥辱的一個紀念日」，「凡是中國人，凡是父母生下來的中國國民，對於這種恥辱，是不能忘的；這種恥辱一天不洗雪，中國人是沒有一天能夠獨立的。」從五三慘案後，蔣氏於日記中，逐日列有「雪恥」專條。蔣廷黻在「國聯調查團所指的路」一文中，亦指出：「近年國民黨及一般民衆對日本的惡感實起自濟南案件。」

一致；理智者有之，衝動者亦非少數，忍辱奮勵者在在多是，痲木自私者亦有其人。認知旣有差異，路線難免分歧。九一八以後的悲觀現象，四年以後仍可見其痕跡，陳衡哲在她那篇「我們走的是那一條路？」的文章中，作出如下的敍述：

依我看來，橫在我們眼前的道路有四條：第一，是那渾渾噩噩的行屍走肉的路；第二，是那在「刀頭上舐血吃」的廉恥掃地的路。這兩條是辱身亡國的死路。第三，是那「知其不可為而為之」的拚命的路；第四，是那「忍辱含垢以求三年之艾的路。這兩條路是自救的活路。」❷

陳衡哲作這樣的觀察，自然有其事實的依據。日軍侵陷東北平津感受極大威脅之際，北平的一部分學人如馬叔平者，確曾想法使北平設爲「文化城」的中立區域，以自外於國家妄想避免日人砲火的事。❸然於五十年後以冷靜的態度作全面性的研究，則可發現絕大多數的知識份子走的是活路，只有極少數的人甘願墮落，走了死路。在國難六年（一九三一—三七）的艱苦歲月裏，知識份子很明顯的表現爲三種類型：理性派、謀略派及激情派。下面將對這三派人士的主張和行動，略作介紹與評論。

❷ 陳衡哲：我們走的是那一條路？見獨立評論，第一五七號，民國二十四年六月三十日。

❸ 傅斯年：致蔡元培、楊杏佛函，民國二十一年十月十二日，見傅孟眞先生年譜（傅樂成編，文星書店出版，民國五十三年），頁一二二—三。

㈠理性的愛國救國者

這一類型，係指多數有聲望、有見識，有資格作社會導師的高級知識份子，代表的路線是嚴正的民族大義和理性的救國主張。他們都是望重一時的名流學者，有的是學術界的領袖，有的是新聞界的鉅子，有明銳的世界眼光，豐富的國際知識，本書生報國的眞誠，持淋漓磅礴的正氣，從言論、著述、論政、致仕等方面，爲國家民族貢獻了忠藎和智慧，敢於建言，勇於負責。這一類型的代表人物，集中於北方的平、津與南方的京、滬、杭，自然的成爲兩個集團。

一是被尊稱爲「北方學統」的一群，❹多半是服務於北平危城中的大學校長、教授、報社社長及主筆。他們以獨立評論雜誌和大公報爲言論機關，秉獨立精神和客觀立場，評論戰前的內政和外交。獨立評論的主持者宣佈他們的宗旨說：

> 我們叫這刊物作「獨立評論」，因為我們都希望永遠保持一點獨立的精神。不依傍任何黨派，不迷信任何成見，用負責任的言論來發表我們各人思考的結果；這是獨立的精神。❺

獨立評論社的主要成員，有胡適、丁文江、傅斯年、蔣廷黻、陳之邁、任鴻雋、翁文灝、陳

---

❹ 吳相湘說：在臺北參加過蔣廷黻的追悼會後，一位學人很傷心的說：「廷黻既逝，自蔡元培、丁文江、胡適、傅斯年以來的北方學統從此絕矣。」吳氏同意這一看法。見民國百人傳，第一冊，頁二六九。

❺ 獨立評論，創刊號，引言，民國二十一年五月二十二日。

衡哲、汪敬熙、楊振聲、吳景超、何廉、蔣夢麟等人。大公報總編輯張季鸞則是有力的支持者，經常發表胡、傅等人的政論文字，稱作「星期論文」。他們的言論和行徑，形成了華北政局主要的安定力量，無異於國防前線建立了民族精神的萬里長城。

另一集團的理性愛國主義者，是南京各大學的教授們薩孟武、阮毅成、楊公達、顧毓琇、樓桐蓀、程其寶、劉百閔，以及浙江大學的張其昀等人。他們於二十一年四月一日創辦了時代公論，對內鼓吹國家統一，對外號召全民抗戰，以新穎、犀利的筆法，討論內政、外交、青年、學術、法政等問題，甚受歡迎。曾任總編輯的阮毅成很高興的說：「政府當時賦予我們的言論自由，相當廣大。書生論政，我們得以毫無忌憚的批評一切，因之，社會讚揚我們，青年信任我們。」❻

時代公論至民國二十四年春季停刊，共出版一四三期。二十五年元旦，劉百閔又創刊了政問週刊。劉氏在發刊詞裡說出他的構想：「我們希望這本刊物，爲大家的會議廳，爲大家的意見箱，爲大家的貝殼。大家要發表政治意見，可以到這會議廳來交換；政府要聽取政治議論，可以到這意見箱來徵集；如果更有人對於管理政事的人，有所批評，亦可以這本刊物爲貝殼，把他的名字，刻在這本刊物上面。」❼從時代公論到政論，足以代表南方知識份子及言論界的「南京精

❻ 阮毅成：記時代公論與政問週刊，民國六十六年十一月廿九日，臺北聯合報副刊。
❼ 阮毅成：政言（臺灣商務印書館，民國六十九年），上册，頁六八。

神」。

北方知識份子的主張與南方知識份子的言論，相同的地方多，相異的地方少，只是北平為全國文化中心，又為國防最前線，人才也鼎盛，感受也深刻，因而對社會的影響力也大。再加張君勱、蔣方震、陶希聖等人的讜言宏論，形成思想言論發展史上的黃金時代。

理性愛國主義者努力的方向，也卽是他們對國家所作的貢獻，首為伸張民族大義，次為擁護國策支持政府，再次為致力於學術救國，批評政治同時也參與政治，以及扶植社會正氣，力闢妄言謬論。

就民族大義而言，首先是在日本侵略者之前，表現出至剛至大、威武不屈的氣節，堅持春秋大義、國家統一的主張，痛斥日敵詭辯，漢奸賣國的罪行。北平處日人暴力威脅之下，各大學絃歌不輟；蔣夢麟以北大校長之尊為日閥傳訊恫嚇，顏色不變；❽廣田弘毅提出「三原則」來與中國「調整國交」，胡適為文坦誠告訴日本政府與國民：「廣田的三原則是增進中日仇恨的條件」「決不配作調整中日關係的先決條件」，並嚴正的要求日本必須先行做到：廢止塘沽協定和所謂何梅協定，放棄駐兵華北，取消領事裁判權，禁止日本軍人在華北策動偽自治活動，以及宣告一

---

❽ 蔣夢麟被傳喚至日使館事，見蔣著西潮，頁一五五—一五七；*Foreign Relations of the United States*, 1935, III, p. 476 美駐華大使館十一月十九日致國務院電，十一月初，宋哲元已獲悉蔣氏已被日武官高橋坦列入擬捕人員黑名單，曾秘密派人請蔣暫避，但為蔣所婉拒，見 *Foreign Relations of the United States*, 1935, IV, pp. 403-4.

切凡非兩國正式外交全權代表所簽訂的文件完全無效。❾

最足以表現北方知識份子之嚴正立場與凜然精神的，是二十四年十一月對所謂「自治運動」的當頭棒喝。十一月十九日蕭振瀛向教育界和新聞界報告日本策動自治的三條件：一不侵犯主權，二不干涉內政，三不侵佔領土，傅斯年當即義正詞嚴的教訓蕭某，胡適也正告宋、蕭等人：「諸公豈不知道他們逼迫華北『自治』正是一百分的侵我主權，正是一百分的干涉內政，正是一百分的謀我疆土，此等謬論豈可輕信？」❿

十一月二十四日，北平各大學校長蔣夢麟、梅貽琦、徐誦明、李蒸、陸志韋及教授傅斯年、任鴻雋、胡適、顧毓琇、張奚若、蔣廷黻、查良釗十二人，簽名發出了一份宣言，鄭重聲明：

因為近來外界有僞造名義破壞國家統一的舉動，我們北平教育界同人，鄭重的宣言：我們堅決的反對一切脫離中央和組織特殊政治機構的陰謀的舉動，我們要求政府用全國力量，維持國家的領土及行政的完整。⓫

傅斯年說：這個宣言，初簽名者數十人，到了第二天，幾有千人，這才是民意的負責表示。⓬

---

❾ 胡適：調整中日關係的先決條件—告日本國民，民國二十五年四月十二日，天津大公報星期論文。
❿ 胡適：華北問題，獨立評論一七九號，二十四年十二月一日。
⓫ 全文見國聞週報，十二卷四十七期，二十四年十二月二日。
⓬ 傅斯年：中華民族是整個的，民國二十四年十二月一日，天津大公報星期論文。

在華北「自治」的危機中，傅斯年發表了「中華民族是整個的」、「北方人民與國難」，胡適發表了「敬告日本國民」、「華北問題」、「答室伏高信先生」、「冀察時局的收拾」等論文，⑬北大教授開了大會，共同宣誓不南遷，不屈服，「只要在北大一天，仍然作二十年的打算，堅持到最後一分鐘。」⑭這些行動，伸張了民族大義，振奮了民族精神，直使國民感到鼓舞，敵人和賣國者受到敎訓！

獨立評論社的學者們，多數不是中國國民黨員，而且對國民政府一向持嚴格的批評態度，但他們對政府的困難處境是有理解的，對於長期抵抗日本侵略的國策是支持的。然於政府先安內後攘外的政策引起的誤會和批評至多。南京的學者們比較有共同的認識，北方的學者則不無各是其是之論。上海全國商會聯合會等機關發起組織「廢止內戰大同盟」，反對內戰，北方的學者們有不少人贊同，胡適也說「我是贊成這個廢止內戰運動的」。⑮丁文江更具有書生氣，他要請國民政府「正式承認共產黨不是匪，是政敵。」⑯只有對共產黨的本質及其禍國陰謀有深刻瞭解的人，才眞正曉得剿共的重要，才主張救國的第一步，先剿共。蔣廷黻就是明顯的例子。他是歷史

⑬ 分別發表於獨立評論，第一七九—一八二號。
⑭ 陶希聖：傅孟眞先生，民國三十九年十二月二十三日，臺北中央日報。
⑮ 胡適：廢止內戰大同盟，獨立評論，第三號，二十一年六月五日。
⑯ 丁文江：所謂「剿匪」問題，獨立評論，第六號，二十一年六月二十六日。

學者，很重視「俄患」，⑰站在整個國家民族的利益和前途上考慮，他認爲「『先剿匪，後抗日』，是當然的步驟。」⑱他如張季鸞，也認爲共黨是禍國殘民者，不安內就無以對外。⑲持類似看法的人還多，不必浪費篇幅了。

學人報國，離不開學術。傅斯年之著成「東北史綱」，以史實證明東北爲中國領土，以駁斥日人所稱「滿蒙在歷史上非支那領土」的謬論；⑳張君勱之先後將德人菲希特（Fichte）之「告德意志國民書」及魯登道夫（Ludendorff）之「全體性戰爭」，譯爲中文，㉑以鼓舞國民精神並預作全民動員準備；都是學術報國的範例。張伯苓、蔣廷黻、蔣方震、王芸生，以至馬相伯、章炳麟等人，也都曾以學術立場爲救國禦侮作出不同程度的貢獻。㉒

知識份子對政治得失與社會隆汚，克盡言責，不僅是應負的道德責任，也是爲謀求政治改革

⑰ 蔣廷黻研究過東北邊患，著有「最近三百年東北外患史」一書，又著有「飽羅廷時代之蘇俄遠東政策」專文，發表於獨立評論第六號。

⑱ 蔣廷黻：未失的疆土是我們的出路，獨立評論，第四十七號，二十二年四月二十三日。

⑲ 秦孝儀：國民報國的典型—光明俊偉的張季鸞先生百年誕辰紀念；李瞻：張季鸞先生傳，近代中國雙月刊，第五十八期。

⑳ 傅斯年：東北史綱引語，見傅斯年選集—史學，頁九九。

㉑ 前者，係依據節本譯出，張於自序中加「戰勝敵人」一語，以激勉國人；後者，改題爲全民族戰爭論，且於扉頁特書「敬以此書獻於綏遠前線爲國守土之將士」，以明心跡。

㉒ 李雲漢：抗戰前知識份子的救國運動（教育部社會教育司印，民國六十六年八月），頁七—一〇。

和社會進步所必須盡到的義務。國難六年間，理性的愛國主義者盡到了他們的責任，以貞誠的態度建言論政，均能切中時弊。他們要求改革，匡正缺失，但不否定政府，而且多能肯定政府的地位與成就。陳之邁要求政府改革政制，但說：「我的意思並不是說現在要開放政權，叫別的人組織別的黨在國民黨的臥榻之旁鼾睡」，「事實上，我們目前也找不到一般人能組織一個政黨和那創造共和提倡三民主義的國民黨抗衡的。」㉓傅斯年則謂：「此時中國政治若離了國民黨便沒有了政府」，「今日之局，國民黨一經塌臺，更要增加十倍的紊亂。」㉔胡適也曾在北平市長秦德純的宴會席上，公開怒斥狂言「讓各黨各派來幹一下」的羅隆基。㉕

中國國民黨於二十五年十一月，在南京召開第五次全國代表大會後，國民政府全面改組，汪兆銘請辭行政院長後出國，蔣中正委員長兼長行政院，吳鼎昌、張嘉璈兩人分別接長實業、交通兩部，觀感爲之一新。蔣兼院長誠邀北方學人實際參與國家政務，於是蔣廷黻、陳之邁、吳景超、沈仲端（乃正）、翁文灝、何廉等人，均由平津南赴南京，參加政府，爲學人從政樹立規範。傅斯年亦於二十五年移居南京，他沒有參與政務，却以歷史語言研究所所長身分，全力協助

㉓陳之邁：政制改革的必要，獨立評論，第一六二號，民國二十四年八月四日。

㉔傅斯年：中國現在要有政府，獨立評論，第五號，民國二十一年六月十九日。

㉕陶希聖：潮流與點滴，頁一四三。

處理中央研究院院務。㉖他們實踐了柏拉圖（Plato）的一句名言：「一個公民最高的榮譽，是為國家服務。」

㈡謀略派—「人民救國陣線」份子

國難當前，抗日救國是最受歡迎的口號，却也是最被濫用的名詞。多少民間團體都以抗日救國為標榜，眞正愛國誠心抗日者自不在少數，而藉抗日救國之名以遂其政治謀略者亦多有其人。以上海為中心的所謂「人民救國陣線」份子—亦卽「救國會」的主持者，應有資格作為謀略派知識份子的代表。

民國十五、六年，國民革命軍北伐及中國國民黨勵行清黨以後，產生了一些反對派—如中共份子，改組派，第三黨，左翼文人團體等，都以上海租界為活動中心，或明或暗的進行「反黨」與「反蔣」活動。這些人之間，自然有不少失意政客，但也有若干具有聲望和影響力的文化界人士，再加若干學生與工人團體，遂逐漸結合為上海地區鼓吹抗日救國運動的主力。不像平津地區的知識份子，對中共保持高度警覺，對政府有批評但無反對之意；上海地區若干知識份子個人和團體，一直與中共保有藕斷絲連的秘密關係，甚至公然表示其對中共的同情與

㉖ 朱家驊：悼亡友傅孟眞先生，臺大校刊一〇一期。

支持。「中國民權保障同盟」份子，固曾大力庇護中共並在「營救政治犯」的外衣下營救國際共黨間諜；㉗以申報主人史量才爲中心的幾位失意文化人與教育界人士沈鈞儒、鄒韜奮、陶行知（知行）等，也抗拒政府並同情中共，㉘甚至申報也開始左傾，郭廷以即曾指出：

> 申報近年頗左傾，黃炎培、魯迅及共產黨人胡風暗中操縱。㉙

由於這一背景關係，由沈鈞儒等主持的上海抗日救國運動，一方面號召抵抗日本侵略，一方面反對政府剿共。及共產國際於一九三五年七、八月間在莫斯科召開第七次大會提出「人民陣線」口號，中共於同年八月發表「八一宣言」開始展開以抗日救國爲號召的統戰活動以後，沈鈞儒等遂亦提出所謂「人民救國陣線」口號，㉚並積極組織上海各界抗日救國團體，要求政府「停

㉗「中國民權保障同盟」，成立於民國二十一年十二月，以宋慶齡爲主席，蔡元培爲副主席，楊銓（杏佛）爲總幹事，會員中有國際共黨份子伊羅生（Harold R. Isaacs），史沫特萊（Agnes Smedley）等人，曾先後營救被捕共產黨員羅登賢、廖承志、陳賡、丁玲、潘梓年等人，並要求釋放第三國際遠東局負責人牛蘭。楊銓於二十二年六月十八日遇刺，其組織始形解體。

㉘鄭學稼：陶行知的一生（自由談二十九卷十期）；Nicole Hirabayashi, *Tsou Tao-fen and the National Salvation Association, 1935-1937*, Columbia University paper, 1958

㉙郭廷以：中華民國史事日誌，第三册，頁四一四。

㉚中共依莫斯科之決議，用「人民陣線」，沈鈞儒等則用「人民救國陣線」。沈於被捕後供稱兩者不同，然共同被告救國會江蘇分會負責人羅靑則稱：「現在名詞還未統一，人民陣線、人民救國陣線、救國陣線、統一陣線、民族陣線、聯合陣線，都是一樣的。」，見蘇州高等法院起訴書。

止內戰」，與中共在陝北發表的言論，遙相呼應。㉛

民國二十五年五月三十一日，沈鈞儒等發起在上海召開全國各界救國聯合會—簡稱救國會—成立大會，聲稱有六十多個各地的救國團體參加，沈以主席身分，聲言：「全國不願做亡國奴的同胞，應該共同團結，促進各黨各派，各實力份子聯合一致，停止內戰，實行抗日救國。」次日—六月一日，發表成立宣言及「抗日救國初步政治綱領」，主張「各黨各派立卽停止軍事衝突，建立統一抗敵政權。」，其幾段原文是：

「列強攻蘇為誤，中國之剿共亦誤。」

「少數別具肺腹的人們，依然認為蘇聯和共產黨是中國民族的主要敵人。」

「各黨各派立刻派遣正式代表，人民救國陣線願為介紹進行談判，以便制定共同抗敵綱領，建立一個統一的抗敵政權。」

「這裡所謂各黨各派，主要的自然是指中國共產黨。」「現在共產黨已經提出了聯合抗日的主張，國民黨却沒有表示，這結果會使一般民衆相信倒是共產黨能够顧全大局，破除成

㉛ 中共於二十五年五月發表「班師通電」（亦稱抗日救國宣言），要求「停戰議和，一致抗日。」救國會於七月間發表的「團結禦侮的幾個基本條件與最低要求」中明言：「我們贊成中國共產黨和中國紅軍這一個政策。」

見。」㉜

就這些言論而言，沈鈞儒等不僅要求改變政府的剿共政策，而且直接否定了國民政府的法定地位，主張另行建立各黨各派的「抗敵政權」——實際上就是中共主張的「國防政府」。其與政府爲敵，顯而易見。談抗日救國，不採取抗日的有效行動轉而爲共黨幫兇，與政府爲敵，其主張與立場之脆弱偏頗，實亦不辯自明。

七月五日，沈鈞儒與章乃器、陶行知、鄒韜奮四人，再發表一本小册，標題爲「團結禦侮的幾個基本條件與最低要求」，除重申前列各項主張外，並要求「釋放政治犯」及「與紅軍議和」。七月十三日，沈鈞儒、章乃器、沙千里、史良、彭文應及學生救國會代表數人前往南京向國民黨五屆二中全會請願，要求停止內戰並對日抗戰，由中委馬超俊接見，談話甚不愉快。八月十日，毛澤東致函沈鈞儒等，歡迎彼等參加蘇維埃政府，並表示反對國民政府五月五日公佈的憲法草案與國民大會組織法、選擧法等法規，希望救國會份子響應。㉝救國會組織內亦有共產份子在內，如「火花讀書會」成員周守彝、程嗣文等，確經江蘇高等法院第二分院認定爲共產黨員。㉞

㉜ 均見蘇州高等法院檢察官起訴書引文，詳奧松：轟動全國的沈鈞儒等七人案，東方雜誌，三十四卷，十三號。

㉝ 同上。

㉞ 同上。

尤爲重要並令政府震驚者，係沈鈞儒等人經由杜重遠等人關係與西北剿匪副司令兼代總司令張學良，有所接觸。沈鈞儒，王造時要求張學良向蔣委員長作「破釜沉舟」的「諫陳」，張則視沈、王等人爲「愛國領袖」。㉟十一月間，救國會曾致電張學良，要求張「火速堅決要求中央立卽停止南京外交談判，發動全國抗日戰爭，並電約各軍事領袖，一面對中央爲一致之督促，一面對綏遠爲出兵之援助。」㊱此一電文，於西安事變之發生，自亦有慫恿叛變之嫌。

十一月，綏遠戰爭爆發，沈鈞儒等於十一月十二日在上海鼓動停止內戰，罷工、罷課、罷市。㊲以救國會名義，印發「爲上海三百五十萬市民請命」傳單，聲稱「這二十餘萬工人，都可以訓練爲衝鋒陷陣的英雄。」沈等聲言「意在救國，並無其他作用」，政府方面獲得之印象，則是「對於知識簡單的工人，竟不惜多方煽惑，以遂其不法之企圖。」㊳廿三日，上海治安當局奉令將救國會首要沈鈞儒、章乃器、李公樸、沙千里、王造時、鄒韜奮、史良等七人拘捕，是卽爲「救國會事件」。陶行知亦首要份子，以其業已出國活動，免於被捕，然仍被明令通緝。

㉟張學良：西安事變反省錄，未刊稿。
㊱蘇州高等法院檢察官起訴書，犯罪證據第九項；李雲漢：西安事變始末之研究，頁三八—三九，註六八、六九。
㊲郭廷以：中華民國史事日誌，第三册，頁六四二。
㊳同㊱，犯罪證據第六項。

沈鈞儒等七人被捕，雖謂「滬衆驚駭莫名」，㊴其黨羽亦稱之曰「七君子」，然揆諸法理，以高級知識份子竟蔑視國家綱紀，公然抗拒國策，究難免「危害民國」之指控。卽動機出於眞誠救國，而其手段則適足以縱奸禍國。上海治安當局將其移送蘇州高等法院訊辦，並以「共同以危害民國爲目的而組織團體，並宣傳與三民主義不相容之主義」之罪責，被依刑法第十一條及第二十八條，於民國二十六年四月三日提起公訴。㊵

沈鈞儒等七人中，李公樸、沙千里、史良三人爲蘇籍，沈與章乃器爲浙籍，鄒韜奮、王造時爲贛籍，地方色彩頗重，故有視之爲江浙學閥者。半數以上曾參加「中國民權保障同盟」，㊶可知其具有政治背景。沈、王、沙、史四人皆爲律師，則其知法玩法，顯係別有用心。然其於偵訊期間則又强詞辯解，㊷故張季鸞氏於大公報社論中予以批評：

> 假令沈（鈞儒）等今日而仍主張「各黨各派立刻派遣正式代表，人民救國陣線願為介紹進行談判，以便制定共同抗敵綱領，建立一個統一的抗敵政權。」則無論其答辯狀內所稱

㊴ 馬相伯覆馮玉祥函，民國二十五年十一月三十日，見方豪：馬相伯先生年譜新編(下)，頁一〇二。

㊵ 蘇州高等法庭檢察官起訴書，同案被起訴者，除在押之七人外，尚有陶行知、羅靑、顧留馨、任頌高、張仲勉、陳道宏、陳卓，共十四人。陶行知、張仲勉、陳道宏、陳卓行蹤不明，乃下令通緝。

㊶ 鄒韜奮爲執行委員，王造時爲宣傳委員，沈鈞儒爲法律委員，沙千里、李公樸均曾參加活動。

㊷ 沙千里著有「七人之獄」一書，所言多誇張之詞。

「政權」非「政府」之辯是否牽强，總之違反國家利益，將有觸犯法律之濃厚色彩。㊸

社會人士中，亦有以沈等自九一八以還，即呼籲抗日救國，乃有「救國何罪？」之設詞以爲沈等辯者，張季鸞氏亦作如下之評論：

> 嘗聞論者有云「救國何罪」？蓋以為苟動機為救國，則行動無謬誤；實則問題須看國家所受事實的影響如何，不能僅以名義為準。譬如吃飯固足以養生，然要食物內容之無害也。吾人以為政治上重要理論之確定與統一，實建國禦侮之最大前提，不然，且封建割據思想更依附種種理論而復燃，國基不安，遑論對外。㊹

平心而論，沈鈞儒等既心存救國，而又與中共唱和，公然抗拒國民政府之政策與法律，乃屬本末倒置。其所以有此妄行，實因彼等早有不惬於政府之心理因素，又具有政治欲望希圖博取社會之同情與支持。誠然，彼等當時並非共產黨員，然其爲共黨的同情者與支持者，則又無可置疑。其思想路線，觀其以後之行徑可知：沙千里於民國二十七年加入共產黨，㊺鄒韜奮則數度出入共區，死後復爲中共追贈爲黨員，㊻餘人在戰時則爲民主同盟之重要成員，於戰時及戰後一直

㊸ 張季鸞：沈鈞儒等一案公判，民國二十六年六月十一日，大公報。
㊹ 同上。
㊺ 關國煊：沙千里，見劉紹唐主編，民國人物小傳，第六册，頁七五—七八。
㊻ Nicole Hirabayashi, *T'sou tao-fen and the National Salvation Association.*

爲中共政策之呼應者，及中共建立共黨政權，彼等遂皆投靠，不復有獨立之思想。

㈢ 學生運動與民族主義

日本的侵略與暴行，沈痛而深刻的刺激了每一個愛國的中國人的心靈。尤其是以各大學學生爲主體的青年知識份子，於國難期間，表現出强烈而激動的愛國主義：他們於二十和二十一年的冬、春之季，以及二十四年冬與二十五年整個年度之內，發動了幾乎是全國性的學生運動，形成了國難期間「學生民族主義」（Student Nationalism）的一股激流。[47]

青年學生憤於外敵侵凌，基於愛國熱誠，而向政府請願要求抗日，向社會呼籲要求救國，是可以理解而且是不可避免的行動。胡適於述及二十四年十二月的學生運動時，很坦誠的說：「我們中年人尚且忍不住了，何況這些血氣方剛的男女青年？」[48]

正常的學生運動，不獨顯示民族年青一代的活力，且可喚醒民衆的警覺性和愛國心，自然是符合國家民族利益的好事。然因從事於學生運動而荒廢學業，錯認了救國方向而爲野心家利用，

---

[47] Student nationalism 一詞，是美籍歷史學者易社强（John Israel）所創用的，他寫過一册 *Student Nationalism in China, 1927-1937* （Stanford University Press, 1966），對九一八以後的中國學生運動，有詳細的記述與分析。

[48] 胡適：爲學生運動進一言，民國二十四年十二月十五日，天津大公報星期論文。

行為流於偏激粗暴而違紀犯法，則絕對不是愛國的本意，也是法律和輿論所不能容的。這是國民應有的共識！

九一八事變的消息，九月二十日才在各地報紙上出現。就在同一天，北平、天津、上海、南京等地的大學學生開始行動，組成抗日救國團體，展開呼號奔走，請願遊行的行動。請願的目標是南京，上海的第一批請願學生於九月二十六日卽到南京。南京中央大學學生起而響應，於二十八日赴外交部請願時，竟有毆傷外交部長王正廷的規外行動。㊾十一月二十六日，上海學生萬餘人再至南京請願，次日蔣主席中正親對請願學生講話，並親書諭示交請願學生總代表周孝伯當衆宣讀：

親愛的各大學校學生：諸生來京請願，激於愛國之熱忱，深為欣慰。本主席效命黨國，早具決心。對於諸生請願，自可接受。至於軍事外交諸問題，已派張教育長答覆，當皆了解。望諸生轉告諸同學，安心求學，擁護政府，克盡國民天職。此諭。上海各大學校學生。㊿

熱烈而衝動的請願潮，發生於二十年十二月。北平、上海、杭州、濟南等地學生先後到南京請願者，數逾四、五萬人，自難免良莠不齊。雖絕大多數學生純基於愛國熱忱，但亦難免有共黨

㊾ 沈雲龍：九一八事變後的上海學生請願潮，傳記文學第三十卷第四期（民國六十六年四月）。

㊿ 同上，手諭眞蹟影印件。張教育長，為軍校教育長張治中。

及其他反政府份子之操縱與利用。南京學生十三日遊行時，曾有人高呼「打倒國民黨」口號，(51)十五日北平學生二百餘人至國民政府請願時，竟有搗毀外交部，毆傷蔡元培、陳銘樞之暴行。十七日，又有不法份子騷擾中央黨部情事。國民政府於十八日公佈兩日事件之經過：

> 乃十二月十五日仍有北平學生二百餘人，於搗毀外交部後，衝入中央黨部，携帶木棍，挾藏手槍，分發反動傳單，奪取警察槍枝，致有毆傷蔡委員元培、陳委員銘樞之暴行妄舉。政府本應依法嚴懲，惟冀促進其全體之覺悟，故對於當場逮捕之行兇份子，亦經懇切誥誡以後，概行從寬釋放。不意十七日正午復有學生千餘人，携帶木棍鐵條，圍攻中央黨部，其中一部分臨時換帶赤色臂章，突出赤色旗幟，散發赤匪傳單，向內擊毀前排門窗，在外逮捕黨部職員，相持三小時以上，未能衝入。遂轉而搗毀中央日報館，並實行縱火，當經軍警撲滅。沿成賢街一帶，竟由彼等戒備，一遇公務人員，即行毆打，致傷行政院秘書溫良等四人，及黨部工作人員王闓塵等五人，工友任鳳發及崗警各一人，被拘捕帶走，踪跡未明。(52)

赤色暴徒參與學生請願遊行行動，致有此非法暴行，實足爲領導請願者戒。蔡元培爲一位主張一切訴諸理性之大學者，他於前一天——十二月十四日，在國民政府紀念週作報告時，尚說：

(51) 郭廷以：中華民國史事日誌，第三册，頁一一一八。

(52) 國民政府公報，第九五五號。

「學生愛國是我們所歡迎的，學生因愛國而肯為千辛萬苦的運動，尤其是我們所佩服的。但是因愛國運動而犧牲學業，則損失的重大，幾乎與喪失領土相等。」[53]次日卽為學生毆傷，聞者無不痛恨暴徒之喪心病狂。然此等暴亂份子究係極少數，未可因此而抹殺絕大多數知識青年之愛國熱忱。國民政府盡力開導，對不法鬧事者亦僅誥誡其反省改過而已，故擾擾數月，並無學生因請願遊行受到傷害。

二十四年十二月至二十五年一月間，北平各大學學生為反對華北「自治」及設立華北特殊機構而發動一連串的請願遊行行動，以「一二、九」，「一二、一六」兩次遊行示威為起點，影響所及，全國各大都市學生均熱烈響應，形成國難時期學生運動的高潮。

這次北平學生運動的發動，最基本最主要的激動力是因日本侵略而出現的華北危機。大學校長教授們都發表了宣言，反對華北分裂並痛斥賣國奸人，青年學生更為激動，自然要有所行動。其次是少數別有用心人士之煽動，如時在燕京大學任敎的左傾學者史諾夫婦（Edgar Snow and Helen F. Snow）之屢為煽動之詞並掩護左傾學生活動，則已是人盡皆知。[54]易社强（John

[53] 中央週報，第一八五期，民國二十年十二月二十一日出刊。

[54] Helen F. Snow 先以 Nym Wales 化名，寫成 *Is Youth Crushed Again in China?* (Manuscript, Peiping, 1935) 後又以本名發表其札記 *Notes on the Chinese Student Movement* (Madison, Conn., 1959)，對其鼓動學生行動情形，敍述頗詳。

Israel）亦指證：「史諸夫婦現在仍保持他們一九三五年的說法，認為學生們是僅由於愛國的衝動而採取行動，眞正指導學生的，是他們夫婦而不是共產黨人。」[55]

二十四年十一月十八日，北平學生聯合會成立。十二月三日，學聯會第三次會議決議於十二月九日遊行請願。[56]這就是一二、九運動的肇端。史諸夫婦自承遊行示威是他們所建議，並告以「宜在十二月十日以前，遲則華北易主，便恐不及。」[57]學聯會於十二月六日發出通電，向政府作四項要求：反對防共自治並討伐殷汝耕，宣佈對日外交政策，動員全國抗敵，開放人民言論、結社、集會之自由。[58]但到九日遊行向何應欽請願時，則又增加為六項，赫然有「停止一切內戰」在內了。[59]顯然已在對政府「攘外必先安內」的政策提出異議，學聯會的組織和宗旨也開始變得更複雜了。

中共誇大宣揚「一二、九」學生請願運動的聲勢，並謂是中共地下份子對學生的「教育」和

---

[55] John Israel, *Student Nationalism in China, 1927—1937*, P. 153.

[56] 包遵彭：中國青年運動史（正中書局，民國四十三年），頁一六一。

[57] Helen F. Snow, *Notes on Chinese Student Movement* P. 194.

[58] 徐新生：「一二九運動」與「民先隊」，國立政治大學東亞研究所碩士論文，民國六十四年。

[59] 六點要求是：1.反對「防共自治」運動；2.公開宣布對日交涉經過；3.不准任意捕人；4.保障北方領土安全；5.停止一切內戰；6.給予言論、集會、結社、出版之自由。

「帶動」；[60]當時任教北大的教授則有人認為純由學生發動，與共產黨沒有關係。[61]「一二·九」遊行，並沒獲得預期的效果，政府於十二月十一日宣布要在北平設立冀察政務委員會，並定期於十六日成立，各校校長亦通告學生於十六日復課，學聯會因而計劃再在十二月十六日舉行遊行示威，這就是「一二、一六」大遊行，也造成了軍警和學生間的衝突。參加遊行的學生八百多人，[62]絕大多數都是純正的愛國青年，但有左傾及共黨學生如張兆麟、韋毓梅、黃誠、李昌、蔣南翔、姚依林、徐芸節（就是以後轉向反共的徐高阮）等人參與其間，則是不爭的事實。[63]中共自然全力利用並拉攏這些青年，次年（二十五）二月組成的「中華民族解放先鋒隊」，卻已是個由中共份子控制的外圍團體了。不少參加遊行請願的人受中共利用，但不自知。看洪同的一段回憶：

「一二九」、「一二一六」兩次行動我都參加了，因為我那時是清華學生救國會的委員。

---

[60] 阿詰：中國現代學生運動簡史（大生出版社印本），頁五八—五九，六六。

[61] 陶希聖：潮流與點滴，頁一三四—五。

[62] 參加人數，多屬估計，差距甚大。中共方面書刊多謂萬人，美國駐美大使館對國務院報告說是一千二百人 (*Foreign Relations of the United States*, 1935, Ⅲ, P. 461)，史諾夫人初據學生報告，謂為二千人，嗣經學生自行修正為八百人。易社强認為此一數字可靠 (*Student Nationalism in China*, p. 217)，筆者亦同意。

[63] 居浩然：徐高阮與殷海光，傳記文學十八卷六期。John Israel 與 Donald W. Klein 合著一冊「叛徒與官僚，中國的一二九份子」(*Rebels and Bureaucrats, China's December 9ers*, University of California Press, 1976)，對各校參加一二九運動其後服務於中共政權者，曾舉名介紹。

……寒假裡我沒有回南方，却參加了下鄉宣傳的活動。這一套下鄉宣傳的計劃，是由所謂「北平學聯」負責策動的。（後來才知道這個「學聯」原來是接受當時中共北方局領導的一個學運組織）當時有四個擴大宣傳團深入平津四郊的農村從事抗日救國的宣傳，後來宣傳團被迫遣返學校，全般人馬就很快轉變組成了一個永久性的「救國」組織，就是所謂的「民族解放先鋒隊」。這原是中共學運計劃進一步的實現，可憐當時那些熱情的青年同學，包括我在內，竟不知道純潔的愛國運動已經變了質，自己已經被人牽着了鼻子了。等到認清是怎麼一回事，已經是以後的事了。[64]

因日本侵略華北而導致的學生運動，誠然值得國人警惕。各大學校長及政府官員都竭力勸導，胡適、張季鸞、陶希聖等人也爲文糾正。[65]軍委會委員長兼行政院長蔣中正召集各大學校長、教授代表及學生代表，於二十五年一月十五日至十七日，分別在南京作了懇切的講話。蔣委員長耐心的聽從各代表的陳述，坦誠的告訴各代表：「政府要擔負收回一切失地的責任」，「絕對沒有一時一刻忘記東北」，「絕對沒有這個（何梅）協定」，「我們革命的國民政府，絕對不會簽訂任何喪權辱國的條約」，「冀察政務委員會在實際上是對中央政府負責的一個行政機關」，

64 洪同：不平凡時代中的一個平凡人，自由青年六十卷五期，民國六十七年十一月，臺北。

65 胡適：爲學生運動進一言（獨立評論第一八二號）；張季鸞：再論學生問題（二十五年二月二十日大公報）；陶希聖：北京大學學生大會的感想（獨立評論）、殘餘的西班牙主義（大公報）。

「宋哲元是我的部下，他絕對服從中央的，聽我的命令的」，「如果和平交涉不能成功，最後當然只有一戰，政府方面正在努力準備最後的犧牲。」，「我決不怕戰爭，不過我要作有準備有計劃的戰爭，我們和日本不戰則已，戰則必勝！」66

聽過蔣委員長報告後，各大學校長代表全國十八省市專科以上學校校長及中學校長一百六十四人，發表宣言，向政府和國民作三點保證：「一、擁護國家領土主權之完整，信任政府，並反對任何分離運動。二、盡力實施切合國難時期需要的敎育。三、保持敎育的生命，主張制裁罷課及破壞紀律之舉動。」67

各校長及學生代表返校後，各地學潮逐漸趨於平靜。只有北平，由於「中華民族解放先鋒隊」的煽動，一部分學生仍圖藉故滋事，因而招致了北平治安當局二十五年三月三十一日的搜捕行動。68 直到西安事變發生後，全國政治情勢改觀，北平的左傾學生才開始見風轉舵，回歸於民族主義的統一禦侮道路。

66 總統蔣公大事長編初稿，卷三，頁二六六—二七四。

67 中央週報，第三九八期，民國二十五年一月二十日，南京。

68 二十四年「一二·一六」學生遊行示威與軍警衝突，一名十七歲中學學生郭清被捕，二十五年三月間病死，左傾學生指爲「遭受酷刑致死」，於三月三十一日舉行追悼會，會後擡空棺遊行示威，與軍警衝突，有五十三人被捕。各校亦制裁肇事份子，北京大學開除學生四人。一部分東北大學生則離平前往西安，要求張學良槍口對外，卒釀成西安事變。

貳、西安事變與抗日決策

國難六年（一九三一—一九三七）期間，國內發生的最重大的事件，乃是中外震驚的西安事變，歷史學者稱之爲中國近代歷史上的轉捩點。❶

西安事變的發生不是突發的，偶然的；而是出於預謀，其因素也是多方面的。❷張學良、楊虎城是事變的發動者，他們—尤其是張學良—自然要負此次事件的主要責任，但中共自民國二十四年（一九三五）八月以後推行的「抗日民族統一戰線」策略所發生的誘導力，也極其顯明且不容忽視。因此，談西安事變，不能不對中共在國難時期的政策—特別是對日態度的演變，予以論述。這是本章第一節的內容。

關於西安事變的史料，大部分都已陸續公開，學術性的專門著作也相繼出版，國際學術會議

❶ 吳天威（Tien-wei Wu）關於西安事變的英文專著，標題卽爲 *The Sian Incident: A Pivotal Point in Modern Chinese History* (Ann Arbor: Center for Chinese Studies, The University of Michigan, 1976)。李金洲、王健民、李雲漢著作，亦有同様之認定。

❷ Yang Chengmin, *The Sian Incident; A Historical Necessity, 1986.*

討論西安事變的比重也日見加强。❸但，不可否認的，學者們對西安事變史實仍有若干尖銳的爭議。❹尤其是中國大陸出版有關西安事變的著作，普遍的現象是喧賓奪主，過分誇張了中共的角色與作用。對於善後問題的處理，則又往往避重就輕。本書並非西安事變專著，自不能就每一問題均作深入的探討，惟著者於本章第二節中，對中共角色及善後處理過程，願作客觀的論述，期能保持歷史的眞面貌。

九一八事變之後，國人所面臨的最大問題，就是抗日問題。這是國家盛衰民族存亡的關鍵，是全民族共同的問題，而不單是某黨派、某社團的問題。面臨日人步步進逼的侵略以及其殘酷暴虐的獸行，除了少數漢奸以外，沒有人不切齒痛心，誓死雪恥復仇的。但由於所居地位所負責任以及對抗日路線方策認知的各異，因而有不同的主張。國民政府首當其衝，處於內外夾擊之困境，受盡欺凌、誣蔑，甚至侮辱。但到二十五年（一九三六）秋季，由於國家統一的接近完成，情勢爲之大變，國民政府的對日態度亦趨於强硬；綏遠戰爭發生時，政府的立場是不怕破裂，不惜一戰。❺西安事變，加速了國家統一的進度，自然也加强了朝野同仇敵愾的心理，因而促成了

❸ 以美國而言，一九八六年內卽擧行兩次以紀念西安事變五十年爲主題的國際學術會議，見近代中國史研究通訊，第三期（中央研究院近代史研究所，民國七十六年三月）。

❹ 李雲漢：有關西安事變幾項疑義的探討，中華民國歷史與文化學術討論會論文，民國七十三年五月，臺北。

❺ 秦孝儀主編：總統蔣公大事長編初稿，卷三，頁三四九—三五九。

政府敢於對日應戰的條件。然如謂西安事變係政府抗日的唯一決定性因素，則又失之於武斷，且與史實不符。本章第三節，將對國民政府二十四年以後的抗日決策，作綜合性的探討。

一、中共與國難

九一八事變帶來了空前嚴重的國難，幾乎所有的中國人都受到劇烈的刺激，也都表現各種型態與不同程度的反應：雪恥禦侮。中共的反應，雖也離不開抗日救國的大前提，其路線則是曲折的，目的則是多重的；嚴格說來，其表裏並非完全一致。大體言之，可分為三個階段：第一階段係自九一八事變至二十四年八月的「八一宣言」，其綱領乃是執行共產國際策略，空言抗日，實則擴大叛亂；第二階段，自「八一宣言」至「十二月決議」，是轉變時期，其目標為：由絕路轉向生路；第三階段係自「十二月決議」到二十五年的「西安事變」，暫時擺脫了國際主義外衣，以偽裝的民族主義者向全國各階層展開以抗日救國為綱領的統戰活動，終於解除了全局覆亡的危機，取得了生存和發展的機會，「統一戰線」也就成為毛澤東引以自豪的「法寶」。❻

---

❻ 毛澤東自謂中共有三大法寶，即所謂「黨的建設，武裝鬥爭，統一戰線」，王健民：中國共產黨史稿，第三冊，頁二九。

(一) 擴大叛亂與「保衛蘇聯」

中共成立之初，即在其「中國共產黨第一次黨綱」中規定「與第三國際聯合」，❼其黨人亦不否認中共乃第三國際在中國的支部。第三國際係共黨的國際組織，其主張係推展以馬列思想為綱領並以蘇聯共黨為中心的國際主義，即所謂「世界革命」，基本精神上是與各國的民族主義不相容的。因此，中共在其本質上，先天的就不能講民族主義。在中共早期文件中，幾乎找不出任何代表民族主義的語句，他們的中心號召是擁護無產階級的祖國蘇聯。

誠然，中共也大談「反帝」。但中共文獻中的「反帝」，仍然是第三國際和俄共「反帝國主義綱領」的翻版，是一種分化挑撥各國關係，拉攏利用中華民族的策略，係為蘇聯的利益而反帝，而非基於中華民族的獨立、平等、統一和強大。因之，中共對於日本發動「九一八事變」侵陷東北三省一事，依據蘇聯共黨與第三國際的指示，解釋為日本開始進攻蘇聯的信號；一方面叫囂「反對進攻蘇聯」以及「武裝保衛蘇聯」，一方面則又發動群眾鬥爭，引導群眾「走向消滅國民黨統治的鬥爭」。❽國人總不會忘記：九一八事變後的第二日—九月二十日，中共一方面發表

---

❼ Chen Kung-po（陳公博）, *The Communist Movement in China*, edited with an introduction by C. Martin Wilbur. (New York: Octagan Books Inc., 1966), P. 102.

❽ 王健民前書，頁二—二〇。

宣言，空言反對日本侵略，而重點在推翻國民黨與國民政府；一方面命令其黨員，「加強蘇維埃區階級鬥爭，追逐敵方退却之軍隊，使其無整軍再度逆襲之力。」[9]九月二十二日，中共再通令其黨員：「加强組織與群衆領導，反對日本的暴力政策，武裝保衞蘇聯，消滅國民黨政府。」[10]

國難猝至，群情惶惑而激憤。中國南北輿論界皆有國共即行消嫌息戰共赴國難之呼籲，江西剿共部隊且已奉令撤退或停止前進，而中共則於九月三十日宣言繼續反對國民黨的戰爭，否認與國民黨共同抗日之議，甚至宣稱「國民黨是中共永久之敵人」。[11]史家面對此種情境，不禁慨指中共之行爲「違鬩牆禦侮之訓，乖敵愾同仇之義，令人追論，輒起咨嗟。」[12]

十月四日，豫鄂皖地區共軍開始攻擊行動，圍攻河南省境之潢川、商城；湖北岳口亦發生戰爭。[13]十一月七日—九一八事變剛滿五十天，也是蘇聯十月革命紀念日，中共在江西瑞金召開了「中華蘇維埃第一次全國代表大會」，宣布了「中華蘇維埃共和國」的成立—這是中國領土上出

---

[9] 波多野乾一：支那共產黨史，卷一，頁六三〇；梁敬錞：九一八事變史述（臺北：世界書局，民國五十三年），頁一二三，註[45]引文。

[10] 郭廷以：中華民國史事日誌，第三冊，頁八三。

[11] Charles B. Maclane, *Soviet Policy and the Chinese Communists, 1931*, P. 267.

[12] 梁敬錞前書，頁一二一。

[13] 國軍第十二師曾萬鐘，第五十八師陳耀漢等部力守，共軍未得逞，被圍攻二十餘日，至十月二十五日始爲援軍第二師樓景越部解圍。

現的第一個蘇聯附庸政權。⓮毛澤東當了此一蘇維埃政權的首領，其機會實拜日人發動九一八事變之賜。蓋若無九一八事變，國軍必能於是年蕩平江西共軍，⓯誠如梁敬錞氏所言：「嚮使是年無九一八之變，則國軍三次圍剿，正將掃蕩贛南，瑞金之會固不得開，澤東之地位更何由得？」⓰

九一八事變後四個月又十天，日軍又在上海挑起了「一二八事變」，引發了爲時近三個月的淞滬戰爭。當十九路軍在上海與日軍浴血奮戰，第五軍出發增援之際，中共中央却於二十一年二月二日，發布了「關於上海事件鬪爭綱領」，提出八條：

一是「總同盟罷工」，並號召罷課、罷操、罷崗，二是「打倒國民黨」，三是號召民衆「加入紅軍」並「擁護紅軍」，四是「同盟罷工」，並「武裝工人，增加工資」，五是慫恿國軍士兵「掉轉槍來向帝國主義國民黨瞄準」，並「殺掉你們的長官加入紅軍」，六是武裝農民，没收土地，進行游擊戰，七是要求「罷工、武裝、言論、集會自由，釋放政治犯」，

⓮ 曹伯一：江西蘇維埃之建立及其崩潰（一九三一—一九三四）（國立政治大學東亞研究所，民國五十八年），頁六九。

⓯ 據美國駐日大使館一九三二年七月致國務院電報，曾述及國聯調查團來華調查時發現，若無九一八事變，中國國軍必能於是年蕩平共軍。見 *Foreign Documents of the United States*, (4), *P*. 150.

⓰ 梁敬錞前書，頁一二八。

八是「武裝保衛蘇聯，擁護中國共產黨。」⓱

八條的原文中，只有第一條中有一句「反對日本帝國主義佔領上海」的空話是針對日本的，其餘都集中目標於推翻中國國民黨與國民政府。蓋蘇聯已於一九三一年十二月以「共產國際政治書記處」電令，指示中共：「民衆革命推翻國民黨，是反帝國主義民族革命勝利的先決條件。」⓲中共依據此一指示，並妄想「爭取革命在一省或數省的首先勝利」，⓳因而於滬戰期間，擴大武裝叛亂行動，先後進攻潢川、商城、岳口、贛州、婺源、長樂、黃安、會昌、武平、上杭、安福、龍巖、蘄春、六安、漳州等地。不及數月，其「蘇區」擴大至浙、閩、湘、鄂、豫、皖、陝等省區，面積達三十萬方里。尤其是二十年十二月十日，東北錦州戰情正急，而彭德懷部共軍則猛攻贛州，⓴二十一年元旦，中共又煽動第二十六路軍叛變。㉑此等情形，均足說明國難期間，

⓱ 王健民前書，頁一六—一七。

⓲ 電報全文見中共中央組織部編「中共中央文件」，註明係一九三一年十二月二十九日到；又見郭華倫：中共史論，第二冊（中華民國國際關係研究所，民國五十八年），頁三三—四。

⓳ 係中共中央政治局於民國十九年六月十一日通過的決議：「新的革命高潮與一省或幾省的首先勝利」。

⓴ 日軍要求張學良部退出錦州，中央令張部固守錦州，情勢緊張。張部於十二日撤退一部分，日軍於二十日總攻錦州。共軍於此時進攻贛州，有與日軍呼應之勢。

㉑ 第二十六路軍駐江西寧都，中共派劉伯堅密往煽動，於二十年十二月九日已與中共通聲氣，十四日開始異動，二十一年元旦全部叛走。惟據總指揮孫連仲自述，眞正叛赴共區者「只有二千人」，見孫仿魯先生述集（孫仿魯先生九秩華誕籌備委員會，民國七十年），頁九八。

中共仍以國軍爲主要攻擊目標，目的只在保衛蘇聯與推翻國民黨與國民政府，對日本侵略及戰地民衆痛苦，則毫不關注。

當然，中共發表的文件中，也偶而有「抗日」字樣。然細察其文件內容，所謂「抗日」只不過是一句宣傳口號，係用以誣蔑國民政府「不抗日」的反面策略。其尤甚者，中共曾於二十一年（一九三二）四月十五日發表「對日抗戰宣言」，㉒其內容幾乎完全不是對日本宣戰，而是對國民政府宣戰。其最後一段文字是：

蘇維埃臨時中央政府號召全國工農兵及一切勞苦群衆，在蘇維埃的紅旗之下，一致起來，積極的參加和進行革命戰爭，在白區各地自動武裝起來，推翻反動的國民黨在全中國的統治，建立全中國民衆的蘇維埃政權，成立工農紅軍，聯合全世界的無產階級、被壓迫民族與蘇聯，來實現以民族革命戰爭驅逐日帝國主義出中國，反對帝國主義瓜分中國，澈底爭得中華民族眞正的獨立與解放。㉓

王健民曾就中共機關報「實話」、「紅旗」、「鬪爭」等雜誌，自二十年九一八事變至二十三年四月發表的政策性文件作過統計，得到的印象是：「日軍不斷向中國進攻之日，正中共不斷

㉒ 原標題爲「中華蘇維埃共和國臨時中央政府宣佈對日抗戰宣言」，原文存萫廬「中共中央文件」，一般中共書刊多稱之爲「對日宣戰宣言」。

㉓ 王健民前書，頁二二五。

呼籲『武裝保衛蘇聯』之時。」㉔中共發表「對日抗戰宣言」之後兩年又八天的二十三年（一九三四）四月二十三日，在其「鬪爭」雜誌第七十一期發表文件，仍倡言「武裝擁護蘇聯，反對日本及一切帝國主義進攻蘇聯」，可知其所謂「對日宣戰」文件的價值，究爲幾何！

㈡ 絕處逢生：藉抗日以自存

中共不敵國軍第五次圍剿的强大壓力，於二十三年（一九三四）十月自贛南突圍西竄，開始了所謂「二萬五千里長征」。彼等沿粵湘邊區向防禦力薄弱之地區疾進，於二十四年（一九三五）一月五日攻佔遵義，並召開了「遵義會議」，㉕改組了中共中央，㉖旋即繼續西竄，於同年七月竄至川、康、甘三省邊陲，陷於前臨不毛後有追兵的困境。他們於八月五日起，在毛兒蓋舉行了十幾天的會議，討論共軍的行動方針，總想不出一條安全的逃生之路，毛澤東和張國燾且發生衝突。㉗

㉔ 王健民前書，頁一一七。

㉕ 郭華倫：中共史論，第三册，頁一一三—一二〇，其正式名稱爲中共中央政治局擴大會議，會期三天，自一月六日至八日。到會中共中委、候補中委及「指定參加人員」共二十餘人，由秦邦憲主持，共產國際軍事顧問李德（Otto Braun）列席。

㉖ 主要決定是：免除秦邦憲中共中央總書記職，改由張聞天繼任，撤除周恩來中共中央軍委會主席職，改由毛澤東接任，並補選毛爲政治局委員及政治局常委，毛因而獲得中共中央領導實權。

㉗ 郭華倫上書，頁六一—六四。

就在這個時際，共產國際於一九三五年七月二十五日至八月二十日，在莫斯科召開第七次全世界代表大會，決定了令各國共黨「建立反帝人民陣線」政策，對中國情勢則要求把「蘇維埃運動」與「人民反帝運動」連結起來，「首先反對日本帝國主義及其走狗」。出席此一會議的中共代表王明（陳紹禹）接受共產國際的決定，並配合這一新策略，於八月一日以中共中央名義在莫斯科發表了「爲抗日救國告全體同胞書」——一般稱之爲「八一宣言」，㉘向國人呼籲：「大家都應該停止內戰，以便集中一切國力（人力、物力、財力、武力等），去爲抗日救國的神聖事業而奮鬥。」並特別「再一次鄭重宣言」：

只要國民黨軍隊停止進攻蘇區行動，只要任何部隊實行對日抗戰，不管過去和現在他們和紅軍有任何舊仇宿怨，不管他們與紅軍之間在對內問題上有任何分歧，紅軍不僅立刻對之停止敵對行為，而且願意與之親密携手，共同救國。㉙

「八一宣言」，代表中共政策的重大轉變，也是中共推動抗日救國聯合戰線的起點。㉚上距九一八事變已是四年，這也說明在「八一宣言」以前的四年間，中共並無誠意亦從未認眞的考慮

㉘ 宣言全文見延安解放社出版「抗日民族統一戰線指南」，第一册；王健民、郭華倫兩氏前書及中華民國重要史料初編—對日抗戰時期，第五編「中共活動眞相」㈠（以下簡稱「中共活動眞相」），亦均摘錄刊載。

㉙ 中共活動眞相㈠，頁四〇。

㉚ Lyman P. Van Slyke, *Enemies and Friends, the United Front in Chinese Communist Party* (Stanford: Stanford University Press, 1967) P. 48.

抗日問題。莫斯科發表「八一宣言」時，毛澤東等中共首領尚在毛兒蓋爲路線問題爭論不休，毛於八月中旬以後始決定北上陝西。王明派遣張浩（林毓英）回到中國來找尋毛等傳達莫斯科的決定，二十四年十二月，才在陝北找到了毛澤東，毛也才於十二月二十五日在陝北瓦窰堡召開中共中央政治局會議，通過了「關於目前政治形勢與黨的任務決議」，決定發動「最廣泛的反日民族統一戰線」，並把他們的「蘇維埃工農共和國」改爲「蘇維埃人民共和國」。這叫做「十二月決議」。㉛「八一宣言」和「十二月決議」，使中共以民族主義者的僞裝出現在國人面前，事實卻證明這是中共有史以來最大的也是最成功的一次騙局。㉜

中共何以不在九一八事變發生後採取積極抗日的政策，而在共產國際作了決議之後才遽然接受？這一背景，國立暨南大學校長何炳松曾作如下的分析：

我國之發現（統一戰線）這個口號，當然要在去年（一九三五）第三國際會議之後。因為我們如果「自覺的」有「統一戰線」的必要，那這個戰線就應該產生於九一八時，再遲應該產生於一二八時，再遲應該於熱河淪落時。但是實際上直到去年年底，我們才聽見這個口號。這顯然至少有三個理由：㈠這是奉第三國際的命令辦理的。㈡這是共產黨的機會主

㉛ 郭華倫前書，頁一〇八—一一三。

㉜ 李雲漢：一段慘痛史實的回顧—中共在抗戰初期僞裝民族主義者的騙局，民國七十四年九月三日、臺北中央日報第十五版。

義，意在「運用中國社會各階層中一切願意參加抗日救國的力量」。㈢這是因為共產黨自覺已有没落的危險，不得不以「停止內戰，一致對外」的口號為烟幕，來苟延他們日暮途窮的命運。所以共產黨不主張抗敵於五年之前，而主張抗敵於中央已在抗敵之今日，可說毫無誠意。㉝

中共之改變政策—暫時隱藏其「武裝保衞蘇聯」之國際主義旗幟，而改以民族主義愛國者之面孔來向國人進行抗日救國的統戰，確實有其不得不變，不得不然的原因。最少有四點：

其一，第三國際是中共的上層組織，其第七次世界大會的決議，中共是不能不服從的。自中共民國十年七月建黨以來，尚無拒絕執行第三國際決議的紀錄。

其二，不管中共如何強作辯解，其於二十四年冬竄抵陝北時已面臨窮途末路，則是不爭的事實。卽毛澤東本人，也承認「紅軍本身又有很大的削弱」，「我們是遭遇了暫時的部分的失敗」；㉞雖然他以國軍未能完成圍勦追勦計劃而「我們完成了長征」沾沾自喜，但畢竟不能不重視事實上的危機：國軍已於十一月間在西安設立西北勦匪總部，決定以優勢兵力將陝北的殘餘共軍一舉殲滅。因此，中共不能不藉「抗日救國」的大標題來進行統戰，希望壓迫政府停止勦共的「內戰」。事實上，中共的危機尚不僅是殘餘共軍的不堪再戰，而尤在高級幹部的意志已有動搖

㉝ 何炳松：西安事變感言，民國二十五年十二月十八日上海時事新報。
㉞ 毛澤東：論反對日本帝國主義的策略，民國二十四年十二月二十七日在瓦窰堡講。

之跡象。據彭昭賢口述，毛已兩次秘密向蔣委員長請和：一次是在流竄途中，託覃振向蔣委員長陳述，只要中央給他個監察院長名義，他可考慮取消共產黨；一次是到達陝北後致函邵力子轉告蔣委員長，如果蔣先生決心抗日，他可放棄共黨組織並考慮出國考察。㉟另徐向前亦曾派人送信給胡宗南，表示願意接受政府改編之意向。㊱此外，周恩來後來曾對張沖說過一段話：

中共在江西被封鎖時代，對外間情況不明，而且為不斷的軍事行動所刺激，故缺乏考慮，而往前直幹。自離開江西後，接觸人物漸多，對於中國社會之實況，亦比較有廣泛之接觸；尤其通過川康邊境時，目睹落後之社會與困頓之環境，遂對過去鬥爭之方法漸生懷疑之觀念。㊲

其三，國人對中共十年來的叛亂所造成的災禍深惡痛絕，中共深知非改變政策即無以見諒於國人，更無法獲取各界人士的同情；況且，不少人士也確在期望中共能改過自新。社會對中共的**責難**，王芸生的規勸可為一例：

這十年來，共產黨一直在錯誤中過生活。八一暴動，秋收政策，立三路線、游擊蘇維埃，

㉟ 右軍：西安事變的前因後果（香港：春秋出版社，民國六十年），頁一三—一六，據前陝西省政府民政廳廳長彭昭賢口述。

㊱ 同上書，頁一四。

㊲ 中共活動眞相㈠，頁二六六—十八，張沖與周恩來談話概要。

一直到流竄西北，那一項不是錯誤？要知道一個行動的黨，它若執行了錯誤政策，不僅是一個黨的損失，而且直接關係國運的。請共產黨想一想，這十年來你們給予國家的影響是什麼？殘酷的廝殺，斵喪了無限的國力，是給誰謀了福利？聽聽口號，看看事實，不慚愧嗎？當然錯誤是不能完全避免的，我是希望大家以後少犯錯誤，發現了錯誤須趕快改。我不是為某一黨謀，實是為了我們國家的生命。[38]

其四，由於日本於民國二十四年加速對華北的侵略，使中國人的抗日情緒達於高潮，中共認清了這點，不能不順應民意高唱抗日，以博取民間的支持，並用作對付國民政府的武器。來自莫斯科傳達第三國際決議的張浩，並不諱言他們利用抗日統戰以謀生存發展的謀略；他在中共黨校「抗日大學」講授「中共黨的策略路線」時，卽曾說出下面的話：

以抗日救國的口號來號召全國，是那一個人都不能反對的。就是反革命的不滿，他也是說不出的。……抗日可以得到國人的同情，可以分散和緩和敵人的進攻。……只有抗日，才能保存實力，才能擴大實力。……中國人不管貧富各階層，均願抗日，不願要蘇維埃，中國共產黨在這種情形之下只有抗日，在抗日之下，進行加强黨的組織，增加人民革命的情緒，壯大前方軍，組織和訓練後備軍，以待新的時機，新的條件到來。……[39]

[38] 王芸生：三寄北方青年，國聞週報，十四卷，五期。
[39] 郭華倫：中共史論，第三冊，頁一二五—一二七，引張浩講詞原文。

㈢ 全力統戰的一年

共產國際為中共所開出的「統一戰線」的藥方，中共首領們認為確有起死回生的神效，而且生路只此一條，別無他路可走，因之，二十四年十一月以後，即全力開展針對全國各階層並特別以東北軍、西北軍為對象的抗日救國統戰。下面是中共一年間內進行的重要統戰活動：

民國二十四年

十一月

派南漢宸（中共黨員，前陝西省政府秘書長）由天津前往南京，將「八一宣言」送交正在南京出席國民黨第五次全國代表大會的楊虎城。楊令南漢宸派代表去西安商談與中共停戰方式問題。㊵

十一月二十八日

中共發表「抗日救國宣言」，聲言：「不論任何政治派別，任何武裝隊伍，任何社會團體，只要他是願意抗日者，我們不但願意同他們訂立抗日的作戰協定，而且更進一步的

㊵ Mi Zanchen, *The Life of General Yang Hatheng* (Hongkong: Joint Publishing Co., 1981), pp. 90—91.

同他們組織抗日聯軍與國防政府。」㊶

十二月

毛澤東親筆致函楊虎城、杜斌丞、鄧寶珊三人，慫恿楊虎城停止剿共，合作抗日；毛並派中共陝西省委汪鋒潛入西安，停留一個月之久，三度密與楊虎城商談，達成停戰協議，楊並允予中共以協助。㊷

二十五年

一月三十一日

毛澤東、朱德、周恩來聯名發布告東北軍將士書，挑撥東北軍對中央的惡感，表示願與東北軍「首先停戰，共同抗日。」

二月二十一日

中共中央通電召集「全國抗日救國代表大會」，組織「國防政府」與「抗日聯軍」，呼籲對日絕交宣戰，收復失地。

三月十日

中共派李克農與東北軍第六十七軍軍長王以哲秘密接觸，撤甘泉之圍，對東北軍表示好

㊶ 中共活動眞相(一)，頁四三。

㊷ 同㊵，頁九一—九三。

感。

三月十四日

毛澤東告知新聞記者：「我代表中華共和國政府，現在宣佈：如果蔣介石停止進攻紅軍，紅軍亦將停止一切軍事行動，並順應人民要求，對日作戰。」㊸

四月九日

周恩來、李克農潛赴延安（當時尚爲東北軍駐守），與張學良秘密會晤，並達成停戰協議。周表示：「彼等亦蔣公舊屬，在抗日綱領下，共產黨決心與國民黨恢復舊日關係，重受蔣公領導。」㊹

四月二十五日

中共中央發表「爲創立全國各黨各派的抗日人民陣線宣言」，提出共同行動綱領六條，並謂：「歡迎各黨各派的中央與地方組織能接受我們的提議，互派代表同我們與我們的地方組織共同協商具體進行辦法，組織各黨各派的中央的與地方的行動委員會，以創立中央的與地方的抗日的人民陣線。爲上述的綱領的澈底實現而奮鬥。」㊺

㊸ Lyman P. Van Slyke, *Enemies and Friends*, p. 60.

㊹ 張學良：西安事變反省錄，見西安事變史料上册（革命文獻第九十四輯），頁一〇九—一一三。

㊺ 中共活動眞相㈠，頁四五—四七，六項綱領是：①停止一切內戰，一致抗日討逆！②全國紅軍與全國海陸

（續下頁）

五月五日

中共中央發表「停戰議和一致抗日通電」—即所謂「回師宣言」（共軍於二十五年二月進犯山西，爲晉境國軍擊退，重返陝北），表示「願意在一個月內與所有一切進攻抗日紅軍的武裝隊伍實行停戰議和，以達到一致抗日的目的。」㊻

八月二十五日

中共中央發表「致中國國民黨書」，表示同意國民黨五屆二中全會（二十五年七月十日至十四日，在南京召開）宣言所揭示之禦侮原則，惟對「集中統一」，有所批評，希望國民黨實行所謂「三大政策」，中共願與國民黨結成革命統一戰線，並謂「我們要爲大中華民族的獨立解放奮鬥到最後一滴血！」㊼

九月一日

周恩來親筆致函陳果夫、陳立夫，要求商談，「使兩黨重趨合作」。㊽

（接上頁）

空軍集中華北打日本！③召集全國抗日救國代表大會，組織國防政府與抗日聯軍！④言論、集會、結社、出版、信仰的完全自由，釋放一切政治犯！⑤實行外交公開！⑥聯合世界上以平等待我的民族與國家。

㊻ 中共活動眞相㈠，頁四八—九。

㊼ 同上，頁六五—七三。

㊽ 同上，頁五〇。有謂此函發表日期爲民國二十四年九月一日者，經史學家考訂，應爲二十五年九月一日。

九月十八日

毛澤東致函宋慶齡，要求宋以國民黨中委資格說服國民黨中央「停止內戰，聯合抗日」，並派潘漢年謁宋，「商酌公開活動之辦法」。並請宋介紹潘漢年晉見國民黨中樞人員一談。㊾

九月二十二日

毛澤東致函蔡元培，請蔡「痛責南京當局」，要求「立卽停止內戰」，函尾問候宋慶齡、何香凝等七十人：內有素主反共之吳敬恒、張繼、居正、戴季陶、鄒魯等人，卽不在國內之汪兆銘亦在毛問候之列。

十月五日

毛澤東、周恩來致函張學良，重申停戰抗日主張，請張轉報蔣委員長，派代表商談停戰抗日條件。

十月九日

毛澤東、周恩來致函張沖，要求轉請國民黨中央「立下一令，暫行停止西北各軍向紅軍

㊾ 毛澤東署名後，註以「九一八五周年紀念日」。潘漢年，江蘇宜興人，當時係中共派駐上海秘密與國民黨進行接觸的代表。

進攻」，並擬派潘漢年在滬接洽。㊿

十月

毛澤東在陝北接受史諾（Edgar Snow）訪問，告以：「日本侵略極嚴重，全國須聯合抗日，各黨各派中以國民黨力量最大，如無國民黨參加，卽不足以言抗日。」[51]

十二月一日

毛澤東、朱德、張國燾、周恩來等二十人，致書蔣中正委員長，請求「當機立斷，允許吾人之救國要求，化敵爲友，共同抗日。」

中共發表「關於綏遠抗戰通電」，要求停戰抗日，釋放政治犯，並召開「抗日救國代表大會」，「商討救國大計」。

十二月五日

毛澤東致函馮玉祥，要求馮氏「登高一呼」，廹政府「停止內戰」，准共軍開赴綏遠抗日。

這些統戰文件的語句，無不帶有民族主義的愛國色彩，與二十四年八月以前中共中央發表的文件，大不相同。毛澤東、周恩來等人的善變能變，手法不可謂不高明。一般人自然很容易發生

㊿ 中共活動眞相(一)，頁六四。

[51] Lyman P. Van Slyke, *Enemies and Friends*, p. 64.

同情感，惟對中共本質有所瞭解的人，則不會受愚受欺。胡適就曾說過：

向來抱着國際主義的共黨產是絕對不能一變就成為愛國主義者。他們近來高唱的民族主義戰線，只是他們在武裝叛亂失敗時的一種策略。[52]

然而，日本瘋狂的侵略是事實，華北的危機就在眼前，在「土地被蹂躪，同胞被殺戮」的慘痛情形下，百分之九十五的中國人—少數賣國求榮及別具肺腹藉抗日以遂私願的人除外—都熱烈要求抗日，這也都是事實。卽使有人對中共呼籲抗日的誠意深表懷疑，但還是覺得抗日救國的主張是對的，是好的。就在這一背景之下，中共的抗日民族統一戰線策略，獲得了相當程度的成果，沈鈞儒、沙千里等人的救國會活動以及張學良、楊虎城等人的私與中共通款停戰，都是中共統戰政策下的產物，對國家爲不幸，對中共則是成功。

中共要求「停止內戰」，其主要對象當然是國民黨中央，尤其是蔣中正委員長。中共八月二十五日致函國民黨中央，周恩來九月一日致函陳果夫與陳立夫，都希望能與國民黨中央直接接觸。蔣委員長這時正駐節廣州，十月五日始返抵南京，十月九日毛澤東、周恩來便致函張沖，告以擬派潘漢年至陳立夫處會談，請張徵求國民黨中樞領導人同意。[53]就在同一天，中共提出一份

[52] 胡適：張學良的叛國，民國二十五年十二月二十日，天津大公報。

[53] 毛澤東、周恩來致張沖商談判事宜電，民國二十五年十月九日，見中共活動眞相(一)，頁六四。

「政府代表張冲與中共代表接洽程序」的文件，[54]說明其程序是：

㈠派潘漢年代表接洽停戰，並決定停戰後正式代表會面地點與時間。

㈡正式派周恩來南下與中央負責人見面，成立協定。

㈢雙方派人執行編軍及各問題。

同一文件中，列有「甲部」與「乙部」兩項，諒係中共提出之條件供政府考慮決定者，其內容：

甲部

㈠停止逮捕共黨（違反刑法治安法者，不在此限）。

㈡分批釋放在獄共黨（分批，秘密釋放亦可）。

㈢給紅軍防地給養及補充。

㈣紅軍改編後得派代表數人，參加國民政府軍事委員會國防會議及總司令部。

㈤抗日或對外戰爭中，願擔任一固定防線。

乙部

㈠中國共產黨自動取消蘇維埃政府，得參加國民代表大會選舉。

[54] 現存總統府機要檔案室，已發表於中共活動眞相㈠，頁六三—四。原件未註明係何方提出，然就其語氣及用詞研判，斷定爲中共方面所提。

㈡自動取消紅軍名義及番號，按照國軍統一編制，服從統一命令（但希望保存其實力，不可借編縮而摧毀）。

政府為對付日本侵略，已於二十五年初決定加強與蘇俄的關係，並有意以政治解決方法，使中共亦能參加抗日，因而並未拒絕潘漢年、周恩來在上海、南京與陳立夫進行秘密商談。[55]惟堅持政令軍令的統一，中共亦必須信奉三民主義，並不承認所謂「人民陣線」，尤斥責中共妄行主張之「國防政府」。

蔣委員長於十月二十二日自南京飛抵西安，部署西北軍事。二十八日自西安致電中央執行委員會秘書長葉楚傖，指示對中共致國民黨中央書之處理方針：「應正式力闢其謬妄。對於人民陣線之說，尤應反駁。並說明共匪抗日之說，無論其抗日為眞為僞，即使其為眞抗日，亦必為國際主義者之傀儡，而以中國人供人犧牲品。如對外抗戰，而不照一個政府與命令原則之下行動，必招滅亡。況共黨本居心出賣民族者也。對共黨致本黨書中所提辦法，我覺亦應對其明白提出條件，使一般人民曉然於共黨之虛僞與其責任之所在，而非吾黨不允其投降。並說明其投降無保證，列述其共黨之言行，無一而非虛僞與卑劣，亦目的亦無一而非為造成中國為國際之殖民地也。」[56]

蔣委員長於十月二十九日移駐洛陽，十二月四日再進駐西安。與中共交涉事則由陳立夫在南

[55] 陳立夫：參加抗戰準備工作之回憶，近代中國，第二期，民國六十六年六月三十日。

[56] 中共活動眞相㈠，頁六五；總統蔣公大事長編初稿，卷三，頁三四一。

京主持，並已達成初步協議，中共願接受政府所提出之條件。蔣氏自述這段經過：

二十五年五月五日，中共發出「停戰議和」通電。隨卽由周恩來代表中共，潘漢年代表共產國際，到上海與張沖會商。當時我得到這個報告，對於潘漢年代表共產國際一節甚為懷疑。但據立夫考驗後，知道潘持有他與共產國際通電的密碼，及其來往電報無誤。我認為此事真偽虛實，對本案不甚重要，故亦未再追問。潘漢年乃卽到南京與陳立夫談判。政府對中共所提的條件為下列四點：

一、遵奉三民主義；

二、服從蔣委員長指揮；

三、取消「紅軍」，改編為國軍；

四、取消蘇維埃，改為地方政府。

經過了長時間的談判，最後他們終於接受這四項原則。一切條件大體都達到協議，只待我回京作最後之核示。57

十二月十二日，西安事變爆發。整個情勢有了變化，南京秘密談判的協議，也就暫時擱置了。

57 蔣中正：蘇俄在中國，頁七三。

二、西安事變

不管從那個角度看，西安事變都是中國近代史上一件背景複雜，過程曲折而影響深遠的大事。特別是在中國對日政策上，更有促使戰爭提早發生的催化作用。對事變主角張學良、楊虎城的命運及幫兇中國共產黨的前途，也都形成決定性的關鍵。

事變的眞相，業已大白於世。❶但對事變的本質是「兵諫」抑是「叛變」，中共的地位是主角還是配角，事變的解決及善後問題處理的過程等問題，不獨國共雙方的講法互異，中外學者間的觀點亦非一致。本節卽以此等問題爲重點，純以歷史研究工作者的立場，依據原始可信的史料，再作綜合性的探討。

㈠ 事變的本質

張、楊於事變當日發出的通電，自稱其行動係「對介公作最後之諍諫，保其安全，促其反

❶ 最足說明事變眞相的學術專著，英文著作首推吳天威之 *The Sian Incident: A Pivotal Point in Modern Chinese History*，中文著作唯李雲漢之「西安事變始末之研究」；大陸出版史料不少，但非學術專著。

省。」❷張也承認他『問計於楊』時，楊建議：「待蔣公來西安，余等可行『挾天子以令諸侯』之故事」，最後則是兩人計議後，「遂決行强諫刧持之謀。」❸是張氏視此事變為兵諫，但不否認其行動為「刧持」。他似乎並不認為這種「兵諫」是很嚴重的事，曾於發動事變之當日面告萬耀煌：「兵諫的事，在外國很平常，只要委員長聽我一點點要求，我一定親送委員長晉京。」❹

政府新聞界和絕大多數的學者，則毫不懷疑的指稱張楊的行動為叛變或叛亂。事變發生後的第一日——十二月十三日，南京中央日報首以「昨日西安之叛變」為題發表社論，十四日各報社論及報導亦皆指稱張楊叛變，卽立場保守的申報也斷言「張學良違背國紀背叛中央」。❺而全國各地兩百零二家報館與通訊社，由申報領銜於十二月十五日發表的「全國新聞界對時局共同宣言」，則更申明「天地有正氣，國家有綱紀」之大義，要求新聞界為政府之後盾，「以討賊平亂」。❻學者中，態度最嚴正言詞最强烈者莫如傅斯年，他單刀直入，文章的題目就是「論張賊叛變」，❼胡適的評論，亦爽快明決：

❷ 張學良、楊虎城等雙十二通電：民國二十五年十二月十二日，自西安發出。
❸ 張學良：西安事變反省錄，未刊稿。
❹ 萬耀煌：西安事變身歷記，湖北文獻第二期，頁二九—三八。
❺ 民國二十五年十二月十四日申報社論：中國還是整個的中國。
❻ 全文見李雲漢：西安事變始末之研究，頁二九六—三〇一。
❼ 傅文見民國二十五年十二月十六日，南京中央日報。

> 這回的西安事變，是叛國禍國，毫無可疑。張學良和他的部下這一次的舉動，是背叛國家，是破壞統一，是毀壞國家民族的力量，是妨害國家民族的進步！這是毫無疑義的。❽

是兵諫？還是叛變？其實兩者在違抗長官破壞法紀的意義是一樣的，只是程度上有所差別而已。著者就所能獲知的史料作冷靜客觀的研判，不能不斷定西安事變在本質上是叛變行爲；其動機也許出於抗日救國的眞誠，其行動則是不折不扣的犯上煽亂，蓄意並公然向國法軍紀挑戰！著者於「西安事變始末之研究」一書「前言」中已略申此義，茲再敷陳數端：

其一，張、楊均係國家的高級將領，掌西北軍政大權，負剿共安內重責；而竟秘密與中共通款，私訂停戰協定，轉而代中共要求蔣委員長「停止內戰」，不僅犯「違令抗命」之條，尤其有「私通敵人」之罪，以軍紀國法論，兩者均罪無可逭。張學良見不及此，於二十五年四月私往延安天主堂與周恩來見面並獲致協議後，並未報告上峯，且自「甚感得意」，❾誠屬不明本分與職責者也。無怪其鄉人且爲其評傳作者之王光逖氏，亦嘗譏其「少帥不更事」：

> 張學良忘記他是西北剿總的副司令，他是一個受軍令限制的指揮官，他未經上級批准擅和

❽ 胡適：張學良的叛國，民國二十五年十二月二十日，大公報星期論文。

❾ 張學良：西安事變反省錄。

敵人訂約停戰，不論其理由如何的光明磊落，他都將不免僭越統帥權力之議。⑩

其二，事變之發生，並非由於張學良在洛陽及臨潼向蔣委員長進諫受到責備後臨時起意，而是半年以前即已有了預謀。據楊虎城長子楊拯民宣稱，早在二十五年六月間兩廣異動時，張、楊即計劃行動，並已與西南及華北的軍政當局有所聯絡，事變後宣佈的八項要求也是在六月間即由各方商得同意；但由於兩廣問題的順利解決，未能貿然發動。十月間，蔣委員長前往西安視察並到王曲軍官訓練班講話，一部分思想激烈的東北軍軍官即擬發動兵變，但以準備未周而臨時中止。十二月十二日的事變，已經是第三度採取行動了。⑪楊氏此項敍述，雖不無誇大舖張之處，東北軍之不穩則係事實。張學良本人雖未必立意叛蔣，然其有意採自行抗日之行動，則又毋庸置辯。馮庸曾告知陳誠：

> 漢卿現已將抗日（有）真成績及有血氣（之人），一集來陝，實行抗日，預定出綏遠。查其此舉，一因部下對於剿匪苦而無功所激動，二因環境之責備而不能忍，三因中央除鈞座（指蔣委員長）外，均不見諒，四尤其此次西安事件為激成此舉之主因，並聞華北諸將領

---

⑩ 司馬桑敦（本名王光逖）：張學良評傳（Monterey Park: Evergreen Publishing Co., 1986），頁二三九。

⑪ Yang Zhengmin: *The Xian Incident: A Historical Necessity.* 1986.

均有聯絡。⑫

張既決定「聯共抗日，自由行動」，⑬由在陝東北人組織之東北人民救亡會、抗日同志會及西北各界救國聯合會等左傾團體又復與中共地下人員結合，播弄其間，⑭西安之發生動變乃屬時間問題。張不惟不加制止，反而鼓勵慫恿之，其應負縱容叛亂之責，應無疑問。

其三，事變之發動，純採暴動之手段；武力攻擊臨潼行營，縱兵搶掠公私機關，破壞道路橋樑，扣押政府高級軍政人員，密令蘭州、洛陽等地東北系軍人同時行動等等，均爲叛變行爲。誠然，張學良於派兵赴臨潼之前，曾嚴誡唐君堯、劉桂五、王玉瓚等不能傷害蔣委員長，⑮但到臨潼行營首先開槍射擊的，確是張的衛隊第一營營長王玉瓚。王自述當時經過：

> 在華清池兩側的禹王廟裏駐着一些憲兵，我令王連長派人收繳他們的槍枝。與此同時，我率領馬體玉（排長）等人進入頭道門。約在凌晨四時許，臨潼大地，風寒天冷，一片寂

---

⑫ 陳誠上蔣委員長轉述張學良托馮庸轉達不願剿匪只願抗日等內情電，民國二十五年九月二十日，見西安事變史料(上)（革命文獻第九十四輯，頁五五—五六）。電中所稱西安事件，係指共黨份子宋梨、馬紹周等在西安活動，爲中國國民黨陝西省黨部派人逮捕，押解途中爲東北軍搶回，張學良並派兵搜查陝西省黨部。見李雲漢書，頁一一六，司馬桑敦書，頁二三六。

⑬ 總統蔣公大事長編初稿，卷三，頁三二九。

⑭ 司馬桑敦前書，頁二三一—二三七。

⑮ 曾擔任進攻臨潼行營之張部衛隊第一營營長王玉瓚說，張學良於十一日夜晚單獨告訴他：「我命令你把蔣委員長請進城來，要抓活的，不許打死他。」

靜。我朝二道門那邊看，只見一個步哨來回走動。我舉起手槍，連打三槍，命令我營戰士開始進攻。槍聲一響，蔣之衞士長匆匆跑出房門，連喊帶問：『什麼事？什麼事？』我們那裏理他，幾槍便把他擊倒在地。頓時槍聲大作，子彈橫飛。蔣之衞士驚醒後，一個個憑藉門窗拚命抵抗。⑯

西安城內楊虎城部的不法行爲，更足顯示其叛亂本質。看司馬桑敦的綜合敍述：

楊虎城負責指揮十七路軍和平接收中央駐陝各機關，並逮捕各負責首長。這十七路軍首先襲擊了憲兵隊，而且肆行槍殺赤手俘虜，繼之繳了警察和保安隊的械。公安局長馬志超化裝逃走（因為他負責彈壓了學生請願運動），否則也會遭到殺害。西安招待所中的各中央軍政大員和他們的隨從兵員三百餘人，立時均成俘虜，而且隨身行囊均遭洗劫。中委邵元冲越窗欲逃，當被射死。同宿於招待所的前青島市長胡若愚，本為東北軍系統人物，亦誤被擊傷，子彈橫穿面頰而出。陝西省政府主席邵力子，秘書長李壽柏，民政廳長彭昭賢，教育廳長周學昌，亦分別看管，失掉自由。西安城內中央機關均被抄收搶劫。西安車站及貨倉食糧均被搶一空。車站上停有陳誠之專車一輛，被搜凡十七次，車上精細物件完全搜光。張學良私人經營的東北邊業銀行西安分行，亦被搶掠，分行

---

⑯ 王玉瓚：西安事變的那幾天，新華文摘，一九八六年，第二期，頁一九一—二。

王經理當場被槍殺。整個西安的各街各巷，槍聲手榴彈聲，澈夜未停；商店住宅，有多處被搶，商民有無傷亡，當時無統計，數目不詳。⑰

當時在西安的美籍親共女作家史沫特萊（Agnes Smedley）說，她的財物也被楊虎城的士兵搶走。⑱蘭州亦於同日發生兵變，其搶刧之慘，有過於西安，被稱爲蘭州「三百年來未有之浩刧」。⑲其致洛陽砲兵第六旅旅長黃永安密電中，亦有令其「刧持洛陽中央銀行」、「襲擊軍航兩校」等項，⑳這都是叛變行爲的確證。

其四，張、楊發動事變的主要目的，係要求蔣委員長停止剿共，一致抗日；此乃政策改變問題，係屬軍事行動，應不涉及國家體制與政府組織。然觀張、楊十二月十二日宣布之八項主張，㉑竟無一項言及抗日；而「改組南京政府」、「召開救國會議」等項，顯已超出軍事剿共及對日政策範圍，意欲完全改變國民政府之結構與實質，以動搖國本，此非叛國而何？

---

⑰ 司馬桑敦前書，頁二五二；又見李金洲：西安事變親歷記。

⑱ Agnes Smedley, *Battle Hymn of China* (New York: Knopf, 1943) pp. 141-45; Lyman P. Van Slyke, *Enemies and Friends*, p. 80, footnote.

⑲ 白雪草堂（白雪峯）：蘭州事變紀略，西安事變史料上册，頁八九—一〇九。

⑳ 祝楅壽：西安事變洛陽見聞錄，傳記文學二〇卷六期，民國六十一年六月。

㉑ 八項主張是：1.改組南京政府，容納各黨各派共同負責救國；2.停止一切內戰；3.立卽釋放上海被捕之愛國領袖；4.釋放全國一切政治犯；5.開放民衆愛國運動；6.保證人民集會結社一切之政治自由；7.切實遵守總理遺囑；8.立卽召開救國會議。

另有須作澄清者：張學良晚年曾舉出「不啻火上加油」的幾項「惡緣」，有的是由於他主觀的感觸，有的是出於誤解或誤記，事實並非如此。例如「請求撫卹、補給問題」，論者多謂一一〇師師長何立中戰死，一〇九師師長牛元峯自殺，張副司令為之請卹十萬元未蒙核准，番號亦被取消，致東北人士心懷不平。然據總統府機要檔案，蔣委員長於聞悉何立中師長戰死後，曾於二十四年十月致電張學良副司令：

武昌張副司令勛鑒：何師長等因傷殞命之將領，應從速詳報，呈請政府明令撫卹為要。中正。篠午京機。㉒

張副司令查報了三人，軍事委員會函請行政院轉呈國民政府予以褒揚，國民政府於二十四年十一月十五日明令褒揚，令曰：

陸軍第一百十師師長何立中，參謀長范慶兆，團長楊德新，親率部隊，督剿甘泉北邊崂山附近之匪，以衆寡懸殊，負傷殞命。該師長等忠勇奮發，為國捐軀，應予明令褒揚，並交軍事委員會從優議卹，以彰忠藎，而勵來兹。此令。㉓

又如張學良所述另一項「惡緣」：「雙十節政府授勳，有馮玉祥而無良」；因而「認為中央

㉒ 總統府機要室檔案，籌筆，七〇一一〇二〇四。

㉓ 國民政府公報，第一八九七號；又見國民政府公報第一八九九號，國民政府第二七〇一號指令。

有輕視和獎勵不正之意存焉。」㉔恐係出於誤記。蓋政府文獻中，並無二十五年雙十節政府授勳給任何高級將領之記錄，京滬各報亦無任何授勳馮氏之報導，因知實無其事。

(二) 中共角色與所謂「承諾」問題

西安事變發生前，中共已分別與張學良、楊虎城取得聯絡，並達成停戰協議，已如前述。中共份子及東北籍左傾人士分別從北平及陝北進入西安，在軍中及社會建立了鼓吹抗日的組織，致使陰霾的赤氛籠罩西安，張學良不作否認，㉕王光逖依據寧古石等當事人的供述，言之尤稱鑿鑿。㉖中共在西安，已設有代表處，葉劍英、鄧發等中共要員，均曾到過西安。㉗然西安事變之發生，張、楊事先並未與中共計議，因此中共在西安事變中的角色是客，而非主。然而中共當局

㉔ 張學良：西安事變反省錄。
㉕ 同上。
㉖ 寧古石，中共黨員，在北平東北大學就讀。民國二十四年一二九學生運動時，已是中共北平市委學運書記，二十五年春轉往西安，任東北軍中共軍委組織部長，西安事變時爲中共東北軍委書記。抗戰勝利後先後任中共長江局與中原局徐州特派員，後因不滿中共中央的統戰策略而脫黨。王光逖著張學良評傳，有關西安事變之中共軍委資料，多係寧氏口述，於東北人民救亡會、抗日同志會、政工學生隊之組織與活動，以及在東北軍中任職的中共黨員名單等，敍述至詳。見原書頁二三一—二三七。
㉗ 張學良：西安事變反省錄。

却一直在作反客爲主的打算，今日中共有關西安事變的記述則又大言不慚的喧賓奪主。㉘西安事變發生時，中共中央尚在保安。十三日，「他們接到西安事變的消息，初尚不信是眞的，及至獲得證實，乃大喜過望，開會慶祝，毛澤東興奮得幾乎發狂，他甚至呼叫要把蔣委員長押解到保安公審。㉙但到第二天深夜，莫斯科共產國際的電令也到了保安，史達林要求中共中央採取和平解決西安事變的方針，釋放蔣委員長。㉚毛、周雖然不滿意史達林的指示，但也不敢抗拒共產國際的意旨，於十五日發表的通電中，不提「公審」的事，却聲言要求南京「罷免蔣氏」。但等周恩來於十七日進入西安時，却又對張學良說：「共產黨的決策是擁護蔣公領導抗日，同東北軍、西北軍絕對合作，誓守延安會見之約言。」㉛這說明中共態度的多變。事實上，西安事變的和平解決政策係來自莫斯科，而非中共，中共只是勉强接受而已。

周恩來自然不是庸俗之輩。他善於逢迎，長於肆應，能言善道，工於矯飾。他在西安，極爲活躍，張學良說他「儼然爲西安之謀主」。㉜張學良似乎很欣賞周的辯才，但也並非完全相信

㉘ 如羅瑞卿等撰「西安事變與周恩來同志」，把周說成是西安城中最高的「決策者」，而眞正的決策者張學良、楊虎城，則被描寫成無足輕重一惟周恩來馬首是瞻的應聲蟲。

㉙ 郭華倫：中共史論，第三册，頁一七〇。

㉚ 郭華倫：中共史論，第三册，頁一七〇，引錄中共中央秘書長凃振農的談話；另見 Edgar Snow, *Random Notes on Red China, 1934-1945* (Cambridge, Mass., 1957), p. 1，謂此電係宋慶齡所轉。

㉛ 張學良：西安事變反省錄。

㉜ 同上。

他。例如張之接受蔣百里（方震）之建議立派蔣鼎文飛返南京傳達蔣委員長手令一事，卽未曾商之於周。張又曾問周：究竟有多少共產黨員在東北軍中？周避而不答。㉝張學良顯然已察覺中共份子在軍中的活動，已叫他難以安心。

中共中央於十二月十八日密電國民黨中央，提議開「救國代表大會」，承認他們的「抗日要求」，未提蔣委員長的地位問題。不意次日—十九日，中共中央又公開發表的通電，受電人爲南京軍政負責大員及西安張、楊等人，提議召集所謂各黨各派各界各軍代表參加的「和平會議」來解決，並聲言要討論「蔣介石先生處置問題」。㉞其四項提議是：

㈠雙方軍隊暫以潼關爲界，南京軍隊勿向潼關進攻，西安抗日軍亦暫止陝、甘境內，聽候和平會議解決。

㈡由南京立卽召集和平會議，除南京、西京各派代表外，並通知全國各黨、各派、各界、各軍代表參加，本黨、本政府亦準備派代表參加。

㈢在和平會議前，由各黨、各派、各界、各軍先提出抗日救亡草案，並討論蔣介石先生處置問題，但基本綱領，總是團結全國，反對一切內戰，一致抗日。

㈣會議地點暫定在南京。

㉝ 司馬桑敦前書，頁二六九。
㉞ 全文見王健民：中國共產黨史稿，第三編，頁一〇一。

這通電報，很明顯的轉變了西安事變的主客位置，會議在南京召開，西安的主動地位已被無形中抹殺；由各黨各派各軍各界代表參加，張、楊將喪失控制事變全局的地位，中共的發言地位則因其為建議者勢必加强。這種會議，對張、楊有害無益，難免使張學良感到疑慮；對南京國民政府亦發生地位動搖，政策混亂的後果。中共處處為其自身利益打算，何曾有愛於張、楊！政府對中共此電固不理睬，張學良也因此「思路似乎漸漸冷靜下來了。」㉟

二十一日，中共中央書記處密電周恩來，要他施行「扶助左派，爭取中間派，打倒右派，變內戰為抗戰」的策略，以及「爭取蔣介石、陳誠等與之開誠談判」，並且要在和平解決的條件有相當保證時，才同意恢復蔣委員長的自由。㊱這顯示中共的兩面政策，十九日的通電與二十一日的指示，完全是兩回事，其目的則在代張、楊而為與政府談判的主體，因而周恩來在二十四日與二十五日的西安談判中，變得分化積極而被認為是頗識大體。㊲

二十二日，蔣夫人與宋子文抵達西安。周於二十三日先晤宋子文，提出所謂中共的「六項條件」，他並致電延安詢問是否同意這些條件，並詢問「你們決心在何種條件實現下許蔣回京」。㊳

㉟ 同㉝。

㊱ 大陸出版，西安事變資料，第一輯，頁一六六；張憲文等：中華民國史綱，頁四五九。

㊲ 蔣宋美齡：西安事變回憶錄：「(張學良)介紹一參加西安組織中之有力份子來見，謂此人在西安組織中甚明大體。」此「有力份子」即周恩來。

㊳ 周恩來：關於西安事變的三個電報，見周恩來選集上卷，頁七〇—七五。

次日（二十四日），秦邦憲由保安來到西安帶來了中共的新指示，㊴周亦隨於當夜請求晉見蔣夫人和蔣委員長，反覆申述對蔣委員長的擁護之忱，承認「舍委員長外，實無第二人可爲全國領袖者。」並表示「尊敬委員長十年如一日」。㊵周說服了一批激烈的中共份子，東北軍將領以及楊虎城，同意讓蔣委員長離開西安，但堅持「在走前還須有一政治文件表示」；也不同意即日即讓蔣氏離去，周恩來、秦邦憲等認爲至早也應拖到二十六年元旦。㊶但張學良才是西安的最高負責者，張不同意强逼蔣委員長簽署任何文件。二十五日午後，張說服楊虎城同意讓蔣委員長即日離去，並決意護送蔣委員長返回南京。及周恩來聞訊趕至機場阻止，飛機已經起飛。周未能及時阻止張學良護送蔣委員長離陝，所謂「政治文件表示」也落了空。周乃於同日電報保安報告「與宋子文、宋美齡談判結果」，一口氣寫出十條，又說見蔣委員長時，蔣同意停止剿共，不再有內戰，周以後可到南京去直接談判。㊷中共即憑周恩來電報中的一面之詞，大作宣傳，周的策略運用也確有大利於中共。

周恩來在西安事變過程中所扮演的角色，一方面貌似恭謹，一方面又翻雲覆雨。他成功的把

㊴ 司馬桑敦前書，頁二七九。
㊵ 蔣宋美齡：西安事變回憶錄。周謁蔣事，見周恩來：關於西安事變的三個電報。
㊶ 司馬桑敦前書，頁二八〇；Edgar Snow, *Random Notes on Red China*, p. 11.
㊷ 周恩來選集，上卷，頁七二—三。

共黨地位拉至和東北軍、西北軍平等地位，建立所謂「三位一體」，並實際控制了西北的民衆組織與宣傳機構，楊虎城就曾說：「紅軍於陝甘兩省幾乎無地不到，其抗日之熱烈宣傳，亦復無微不至。」㊸周更成功的打開直接與政府商談之門，同時又挑撥並操縱了二十六年一、二月間西安的混亂局面，增强了中共在談判中的地位。難怪張學良晚年憶及西安事變之功過時，感慨言曰：「誤長官，害朋友，毀部屬莫此爲甚！坐收其利者，反爲共產黨耳。」㊹歷史學者郭廷以亦斷言：「眞正得利的爲中共，不僅轉危爲安，陝北蘇區亦隨之擴大，中共中央自保安遷設延安。更大的收穫爲抗日民族統一戰線之成爲事實，延安或毛澤東時代自此開始。」㊺

至於蔣中正委員長離陝前有無「承諾」問題，一直是多方爭議的問題。蔣氏本人，蔣夫人的回憶錄，蔣鼎文十二月三十日在上海的談話以及其他有關人士如張學良的反省錄等著述，均聲明蔣氏之脫險並未附帶任何條件，而楊虎城和中共方面則又宣稱蔣氏曾允諾他們若干要求。外籍歷史學者則亦說法不一，比較能爲多數人接受的則是吳天威的論斷：蔣氏雖未簽署任何文件，却曾有過若干點口頭上的承諾，稱之爲「非文字的協議」(An unwritten agreement)。㊻

㊸ 楊虎城上蔣委員長中正電，民國二十六年一月十五日。
㊹ 張學良：西安事變反省錄。
㊺ 郭廷以：近代中國史綱（香港：中文大學出版社，一九七九），頁六七六。
㊻ Tien-wei Wu, *The Sian Incident*, p. 142.

然揆諸事實，所謂「承諾」問題確有詳作商榷的必要。「承諾」乃是針對「要求」而言；沒有「要求」，自然就不會有「承諾」。世人皆知，事變的變動者張學良、楊虎城於發動事變當日卽通電提出「八大主張」——卽是八點要求，蔣委員長如果要有所「承諾」，也必然是針對這八點要求而發。

張學良於事變期間，有三次當面要求蔣氏考慮接受他們的條件。一次是十二月十四日晚間蔣氏移居高桂滋公館之後，蔣告張：「余不回京，爾無論有何條件或主張，均不能談。」張問：「回京以後，則可向中央提出歟？」蔣告以：「余可允爾等提出於中央，但余必聲明，余不能贊成爾等之主張。」㊼第二次是十二月十九日，張學良對蔣委員長說：「現在此事亟待速了，前所要求的條件，最好請委員長加以考慮，擇其可行者先允實行幾條，俾易於解決。」並言：「現在已無需八條，只留四條矣。」蔣問：「所刪者爲何四條？」張答：「後四條皆可不談」。蔣則告張：「余不回京，任何一條皆不能實行，亦無從討論，不問爲八條四條也。」㊽第三次是十二月二十日宋子文到西安之後，張希望蔣委員長「乘子文在此之機會，商定實行一二事，以便速了此局。」蔣委員長仍「正色拒之」，告以「非余回京，無論何時，不能談也。」㊾張遂放棄要蔣作

㊼ 蔣中正：西安半月記。
㊽ 同上。
㊾ 同㊼。

任何承諾的想法，以後也未再提任何要求，並曾於二十三日向甫到西安的蔣夫人宋美齡表明立場：「我等實一無要求，不要錢，不要地盤，卽簽署任何文件亦非我等所希望。」㊿

如就張、楊八項要求而言，蔣委員長確曾允諾於回京後提出於中央討論。蔣氏返京後實踐了他的諾言，於二十六年（一九三七）二月十八日向中國國民黨五屆三中全會提出一份「西安事變經過報告」，請求大會對張、楊的「八項主張」作一公決。但大會未予接受，作了決議：「此項主張不問其內容如何，惟既出以叛逆之行爲及脅迫之方式，顯係託詞造亂，實爲國法軍紀所不容，大會應不予置理，以絕效尤。」51

周恩來、楊虎城、毛澤東則稱蔣委員長離陝前，對他們有過「承諾」，但各人所提出之「允諾條件」不盡相同。周恩來於十二月二十三日致電保安，說他向宋子文提出六條「要蔣接受并保證實行」，並謂「宋個人同意，承認轉達蔣。」52二十五日蔣離陝後，周又致電保安，謂與宋子文、蔣宋美齡談判了十點，曾見過蔣，蔣表示「停止剿共、聯紅抗日，統一中國、受他指揮」等三點，並謂蔣臨行時對張、楊說：「今天以前發生內戰，你們負責；今天以後發生內戰，我負責。今後我絕不剿共。我有錯，我承認；你們有錯，你們亦須承認。」53

㊿ 蔣宋美齡：西安事變回憶錄。
51 中國國民黨第五屆中央執行委員會第三次全體會議紀錄，民國二十六年二月，南京。
52 周恩來選集，上卷，頁七一。
53 同上，頁七二—三。

楊虎城的所謂「承諾條件」，首見於十二月二十七日的西安「解放日報」，謂蔣委員長離陝前在機場對楊講了「六項諾言」：「一、明令中央入關部隊，於二十五日起調出潼關；如再有內戰發生，當由余個人負責。二、停止內戰，集中國力一致對外。三、改組政府，集中各方人才，容納抗日主張。四、改變外交政策，實行聯合一切同情中國民族解放之國家。五、釋放上海各被捕愛國領袖，并立即下令辦理。六、西北各省軍政，統由張楊兩將軍負其全責。」㊿54 楊並將此六項納入他二十九日發表的致各縣長函中，要各縣長都曉得蔣委員長有此「承諾」，楊居心所在已是不言而喻。

至於毛澤東，終事變期間不在西安，當然只能從周恩來的電報中獲得消息。他見到十二月二十六日發表之「蔣委員長對張楊訓話」後不以爲然，乃於二十八日發表一篇「關於蔣介石聲明之聲明」，聲稱蔣委員長曾作過六項「承諾」：「一、改組國民黨與國民政府，驅逐親日派，容納抗日份子；二、釋放上海愛國領袖，釋放一切政治犯，保證人民的自由權利；三、停止剿共政策，聯合紅軍抗日；四、召集各黨各派各界各軍的救國會議，決定抗日救亡方針；五、與同情中國抗日的國家建立合作關係；六、其他具體的救國辦法。」55 毛所舉六條，實則破綻百出，用詞多爲中共慣用之術語，顯係單方面的文件，內容不僅與

---

54 民國二十五年十二月二十七日，西安「解放日報」，薈廬收藏。

55 毛澤東選集，第一冊，頁二五五—二五八。

張、楊「八項主張」相去甚遠，且與楊虎城的所謂六項「承諾條件」，亦不一致。毛、楊顯然是在各說各話，各自找尋有利於自身的「條件」，單方面的宣布爲蔣委員長的「承諾」，以便對其內部好交待，對民衆作虛僞宣傳，對政府則作政治勒索的藉口。

周、楊、毛三人而外，幾位與中共及楊虎城有關係並曾親見事變的人員亦曾記有「承諾條件」，但也相互牴觸。如曾任楊虎城部政治處長之申伯純，於民國三十五年十二月十三日在中共冀中日報發表「回憶雙十二」一文時，謂蔣委員長所允諾者爲四條，其後他發表「記西安事變」一文，則又改口說是六條。至於自詡爲「歷史問題作交代」的郭增愷，則又擷拾外人的情報資料，舉出更是全憑臆測的四條，說是「蔣委員長被釋放的代價」。56

值得注意者，卽周、毛雖提出所謂「承諾條件」，但以後並未十分重視。周在戰後，一度要求「恢復張、楊自由」，但未喧嚷當時所謂的「條件」。毛澤東早在二十六年三月一日接見史沫特萊時，說「如果沒有十二月二十五日張漢卿送蔣介石先生回京一擧，如果不依照蔣先生處置西安事變的善後辦法，則和平解決就不可能。」57這無異否定了毛在二十五年十二月二十八日的聲

56 郭增愷：一個歷史問題的交代，他引述美國駐華大使詹森根據旅行西北的卡爾遜上校報告轉報國務院的電文，提出的四條是：㈠停止對中共的軍事行動，㈡答應中共軍在華北不受干擾；㈢政府將予中共軍隊以經濟援助，㈣起用同情中共主張的官員。見西安事變三憶（澳門，一九六二），頁一二五。

57 毛澤東與史沫特萊談話：中日問題與西安事變，一九三七年三月一日，紐約哥倫比亞大學圖書館收藏，油印小册。

明，顯然對所謂「承諾」問題，也不重視。

平心而論，所謂「承諾」問題，只是中共和楊虎城方面的一面之詞，尤其是楊所指者，係他一個人在送蔣離陝登機時所聽到的蔣的「口諾」，是否確有其事，沒有第三人作證。嚴格說來，即使蔣委員長在被劫持之下眞有所謂「承諾」，也無法理的效力可言。強以所謂「承諾」問題指蔣氏「背信棄義」，正如日本人硬說盧溝橋事變時之「第一槍」爲中國人所射擊者一樣，毫無意義。

㈢ 善後處理

民國二十五年十二月二十五日，張學良副司令之決定釋放蔣中正委員長並護送其返回南京，僅代表劫持行爲的終止，並非代表整個事變的最後解決。南京與西安間又經過幾近半年的談判—且一度瀕臨內戰的邊緣，問題始告塵埃落定。這段經過，歷史學者稱之爲「餘波」或「善後」。[58]

國民政府處理西安事變之善後，以蔣中正委員長的意見爲主，於涉及東北軍問題時，則徵詢張學良氏之同意，並請張協助。處理的基本原則：以政治爲主，軍事爲從；方針是：東北軍、西北軍及中共問題，分別處理；其前提則爲：東北軍、西北軍及共軍必須分離—打破所謂「三位一

58 李雲漢「西安事變始末之研究」稱爲「餘波與善後」（頁二一五—二四八），司馬桑敦「張學良評傳」稱爲「餘波」（頁二九一—三二一）。

體」的結合，西北地區恢復事變前常態，不允許有特殊化的形式與實質存在，如是確保國家政令的統一，期能集中國力以禦侮。

茲就政府對東北軍、西北軍及中共三方面處理之過程，分述於後。

甲、東北軍之移防與整理

張學良於離陝護送蔣委員長返京前，曾有「軍事歸楊于」的手令。[59]張在南京自請處分，受審，判刑，特赦，但「仍交軍事委員會嚴加管束」，[60]以是張不能返回陝西，而于學忠已回蘭州，西安遂成楊虎城一人做主的局面，他的幕後則是以周恩來為首的中共大批人馬。東北軍將領對楊並不信任，他們自然強烈要求政府允許張學良返陝主持軍政，尤其是少壯派激進軍官，情緒尤為激烈。

國民政府於二十六年一月五日發佈西北人事任免命令，軍事委員會亦於同日公布「整理陝甘軍事辦法」。依此命令，楊虎城、于學忠受撤職留任處分，特派顧祝同為軍事委員會委員長西安行營主任，裁撤西北剿匪總司令部及駐甘綏靖公署，特派王樹常為甘肅綏靖主任，任命孫蔚如為陝西省政府主席。[61]中央軍、西北軍駐地重加區分，東北軍應恢復十二月一日以前駐地位置，原

---

[59] 郭增愷前文，頁七九。

[60] 李雲漢：西安事變始末之研究，頁一四七——一五五。

[61] 各項人事命令均見國民政府公報第二二四六號；「整理陝甘軍事辦法」見二十六年一月六日上海新聞報。

由中央發給之各軍餉糈，仍由中央照原額實發。(62)

西北方面對於政府此項處置，反應强烈。楊虎城等表示拒絕接受，派遣代表前往南京及溪口陳述意見，並另提方案，同時調動軍隊，動員民衆，準備武裝抗命。(63)張學良在南京對整理陝甘軍事辦法亦不完全同意，他認爲王樹常必不敢就職，且政府命令東北軍恢復二十五年十二月一日以前防地，無異故意使與共軍接近，實爲不智。(64)張的意見，顯然受到蔣委員長重視。蔣於一月七日自溪口致函張學良，表示東北軍集中於甘肅，由張推薦一人前往統率，並盼張能致函楊虎城及東北軍各將領，勸導他們切實服從中央命令。(65)張因派東北敎育會會長王化一與監察委員吳瀚濤携函飛往西安勸導，同時致函蔣委員長，提出調動東北軍的意見書：如剿匪，東北軍全部調駐開封、洛陽或平漢線整理訓練，擔任國防工程；如不剿匪，東北軍可調豫、鄂一帶整理訓練，擔任國防，由王樹常負責。(66)

王化一、吳瀚濤於一月九日自南京赴西安，携張學良親筆致東北軍各將領函，諄囑設法避免內戰。王、吳亦與楊虎城、王以哲、劉多荃等商談，於十一日返京覆命，十三日向張氏提出報

(62) 整理陝甘軍事辦法，第二條第四款，第三條。
(63) 李雲漢前書，頁二一六。
(64) 戴笠上蔣委員長報告張學良態度電，民國二十六年一月七日，南京。
(65) 總統蔣公大事長編初稿，卷四上，頁三。
(66) 張學良上蔣委員長函，民國二十六年一月七日。

告。西安方面强烈要求張學良回陝後，再談其他，致王、吳西安之行，效果未彰。然東北軍將領亦曾考慮到張如不能歸陝時的動態，無論西開甘肅或東開河南，均不與中央持敵對態度。67

蔣委員長考慮全局利害得失，堅不同意張學良回陝。蔣氏於一月十日致函楊虎城，告以張以「國府有管束之命」不能回陝，「漢兄深知此意，故彼亦不急欲回陝。」68十四日，蔣再函楊：「此時為國為友為公為私計，（漢卿）皆無回陝之理。」69

張學良於一月十日自南京移居奉化溪口，當晚卽與蔣中正委員長談西北問題。但以楊虎城所派代表米春霖、鮑文樾、李志剛等携來所謂「解決西北問題之方案」，表示接受中央命令，但要求西北特殊化，70西北撤軍問題遂暫擱置。十九日，蔣委員長致函楊虎城給以嚴厲忠告，限以一月二十四日為期，屆時如無明確奉行命令表示，卽認為有意反抗中央。71一方面，原駐洛陽之行營主任顧祝同於二十二日進駐潼關，作戰計劃並經核准，情勢一時極度緊張。72西安方面詳加考慮後，乃由米春霖、何柱國、謝珂於二十四日至潼關見顧，表示願接受中央命令。直至三十一日

67 司馬桑敦前書，頁二九八。
68 蔣委員長致楊虎城函，民國二十六年一月十日。
69 蔣委員長致楊虎城函，民國二十六年一月十四日。
70 李雲漢：西安事變始末之研究，頁二三四—五。
71 總統蔣公大事長編初稿，卷四上，頁七一一。
72 顧祝同：西安事變憶往。

下午，于學忠自蘭州飛抵西安，楊虎城始下令將部隊向後撤退。但二月二日，西安便又發生了東北軍內激烈份子孫銘九、劉佩韋等槍殺第六十七軍軍長王以哲等人的慘案，是爲「二二事變」，或稱「第二次西安事變」。[73]

二二事變，使東北軍將領深受刺激。彼等不僅對中共及楊虎城深表不滿—一〇五師師長劉多荃且自渭南駐地電話楊虎城予以警告，且自動開始「肅軍」行動，劉多荃首將在軍中進行滲透活動之第一旅旅長高福源槍斃，並將涉嫌參與二二事變之左傾軍官拘捕看管。[74]次日，步兵一〇六師師長沈克，東北騎兵第十師師長檀自新聯名通電，服從中央。顧祝同亦於二月九日進駐西安，局勢乃有急轉直下之勢。

事實上，東北軍將領亦已體察到：希望「副司令回陝」爲不可能之事；「遵令移防」後接受整理直隸於中央，才可以保存實力以爲日後抗日救國之資。惟彼等希望「最好東調」，[75]東北耆宿王樹翰、劉尚清等亦曾會商於天津，建議東調蘇皖。[76]蔣委員長本於二月八日電令顧祝同，調

---

73 李雲漢前書，頁二二八—二三二；司馬桑敦前書，頁三〇二—三。被殺害者，除王以哲軍長外，尚有六十七軍參謀長徐方，副官處長宋學禮，總部交通處長蔣斌。

74 Tien-wei Wu, *The Sian Incident*, p. 177. 李雲漢前書，頁二三一。

75 陳誠上蔣委員長電轉述東北軍一〇五師副師長高鵬雲等之談話，民國二十六年二月十四日。

76 田雨時：西安事變後張學良致于學忠長函，見西安事變史料，下冊，頁二三二。

東北軍移駐豫鄂皖省區，⑰復接受東北人士建議，決定令東北軍移駐豫東、皖北及蘇北地區。

代表東北軍將領與顧祝同、何應欽等商談移防事宜者，為騎兵軍軍長何柱國。何先赴潼關晤顧，再赴南京謁何，並獲蔣委員長召見；然後再去溪口見張學良請示。張親筆寫了三封信，令何柱國分別轉交第五十一軍軍長兼甘肅省政府主席于學忠，旅居平、津之東北人士，及駐軍保定之第五十三軍軍長萬福麟。三函內容大致相同，皆殷囑愛護國家，擁戴領袖，一心一德，準備抗日。⑱其致于學忠轉東北將領函中，有謂：

目前狀況要兄同諸同人，大力維護此東北三千萬父老所寄託此一點武裝，吾等必須將吾們的血及此一點武裝，供獻於東北父老之前。更要者大家共濟和衷，仍本從來維護大局擁護領袖之宗旨，以期在抗日戰場上，顯我身手。⑲

然東北軍之移防，仍非沒有阻力。一爲東北軍各將領心理上尚存猶豫；一爲共軍及楊虎城均不願東北軍東移，加以阻撓。⑳關於前者，中央同意邀東北軍將領吳克仁、李振唐、霍守義、周

⑰ 蔣委員長致顧祝同電，民國二十六年二月八日。
⑱ 田雨時前文。
⑲ 張學良致于學忠函，民國二十六年二月十七日，溪口。
⑳ 據第五十七軍軍長繆澂流面告甯立煌：「楊、赤兩方不斷派員至東北軍各部，勾煽離間，極力反對單獨東開。」「彭德懷致繆澂流寄午電，請仍保持三位一體。」見何應欽上蔣委員長轉述繆澂流與甯立煌談話情形電，民國二十六年二月二十五日。

福成、唐君堯、張志恒六人前往溪口謁張學良請示，81 張告以「應赤誠服從蔣委員長命令，使東北軍成爲勁旅，蔚爲國用。」82 各將領之疑慮遂告冰釋。關於後者，中央惟盼東北軍將領認清敵友，迅速行動。彼等自一月間逮捕到潘漢年，獲知中共已與中央直接進行商談後，83 對中共亦有厭惡之感。吳克仁等於三月二日返防後卽準備開拔，于學忠亦令駐甘第五十一軍立行東開。

東北軍之移防，於三月中旬全面開始，並於三月十七日發表告別西北同胞書，表示惜別。至四月中旬，東北軍已全部移駐豫、皖、蘇三省，其駐地分配大致是：由一〇五師擴編而成之四十九軍劉多荃部，五十七軍繆澂流部駐河南南陽、周家口，第六十七軍吳克仁部駐安徽，第五十一軍于學忠部駐皖北，於五月間移防江蘇。四月二十八日，國民政府明令發表：于學忠爲江蘇綏靖主任，何柱國爲西安行營副主任，王樹常爲豫皖綏靖副主任。爲謀地方軍政配合方便，國民政府並任命東北耆宿劉尙清爲安徽省政府主席。84

---

81 吳克仁爲六十七軍軍長，李振唐爲五十一軍一一三師師長，霍守義爲五十七軍一〇九師師長，周福成爲五十三軍一二九師師長，唐君堯爲第一〇五師師長，張志恒爲騎兵軍騎二師師長。他們於三月一日至溪口謁張學良。

82 吳克仁等談話，二十六年三月二日上海各報。

83 司馬桑敦前書，頁三〇〇。

84 劉尙清之任命，係中央與東北人士共同商定者，蔣中正委員長曾電告顧祝同：「皖主席決任劉尙清，此乃爲中央與東北全體之主張。」

東北軍各部移防後，直隸於軍事委員會指揮，補給訓練則歸軍政部。移防之後，自須整編。軍政部因會同各方擬訂「分期整理東北軍大綱」，奉准實施。(85)行政院亦於四月二十七日決議設置豫皖蘇三省駐軍整理委員會，以豫皖綏靖主任劉峙為主任，于學忠等東北軍將領為委員，於五月二十七日在開封召開三省整軍會議，商定整軍實施細則，東北軍至是乃眞正成為國家武力，在最高國策及全面國防計劃下，擔負起保國衞民責任。

乙、楊虎城解職出國

楊虎城部西北軍—第十七軍，其地位、素質，以及其與中國國民黨及中國共產黨的關係，與張學良部東北軍，並不相同。楊為陝人，其部隊亦多陝籍，地方色彩濃厚，人數僅兩個主力師及若干附屬部隊，較東北軍少，裝備及訓練尤較東北軍為差。楊虎城本人為刀客出身，但早年曾參加辛亥革命及陝西靖國軍反段(祺瑞)護法之役，與國民黨的淵源固甚早，且為中央監察委員。然楊與中共間的關係，亦早於民國十六年卽已開始，遠較張學良於二十四年始與中共秘密來往為先。

民國十九年中原戰爭期間，楊虎城率部討逆，頗為盡力，以功升第十七路軍總指揮，且曾出任陝西省政府主席。因是西安變起，蔣中正委員長初不懷疑楊亦為主謀者。(86)事變既起，西北軍

---

(85) 總統府機要檔案—革命文獻第三十一册，頁一七九—一八七。

(86) 蔣氏於西安半月記中嘗謂：「虎城參加革命之歷史甚久，亦為本黨之老同志，信其不致附和叛黨也。」

軍紀最壞，商民多受其害。(87)其於釋放蔣委員長一節，楊亦反對，經宋子文、周恩來之勸說於前，張學良之反覆陳說於後，楊始勉强同意。張學良離陝之後，于學忠已早於十二月十五日卽返回蘭州，楊乃爲西安局面之最高決策者，觀其仍持分庭抗禮之激烈態度並加强與中共勾結，二十六年元旦閱兵之囂張，五日通電之頑强，均足證明楊氏見不及遠，虛榮感及權力慾至强。萬耀煌譏楊爲「綠林之賊」，(88)孔祥熙則謂「虎城殆一自圖利便之徒，不知共產主義爲何物，更罔顧國家民族之危險！」(89)

張學良在南京受到國法懲處，然刑不及於楊。國民政府僅於二十六年一月五日予楊以「撤職留任」處分，而任命其嫡系部將孫蔚如繼邵力子出任陝西省政府主席。(90)此等處置，與論界多認爲過於寬厚，上海大公報卽認爲「等於毫無處分，這尤其不能不說是仁至義盡。」(91)然楊虎城拒不接受國民政府一月五日之命令，發電指責蔣委員長未能實行其在西安所作之「承諾」，因而決

(87) 李金洲：西安事變親歷記，頁二九。
(88) 萬耀煌：西安事變回京後日記。
(89) 孔祥熙：西安事變回憶錄，原載海外雜誌，已收入孔庸之先生演講集（劉振東編，美國紐約中美文化中心印行，民國四十九年），下册，附錄十，頁六五七—七〇四。
(90) 孫蔚如爲第十七師師長，事變期間任「西安警備司令」，及「抗日聯軍第一集團軍總司令」，爲楊虎城親信。原任陝西省政府主席邵力子調任中央宣傳部部長。
(91) 民國二十六年一月九日上海大公報。

定「起而周旋，至死無悔」。92

楊既有挑戰之表示，新任西安行營主任顧祝同遂於一月六日飛洛陽，將中央部隊編為五個集團軍，分由顧本人及蔣鼎文、朱紹良、陳誠、衞立煌為總司令、劉峙為前敵總指揮，準備作戰。93西安與南京間之關係至為緊張，楊亦兩度派代表至南京商談，94並提出其解決西北問題的方案，要點有三：

甲、楊虎城、于學忠、孫蔚如接受政府一月五日之命令，取消十二月十二日以後臨時組織，恢復一切常態，以維持中央威信。

乙、設陝甘綏靖主任，由張學良任之，楊虎城為之副。西安行營主任顧祝同駐洛陽，或以張學良為行營主任，顧、楊副之。

丙、陝甘地區由東北軍、西北軍及共軍分駐，其防地劃分由三方面商定，用人行政及訓練均由各部全權負責辦理。中央軍停止前進，僅可於潼關華陰間酌駐部隊。委員長在西安所採納之各項具體方案，請負責實現。95

---

92 楊虎城等西北將領聯名通電，民國二十六年一月五日。

93 顧祝同：西安事變憶往。

94 第一次所派代表為李志剛、閻寶航、米春霖，於一月五日離陝飛京。第二次所派者為李志剛、米春霖、鮑文樾，於一月十六日自陝飛京。其中李志剛代表楊虎城，餘人代表東北軍。

95 全文見何應欽呈蔣委員長轉述西安方案電，民國二十六年一月十六日，總統府機要室檔案—西安事變五—四，電報號次，三九〇。

此一方案，顯然欲將陝甘劃爲特別區，由張、楊、共三方面自由處理軍政，中央不得駐兵，亦不過問人事行政與訓練，但須供應餉糈及軍費。此無異使西北成爲割據局面，自非中央所能接受。行政院代院長孔祥熙復電拒絕，蔣中正委員長於一月十九日明白函告楊氏：㈠中央無論如何，決不能放棄西北；㈡在陝甘變局未定以前，張學良無由回陝，張氏深明責任，並無回陝之請求，惟望問題之速了；㈢欲集中國力，必須維護國家統一，任何把持割裂之私圖，均屬錯誤。[96]蔣氏並令楊逕與顧祝同商洽，限一月二十三日爲限，以後卽爲軍事行動。[97]

一月二十二日，上海大公報以「對西安負責者的最後警告」爲題，發表社論，對楊虎城及其十七路軍作如下之嚴正批評：

上月之變，張、楊同負其責，而政府始終諒楊。上月十六日之討伐令，只對張學良一人，而未及楊。迨張學良判處徒刑，而楊毫無處分，僅以撤職留任了之。今日張為褫奪公權之民，而楊依然為合法的陝西長官，且其部下孫蔚如，新擢任省政府主席。苟嚴格的評論政府，實超越於寬大，而陷於仁柔。楊、孫等自省！以陝人為陝官，職責何如重大？陝西父老子弟所期望而督責之者，何如殷厚？十七路在陝七八年矣，而軍隊本身，迄今訓練有缺。上月十二日之變，西安秩序竟不能保，軍隊行動所表現者乃如彼之狼藉！楊、孫等清夜自

---

[96] 蔣委員長復楊虎城函，民國二十六年一月十九日，係由李志剛帶陝面交者。

[97] 何應欽：關於處理陝甘軍事經過之報告。

思，何以對陝人？且不必言對國家如何矣。今政府為之充分開路，畀以政權，而許其自新，此而不接受而必以毀滅陝西為快，則彼等之天良安在乎？[98]

東北軍將領劉多荃等於二十三日與潼關顧祝同、陳誠等通話聯絡，楊虎城則遲至二十四日始表示願接受中央命令，楊的第十七路軍，本以第十七師孫蔚如，第四十二師馮欽哉兩部爲主力，孫部駐西安，馮部駐大荔。馮對張、楊之輕舉妄動，並不贊同，事變起後之第二日，卽表明態度服從中央。[99]孫蔚如部軍心亦非十分穩定，其四十九旅旅長王勁哉其後亦歸誠政府。楊本恃有東北軍及共軍之支持，然東北軍於二二事變後不再受楊挾制，中共亦開始直接與中央通款聯絡，楊逐漸孤立。楊另有警備旅兩旅，第一旅旅長王俊爲沈克扣留，所部被繳械，第二旅旅長孫友仁及民團司令韓世本則被檀自新部扣留，將民團繳械。且顧祝同已率部進駐西安，宋希濂任警備司令，楊處此情形下，除聽命於政府之外，別無他途。

三月二十八日，楊虎城與于學忠自陝飛滬，次日赴杭州謁見蔣中正委員長，蔣暗示楊應自動請辭，以利陝局之整理。楊於四月二十七日提出辭呈，政府於三十日照准，並授以出國考察軍事名義，撥給費用十五萬元。楊於五月二十八日離陝來滬，遲至六月廿九日始搭輪出國。

楊旣出國，軍政部乃將第十七路軍番號撤銷。將第十七師及新改編之第一七七師，合編爲第

[98] 民國二十六年一月二十二日上海大公報。此文係由張季鸞主稿，已收入季鸞文存，頁三五一—四。

[99] 孔祥熙：西安事變回憶錄，馮欽哉刪、篠兩電及張天樞報告。

三十八軍，任孫蔚如爲軍長，趙壽山爲第十七師師長，前十七路軍參謀長李興中爲一七七師師長。各地之民團則予解散。西安事變之風波，至是始告完全平息。

丙、中共問題的談判

就中國國民黨與國民政府立場而言，所謂中共問題，卽如何消除中共叛亂實現國家統一問題。由於中共有武力，故蔣中正委員長決定以武力進剿，但也不排除政治招降的行動。早在民國十九年開始第一次圍剿之前，蔣卽曾在馬牧集要蔡孟堅回京轉告陳立夫：「對付共匪，最好是爭取其歸降。」[100]二十四年剿共勝利之後，蔣氏處理中共問題的最後方針是：

中日戰爭既已無法避免，國民政府乃一面着手對蘇交涉，一方面亦着手中共問題的解決。我對於中共問題所持的方針，是中共武裝先解除，而後對他的黨的問題纔可作為政治問題，以政治方法來解決。[101]

如本書前章第三節所述，中央與中共間的秘密談判在西安事變之前卽已開始，中共表示可以接受政府的四項條件，蔣委員長亦允許共軍改編以三千人爲限。[102]經過西安事變的變動，情況顯然已有了變化，由於所謂「三位一體」—卽東北軍、西北軍、共軍的合流，自然增强了中共的地

[100] 蔡孟堅：人同此心，民國六十年五月七日臺北中央日報。
[101] 蔣中正：蘇俄在中國，頁七二。
[102] 蔣委員長致顧祝同電，民國二十六年二月十六日，見中共活動眞相(一)，頁二六四。

位與力量，中共中央亦由保安遷至延安。本來係單純的中共問題，今則擴大爲包括三方面在內的西北問題。中央旣決定以「政治爲主，軍事爲從」的方針謀求解決，[103]只要中共不再用兵並服從命令，戰爭就不會再起。事實上，中共遵從第三國際的決定，一意進行其抗日聯合戰線策略，周恩來在西安表示服從蔣委員長領導抗日；政府在東北軍、西北軍、共軍混合一氣的情勢下，也不可能再單獨對中共用兵。二十六年一月五日，政府明令裁撤西北剿匪總部，這說明剿共行動已告結束。

二十六年一月二十四日，是決定西北命運的一個日子。楊虎城在這天表示接受政府的命令，派代表去潼關與西安行營主任顧祝同商談遵令撤軍細節；共產國際主席畢特洛斯（Bethors）偕陳紹禹（王明）到達延安，傳達莫斯科的指示，要中共以事實證明，使國民政府相信其抗日聯合戰線的誠意。[104]毛澤東認爲是「喜從天降」。[105]同日，延安舉行「和平統一禦侮救亡大會」，會後致電南京國民政府暨蔣委員長並全國各省各界，聲言擁護蔣委員長領導抗日：

膚施（延安）民衆於本日開會，一致通過擁護和平統一，禦侮救亡之總方針，深望全國同胞，一致努力消滅猜疑，舍小異而就大同，棄內爭而禦外侮，尤望蔣委員長早日銷假視

[103] 總統蔣公大事長編初稿，卷四上，頁一。
[104] 簡笙簧：第八路軍的收編，國史館館刊復刊第一期，民國七十六年元月，臺北。
[105] 郭華倫：中共史論，第三冊。

事，領導中樞，致西北於祥和，導全國於抗日，蘇區民衆誓竭全力，以為後援。[106]

在西安的周恩來，這時却在玩弄兩面手法，一方面不肯放鬆和東北軍、西北軍的「三位一體」，一方面却願儘快求得中國國民黨中央的諒解，美其名曰爭取抗日統一戰線的成立。一月三十日晨，周一方面告訴東北軍的激烈份子說「我們決意和你們生死與共」，並提議「以釋張爲和南京談判的先決條件，必要時不辭訴諸一戰」，[107]一方面却又向顧祝同要求派代表去商談改編共軍事宜，並請求接濟。顧祝同於一月三十一日向蔣委員長電話報告：

共黨周恩來要求派代表來，其意在協商共軍接受政府改編事宜。[108]

蔣委員長同意予中共以接濟，當日指示顧祝同：「在政府立場，姑且每月支付二、三十萬元軍費，由楊虎城間接領發，共軍番號暫且照舊，其駐軍地點及收編事宜視情形再作商量。」[109]

西安二二事變之後，情勢有顯著改變。顧祝同決自潼關進駐西安，蔣中正委員長亦考慮應付共產黨問題。他二月五日的決定是：「避免內戰，設遇內戰，則全力敉平之，以盡安內攘外之責。」[110]並即派負責與中共交涉之張冲前往西安。蔣氏並於八日致電顧祝同，指示與周恩來談話

[106] 全文見簡笙簧前文，原件存國史館藏閻錫山檔案。
[107] 司馬桑敦前書，頁三〇一。
[108] 總統蔣公大事長編初稿，卷四上，頁一三。
[109] 同上。
[110] 同[108]，頁一四。

時的立場：(111)

最要注意之一點，不在形式之統一，而在精神實質之統一；一國之中，決不能有性質與精神不同之軍隊。簡言之，要其共同實行三民主義，不作赤化宣傳工作，若在此點同意，則其他當易商量。如彼願與兄面談，亦可以此言切實直告。(111)

顧祝同於二月九日由潼關進駐西安，中共中央則於二月十日密電預定於二月十五日開幕之中國國民黨五屆三中全會，提出五項要求與四項保證。(112)五項要求是：

㈠停止一切內戰，集中國力，一致對外；㈡開放言論、集會、結社之自由，釋放一切政治犯；㈢召集各黨、各派、各界、各軍的代表會議，集中全國人才，共同救國；㈣迅速完成對日抗戰之一切準備工作；㈤改善人民的生活。

四項保證是：

㈠在全國範圍內，停止推翻國民政府之武裝暴動方針；㈡蘇維埃政府改名為中華民國特區政府，紅軍改名為國民革命軍，直接受南京中央政府與軍事委員會之指導；㈢在特區政府區域內，實施普選的徹底民主制度；㈣停止沒收地主土地之政策，堅決執行抗日民族統一戰線之共同綱領。

---

(111) 全文見中共活動眞相㈠，頁二六二。

(112) 同上，頁二六〇—一，抗日民族戰線指南，第一冊。

二月十二日起，中共代表周恩來、秦邦憲、葉劍英，開始與顧祝同、賀衷寒、張冲接觸，[113]次日，顧祝同即向蔣委員長拍電報告與周恩來談話情形，並請示如何辦理。顧電原文如下：

與周恩來談話，彼所提出之意見，分為比較具體的與臨時的辦法兩種：

甲、比較具體的：

㈠共產黨承認國民黨在全國的領導地位，停止武裝行動及沒收土地政策，堅決實行禦侮救亡統一綱領；國民政府允許分期釋放在獄共黨，不再逮捕和破壞，並容許其在適當時間公開。

㈡蘇維埃制度取消，現時蘇區政府改為中華民國特區政府，直受南京國民政府或西安行營管轄，實施普選制度，區內行政人員由地方選舉，中央任命。

㈢紅軍改編為國民革命軍，接受軍委會及蔣委員長統一指揮和領導，其人員編制餉額和補充，照國軍待遇，其領導人員，由其推薦軍委會任命，其政訓工作，由其自做，但中央派少數人員任連絡；其他各邊區赤色游擊隊，編為地方團隊。

㈣共黨得派代表參加國民會議。

㈤該軍得派代表參加國防機關。

[113] 張憲文：中華民國史綱，頁四八一。

㈥希望三中全會關於和平統一團結禦侮及容許民主自由改善人民生活，能有進一步的主張和表示。

乙、如比較具體的辦法一時不便施行，擬請定一臨時辦法，即暫劃一地區俾其駐紮，每月酌予接濟。

丙、據云該方現有全數人員，因駐地糧食昂貴，官兵每人每月最低伙食非七元以上，不敷維持，故如具體的解決在地方上完全不取他款，每月全數至少非七十萬元不能生存。究應如何辦理，敬乞鈞裁示遵。[114]

蔣委員長接顧祝同報告，決定「編共而不容共」，[115]於十六日電告顧祝同收編共軍方針：

對第三者處理方針，不可與之說款項之多少，只可與之商准留編部隊人數之幾何為準。當西安事變前只允編三千人，後擬加為五千人，但五千人之數尚未與之明言也。今則時移情遷，彼既有誠意與好意之表示，中央准編其四團制之兩師。照中央編制，八團兵力已在一萬五千人以上之數，不能再多，即可以此為標準，與之切商。其餘人數，准由中央為之設法編併與安置，但其各師之參謀長與師內各級之副職，自副師長乃至副排長人員，皆應由中央派充也。此僅對軍事而言，至其他關於政治者，待軍事辦法商妥後，再由恩來來京另

[114] 總統府機要室檔案，又見中共活動眞相㈠，頁二六二—三，段落及標點係著者重定。

[115] 總統蔣公大事長編初稿，卷四上，頁一五。

議可也。[116]

以上爲第一階段之談判，中共的請求與政府的條件均極具體。然關鍵在於南京五屆三中全會之決策，亦即對中共中央二月十日密電所提要求與保證如何處置。二月二十一日，三中全會通過一項「根絕赤禍案」，規定中共須履行四項條件，始准「自新」。四項條件的要義：

㈠徹底取消所謂紅軍，以及其他假借名目之武力；

㈡徹底取消所謂「蘇維埃政府」及其他一切破壞統一之組織；

㈢根本停止其赤化宣傳；

㈣根本停止其階級鬥爭。

以中共的「保證」與國民黨的「條件」相比較，可見國民黨所要求者實較中共所願付出者，嚴厲多多。[117]三中全會於二月二十二日閉幕，發表的宣言中，再度强調「決不縱容階級鬥爭之謬說，以招致社會之擾亂，亦決不釀成貧富不均之厲階，以重貽將來之糾紛。」[118]二十三日，蔣中正委員長發表談話，對開放言論，集中人才及釋放政治犯三者之條件與範圍，有所說明。[119]

---

[116] 中共活動眞相㈠，頁二六四。

[117] Tien-wei Wu, *The Sian Incident*, p. 184; 李雲漢：有關西安事變幾項疑義的探討，中華民國歷史與文化學術討論會論文，民國七十三年五月，臺北。

[118] 全文見革命文獻第六十九輯。

[119] 談話全文見民國二十六年二月二十四日京、滬各報。

張冲於三中全會閉幕後第三日—二月二十五日，自西安返抵南京，次日携「根絕赤禍案」決議文及蔣委員長談話稿再回西安，交與周恩來。中共諸首要對於「根絕赤禍案」，曾召開會議討論，毛澤東認爲這只是空口號，他說：「國民黨現在要的是『根絕赤禍』『中共輸誠』的空口號，而中共要的是停止內戰，一致抗日的實際效果」，主張「我們雖答應國民黨的條件，但還可以採拖延的策略」，「只要拖到抗日戰爭發生，一切卽迎刄而解。」⑫⓪基於此一認識，中共於三月十二日表示可以以「根絕赤禍案」的條件爲基礎，進行談判。⑫①當時中共的立場是：

㈠共產黨可以服從三民主義，但不放棄共產主義。

㈡承認國民黨在全國的領導權，但共產黨仍保留其組織。

㈢要求共軍編爲四個師，每個師三個旅六個團，約一萬五千人，其餘編某路直屬隊。

㈣蘇維埃區改爲特區，俟共產黨在國民黨區公開後，國民黨可在特區內活動。⑫②

就此項條件而言，中共顯然不够誠實。譬如中共當時的軍隊人數只三萬多人，⑫③卻謊稱「六、七萬」，要求編爲四個師，這與中央的立場距離至大，因而西安的談判難獲協議。儘管改編共軍的談判並不順利，但政府仍允於二十六年三月份起，開始補給共軍給養及軍費。中共當局亦

(120) 張國燾：我的回憶（香港明報月刊社，一九七四），第三册，頁一二九〇。
(121) 郭廷以：中華民國史事日誌，第三册，頁六七九。
(122) 何理：抗日戰爭史（上海，一九八五），頁四二。
(123) 張國燾：我的回憶，第三册，頁一二九二。

同意顧祝同的提議，組織一個「陝北視察團」，由西安去陝北看看共軍的實況。視察團由涂思宗任團長，蕭叔萱任副團長，團員有邵華、張廷鏞等十七人。[124]分黨政軍三組，分別訪問延安及其附近之部分中共駐軍及學校，並與毛澤東、林彪、賀龍、彭德懷、朱德等人會晤。視察團除發現陝北遍植罌粟外，對毛的獨裁作風印象深刻，涂思宗說：「延安情形，絕無民主可言，惟有毛寨主（澤東）掌握一切權力。」[125]

三月上旬，中央指示顧祝同、賀衷寒等，向中共提出改編共軍的方案，其大要：中共必須履行「根絕赤禍案」的規定，服從國民黨與國民政府領導，取消暴動政策，停止赤化活動，取消「蘇維埃政府」及其制度，遵照地方行政規劃，執行國民政府統一政令。共軍只准編三個師，每師編制九千七百四十八人，必須服從軍事委員會和蔣委員長命令，由軍委會派遣各級輔佐人員（包括由排到師各級副職和參謀長），不設總指揮部，中共中央應發表文件宣告國人，只能實行三民主義，不能實行共產主義。[126]中共討價還價，於三月十六日提出對案十五項，要求設總指揮部，軍委會不派輔佐人員，蘇區改爲陝甘寧邊區並保持統一完整，河西停戰以及其他政治條件，但均

[124] 涂思宗：延安點驗共軍記。
[125] 同上。
[126] 顧祝同「墨三九十自述」提及曾向共黨提出四點：㈠取消邊區政府；㈡中共須發宣言，服從中央及蔣公領導，實行三民主義；㈢停止土地改革；㈣共軍整編爲一個軍，轄三個師，劃延安、膚施、延長、洛川等地爲其防地。卽此等條件之歸納。按：延安卽膚施，並非兩地。

遭拒絕。一位中共的歷史工作者何理抱怨說：

由於顧祝同等拒絕接受以上條件，特別是對中共所提之政治要求與河西停戰問題，置之不理，乃至造成紅軍西路軍的重大損失。127

西安談判未達成協議，周恩來於三月下旬前往杭州晉謁蔣委員長。蔣於三月二十六日接見周，告以中共應從內部根本改革，周感震驚。「總統蔣公大事長編初稿」記載：「周恩來應召來謁，公與談共黨內部之改正，根本政策之決定，暨認定領袖地位各點，周聞之甚表意外，蓋彼以為僅及對共收編之條件也。」128

周恩來杭州謁蔣後再回延安，與中共諸首要籌商後，於四月二十六日携帶其「新定綱領」至西安，先與顧祝同、張冲等商談。顧祝同於四月二十八日向蔣委員長報告：

赤軍改編問題，渠（周）謂現正積極辦理，待新綱領核准後，卽發表宣言，同時向部隊宣言改編，籌劃五月十號左右開一代表大會，宣言核准之新綱領，五月底各代表返防，六月初卽編遣，如嫌時間過長，懇鈞座早日核准該綱領，彼方提前發表取消蘇維埃紅軍等偽

127 何理：抗日戰爭史，頁四四。中共之西路軍，由張國燾第四方面軍之精銳部隊編成，於二十六年三月渡河西犯，企圖佔領甘肅走廊亦卽河西走廊。為馬步青部國軍痛擊，幾於全軍覆沒。見郭華倫：中共史論，第三冊，頁一五二—六。

128 總統蔣公大事長編初稿，卷四上，頁二四。

號，中央發表其部隊長官，如是則不待開會着手編遣。[129]

共軍改編及善後問題，經周恩來與張冲等在西安磋商，終於在五月上旬達成初步約定。據張冲五月八日向南京報告：

㈠對於軍隊數目，結果勉强削至十五個團之數，編成三個國防師，統率於一個指揮部，受行營節制，詳情由顧主任（祝同）報告。㈡關於匪區善後問題：⑴編餘老弱請中央給資遣散。⑵編餘精壯改為徒手工隊，請中央指定工程，擔任修築。⑶原有該軍地方部隊改為民團，保甲或行政區保安隊。⑷原有學校限本期辦完結束。⑸醫院及工廠，請予保留。⑹以上用費請中央發給。[130]

張冲說明此乃「初步商酌」，並未提及共軍人事之派遣問題。中共堅持「軍隊幹部與原有系統，不能改變」，[131]然中央則堅持派遣各級副指揮官、參謀長及政工人員，並不允許設立指揮部。周恩來謂：「只准我們編三個師（四萬五千人）⋯而且無論如何不給建立統帥部，他（蔣委員長）要直接指揮。」[132]

---

[129] 顧祝同上蔣委員長電，民國二十六年四月二十八日，西安。見中共活動眞相㈠，頁二六五—六。
[130] 陳布雷上蔣委員長轉呈張冲西安報告電，民國二十六年五月八日。中共活動眞相㈠，頁二六六。
[131] 張冲與周恩來談話概要，中共活動眞相㈠，頁二六七。
[132] 周恩來選集，上卷，頁一九五。

張沖在西安期間，並曾赴延安與毛澤東商談。毛保證「紅軍在統一編制與軍令之下，隨時可以用服從命令的事實來證明其信用。」並謂「共產黨也主張準備後抗日」，認爲「過早對外戰爭，是大局的損失。」然毛也倔强的表示：「如中央要强迫共產黨單方面的投降，則只有戰爭。」[133]

政治問題之談判，情形尤爲複雜。周恩來於六月初再去南京，又去廬山，向蔣委員長表達中共的要求，但蔣委員長堅持中央對「邊區」和共軍改編後的人事權，並提議中共取消其組織，與國民黨合組「國民革命同盟會」，共推蔣委員長爲主席，有最後的決策權。[134]蔣委員長希望中共能爲中國利益而奮鬥，斷絕與第三國際間的來往。[135]以上兩事，中共均在原則上表示同意，但仍堅持中共在組織和政治上的獨立性。「邊區」行政長官問題，中共向國民政府請求，由張繼、宋子文、于右任三人中任命一人，然中央決定由丁惟汾擔任此一職務，中共則又拒絕。[136]

蔣委員長於五月二十三日離開南京，前往牯嶺主持廬山暑期軍事訓練，周恩來亦於六月四日赴廬山晉謁，要求讓中共參加國民大會，談話有欠和諧。八、九兩日，周兩度晉謁蔣氏，「要求

[133] 張沖與毛澤東談話概要，中共活動眞相(一)，頁二六八。
[134] 何理：抗日戰爭史，頁四五。
[135] 總統蔣公大事長編初稿，卷四上，頁四一，六月一日蔣氏自記：「中國共產黨與第三國際關係，應令斷絕，而最重要者，在使共黨明瞭中國抗日，須以中國爲本，而非爲其他國家抗日也。」
[136] 同[134]。

甚多」，蔣告周：「共黨應改變觀念，減低目標，注重實際，恢復社會信用。」❶❸❼蔣委員長態度嚴正，對中共問題，亟欲徹底解決，曾希望毛澤東和朱德辭職出國。❶❸❽然以七七事變爆發，情勢驟變，中共問題之談判則又不能不作較多的忍讓。

三、抗日準備

國民政府的對日政策，係以維護國家主權獨立和領土完整爲目標，然其所表現之態度與所採取的措施，則係以下列兩項因素爲轉移：

其一，是國內團結和統一情形的程度，以及國防建設進行的情形如何？

其二，日本的侵略行動，是否已達到無可避免的非以武力對抗不可的境地？

質言之，政府的抗日行動，是以主觀的條件和客觀的情勢爲轉移的。就主觀條件而言，至民國二十四年政府有效統治西南之後就有了顯著的進步，蔣委員長中正決定以四川爲抗日戰爭的基地，同時也決定於必要時不惜武力抗日，同年九月以後的華北危機中，國民政府就曾作應戰的準備。次(二十五)年秋、冬期間，政府更宣布對日不再讓步，即全面決裂亦所不懼。

❶❸❼ 同❶❸❺，頁四五。

❶❸❽ 周恩來選集，上卷，頁一九五；何理前書，頁七〇。

西安事變之後，中國國民黨於二十六年二月召開五屆三中全會於南京，中國朝野固期望殷切，日本政府亦相當重視，中共首領毛澤東則認爲此一大會爲新階段和新形勢的開端。三中全會之後，政府進行了局部改組，對歐外交顯著加强，而國民心理與社會輿論，也因之日趨於昂揚。日本政府雖持所謂「靜觀」態度，而其在華軍人之横蠻挑釁，則有增無已。凡對中外情勢有所了解者，均可預見兩國間的戰爭已不在遠。中國駐日大使許世英於二十六年三月間卽曾面告日本大藏大臣結城豐太郎：「日本士氣囂張，軍部不能壓制；中國民氣發揚，政府難以遏抑，二氣相接，一觸卽發。」❶

(一) 決定以西南爲抗戰基地

民國二十一年一月日軍進攻上海，威脅南京，國民政府毅然決定遷至洛陽辦公，一方面顯示政府不屈服，抵抗到底的決心，一方面也顯示政府將以西北爲後方，進行抗日的準備。三月，中國國民黨四屆二中全會決議：以長安爲陪都，定名爲西京，以洛陽爲行都；❷中央政治會議決議設立西京籌備委員會，聘張繼爲委員長，積極規劃；❸十二月，四屆三中全會通過「開發西北

❶ 吳相湘：民國百人傳（臺北：傳記文學出版社，民國六十八年），第二册，頁二四四—五。
❷ 革命文獻第七十九輯—中國國民黨歷屆歷次中全會重要決議案彙編(一)，頁二八一。
❸ 張繼傳，見國史館館刊，創刊號（民國三十六年，南京）；革命人物誌，第四集，頁四三八—四四九。

案」，確定以陝、甘、綏、寧、青、新各行省全境及外蒙西部、唐努烏梁海、科布多、阿爾泰等處爲西北建設的範圍，「由中央政府劃出建設經費之一部，用中央之政治及經濟力量以經營之。」❹行政院並設立西北建設委員會，專負西北建設之責。二十三年一月，四屆四中全會之決議案中，復提示政府特別重視「發展西北至重要之隴海鐵道之延長」，「關於開發西北之各種決議應即速實行」。❺凡此種種，均足說明國民政府對建設西北之重視與期望。二十三年十月，蔣中正委員長並曾親赴西北、華北十省視察，對陝、甘、寧、綏四省政情了解尤深。❻

民國二十四年春，全國的政治情勢有了改變。爲了協調川軍堵擊西竄的共軍，軍委會南昌行營首先派遣由賀國光率領的參謀團入川，中央軍亦陸續西開，蔣中正委員長則於三月二日由漢口飛抵重慶，兩天以後他發表講演，即強調「四川應爲復興民族之根據地」。❼這是蔣氏首次入川，他說此次入川的目的，除督勦共軍外，更要「統一川政」。果然，三月七日，蔣氏就致電財政部長孔祥熙，請其派員入川整理財政與金融，並從統一幣制與統制滙率着手，期使四川財政能納入全國財政的正軌。

❹同❷，頁三一〇—一一。
❺同❷，頁三二四，三二七。
❻秦孝儀：總統蔣公大事長編初稿，卷三，頁一二一—一二八。
❼同上，頁一七九。

二十四年一年間，蔣中正委員長大部分時間都在四川，也曾於四月間視察貴州，五月間巡視雲南。他決心整頓西南軍政，第二十九軍軍長田頌堯防匪不力，立即下令查辦。貴州省主席王家烈才不稱職，亦商得行政院同意，改任吳忠信。五月二十六日，蔣氏移節成都，開始策劃川政的改革和建設，並創辦了峨嵋軍官訓練團。❽八月十一日在峨嵋訓練團講述「川滇黔三省的革命歷史與本團團員的責任」，鄭重指明：「我敢說，我們本部十八省那怕失了十五省，祇要川黔滇三省能够鞏固無恙，一定可以戰勝任何強敵，恢復一切失地，復興國家，完成革命。」❾

在蔣中正委員長的指導和規劃下，四川省政開始發生「脫胎換骨」的改變。顯然蔣氏已決定以西南爲對日抗戰的基地，號稱天府的四川，更應是抗戰的司令塔。❿這一決定，蔣氏於抗戰爆發後國民政府決定遷都重慶時，始行公開說明：

後來終於定下了抗日戰爭的根本計劃。這個根本計劃，到什麼時候，才定了下來呢？我今天明白告訴各位，就是決定於二十四年入川剿匪之時。到川以後，我纔覺得我們抗日之戰，一定有辦法。……二十四年進入四川，這纔找到了真正可以持久抗戰的後方。所以從

❽峨嵋軍官訓練團係於二十四年八月四日開學，地點在峨嵋山報國寺，調訓對象爲西南各省軍政幹部，每期三週，共辦兩期，旨在培養其國家觀念及「新的道德、學問和精神。」

❾總統蔣公思想言論總集，卷十三，頁三四九。

❿吳相湘：中國對日總體戰略及若干重要會戰，見八年對日抗戰中之國民政府（薛光前編著，臺灣商務印書館，民國六十七年），頁六〇—六一。

那時起，就致力於實行抗戰的準備。⑪

既決定以四川為抗戰基地，自須銳意經營。抗戰前四川建設的成績，呂實强曾作如下的綜合說明：

以民國二十四年到二十六年七七事變這一段重要的時期來說，川省所有軍政重要的措施，幾無不在蔣委員長直接監督指揮之下。蔣委員長二十四年三月至十月駐留川省之外，先有一月間，委員長南昌行營特組的參謀團抵重慶，後有十一月間委員長重慶行營的設立。行營職權廣泛，恒代表委員長發佈命令。此一時期內，川省重大的革新，如打破防區制，所有各軍戍區內的政務，一律歸省政府管轄，各軍薪餉費用，一律由善後督辦公署統籌核發，各軍不得再向地方徵收任何賦稅；整理川省財政金融，統一幣制，穩定滙率，中央銀行在重慶、成都、萬縣等處設立分行，由國民政府核准發行公債，以支應軍費和建設費用；省政府及各縣政府均依施政需要與財力所及編列預算，嚴格執行；提高行政人員的素質，設立一般及稅務人員訓練所，由中央派員主持公務人員考試及縣長考試；建設交通，先後完成及整修幹線公路通車者，有川黔、川陝、川湘、川鄂四線，修竣部分通車者有川康、川青、川滇東路、川滇中路，計在川境者，達三千五百公里，各縣間相接連之支線亦

⑪ 總統蔣公思想言論總集，卷十四，頁六五三。

積極進行，鐵路則成渝路已開工，航空亦開闢若干定期航線；於剿共則將中共所有侵入及盤據川境之武力，全部肅清；於整軍則一再精簡，卒至將整編後之川省軍隊一律納入國軍系統，包括空軍與兵工廠。另外，如嚴行禁烟，推行新生活運動等，亦有良好之成效。尤其重要者，為將委員長親至各地方向各階層發表演講，親自主持幹部訓練，開啓了川省軍民遠大的眼光，廣闊的胸懷，以篤誠力行的精神感召了川省同胞。⓬

蔣委員長不僅積極經營四川基地，對日本態度亦轉趨强硬，二十四年十月八日的日記曾謂：「對倭惟有自强與力抗，再無其他方策。」又曰：「寧為玉碎，勿為瓦全。」⓭於華北危機，則亦曾秘密備戰。⓮於東南沿海國防工事尤爲關注，特令抗日意志極爲堅强之張發奎主持其事，據張氏自述：

蔣先生（中正）電召回國，乃結束為時三年之歐美考察生活，民二十四年秋返抵國內，轉赴四川成都，晉見正在該方坐鎮剿匪之蔣先生，當其徵詢意見時，我即表示希望為未來抗戰之軍職盡力。民二十五年一月被派閩、浙、贛、皖四省邊區總指揮職，力辭未獲，同年

⓬ 呂實强：抗戰前蔣中正先生對四川基地的建設，見蔣中正先生與現代中國學術討論集（蔣中正先生與現代中國學術討論集編輯委員會，民國七十五年十二月，臺北），第三册，頁二六三。

⓭ 總統蔣公大事長編初稿，卷三，頁二二九。

⓮ 上書，頁二四一—二，十月三十日記事；梁敬錞：日本侵略華北史述，頁一一一。

冬轉調蘇、浙邊區主任，其任務乃兼負構築國防工事，不消說，這是我國整個對日作戰計劃中主要準備工作的一部分，它對日後的抗戰，至關重要，所以我欣然接受了。⑮

二十五年秋兩廣問題和平解決，政府的抗日決心亦因之更趨堅強。當九月二十三日上海發生日本水兵田港朝光被槍殺事件，日本海軍蓄意藉故尋釁時，⑯蔣中正委員長即決心應付挑戰，於九月二十四日自廣州致電軍政部長何應欽，作如下之嚴正指示：

> 對方已具一逞決心，務令京滬漢各地立即準備一切，嚴密警戒，俾隨時抗戰為要，一面並轉馮程朱唐各同志詳商具體方案。⑰

所幸日方尚有所顧慮，蔣委員長亦以「須勿忘卻犧牲的準備，不可放棄忍痛一時之目的」爲念，⑱上海戰爭未能立即爆發。日人要求直接與蔣氏交涉，蔣氏於回抵南京後亦於十月八日接見日使川越茂，告以中日問題應循外交途徑，以平等互尊的態度與中國領土主權必須完整之原則，謀求解決，而「華北之行政必須及早恢復完整」。⑲

---

⑮ 張發奎將軍抗日戰爭回憶記（香港，民國七十年），前言，頁二、四。

⑯ 張羣：我與日本七十年，頁七〇。

⑰ 中華民國重要史料初編—對日抗戰時期（以下簡稱抗戰史料），緒編(三)，頁六七五，馮爲馮玉祥，時任軍事委員會副委員長；程爲程潛，時任參謀總長，朱爲朱培德，時任軍委會辦公廳主任；唐爲唐生智，時任訓練總監。

⑱ 總統蔣公大事長編初稿，卷三，頁三三一，九月二十五日記事。

十月十六日，蔣委員長在杭州召見山東省政府主席兼第三路軍總指揮韓復榘及山西省清鄉督辦徐永昌，次（十七）日再召見冀察政務委員會秘書長戈定遠及第二十九軍參謀長張樾亭，對華北情勢有所垂詢並有所指示。蔣氏批准發給第二十九軍宋哲元部輕機槍子彈「三五十萬粒」，要何應欽面告張樾亭轉報宋哲元：中央對日交涉，以華北行政主權之完整爲「最小惟一之基準」，望宋亦堅持一致。⑳同一日內，蔣氏致電南京外交部長張羣，囑與日方交涉早日取消上海及塘沽停戰協定。㉑兩日之後，再電宋哲元，令其與中央採一致政策，戒以：「任何對外協定，未經中央核准者，切勿簽訂。」㉒至十二月四日，國民政府並針對冀察政委會與日方商定之經濟開發事項，訓令宋哲元：「各省市對外協商，及與外人合資條款，非經中央核准者，一概無效。」㉓

十一月，綏遠戰爭爆發，蔣委員長迭令閻錫山採主動進攻政策，他並早於十月中旬，一方面令調第二十五師準備援綏，一方面建議閻錫山「先發制敵」，由綏東進擊察西。㉔戰爭於十一月十四日爆發，蔣氏於十六日自洛陽致電閻錫山：「應卽令傅作義主席向百靈廟積極佔領，對商都

⑲ 同上，頁三三四—五。
⑳ 蔣委員長致何應欽電，民國二十五年十月十七日，杭州。
㉑ 同⑱，頁三三八。
㉒ 同⑱，頁三三九。
㉓ 國民政府統一外交職權令，民國二十五年十二月四日。見時事月報第十六卷第一期，民國二十六年一月。
㉔ 抗戰史料，緒編（三），頁六七七。

亦可積極進取。」㉕十七日，蔣氏親飛太原訪閻，指示出擊計劃，除令湯恩伯部第十三軍會同作戰外，並令空軍派兩大隊至太原支援綏戰。㉖蔣氏令張羣卽行停止與日本間的談判，並準備外交破裂時之宣言，㉗同時電告張羣：「為保障綏遠及西北之安定，國軍有掃滅察省境內偽蒙匪軍的決心。」㉘二十四日，傅作義部攻克偽蒙軍主要據點百靈廟，蔣氏預料日方可能有強烈反應，因自洛陽致電南京，指示何應欽部長朱培德主任，準備進兵，絕交：

> 應預備察綏事態之擴大，須準備一切，京滬與滬杭兩方面尤應積極工作，並作進兵吳淞準備。一面與外交部磋商絕交手續。㉙

蔣委員長希望晉綏軍於攻取百靈廟後，乘勝進攻察省之商都，並電北平秦德純、宋哲元積極戒備，並於察綏事態擴大後乘機收復察北。㉚然由於閻、宋均有所顧慮，進攻察北計劃未及實現。及西安事變發生，收復察北以及其他軍事行動遂告中輟。

全盤抗日的軍事計劃與設施，亦正積極進行中；並已完成資源、交通的調查，着手於經濟動

㉕ 同上，頁六八〇—一。
㉖ 總統蔣公大事長編初稿，卷三，頁三五四。
㉗ 同上，頁三五一。
㉘ 抗戰史料，緒編㈢，頁六八一，二十五年十一月十七日致張羣電。
㉙ 同㉓，頁三五七。
㉚ 同㉖，頁三五八，二十五、六日各電。

員的準備。㉛多數行動雖係在隱密中進行，然國人稍加留意，卽可見政府備戰的徵象。一位筆名「沉思」的人編了一册「政府抗敵的準備」，他在緒論中說出下面一段話：

國難後民衆蔑視政府者，認為政府決無抗敵之具心，決無抗敵之膽量。但近年來之設施，已使蔑視者油然產生尊敬之心，平日信仰政府者更加强其信心，試問今日之中國青年，誰敢否認政府尚無抗敵之決心乎？㉜

㈡中國國民黨五屆三中全會

民國二十五年十二月二十九日，中國國民黨第五屆中央執行委員會常務委員會第三十一次會議，決議定於二十六年二月十五日開始舉行第三次中央執行委員會全體會議—簡稱「三中全會」，以決定西安事變後的黨國大計—亦卽西安事變善後的最後決定及抗日禦侮問題。由於這次全會討論的議題意義重大，中國朝野特別重視，日本方面也表示關切。

大會於二月十五日開幕，推蔣中正、汪兆銘等九人爲主席團，㉝葉楚傖爲秘書長。出列席人數達一七五人，較以往之全會爲多，議案焦點，集中於內政與禦侮。就內政而言，最重要的議案

㉛ 何應欽：何上將抗戰期間軍事報告（臺北文星書店影印，民國五十一年），上册，頁一—四八。
㉜ 沈思：政府抗敵的準備，頁五。
㉝ 其餘七人爲戴傳賢、王法勤、馮玉祥、于右任、孫科、鄒魯、居正。

有三：

一為張學良、楊虎城於發動西安事變時所提出的八項主張問題。蔣中正委員長曾答應張學良提出於全會討論，因於二月十八日提出之西安事變始末報告中，舉列張楊八項主張，聲請「取決衆議」。㉞大會於二月十九日討論此案，當日決議「不予置理，以絕效尤」，然亦決定，對於「迷途知反，悔悟自拔者，概可推誠相與，絕不追究。」㉟

一為國民大會的召開問題。國民政府前於二十五年五月五日公佈立法院起草之中華民國憲法草案—簡稱「五五憲草」，原決定於同年十一月十二日召開國民大會據以制憲。然以若干地區選舉不及，因而延期。且國民大會組織法、國民大會代表選舉法等法規，各方批評亦多。劉紀文、潘公展等分別領銜提出議案，要求修改。大會主席團綜合劉、潘等人之提案而成「關於國民大會之提案」，提出於二月二十日之大會討論，當經決議三項：㈠督促該管機關繼續辦理選舉，於今年十一月十二日召開國民大會，制定憲法，並決定憲法施行日期。㈡關於國民大會組織法及代表選舉法如有應行修正之處，授權常務委員會辦理。㈢所有關於國民大會之提案，均交常務委員會參考。㊱

㉞ 李雲漢：西安事變始末之研究，頁二八五—六。

㉟ 中國國民黨第五屆中央執行委員會第三次全體會議紀錄原稿，中央黨史會藏。

㊱ 中國國民黨歷屆歷次中全會重要決議案彙編(二)（革命文獻第七十九輯），頁四一八—九。

一為對中共中央二月十日致大會秘電之處理。大會主席團決定不作公開之正面處理，惟由主席團另提「根絕赤禍」提案，提出條件，予中共黨人以自新之路。提案經大會於二月二十一日通過，首言「今者共產黨人於窮蹙邊隅之際，倡輸誠受命之說，本黨以博愛為懷，決不斷人自新之路。」㊲繼提出「最低限度之辦法」四條—即本書本章第二節第三目所舉述者，要求中共徹底取消其「紅軍」與「蘇維埃政府」，並根本停止其赤化宣傳與階級鬪爭。㊳決議案並暗示中共須以事實向全體國民表白其誠意，始能被容納。其原文為：「赤禍之必須根絕，乃為維護吾國家民族至當不易之大道，凡喻斯旨，果具決心，而以事實表曝於全體國民之前者，均所容與；否則仍當以國脈民命為重，決不能輕信詭言，貽國家民族以無窮之患；此乃本黨責任所在，敢為全國同胞昭告者也。」㊴

㊲ 同上，頁四一九—二三。

㊳ 四條之原文：第一：一國之軍隊，必須統一編制，統一號令，方能收指臂之效，斷無一國家可容主義絕不相容之軍隊同時並存者，故須徹底取消其所謂「紅軍」，以及其他假借名目之武力。第二：政權統一，為國家統一之必要條件，世界任何國家斷不許一國之內，有兩種政權之存在者，故須徹底取消所謂「蘇維埃政府」及其他一切破壞統一之組織。第三：赤化宣傳與以救國救民為職志之三民主義絕對不能相容，即與吾國人民生命與社會生活亦極端相背，故須根本停止其赤化宣傳。第四：階級鬪爭為一階級之利益為本位，其方法將整個社會分成種種對立之階級，而使之相殺相讎，故必出於奪取民衆與武裝暴動之手段，而社會因以不寧，民居為之蕩析，故須根本停止其階級鬪爭。

㊴ 同㊱，頁四二一。

對此一決議，少數所謂「左派」中委不予支持，宋慶齡、何香凝、馮玉祥等於大會開幕之日即提出所謂「恢復孫中山聯俄、聯共、扶助農工三大政策案」，但未爲大會所接受。十八日，宋慶齡以「實行孫中山的遺囑」爲題發表講演，抨擊日本及所謂「親日派」，並重彈其「聯俄聯共」老調。國民黨人對宋的偏激，很少人理會，對社會輿論也未曾發生影響。

無論朝野，都希望三中全會對禦侮問題，能作明顯而具體的決策。大會也提出並通過了數項準備抗日的議案，如二月十八日通過的「迅予組織民衆、訓練民衆、武裝民衆以爲抗戰總動員之基礎案」，二月十九日通過的「促進救國大計案」、「關於國防經濟建設案」及「全國婦女實施訓練案」，均直接間接準備動員作戰。大會也通過了「對於撤廢各國在華領事裁判權應由政府向有關各國交涉，早日實施，以維我法權之完整案」，然整體對外政策，則見於三中全會宣言：

吾人始終如一之目的，厥為對內求自立，對外求共存，卽使蒙受損害，超過忍耐之限度，而決然出於抗戰，然亦祇有自衞之心，絕無排外之意，故犧牲之決心與和平之期望，初無矛盾，假使和平之期望猶未完全斷絕，吾人固仍願確守平等互惠與互尊領土主權之原則下，求其初步之解決，使匪偽失其依附，主權克臻完整，如是則兩國間懸而未決之問題，雖未完全着落，而以和平方法解決糾紛之可能，始得露其端倪，此在吾國，必當舉國一致，於最短期間期其貫徹者也。至於其他國際關係，自當循國際和平之路線，力謀友誼之

增進，凡政治之協調，經濟的合作，必本兩利之原則，以求相互關係之日趨於密切。㊵

就此宣言之精神而言，誠如大公報所指陳者：「中國對日僅關於自衛自存問題」，「只在求恢復其已失之領土主權，糾正我行政完整上所受之損失。」㊶然「超過忍耐之度限，而決然出於抗戰」一語，則又顯然具有積極意義。大會開幕後第三日—二月十七日軍政部長何應欽，外交部部長張羣，分別提出軍事與外交報告，尤可見中國政府對日本之基本立場和嚴正態度。依據何應欽報告，國軍已作戰場之區分—自晉綏、冀察以迄東、南沿海諸省劃分十區，而西北、西南及湘鄂贛則為警備區；以首都為中心之國防工事及江、海防要塞，首期工程正積極進行中；國防資源之調查、開發，重工業之建設，特種礦業之統制，以及經濟動員之準備，均已着手；防空、通信、糧秣被服之儲備、陸軍之整理與兵役制度之建立，海、空軍之加强，兵工製造之改進者，亦均著成效。㊷此項國防設施，本係祕密進行者，以往亦未曾詳細報告，何氏於此次全會則不憚煩瑣，詳作陳述，顯欲使國人皆知政府在軍事方面的準備情形，從而堅定禦侮之信心。事實上，大會開幕前十二日—二月三日，中央政治會議即曾討論過非常時期國家總動員問題，決定由軍事委員會與行政院詳作研商。㊸

㊵ 宣言全文，見革命文獻第六十九輯—中國國民黨宣言集，頁三〇五—三一一。
㊶ 民國二十六年二月二十六日，上海大公報社論；季鸞文存，頁三六六—九。
㊷ 何上將抗戰期間軍事報告，上册，頁一—四八，對五屆三中全會軍事報告。
㊸ 中國國民黨中央政治委員會第三十五次會議紀錄，民國二十六年二月三日，南京。

大會於二月二十二日閉幕，三天後，外交部長張羣提出辭職。三月三日，中央政治委員會第三十七次會議決議改任張羣爲中央政治委員會秘書長，外交部長則由王寵惠出任。此一人事變動，敏感人士多認爲係政府改變對日政策之象徵，尤以日本方面語多揣測。實則中國政府之對日政策，前後一致。一月間日本駐南京總領事須磨彌吉郎調職回日，他於一月二十日向張羣外長辭行時，張氏告以：「日本必須先撤除過去非法所製造的既成事實。嚴禁將來不再從事此種策動，最低限度要對中國保證平等的地位」，兩國關係始能改善。㊹須磨再訪行政院副院長孔祥熙，孔亦告以：「希望日本能够取消過去非法所製造的既成事實，並保證將來不再有這樣的行動。」「對於冀察的現況中國也不滿意，中國企望完成行政權的統一。從完成統一的行政權這個觀點來看，冀察是最不完整的存在。我們希望使它完整。如果不能達到這種希望，今日中國無法與日本對談。」㊺這一嚴正而善意的勸告，却被須磨彌吉郎認爲是中國對日本壓力的輕視，他回日後在日本外交協會第六特別委員會秘密會議中演講，說：「最近中國開始輕視日本的壓力。一句話，則小看日本。」㊻

二月初，日本內閣也發生變動。廣田弘毅內閣垮台，曾任「朝鮮軍司令官」的林銑十郎出任

㊹ 陳鵬仁譯著：近代日本外交與中國，頁七三。
㊺ 陳鵬仁上書，頁七五—六。
㊻ 陳鵬仁上書，頁七四。

首相，組成新閣。其外長初由林銑十郎自兼，稍後調駐法大使佐藤尚武繼任。依張羣的觀察：林銑十郎內閣，是個不包括任何政黨人士的軍部官僚內閣，軍人勢力愈形膨脹，而且與財閥結合，愈益向中國擴張。㊼三月初，日本實業界人士組織了一個日本經濟考察團，來華考察並商談促進經濟合作，實際上則係試探打破兩國間的僵局。考察團，由橫濱正金銀行總經理兼「日華貿易協會」會長兒玉謙次爲團長，團員則有朝鮮銀行總裁加藤利三郎，日本糖業聯合會會長藤山愛一郎等十七人。他們於三月十四日抵達上海，旋赴南京出席中日貿易協會第一次大會，並晉見蔣中正委員長、孔祥熙副院長及王寵惠部長。蔣委員長勸他們「仁親以爲寶」，並記住「己所不欲勿施於人」的古訓；㊽孔祥熙副院長則坦率告以：「貴國政府答允軍部擴軍預算，而企圖約束軍部，實無異抱薪救火，危險極矣。」「貴國不欲發展對華貿易則已，不然則唯有設法消除敝國民衆之對日反感，實爲當務之急。」㊾王寵惠部長於接見藤山愛一郎時，亦曾告以：「經濟提携絕不能漠視人民之感情，而欲求兩國人民感情之融洽，則政治問題勢亦不得不加以改善。」㊿彼等亦嘗

㊼ 張羣：我與日本七十年，頁八三。

㊽ 蔣委員長係於二十六年三月十六日接見兒玉謙次等，講話全文見總統蔣公思想言論總集，卷十四，頁四九七—九。

㊾ 孔祥熙副院長對藤山愛一郎談話，民國二十六年三月十六日，全文見中日外交史料叢編（四）—蘆溝橋事變前後的中日外交關係，頁一一〇—一一四。

㊿ 同上書，頁一一七，談話時間爲二十六年三月十七日。

與中國金融界巨子周作民、徐新六等接洽「經濟提携」問題，周作民很誠懇的告知兒玉：必須先解除兩國間的政治障礙，然後可以談經濟提携。[51]藤山綜合他此次訪華所得的印象：

> 中國各有力人士均以為：中日兩國苟政治問題不解決，則實行經濟合作卽不可能。此種意見，極為堅强。[52]

日本經濟考察團於三月二十七日離滬回日，海關却於彼等所搭乘之日輪「上海丸」上，破獲浪人私運銅元五十餘萬枚，[53]頗令兒玉謙次感到尷尬。兒玉回日後向其政府提出報告，其結論是：「廢止殷汝耕冀東政府和冀東走私貿易是一切交涉的前提，因此將來日本應該考慮廢除治外法權，使中國與日本站在平等互惠的立場。」[54]然此一觀點，不可能爲日本政府採納。

四月十六日，日本外務、大藏、陸軍、海軍四省大臣又共同決定了一種「北支指導方案」，表面上不再在華北策動「獨立」及「擴張戰區」等活動，實際上却是確定日本在華北的特殊地位，謀取更多的權益。這一政策，與中國政府的政策和要求，適相背離，因而兩國間的談判卽無從談起。五月三十一日，林銑十郎內閣總辭。四天之後，近衞文麿新閣成立，廣田弘毅再任外

[51] 胡適：中日問題的現階段，獨立評論第一三一號，民國二十六年四月二十五日出刊。
[52] 藤山愛一郎談遊華印像，中央週報，第四六一期，民國二十六年四月五日出刊。
[53] 郭廷以：中華民國史事日誌，第三冊，頁六八二。
[54] 陳鵬仁譯著：近代日本外交與中國，頁二〇四。

相，仍固執其所謂「三原則」，兩國的立場就越來越遠。

㈢國民心理與社會輿論

隨了國難的日益嚴重與國家建設的日見進步，國民心理與社會輿論也在急劇的轉變着。剿共的勝利和西南問題的和平解決，標誌出蔣中正委員長統一政策的長足進展；綏東戰爭和西安事變，更形成國民思想變化的高潮，國家民族意識與統一禦侮要求，幾乎是全國國民共同一致的呼聲，九一八事變後的紛歧、沮喪與悲觀心理，已明顯的轉變爲對內團結一致，對外同仇敵愾的樂觀情緒；其特色則是：確認蔣中正委員長全國領袖的地位，肯定國民政府的領導地位與建設成就，幾乎是全民一致的主張如日本不改變侵華政策，中國就要抗戰—多數人認定戰爭已無可避免。

國民對蔣中正委員長的眞誠擁護，由於西安事變的爆發而表現得痛澈淋漓。西安事變的半個月間，報紙每天都有社論和評論；每篇社論與評論，無不認定蔣氏乃一身繫國家安危的民族領袖。玆表列幾家報紙社論和個人評論的觀點如下：

報名或人名	論點	資料來源
新民報	蔣委員長以一身繫國家民族之安危，此事實也。此種事實，爲其艱苦卓絕之精神，犧牲奮鬥的歷史所積累而成。	二十五年十二月十四日社論：國人對張部叛亂應有之認識

大公報（張季鸞）

中國自民十五以來，十載崎嶇，備經艱困，在內憂外患嚴重交迫之中，國家之政治軍事，日漸統一，得有今日之規模，而蔣委員長精勤負責，爲之領袖。其立場爲奉行三民主義，以純粹中國人之精神，擁護中國利益，而衞護其生存。近年以來，尤其盡勞盡瘁，苦心經營，中國如航險海之船，彼則執舵者。雖風雨晦暝，前途莫測，而彼始終鎭定堅持，爲國家而奮鬥。其意志之堅强，精神之熱烈，與夫謀國之信心，統軍之能力，實中國近世傑出之領袖人才，當爲多數國民所同認。

二十五年十二月十四日上海大公報社論：西安事變之善後

申　報

蔣委員長是我國最高的軍事領袖，他的威望一向是全國軍政的唯一重心，現在他和部下幾個重要將領，都失却了自由，這就有使統一的中國，重復趨於渙散的危險。

二十五年十二月十四日社論：中國還是整個的中國

全國新聞界

在此困苦艱難飄搖風雨之會，堅苦忠貞爲國家確立重心，爲中樞充實力量者誰歟？

二十五年十二月十六日，全國新聞界對時局共同宣言整頓國防建設民生者誰歟？移風易俗整飭綱紀者又誰歟？易辭言之，使我四萬萬同胞自無組織而有組織，由無國而有國，出同胞於水火，登斯民於衽席，伊誰之力？曰：惟蔣公爲民族之棟樑，爲國家之領袖，四萬萬人所託命，五千年歷史之主宰，宇宙六合，孰謀危害此領袖，孰爲四萬萬人之公敵。

傅斯年

蔣公在此時中國是無可比擬的重要，他的安危關係中國國運比任何事都切緊，這都是肯用理智的人所共曉的，除非漢奸共黨和不明大體的少數人，沒有希望蔣公在此時失其爲國家服務之機會的。

二十五年十二月十六日中央日報：論張賊叛變

香港東方日報

蔣委員長，爲中國今日之瑰寶，民族之柱石，救亡復興之明燈，四萬萬人之靈魂與領袖；「一身繫天下之安危」，唯蔣委員長，足以當之而無愧色。

二十五年十二月十七日：民意之表現

北平華北日報

近百年來，國家屢瀕危難，然危難莫過於

二十五年十二月十八日：討

今日。此四萬萬人組成之民族，曾於困苦艱難之中，不斷犧牲奮鬥，然其意志之統一，情緒之熱烈，人民是非之分明，將士同仇之迫切，則亦無出今日上者。此無他，偉大領袖十數年來鞠躬盡瘁艱苦卓絕之精神，有以陶冶感召之耳。

逆與禦侮

胡適

二十五年十二月二十日大公報星期論文：張學良的叛國

蔣介石先生在今日中國的重要，眞是如傅斯年先生所說的「無可比擬的重要」。西安事變的突然發生，使全國愛護國家的人們格外感覺到這個領袖的重要。在這幾天之中，我見着了至少兩三百個乘客，有的是白髮的學者，有的是青年的學生，有些是平日愛護蔣先生的，有些是時常批評他的，——但在這個時候，這些人都是異口同聲的關切蔣先生的安全，都是愁苦焦急的到處探聽可靠的消息。一切政見的異同都丟在腦後了，大家只感覺這一個有能力有辦法的領袖是一身繫國家的安危的，我看見一個北大一年級的學生，在十三日的早晨眞是焦急得要發瘋；我知道兩個十一二歲的小孩子眞急得大哭。這種現象，在這個最不崇拜英雄的民族裡，眞是最難得的奇蹟。這樣愛護的熱心，不是宣傳的力量造成的，也不是武力威權招致的，是最近兩三年堅忍苦幹的事實逐漸得國人明瞭認識的自然效果。

慰問蔣委員長中正函，二十五年十二月二十七日

漢卿出此不軌之行，於執事誠無所損，且適爲增國人瞻就之忱。十四日之間，中外函電交馳，奔走呼籲，唯恐或後，此實無異於歐美之總投票，人情向往若是，計前途之光明偉大，匪惟無毛髮遺憾，更當爲執事特致其慶幸者也。

吳佩孚

確認蔣中正委員長之領袖地位及其「一身繫國家安危」的重要，自然要信任蔣先生，擁護他，支持他，使他能順利無阻的完成和平統一，禦侮救亡的使命。然蔣氏所代表者，爲三民主義與中國國民黨的立場，亦卽孫中山先生的建國救國路線。因而，張季鸞氏呼籲國人，凡信任蔣委

員長者，就應擁護國民黨，以孫中山先生之遺訓為施政立國的基礎。張氏有一段很實在坦率的話：

現在大多數國民信任蔣委員長為國家領袖，而於其本身的政治立場，或反忽略之，故判斷政情，不能透澈。蔣委員長之立場非他，國民黨之黨員，中山先生之忠實信徒，故彼非獨裁，非法西斯蒂，亦非國民黨黨魁。其信仰為三民主義，其職權皆中國國民黨中央依黨章賦與之。彼之立場，為死生不渝者。是以今日全國同胞凡信任蔣公為領袖者，論理的卽為擁護國民黨，此絕對不可分視者也；是以今後政治之進化，必須國民黨依據黨章及中山先生遺訓，自動的施行。此卽中國今日之法軌，卽統一政府之基礎所依憑。55

然張氏亦提醒國民黨人：國民之擁護政府，出於「信任領袖，愛護統一」之心理者自居多數，然亦有若干人，則因鑒於國家環境之過度危險，縱不滿意於政府，亦必須加以維持。縱然如此，反對政府之力量甚小，中國今日之局面仍為千載一時之機會，黨國當局須負起三民主義建設的責任。56政府於國民黨五屆三中全會以後之作為，確也呈現堅定明快之精神，國人耳目為之一新。卽如國民大會的選舉法，三中全會容納各方面批評意見，授權中央常務委員會修正，中常會旋卽作了三項重大修正：取消指定(圈定)候選人辦法，縮小首屆國民大會職權限於制憲，以及

55 張季鸞：祝歲之詞，民國二十六年一月一日，上海大公報。
56 張季鸞：勗勉黨國當局，二十六年二月二十三日，上海大公報。

列席人員之嚴格限制。此一舉措，立獲好評，陳之邁稱之為「中國內政上近日來一件大事」。57

國家統一基礎的穩固，是民國二十六年開端的新氣象和好現象。然而，國人面臨的最大困擾，仍是對日問題。社會輿論以討論此一問題為中心，民族復興成為最受人歡迎的主題。58 國民心理趨向於對日強硬，要求政府不再讓步，多數人認定中日兩國間的難題，非以武力抵抗無法解決。東方雜誌以中日問題為主題發起徵文，59 應邀發表意見者有四十七人，多為名流學者，茲將各人之主要觀點表列如下：60

---

57 陳之邁：從國民大會的選舉談到中國政治的前途，獨立評論第二三二號。

58 例如，東方雜誌二十六年新年特大號，即以民族復興問題為主題出刊專欄，發表了馮玉祥、孫科、李宗仁、居正、陳嘉庚等人的文章，均主張對日抗戰。馮玉祥的言詞是：「什麼是中國民族復興的基本方策？我的解答，第一個是抗戰，第二個是抗戰，第三個還是抗戰！」

59 中日問題係總主題，下分八個子題，以問卷方式引之，其八項子題是：

一、怎樣清算過去的中日懸案？
二、中日有提攜的必要和可能嗎？
三、中日親善的障礙何在？
四、中日妥協以至親善的先決條件如何？
五、中國應該採取怎樣的對日外交政策？
六、預測中日交涉的前途如何？
七、我們對於日本的要求，應採取什麼態度？
八、英美蘇等國的遠東政策對於中日談判的前途有何關係？

60 原始資料，見東方雜誌二十六年新年特大號。

姓名	題目	論點
林風眠	中日問題	中日過去的一切懸案，憑外交途徑是解決不了的，要清算只有付之一戰。
馬影疏	中日問題	中國目前最急迫的需要，在自由與平等，凡侵害中國之自由與平等者，中國必設法排除之，故日本之武力侵略政策爲中日親善之最大障碍。
徐仲年	畫符式的中日問題	中國對日應採强硬政策，一手拿算盤，一臂挾炸彈，然後開口與日本人談。
張資平	中日有提携的必要和可能嗎	中日在互惠平等的條件下實有提携的必要；但在往後一二十年間，決無可能。
曾虛白	中日問題	日本想侵略，中國要抵抗，處處佈滿危機爆發的地雷，怎樣避免，只靠日本軍人的覺悟。
王向辰	中日問題	中日有提携的必要，而無提携的可能。妥協和親善的根本條件是改善兩國教育，先決條件是日本停止以武力進攻中國。
郭一岑	我對於中日問題的意見	日本是中國死敵，不和他幹還等什麼？要親善，先將東北的土地全部交出。交涉是枉費口舌，只有鐵和血才換

姓名	題目	論點
李權時	中日問題隨感	得着親善和妥協。中日民間無仇怨，兩國間的敵對氣氛，是日本關東軍和浪人一手造成的。
范壽康	中日親善的障碍何在	中日兩國糾紛，是現下生產關係和生產力不相調和的結果。一時無希望解決。
理鳴	中日問題	中日有提携的必要，但基於和平互助的提携始有可能，兩國親善的最大障碍是日本一貫的侵略政策和侵略事實。
馮柳堂	從已往看到未來的中日	日本一向以侵略中國爲國策，懸案甚多，清算這些懸案，非得中國有實力不可。
劉海粟	中日問題	中日間有對等的關係和對等的能力，才有眞正的提携親善，先決問題在於日本翻然覺悟，一方面中國要先能自存自榮。
吳崑吾	預測中日交涉的前途如何	欲交涉得圓美結果，日方須停止侵略並修改其非分要求。交涉前途？解鈴繫鈴，在日方而不在我方。
方秋葦	中日問題	中日親善在國力未相等前是不能够的。懸案的解決，只有一場血戰。

作者	題目	要旨
王濟遠	中日親善的障礙何在	無誠意的親善，處處都是障礙，處處都是罪惡。
薛典曾	中日問題	中日有提攜的必要，但在目前爲不可能。親善的先決條件，必須日本放棄侵略中國的政策。
張天澤	中日問題	清算懸案，看日本是否覺悟，放棄侵略。合作有必要，須以平等互尊主權爲條件。交涉前途不樂觀，中國要以全力充實國防。
谷正綱	中日問題的我見	中日問題，恐非訴諸戰爭，殆無解決可能。今後邦交能否調整，須視日本能否改變其侵略政策。
張樑任	中日問題	中日親善的障礙，在日本不以平等地位對待中國。中國須憑自強來使日本改變其觀念。中國強大後才能談中日親善。
秦瀾卿	中日問題的我見	調整中日國交，不能憑武力，應以尊重中國領土主權的完整爲條件。
孫本文	中日問題	中日親善的先決條件，在日本立卽歸還東北四省，取消僞國，根本改變其對華政策。
劉大鈞	中日問題	日本對華實行經濟侵略，不可能有平等互惠的親善和提攜。中國應速自行開發資源，振興工業，以抵禦日本經

		濟侵略。
高秉坊	中日有提攜的必要和可能嗎	有提攜的必要和可能，其障碍在日本的軍閥、政客和浪人。和平提攜，從現在起至少要再停頓十年。
樊仲雲	中日親善的障碍	中日親善的障碍無他，便是日本目前的一切行動。日本如不覺悟，恐親善未得，反成永久不解之仇。
佳　駒	對於中日問題的意見	我國自動發動對日戰爭，以牙還牙，以血還血，以爭取民族生存權利，清算過去懸案。
王祖廉	中日問題	國交之調整，無論方式如何，關鍵皆在日人。日本尚未覺悟，根本調整國交，恐須俟我國能以實力恢復疆土與主權。
杜佐周	我對於中日問題的意見	欲謀兩國親善，必須先由日本放下屠刀。日人無放下屠刀之可能，中國唯一的道路是積極準備抗拒。
容　庚	中日有提攜之必要與可能嗎？	中日有提攜的必要而不可能。交涉的前途暗淡，清算過去的前途只有戰爭。
張德一	中日問題	對日本之覺醒已不存幻想，惟有集中全民力量，整齊步伐，沉着奮鬪而已。
歐元懷	對於中日問題的我見	調整國交，先須袪除華人仇日心理；袪除仇日心理，須

		日本自動交還東北四省，恢復冀察原狀及撤退平津一帶駐軍。
張知本	中國應該採取怎樣的對日外交政策？	中國對日政策要點：㈠拒絕無理要求，㈡聯絡有力與國，㈢竭盡全力的抗戰。
韋　慤	中日問題的管見	在日本侵略下，中日懸案無法清算。對日謀和不可能，抗敵是我們的唯一出路。
葛受元	中日問題	中日交惡之主因，在於日本之厲行「大陸政策」。親善之先決條件，日本首當尊重中國獨立主權，放棄「大陸政策」。
林康侯	談中日問題	中日之不能親善在於日本錯認事實，意存侵略；倘中日當局拋棄成見，恢復九一八以前原狀，當可由妥協以至親善。
潘文安	中日問題	實現眞正的親善，必須日方對我國以獨立國看待；中國應力圖自強，抱不屈服的決心。
朱義農	對於中日問題的意見	中日親善障礙爲日本的大陸政策，親善的先決條件在日本放棄此一政策，中國亦應援助日本工業原料的合理解決。

谷正鼎	中日問題如何結束？	除非日本改變其根本政策，放棄侵略，卽無和平途徑可尋。兩國糾紛只有一場血戰解決。
丘漢平	怎樣清算過去的中日懸案？	一方面依外交方式逐漸解決個別懸案，一方面迅速充實國防，限期廢除不平等條約。
李大超	中日問題	要解決懸案，除非日方覺悟，交還東四省—但這是不可能的，中國必須有對抗的決心。
程瑞霖	中日問題	目前解決懸案不可能，雙方要努力使事態不再惡化。日人要認清：一、中國人不是個個可以當漢奸，二、中國不是一個無主的殖民地。
蔣震華	中日外交談判的前途	清算懸案的方式有二，一是外交，一是血戰。交涉到了最後關頭，應立卽發動全民抗戰。
壽景偉	大亞細亞主義之新認識與中日關係之調整	倘中日雙方明達之士深體孫中山大亞細亞主義之精神，促進中日關係之改善，則兩國前途尚有一線希望。
王曉籟	中日問題爲吾國民族存亡之大關鍵	日本欲謀親善，非速取消僞滿撤兵歸國爲先決條件不可。否則棄好崇仇，必有兵戎相見之一日。
孫伏園	中日問題	中日提携雙方均須糾正態度，以平等互惠爲前提。
潘公展	中日問題	中日提携當然可能，而且必要，最大障礙在於日本之侵

略行爲，故解鈴繫鈴，責在日本。中國的決心：和平絕望時卽作民族自衞的殊死戰。

章淵若　自力主義與外交方針

中日問題，祇有中國全國同胞用自己的「血」和「力」去求徹底解答。政府樹立「自力主義」的外交方針，人民準備用全力爭取生存。

胡庶華　中日問題檢討

我國唯一生路只有抵抗－傾全國力量，採取攻勢戰術。我愈抵抗敵愈膽寒，我愈退讓敵愈壯膽。

就以上四十七人的意見分析，認爲中日問題非訴諸戰爭無法解決者，有十六人；認爲咎在日本，希望日本覺悟並改變其侵略政策者十四人；認爲只有中國自强奮鬬始可解決兩國糾紛者九人；認爲中日有提携必要但目前絕不可能者七人；只孫伏園一人態度緩和，主張「中日提携雙方均須糾正態度，以平等互惠爲前提。」認爲期望日本改變政策爲不可能，中國只有武力抵抗始能根本解決者，所佔比例最多。尤堪注意者，立場與政府較爲接近之谷正綱、張知本、谷正鼎、李大超、胡庶華等，均認爲中日問題非訴諸戰爭，殆無解決可能。

北方學者對中日問題的意見反較穩重，與政府當時的政策至爲接近，卽「中國恢復一切已失主權之日，卽雙方親善關係成立之時」，並要求政府促使日方「先就冀察方面損害我主權之事求其反省。」61胡適希望政府能在一年內做到：宣佈所謂「何梅協定」「察東協定」一律無效，責成綏遠與冀察當局協力尅期肅清察北六縣的匪偽勢力，用國家力量協助冀察當局尅期肅清冀東的匪偽盤踞。62然而，時不我與，胡適提出他這意見後兩個多月，盧溝橋事變就爆發了，中國只有被迫應戰這一條路可走！

61 民國二十六年二月廿六日大公報社論：今後的對日問題。
62 胡適：中日問題的現階段，獨立評論，第二三一號，民國二十六年四月二十五日。

叁、戰前華北情勢

就一般意義而言，華北係指河北、山東、山西、察哈爾、綏遠五省，和北平、天津、青島三市。其中冀、察、平、津都在冀察政務委員會委員長宋哲元的管轄下，地居國防最前線，直接面對日人的侵逼，地位最重要，情勢也最複雜。晉、綏係太原綏靖主任閻錫山的轄區，情況比較單純。山東與青島雖在地理上爲一體，政治上却又各成局面：山東省政府主席韓復榘係舊西北軍系，與宋哲元比較接近；青島市長沈鴻烈則原爲東北系海軍系統，且非北人，奉行國民政府政令最力，抗日決心亦最堅定。

華北最大的危機，乃是日本的干預與威脅。日人在平津及冀東，駐有一支兵力不弱的駐屯軍，幾無時無刻不對冀察當局施加壓力，攫取利權，事實證明這支駐屯軍就是引發盧溝橋事變的元兇。此外，日人在華北八個城市設有領事館和特務機關，又有一些或公開或秘密的浪人團體，在駐屯軍司令部的統一策劃和指使下從事於破壞中國領土主權的非法活動，其情況之嚴重已是無以復加，國人的憤激也已到達忍無可忍的地步。

自民國二十四年卽一九三五年八月起，國民政府將冀察軍政交付與宋哲元及其第二十九軍。同年十二月冀察政務委員會成立後，宋被視爲是華北最高的軍政首長，也是日人所欲利用、拉攏、壓迫以至驅逐的對象。宋處於機勢微妙的情勢下，應付日人的挑釁與國內的政治危機，其角色與行動，自不容易獲得國人的諒解，却能獲得國民政府尤其是蔣中正委員長的信任和支持。宋哲元並非具有雄才大略，却是一位誠實愛國的將領，主持冀察特殊局面之兩年間，其表現雖未能符合國人願望，然却能堅守國家民族的立場，爲政府爭取了兩年備戰的時間，無虧於軍人的職守和氣節。

本章的主要內容，一爲敍述戰前兩年間日人在華北的强大勢力和非法活動，一爲說明冀察當局肆應外敵與內變的立場與趨向，藉爲盧溝橋事變發生的背景，作概括性與整體性的論述。

一、日人勢力及其非法活動

日人在華北的勢力，有駐屯軍、各地特務機關、領事館以及或明或暗的浪人團體，人多勢衆，無孔不入。當然最主要的禍源，乃是日本駐屯軍；領事館員、特殊機關人員及浪人的非法活動，均係在駐屯軍的策劃和掩護下進行。日本駐屯軍直接受命於東京，司令部設於天津，駐地分散在自北平至山海關的北寧鐵路沿線，其特務人員及間諜網則遍及華北各地，隨時都可威脅華北的安全。

(一) 日本駐屯軍的地位與實力

日本駐屯軍，初稱天津駐屯軍，民國二十五年卽一九三六年五月大量增兵後，擴大編制，升格爲「華北駐屯軍」（North China Garrison），其依據則是淸廷因八國聯軍之役（一九〇〇）失敗，於一九〇一年九月七日與聯軍各國簽訂的「辛丑和約」。❶和約全文共十二條，其中第七、九兩條承諾了外軍駐華的權利，其條文：

第七條：大淸國國家允定各使館境界，以爲專與住用之處，并獨由使館管理；中國人民，概不准在界內居住。亦可自行防守。使館界線於附件之圖上，標明如後。…中國國家，應允諸國分應自主，常留兵隊，分保使館。❷

第九條：按照西曆一千九百零一年正月十六日卽中曆上年十一月二十六日文內後附之條款，中國國家應允由諸國分應主辦會同酌定數處，留兵駐守，以保京師至海通道無斷絕

❶ 條約全文，見王彥威輯，西巡大事記，卷十；中華民國開國五十年文獻第一編第六册：列强侵略(四)，頁三四〇—三四六。

❷ 本條文删節之文字爲「東面之線，係崇文門大街，圖上十、十一、十二等字，北面圖上係五、六、七、八、九、十等字之線，西面圖上係一、二、三、四、五等字之線，南面圖上係十二、一等字之線。此線循城牆南址隨城堞而畫，按照西曆一千九百零一年正月十六日卽中曆上年十一月二十六日文內同後附之條款。」

之虞。今諸國駐守之處，係黃村、廊房、楊村、天津、軍糧城、塘沽、蘆臺、唐山、灤州、昌平、秦王（皇）島、山海關。

根據這兩項條文，吾人可以確定幾項概念：其一，獲得權利留駐軍隊的是「諸國」—卽參加聯軍對清作戰的八國，而非僅是日本；日本在駐軍的權利義務方面，應由「諸國一致」，而不能獨享其他的特權。其二，外國駐軍，約分兩種：一爲使館的衞隊，其任務爲保護使館區外人生命財產的安全；一爲京奉鐵路（民國十七年改稱北寧鐵路）沿線的駐屯軍，其任務爲維護自北京至天津達山海關一線交通的安全。除此兩項名義及任務之外的任何行動，均無條約依據。其三，外軍駐地限於黃村等十二地點；超過十二地點之外未經中國政府同意的任何外軍，均屬非法。

駐兵人數，各國代表於和約簽字前之一九〇一年四月六日，已成立協定：北京使館衞隊，總數不得超過二千名；北京至山海關之通海道上，駐軍不得逾六千二百名，其中以二千名駐紮天津，以一千五百名駐山海關及秦皇島，以其餘二千七百名駐其他九處，每處三百名。撤兵期間各國駐兵總額數，共一萬二千二百人。❸但至各國軍隊撤退完畢，秩序恢復正常後，駐兵總數限爲八千二百人。❹天津由英法德意日分擔，山海關秦皇島由英法德日俄分擔，黃村駐意軍，廊房

❸ 東北問題研究會：平津至山海關各國駐兵問題之研究（民國二十一年，天津），頁十三。
❹ 上書，頁十五。

（坊）、楊村駐德軍，軍糧城、塘沽駐法軍，蘆臺、唐山駐英軍，灤州、昌黎駐日軍。❺

依據辛丑條約，各國於拳變期間佔領北京及其附近地區的軍隊，除依條約第七、九兩條留駐者外，其餘部分應於一九〇一年九月十七日起，開始撤退。❻至一九〇二年八月，撤軍大致告一結束，聯軍原於天津設立之聯軍統率機構「都統衙門」亦於同年八月十五日撤銷。惟「都統衙門」於撤銷前一月又一日卽七月十四日，由德法意日英五國公使，向淸廷提出照會，要求將「駐兵權」予以擴大。照會的主要內容是：

> 和約第九條內載，中國國家應允由諸國分應主辦會同酌定數處，留兵駐守，以保京師至海通道無斷絕之虞等語，查天津全城亦在酌定數內，是都統衙門裁撤後，聯軍仍應接續照舊在現今所屯各處駐紮，各國軍隊及其應需糧食衣被等物，概免各項賦稅，該軍隊有操練打靶及野外大操之權，無庸預定照會，但發彈子時，應先時通知。且又竭力設法以免各國之兵與華兵相衝突滋事為要，故擬由中國國家禁止華兵距駐紮天津之軍隊二十華里內前進或

---

❺ 日本駐兵人數最多，爲一、六五〇人，英、德、法次之，各爲一、六〇〇人；美國最少，一五〇人，奧國次少，二〇〇人，美、奧兩國均只駐兵北京保護使館。

❻ 撤兵分兩部分進行，條約原文規定：「諸國全權大臣現奉各本國政府之命，代爲聲明：除第七款所述之防守使館兵隊外，諸國兵隊卽於西曆一千九百零一年九月十七日卽中曆光緒二十七年八月初五日，全由京城撤退；並除第九款所述各處外，亦於西曆一千九百零一年九月二十二日卽中曆光緒二十七年八月初十日，由直隸省撤退。」

屯紮。❼

聯軍此項延伸「駐兵權」的要求本不合理，但清廷只求天津主權的早日恢復，也只有忍痛接受。各國政府如果不對中國再抱侵略的野心，嚴格約束其駐華軍隊在「條約權利」內行動，此總數八千二百名的外國駐軍，也不致對中國構成太多太大的威脅。事實上，八國聯軍之役以後清廷上下均一味媚外，無心亦無力再對外人挑釁，外國亦發覺其駐軍用途不大，因而有逐次減少之勢。至一九〇九年九月，八國駐軍總數已降至五、八三二人，較條約所定八、二〇〇人之總數減四分之一。❽

辛亥（一九一一）以前，日本對華北駐兵問題的態度，大致與其他七國一致。其駐軍人數亦非最多，以一九〇九年爲例，人數最多者爲英國，二、二五人；其次爲法國，計一、二二七人；日本以一、〇三〇人，居第三位。自一九一一年十月中國辛亥革命發生時起，日本始不斷利用機會要求增兵，並以其在華駐軍作爲製造紛擾，干涉中國內政的武器。自一九一一至一九三六年間，華北日本駐軍的兵力與權力有三次明確的擴張。

第一次擴張，是中國發生革命的一九一一年，日本的西園寺公望內閣決定採「介入干涉」政

❼ 德法意日本各國公使照會，光緒二十八年六月十日，西元一九〇二年七月十四日，見中日條約彙纂，頁一八九。

❽ 日本天津駐屯軍司令部編：天津誌（一九〇九年九月二十日出版），頁二四九，平常時期各國駐兵人數表。

策，駐華公使伊集院彥吉曾於十月二十七、二十八、三十日前後三次電請日本政府增派海陸軍至天津、大沽及秦皇島諸地「維持治安」，❾陸相石本新六亦以「保護在滿蒙權益，維持對朝鮮控制」爲理由，要求增派兩師兵力至華北。❿外相內田康哉則以爲依據條約，增兵須先徵得各國的同意。他訓令伊集院彥吉先與英國駐華公使朱爾典（Sir John Jordan）商洽，朱爾典表示支持，俄國則表示「對於日本的獨佔行動，俄國不能坐視不問」。英國乃建議由公使團磋商。⓫然日本政府不待公使團獲致協議，即於十一月十一日決定派兵五百名。並致電北京公使團：

> 北京現狀，必須出兵。念五日（陽十一日）國會議決恢復義和團亂時增加兵之數。日本明治三十四年（即義和團亂時）編成之駐屯北清兵一千六百名，現在駐屯兵五百名外，更須增加一千二百名；派遣部隊由第三師師團中選出。此次派兵之目的，在保護居留民，二十八日出發赴中國。⓬

在英、日兩國的活動下，北京公使團終於決議：請各國派兵分擔京奉路沿岸的防備。日本除

❾ 彭澤周（伊原澤周）：辛亥革命與日本西園寺內閣，見中國現代史叢刊，第六冊（吳相湘主編，臺北文星書店出版，民國五十三年），頁一一；林明德：近代中日關係史（臺北，三民書局，民國七十三年），頁二六。

❿ 古屋奎二原著，中央日報社譯印：蔣總統秘錄，第三冊（臺北，民國六十四年七月），頁一〇三。

⓫ 蔣總統秘錄，第三冊，頁一二〇—一二三；李雲漢：挑起戰爭的眞正禍首—日本華北駐屯軍，見中國論壇，六卷七期（民國六十七年七月），頁五—九。

⓬ 上海民立報，辛亥十月十一日（一九一一年十二月一日）。

與俄國洽商共同負責山海關以東之鐵路防護外，並單獨分擔灤州至山海關一段，扼關內外交通的咽喉。日本派出了五百九十九名兵員，其駐兵員額雖未超過條約規定的總額，却已等於各國駐兵員額的總和。古屋奎二有一段記述：

日本並沒有放棄派兵的念頭，還是再三強迫要求英國承認關外鐵路由日本單獨防衛；在這個當口，美、德等國家也都惟恐「搭遲了巴士」而向英國提出參加。結果，英國方面表示讓步，決定關外地區由日本和俄國商洽之後單獨防護；關內由列強分段負責，共同防護。照英國當初的預定，是由英、日、法三國負責；但經過一段折衝之後，便增列了美、俄、德三國，而共為六國。根據協定，日本很成功的得到自山海關到灤州一段的六十一公里地區，配置了五百九十九名的防護兵員，差不多可以和各國駐屯部隊的總兵力匹敵。⓭

其後中國每有政局變化或變亂發生，日本就以「保僑」爲藉口，醞釀增兵。民國四年即一九一五年一月，日本向袁世凱主持下的北京政府提出二十一條要求，爲達到恐嚇的目的，天津駐軍曾有所調動，並曾計劃出兵三萬人之多。⓮十七年即一九二八年，國民革命軍北伐攻克北京前後，日本又要派兵「保僑」。二十年即一九三一年九一八事變爆發，不僅「朝鮮軍」越境進入東

⓭ 蔣總統秘錄，第三册，頁一二四—一二五。
⓮ 蔣總統秘錄，第四册，頁一五八—一五九。

北攻擊華軍，天津的駐屯軍也增强兵力，製造了同年十一月八日的「天津事變」，⑮趁機把溥儀由天津送往東北去做日人的傀儡。天津駐屯軍九一八事變後的增加兵力，是爲其第二次的擴張。除日本兵員外，並透過特務人員收買不法之徒組成便衣隊，供其驅使，作爲策動暴亂，擾亂治安的工具。

九一八事變前後，天津日本駐屯軍的司令官是香椎浩平。他有意向關東軍司令官本庄繁看齊，聲稱「日本軍隊業已採取種種方法，以保護日本權利之安全」，⑯並派兵佔領天津二區的警察所，由日本租界發砲轟擊天津市公安局，暗示將有非常的舉動。香椎浩平的挑釁行爲，連英、法、意等國駐津部隊司令官們，都看不慣了，彼等於十一月九日下午去訪問香椎，希望香椎能絕對遵守條約，免啓釁端。經過這一警告，香椎才知難而止。⑰

自「天津事變」起，天津日本駐屯軍已不再是職司「保護使館」與「維護自京師至海通道之安全」之依條約執行任務的外軍，而且奉行東京「分離華北」的對華政策，在華北製造傀儡組織，掩護走私，進行反中華民國政府活動，公然敵視中國國民黨，不斷拘捕殘殺反日愛國志士的一支暴虐武力。

---

⑮ 有關「天津事變」文件，見革命文獻第三十四輯，頁一〇四二—一〇八一。

⑯ 日本天津駐屯軍司令香椎浩平聲明，一九三一年十一月九日，見同年十一月十一日，南京中央日報。

⑰ 國聞週報，第八卷，第四十五期（民國二十年十一月十六日出版），日人作祟之津變，十一月九日記事。

日本陸軍參謀本部，也以駐屯軍司令官在華北策動反中國政府活動的成績，作爲考察升遷的依據。歷任天津駐屯軍的司令官，都是少將到任，亦都因爲在華服役期間有了壓制中國的成績，而獲擢升爲中將，榮調回國。譬如香椎浩平，卽係因製造「天津事變」有功，得由少將升爲中將。其繼任者中村孝太郎少將是因長城戰役發生時（一九三三年三月至五月），嗾令便衣隊擾亂華軍後方並促成塘沽協定而晉級。梅津美治郎少將則以千方百計套取何應欽一紙承諾文書—卽所謂「何梅協定」，逼中國中央軍隊及大部東北軍隊撤離冀察，壓迫中國國民黨冀察兩省黨部停止活動，而立功回國。多田駿少將則以發表「對華政策之基礎觀念」小册，⑱公然攻訐中國政府及領袖，並推動所謂「華北自治」，製造冀東僞組織，而名噪一時。

多田駿的另一「傑作」，卽不斷向東京要求擴大駐屯軍編制並增加兵員。自民國二十四年卽一九三五年九月起，卽不斷以「保僑」爲名，要求東京增兵。同年十二月十三日，他召集幕僚會議，作成擴大駐屯軍編制及增强兵員問題的決議案，由參與會議之參謀本部中國課長喜多誠一携

⑱ 此一小册日文原標題爲「我帝國之對支基礎的觀念」，發表於民國二十四年卽一九三五年九月二十三日。係由日軍天津特務機關長大迫通貞起草，用多田駿名義發表，由金井新聞社印行，惟第六節未發表。上海米勒氏評論報曾將其全文英譯，刊載於一九三五年十二月二日該報，中國外交部亦曾譯爲中文。第六節內容係攻訐蔣中正委員長，並妄言「要使華北變成一塊和平之土，在這塊和平之土上，中日兩國人民均可和平安居，中日兩國商品及資本可以自由流通—一個兩國間共存共榮的樂園。」

歸東京向軍部建議。⑲次年（一九三六）一月十日，日本陸軍省軍務局一位課長於晉謁陸相川島義之時，曾說：軍部與天津駐屯軍之間，已同意兩點：一、駐屯軍司令官應由少將級改爲中將級；二、駐屯軍司令部應仿臺灣軍司令部擴充。⑳天津駐屯軍的名稱，此後也改爲華北駐屯軍，顯示該軍的活動範圍已不再局限於平津地區，而將擴張到整個華北地帶了。

一九三六年二月二十六日，東京發生了少壯派軍人槍殺大藏大臣高橋是淸等人的叛變，是爲「二二六」事件。㉑岡田啓介內閣因之總辭，由外相廣田弘毅出任首相，組成了新內閣。廣田內閣仰承軍部的鼻息，將關東軍與天津軍的權力範圍作了劃分：長城以外（北）地區仍歸關東軍處理，長城以內（南）事務則由華北駐屯軍負責。這使得華北駐屯軍的地位提高至與關東軍平行的水準，有獨立處理華北中日間有關事務的權力。

日本駐華公使館仍在北平，於民國二十四年卽一九三五年五月十七日起，升格爲大使館。日本大使館的武官室，也具有相當重大的權力。武官磯谷廉介於一九三六年三月下旬，也以「驅宋（哲元）」爲藉口，向東京提出增兵華北的建議。四月八日，華北駐屯軍參謀長永見俊德返東京

⑲ 周開慶：抗戰以前之中日關係（臺北，自由出版社，民國五十一年），頁一四三。

⑳ 同上書，頁一四四。

㉑ 係日本陸軍步兵第一、第三聯隊及近衞步兵第三聯隊中的少壯派軍官率一千四百名士兵，發動的叛變，被殺害者有大藏大臣高橋是淸，內大臣齋藤實，陸軍教育總監渡邊錠太郎等人。叛兵控制東京達四天之久，至二月二十九日始告平息。

出席師團長會議時，再提出他所擬定的「強化華北駐軍」的方案。這些建議與方案，都被日本參謀本部所接受，陸相寺內壽一並提案內閣要求增兵，其理由則說：「山西省有共黨部隊侵入，華北瀕於危機，為防共及保護日本僑民，亟有增兵的必要。」四月十七日，日本內閣會議通過增兵六千人的決議，並得到日本天皇的批准。㉒五月一日，日本政府正式宣佈將華北駐屯軍司令官提高為「親補職」，但日皇所任命的新司令官，並非原任司令官多田駿，而是時任第一師團長田代皖一郎——一位城府甚深，「一二八」事變上海作戰時曾任日軍參謀長的中將，被認為是侵華派的首腦人物之一。

五月十五日，首批新增日軍三千人抵達平津。㉓次日，新任命的駐屯軍旅團長河邊正三在北平成立了他的旅團部。這是一九〇二年八國聯軍撤退以來，進駐北平的第一支強大的外國部隊，不僅華北民衆為之惶惑萬分，即位居軍事最高統帥的蔣中正委員長，亦在五月十四日日記中沉痛寫出：

> 倭寇在華北增足一旅兵數，北平乃為其無形之佔領，將來收復更費心力矣！北平文物或將由此為倭毀滅矣！徒然憂痛無益，余將急起挽救之也。㉔

㉒ 金曼輝：我們的華北（上海雜誌無限公司，民國二十六年五月），頁一九四；蔣總統秘錄，第十冊（民國六十六年三月），頁九八。

㉓ 蔣總統秘錄，第十冊，頁九八。

㉔ 總統蔣公大事長編初稿，卷三，頁二九三。

這是日本華北駐屯軍第三度的大擴張。其增兵人數，東京的宣佈是六千人，連同原駐二千二百人及使館衞隊二百人，合計爲八千四百人。實際的數字則不止此，故駐屯軍參謀今井武夫曾在北平承認「日軍增加數額，不便奉告。」中國民間機構及個人亦曾作過調查，所得數字亦不一致。據「拙民」的調查，㉕自四月十三日起至六月二十二日止，日軍新增兵員到達平津地區者，已達七、八四〇人，原駐兵額爲二、二〇三人，合計爲一〇、〇四三人，其中有一、六〇〇人換防返日，實有人數爲八、四四三人。時美、英、法、意四國的駐兵總額爲四、五五〇人，僅及日本駐軍的一半。然據申報館同年九月的調查，華北日本駐軍人數已超過一四、〇〇〇人，分駐於天津、北平、豐臺、通州、山海關、秦皇島、南大寺、唐山、塘沽、昌黎、灤東、留蘇營及北寧路沿線各站。㉖金曼輝的調查，數字更大。他說依據多方面的消息，「可知在五月以前原有駐軍八千名，五月以後陸續增加到一萬六千餘名，至二十六年（一九三七）春交替結果，實數已超過二萬人。」㉗其精確的數字至今無法確定，Lincoln Li 在其專著「日本陸軍在華北，一九三七—一九四一」(*The Japanese Army in North China, 1937-1941*) 中，也還只能判斷在七千人

㉕ 拙民：日本增兵華北之調查，見外交月報，十一卷一期（民國二十五年七月一日出版），頁九二—九三。

㉖ 上海申報，民國二十五年九月一日；China Weekly Review, September 26, 1936. p. 121.

㉗ 金曼輝：駐屯華北的日軍，見我們的華北，頁一九四—二〇五。其兵力調查，又見西侯：日本在華北的駐屯軍，見黃埔月刊，第八卷，第一、二期合刊（民國二十六年八月十五日出刊）。

至一萬人之間。㉘日軍戰後檔案記載，六月十日，日軍增為五千七百五十人。㉙

人數多少並不十分重要。重要的是這支駐屯軍的編制、裝備、任務及其戰鬪力。編制上，除一個旅團的步、砲兵三個聯隊外，尚有航空大隊、騎兵大隊、戰車大隊、機器化學兵大隊、工兵中隊及各地守備隊、憲兵隊等單位，與其直接間接配合行動的尚有華北十五個重要城市的特務機關部，並且還可以指揮冀東的偽軍及一些人數不甚確定的日本浪人團體。人員素質及裝備，也堪稱精良，金曼輝指證說：這些日本士兵，均係挑選自第一、三、五、十一各師的精銳編成。㉚就其任務而言，軍事而外，尚有政治及經濟任務。政治方面，田代皖一郎就任之初，就從東京帶來了所謂「改造華北方案」，企圖造成「華北特殊化」的局面。經濟方面，其口號是「經濟提携」，曾經壓迫冀察當局實行所謂「四原則，八要項」的經濟開發計劃。㉛駐屯軍司令部的參謀部和經

㉘ Lincoln Li, *The Japanese Army in North China, 1937-1941*. London: Oxford University Press, 1975, p. 15, footnotes ②

㉙ 日本防衛廳防衛研究所戰史室編：戰史叢書，支那事變—陸軍作戰⑴，頁七一—七二。

㉚ 同㉗；然據寺平忠輔透露：駐紮豐臺的第三大隊原是弘前第八師團編成的部隊，其中與盧溝橋事變最有關係的第八中隊，中隊長清水節郎以下是以秋田步兵第十七聯隊為主體，都是那年（一九三七）三月才入伍的新兵，是由東京、千葉、埼玉、神奈川、山梨縣等地徵集而來，屬於第一師團管下的壯丁。見寺平忠輔著，盧溝橋事件，頁五六。

㉛ 中日外交史料叢編㈤：日本製造偽組織與國聯的制裁侵略（中華民國外交問題研究會編印，民國五十五年六月），頁四六四—四六七。

濟顧問部都是主管經濟事務的部門，經濟參謀池田豐吉，經濟專家太田三浦等人，都是推行所謂經濟合作計劃的執行人和設計人。至於其戰鬪力，日本人更深具自信，認爲「日軍一個營足以阻擋中國一個師」，即態度比較保守而穩重的伊藤正德，也充滿信心的說：

天津日軍的地位，於是獲得升格；司令官田代皖一郎中將，參謀長橋本群少將，旅（團）長河邊正三少將，團（聯隊）長牟田口廉也上校，陣容非常整齊。步砲兵三個團（聯隊）的混成旅，據估計可以制壓中國軍的六個師，於是在兵力上，可算是獲得了安全感。㉜

當時中國冀察兩省主要的駐軍第二十九軍，只有四個師，而且分散於察省及冀南，平津附近只有三十七、三十八兩師。而日本駐屯軍自信能抵擋中國軍六個師，因此不把二十九軍放在眼中，屢加侵逼凌辱，衝突也就時常發生。如二十五年（一九三六）六月二十六日的第一次豐臺事件，七月九日的大沽事件，七月二十一日的天津警探衝突事件，九月十八日的第二次豐臺衝突事件，都是出自日本駐屯軍的蓄意尋釁。㉝

㈡各地領事館與特務機關部

一般國家的領事館，係以辦理簽證，促進商務及照顧其本國僑民爲主要業務。日本駐華北各

㉜ 伊藤正德原著，國防部譯：日本軍閥興亡史（下），頁四。
㉝ 周開慶：抗戰以前之中日關係，頁二一八—二三五。

地的領事館，其職能則複雜得多。它於具備一般領事館的職權外，更有警察權、司法權，以及配合軍事武官及特務機關人員共同執行日本軍部侵華政策的權力。事實上，在軍國主義的制度下，外務省事事仰承陸軍、海軍兩省的鼻息，因而駐華使領館人員配合日本駐軍而行動的事例，屢見不鮮。民國二十四年五月間，駐津總領事川越茂於「酒井通牒」提出後，也隨之以「川越公函」向中國地方政府實施壓迫一事，卽爲明證。㉞二十四年十一月，日兵中山秀雄在上海被害事件發生後，已升任駐華大使的川越茂與陸戰隊近藤司令官聯名向東京陳情，主張擴大陸戰隊之警備區域並增加駐紮地點，此又是一例。㉟外相有田八郎於就任後發表談話，承認駐華陸軍海軍武官有獨立的「外交權力」，他說：

外務方面可行外交上適當之手段，陸軍方面亦可依陸軍之見地，取適當之手段，以期貫徹外交政策。以上為外務、陸軍、海軍間協定之大綱。今後駐華武官依然不經外交機關，得與南京政府要人商談。或隨意發表聲明。所謂外交一元化者，亦不過就名目上而言耳。㊱

日本在冀、魯、晉、豫、察、綏六省內，設有總領事館、領事館共十處：

天津總領事館

㉞ 梁敬錞：日本侵略華北史述，頁四三。

㉟ 中華民國重要史料初編—對日抗戰時期，第六編，傀儡組織㈡，頁五〇一一。

㊱ 同上，頁三一。

北平總領事館
青島總領事館
濟南總領事館
山海關領事館
張家口領事館
太原領事館
古北口領事館
鄭州領事館
歸綏領事館

以上十處中，以天津總領事館的編制最大，權力最高，地位亦最重要。蓋日本駐華大使館已遷上海，華北重要交涉事項多由駐天津總領事館負責，又與日本駐屯軍司令部同駐一地，自然形成爲華北諸領事館的樞紐地位。二十五年五月以後，華北駐屯軍大量增兵，天津總領事館的人員、經費與權力—尤其是警察權，也隨之擴大。其擴大情形，如周開慶所述：

日本駐天津總領事館以前每月經費是一萬三千元左右，自本（一九三六）年十月份擴大組織實現，經費增加到一萬七千；同時特別費（包括調查、情報、交際等項）也由每月三千元增到八千元。館內事務，分作：一、總務系；二、外事系；三、調查系；四、情報系；

五、經濟商務系；六、警務系；七、司法系；八、人事系。這八系分別由總領事、領事、副領事擔任。在十月份前，總領事以下有領事二人，副領事三人，書記生六人。十月份起，領事增加了兩名，書記生增加了七名。……劃歸天津總領事館直轄的，是山海關、張家口兩館……青島、濟南、北平的總領事館，和北平總領事館轄下的太原、古北口兩分館，在這次天津總領事館擴大組織後，也全歸天津總館監督，奉（總領事）堀內（干城）為首腦。㊲

日本駐天津總領事館，本已在北寧、津浦、平漢各路沿線要地及河北境內要衝地點，設有「領事出張所」、「警察分署」、「警察出張所」等機關，以執行其警察權，十月以後，原設者擴大，未設者增設，計有秦皇島、唐山、塘沽、豐臺、玉田、東光、滄州、岐口、石家莊、保定等處。天津總館內也設立了警察部，統一指揮各地的日警。警察費也大幅度增加，每年在十四萬五千元以上。天津日警人數也由二十五年十月的九十六名，於四個月內增加至二百三十名以上。㊳天津如此擴張，其他各地領館也多有調整。日本警察以及散佈各地的特務人員與浪人團體，無形中形成了籠罩華北的情報網，日人的勢力已伸展到每個角落。

特務機關部的設立，乃爲日軍在華從事間諜、情報等陰謀活動的明證。其系統分爲陸軍、海

㊲ 周開慶前書，頁一四九—一五〇。
㊳ 同上，頁一五一。

軍兩系，陸軍又有關東軍、華北駐屯軍之分。其形態，多數公開標明為特務機關部，亦有採秘密方式，而以其他名義代表者，如鄭州特務機關部，對外即以文化研究所的名義作為掩護。截至民國二十六年（一九三七）二月為止，日本華北駐屯軍在華北各地設立的特務機關部有下開九處：㊴

機關名稱	主持人	地點	組織
天津特務機關部	機關長初為大迫通貞，繼為茂川秀和，副長松岡	日租界秋山街十六號	設調查、情報、外事三系，每系設主任一人，工作人員九至二十三人
北平特務機關部	機關長初為松室孝良，繼為松井太久郎，副長濱田		同右
張家口特務機關部	機關長松井源之助		同右
通州特務機關部	機關長初為甲斐原		同右
歸綏特務機關部	機關長羽山喜郎		同右
濟南特務機關部	機關長石野重遠		同右

㊴ 東北外交研究委員會報告：日本在華北遍設特務機關（原件無年月），見李雲漢編抗戰前華北政局史料，頁三四九—三六四。

青島特務機關部　機關長長谷荻那華雄　湖南路十四號　分總務、情報、人事、交際四系，交際部主任藤本太治，情報部主任山本英夫

太原特務機關部　機關長初爲和知鷹二，繼爲河野悅次，副長古市保代　城內新城北街二十四號

鄭州特務機關部　機關長志賀秀二　通商巷九號　對外用文化研究所名義活動，爲豫陝甘特務通訊之樞紐

山海關特務機關部　竹下義晴

關東軍所轄特務機關，多設於冀察綏三省境內，亦十餘處，其名稱及負責人如下：

榆關特務機關部　機關長橫山，副長齋藤，情報系主任春主正一，調查系主任阿部良次，外事系主任田春光重

天津特務機關部　機關長山木，設於日租界秋山街宏濟里。㊵機關長繼爲高橋精一。

通州特務機關部　機關長細木繁，副山遠山一郎

㊵中日外交史料叢編㈣，頁一八三，行政院民國二十三年八月六日令。

北平特務機關部　機關長淺野，設於外交部街十七號，惟對外不用特務機關名義

多倫特務機關部　機關長淺田彌五郎

阿巴嘎特務機關部　機關長盛島南方

張北特務機關部　機關長眞月，轄商都、沽源、崇禮、尙義等縣

嘉卜寺特務機關部　機關長田中久

貝子廟特務機關部　機關長藻宮，轄區包括錫林郭勒盟全部

額濟納特務機關部　機關長橫山

德化特務機關部　機關長森崗㊶

以上凡華北駐屯軍所設特務機關部，直轄於駐屯軍參謀部，由參謀部主任飯田泰次郎及情報系主任石井嘉惠指導之。㊷關東軍所設各特務機關部，則轄於長春特務總署，實際負協調之責者則爲田中隆吉。㊸沒有設立特務機關部的主要城市，則亦設特務工作人員負責蒐集情報並從事破壞活動，如開封之特務工作負責人初爲小坂，繼爲和田，工作員爲佐藤正、鈴木一郎；保定特務

㊶國防部史政局：抗日戰史，第五章—七七事變與平津作戰，頁五。

㊷金曼輝：我們的華北，頁二〇一。

㊸田中隆吉時任關東軍參謀部第二課參謀，爲內蒙分離運動的主持人，森島守人謂：「田中隆吉上校率領德王和李守信的蒙古軍，扛着『建設蒙古人的蒙古』的大旗，入侵綏遠縣，却被中國的傅作義部打得頭破血流，田中乘機逃走僅免身死。」陳鵬仁譯，日本侵華內幕，頁一〇三。

工作負責人爲宮崎，工作員爲小泉又次郎及片山哲。㊹

各地特務機關部多設置無線電臺，可直接與天津、長春通報。其工作依性質分爲一般性及特殊性兩種。一般性工作亦卽平時工作，側重於情報之蒐集與交換，偵探當地軍政及外交機密，分化中央與地方間的關係等；特殊性工作側重軍事方面之陰謀活動，如收買漢奸製造暴亂，培植非法武力破壞治安等是。如二十四年十月間之香河事件—縣民武宜停糾衆抗捐，佔據縣城，聲言「自救自決」的一場騷擾，實際上就是大迫通貞機關部所煽動，日本使館人員、憲兵及特務人員均揷足其間。㊺二十五年十月間，日人武田末雄，田仲芳太郎之在太原强佔民房，破壞治安，强行掛出「和中公司」招牌一事，亦係具有「藉故生事」之陰謀在內的不法行爲。幸山西省政府處置得當，始未能釀成大患。㊻

二十六年一月，鄭州發生破獲日人擅設特務機關進行破壞活動一案。㊼案日人志賀秀雄奉日本天津駐屯軍之命，至鄭州秘密設立特務機關部，負責隴海路沿線的情報工作，志賀與日本駐鄭州領事館商妥，對外謊稱爲文化研究所，以掩飾其非法活動。事爲河南省第一區專員公署查獲，

㊹ 抗戰前華北政局史料，頁三五七。
㊺ 有關史料見中日外交史料叢編（四），頁一五六—一六五。
㊻ 民國二十五年十一月六日南京中央日報：太原事件之眞相；周開慶：抗戰以前的中日關係，頁二三七—二三八。
㊼ 有關文件見中日外交史料叢編（四），頁一八六—一九二。

並將搜得之陰謀暴動文件公開發表，㊽國人為之震驚。其文件中，承認「該所實為駐津日軍所派來鄭之特務機關」，收買名吳百諾者，繪製機密地圖並「策動河南省北部黃河以北之獨立」，以及密派趙禹門（龍田）為特派員前往西安活動等情；河南省政府遂將志賀等人移送日本駐鄭州領事館，請求法辦，詎日本領事館强以領事裁判權為護符，將志賀秀二送往天津繼續活動。㊾

有掛名為鄭州文化研究所研究員之日人增田繁雄者，於其護照上私塡為「陸軍武官」，先後漫遊河南、陝西、山西、河北、山東等省，密探軍情，繪製地圖，拍攝照片，從事軍事間諜活動。彼於二十五年十一月八日在鄭州平漢路車站為中國憲兵察覺，當場搜出陝西西京河南分縣地圖三張及照片，遂將其拘捕。外交部亦據以照會日本大使館，要求「嚴切申誡，嗣後不得再有此種情事」。㊿然此等軍事間諜，實充斥華北各地，主其事者卽特務機關部。其實，行政院早於民國二十三年八月，卽曾依據軍事委員會密函令知外交部等機關：「日關東軍在津日租界秋山街宏濟里內設特務機關，派山木為機關長後，其初步計劃，派浪人協同漢奸携帶照相器，測候器等，以遊歷為名，對於重要地區，如城市、飛機場、要塞等作秘密精詳之測度，尤其注意黃河南北各

㊽ 其陰謀文件之中文譯本見中央週報，第四五〇期，民國二十六年一月十八日；又見李雲漢：抗戰前華北政局史料，頁五〇七。
㊾ 河南省政府咨外交部文，民國二十六年一月三十一日，見中日外交史料叢編（四），頁一九〇—一。
㊿ 外交部致日本駐華大使館節略，民國二十五年十二月二十日，中日外交史料叢編（四），頁一九二。

省。」51據東北外交研究委員會之調查報告，二十五年夏、秋間，日人曾分批潛至寧夏、包頭、蘭州、臨沂、臺兒莊、風陵渡等地，測繪地形，攝取照片。52

日本在華北各地之浪人，已成爲擾亂社會治安，破壞國防設施，挑撥民衆與政府感情的惡勢力。人民懼之，地方政府畏之，日本特務機關復慫恿利用之，故其行動無所忌憚。北平特務機關長松室孝良致關東軍的密報中，曾沾沾自喜的誇稱：「帝國之威武皇軍威力，已深印入中國官民之腦海，故我帝國軍民之在華北活動者，殊少遭到辱害之情形。大部浪人之不法活動，中國官民殊少干涉，更少向帝國官署抗議，因此浪人之活動非常有力。……內地浪人與在滿浪人大多均趨向華北，其於帝國之功勞，殊難漠視。」53

(三)　走私活動與非法飛行

民國二十三年至二十六年（一九三三—三七）間，日人與日籍韓人在華北冀東地區從事大規模的走私。這種引起國際間詬病與指責的非法活動，日人稱之曰「密輸」、「特殊貿易」或「不正規貿易」。54這是日本軍方公開支持的一種侵華手段，目的不僅在破壞中國的主權，損害中國的

51 中日外交史料叢編(四)，頁一八二，行政院令外交部文，民國二十三年八月六日。
52 抗戰前華北政局史料，頁三四八。
53 中日外交史料叢編(四)，頁一三九。
54 現代史資料⑧日中戰爭(一)，頁一五一—一七九，參謀本部及外務省亞細亞局各項報告。

收入，且以走私所得供應特務機關從事非法活動以製造騷亂。松室孝良致關東軍密報中首談走私問題，他說：

> 帝國貨物之向華北走私，為帝國對華之斷然手段，其用意在促進華北特殊政治體系之成立而隸屬於帝國獨力之下，屆時政經軍諸般問題，均可依帝國之意志而實踐的解決。(55)

日本軍人鼓勵並包庇走私的藉口，是說中國於民國二十三年實施的關稅新稅則稅率過高。實則中國稅則，最高者僅及貨物價值之百分之八十，較之歐美各國有高至百分之二百者，相差甚遠。即以走私最多的人造絲與砂糖而言，稅率亦較歐美及日本本國爲低。據金曼輝記述：

> 至於從量稅即以走私最多的人造絲與砂糖而論，前者進口稅率每公斤抽一二〇金單位，較德國低一一，美國低二七，法國三九・一六金單位。後者進口稅率最高每百公斤抽九・六金單位，而德國則合一九，英國合一三・六，法國合三三・三單位，可以概見。即日本本國，依金再禁以前滙率計算，人造絲進口稅合二一〇金單位，砂糖合三〇・九三金單位，前者高過我國稅率一倍，後者高過三倍半。(56)

美國於一九三四年實施白銀政策，形成中國白銀走私出口的危機，也促使日人在華北的走私銀元活動，更趨於猖獗。民國二十四年一至五月間，冀東的走私出現了從未曾有的高潮。臼井勝

(55) 松室孝良關於中國問題的報告，民國二十五年一月三日，中日外交史料叢編（四），頁一三五。

(56) 金曼輝：我們的華北，頁一八三—四；抗戰前華北政局史料，頁五四八。

美依據日人的記述曾作如下的綜合敘述：

冀東走私貿易，起始於一九三四年，因為美國的白銀政策，銀價暴漲而產生銀的走私（輸出）。是即從一九三五年一月至五月，經過日人和朝鮮人的手，銀越過長城，大量的流入滿洲；爾後以這些銀，從滿洲走私人造絲和糖等高關稅率的物品到華北。並且，其品種由人造絲、糖而擴大到毛織品，加工棉布和絲綢製品等，迨至六月以後，「專事走私的朝鮮人，竟白天成群結隊，旁若無人的走私。」（一九三五年十一月，天津日本商工會議所呈報）57

「滿洲國協和會山海關辦事處」所提出的一份「山海關走私始末」文件中，指出自民國二十四年即一九三五年一月至八月，銀的走私量達一千九百萬元，由此居住山海關的日本人竟超過一千人，而且許多日人在從事於嗎啡和鴉片的走私和秘密交易。這份文件也說明當時走私運輸的情形：

以銀的走私而獲得的人造絲和糖，在滿洲的東羅城包裝以後，由日本人和朝鮮人指揮，以中國人編組苦力大隊，每人背負大約二十英磅的包袱，越過長城線的牆縫，或用幾十部馬車滿載人造絲和糖，三、四百人為一群，由持有武器的人員警衛，串過長城的破洞而搬

57 陳鵬仁：近代日本外交與中國，頁六〇。

運。因此，在走私的大本營東羅城，經常有五六百到一千人的苦力，在那裏等着走私的工作。如此這般，滿洲國領域內鐵路最終站的萬家屯，突然變成奉（天）山（海關）鐵路中主要的車站。58

初期走私貨物中，主要的是砂糖，但日本糖業會社社長藤山愛一郎則對中國方面透露走私一事，對他的糖業「有害無利」。他說，「走私所得的利益，廠家完全無份，殆全部經由冀東組織而流入特務機關，華北駐屯軍及關東軍之手。」59走私貨品初僅限於白糖、人造絲、香煙等，其後則走私麵粉、棉織品、汽油以及廢鐵。尤其可惡者，日人在所謂「冀東貿易」中，竟以嗎啡、鴉片及痲藥為主要物品，不啻公然犯罪。林語堂在其小說 *Moment in Peking*（北京好日）一書中，以傷痛且諷刺的語氣描寫出這種可怕的情形：

> 偽冀東政權對日本，朝鮮人的走私業者，麻藥業者，是浪人的天國。洪水已突破長城，並帶着毒害走私品進入北京，南已侵透至山東，西至山西東南，出現日人所謂「亞洲的新秩序」。60

日人不僅私運貨物與銀元，且不顧中國政府的禁令，大量收購並私運廢銅廢鐵去日本。61依

---

58 同上。
59 中日外交史料叢編（四），頁一一六，藤山愛一郎與外交部長王寵惠之談話。
60 洪桂己：日本在華暴行錄，一九二八—一九四五（國史館印，民國七十四年），頁六四九。
61 國民政府於民國二十二年五月二十四日頒令，禁止廢銅鐵出口。

東北外交研究委員會之調查，二十五年十月至二十六年二月間，卽曾有三次日輪私運廢銅鐵赴日紀錄。第一次是十月十三日，華北日軍租用惠昌輪船懸掛「日本軍事運輸處」旗幟，由天津裝載廢鐵二千六百噸赴日。第二次是同年十二月二十四日，日輪「博進丸」亦在日本軍事運輸處旗幟下，由塘沽轉運自上海運抵塘沽之廢鐵一千二百噸赴日。第三次是二十六年二月十二日，天津日軍當局將由滬運津之舊剪口鐵，約四百公噸，擅自裝由日輪「松浦丸」懸掛日本陸軍旗幟，運往日本。所有結關手續，均不照辦，對天津海關之警告，亦置之不理。(62)

日人庇護下的走私活動，自然構成中國海關收入的重大損失。海關、財政部都定期有稅關損失的數字發表，總計而言，因走私而損失的稅款高達全部入口貨物稅收入的三分之一。(63)臼井勝美依據「上海日日新聞」的報導與中國財政部的聲明，就一九三五年卽民國二十四年的情況爲例證，說明中國財政上所受損失的情形：

一九三六年的上海日日新聞，估計一九三五年度的走私輸入總額，達到正式輸入額的三五%左右，同時說，由於該年度中國輸入額是九億二千萬元，所以走私輸入額應該在三億一千萬元以上，因此從海關稅收二億五千萬元來看，是大約八千萬元的減收。中國財政部於

(62) 抗戰前華北政局史料，頁三三六。

(63) 海關關於華北因走私所受損失之統計，見中央週報四一五期（民國二十五年五月十八日）；海關總稅務司梅樂和之報告，民國二十五年六月二十七日，見國聞週報第十三卷二十六期（民國二十五年七月六日出刊）。

五月間所發表的數字也大同小異。它說從一九三五年八月到一九三六年四月的關稅損失大約二千五百萬元，單四月份的減收則達八百萬元。因此，一年的輸入減收將達一億元，等於全部輸入稅收的三分之一。總之，這樣大規模的走私，是中國海關史上空前的事，所以也就予國民政府財政以非常大的影響。[64]

中國政府面臨日益嚴重的走私問題，採取了三項具體的行動；一是實施貨幣改革，採行法幣制度，以防止白銀的繼續外流；一是對日本不斷提出抗議，要求日本政府對秦皇島等地日本駐軍嚴加告誡，不得干涉中國海關緝私及包庇私運活動，且將走私集團如「石河轉運公司」等組織下令解散；一是頒佈緝私法令，加重走私者之處分，且實行海上武裝緝私。第一項措施，頗有效果；第二項，日本政府避不作有效的處理，反而要求中國政府降低關稅；第三項，則遭受到兩項一時無法克服的困難：一是當地日軍擅將塘沽協定的效力延伸到海上，强迫中國緝私船卸除武器，並不准於三海里內緝私；一是冀東僞組織擅於二十五年二月，開始對走私輸入物品課以正規關稅稅率僅約四分之一的稅收即可放行，無異公認並鼓勵了走私活動，於是走私之風益熾，走私者不再用人力背負的方式，而是公然以機動船及小輪船組成船隊，由大連出發直駛到冀東僞政權所指定的地點卸貨。這種情形也影響到正常貿易的外國商人，美、英兩國都表示異常關切。美國

[64] 陳鵬仁譯：近代日本外交與中國，頁六二一。

駐華大使詹森（Nelson T. Johnson）曾於一九三六年四月間向美國國務院報告：「隨心所欲的走私業者的活動，導致了貿易的混亂，並予華北海關稅收以悲慘的影響，這種狀態並沒有早日恢復的徵候；而目前的混亂，甚至於令人懷疑這是要減低國民政府對華北財政經濟之支配力的有計劃陰謀。」[65]

控制華北交通使與僞滿連結爲一體，亦係日本軍方的一項方針，其主要目的，在使日本關東軍，華北駐屯軍以及各地特務機關部之間建立直接而迅速的聯絡，俾便於應付任何事端。民國二十二、三年間，黃郛主持行政院駐平政務整理委員會時期，日方即提出通車、通郵及通航的交涉。通郵與通車的談判，獲得了協議。[66]通航交涉，由殷同和竹下義晴進行談判，於二十四年夏亦已獲致成議，但國民政府以此擧實侵犯中國領空亦卽危害中國主權甚劇，未能贊成，此事遂寢。[67]

二十五年春，日方又向冀察政務委員會進行通航交涉。當時日方的希望甚高，要求仿效中國、歐亞兩航公司辦法，由「日滿航空會社」組織一民營航空機構，開闢冀、魯、晉、察、綏五

---

65 *Foreign Relations of the United States*, 1936, p 172.

66 沈雲龍：從撤郵到通郵，傳記文學，第十二卷四—六期；沈亦雲：亦雲回憶（臺北，傳記文學出版社，民國五十七年），下册，頁五一九—五二五。

67 周開慶：抗戰以前之中日關係，頁一九三。

省間的航線，並與東北航線銜接。冀察政務委員會以魯、晉、綏三省不在該會轄區內，無權承諾，日本駐屯軍乃一方面派出參謀人員分往濟南、太原、歸綏，向三省當局接洽；一面在天津自設「航空部」，由樋口正治爲航空隊長，請關東軍撥飛機九架，逕自飛行於天津、大連、承德、北平、張家口、歸綏、包頭、錦州、山海關、太原、濟南、青島各地。(68)尤以天津、大連間，自二十五年三月起，卽行駛每週往返兩班次之定期航線，雖經中國政府强烈抗議，日本軍方並不理會。此種未經中國政府核准卽擅自飛行於中國領空的行動，日人美其名曰「自由飛行」，(69)中國人則視之爲破壞中國主權，侵犯中國領空的非法行爲。

二十五年七月間，日本駐屯軍爲適應增兵後的新情勢，在天津李明莊建築了新式兵營，同時也興建一座廣袤約二千畝的大機場，附設一座可容納十架飛機的機庫，其欲以天津爲華北的航空基地，已不言而喻。七月八、九、十三日，由天津起飛之飛機且飛至綏遠集寧偵察，無異向綏遠傅作義部示威。(70)

八、九月間，日本駐屯軍司令官田代皖一郎以及北平特務機關部機關長松室孝良，屢次催促宋哲元與之簽訂航空協定。宋令陳覺生、張允榮、陳中孚等研究，咸以爲日機飛航已係既成事

(68) 金曼輝：我們的華北，頁一九〇。
(69) 陳鵬仁：日本侵華內幕，頁一〇一。
(70) 郭廷以：中華民國史事日誌，第三冊，頁六〇四－五。

實，與之簽訂飛航協定亦無不可，彼等實未計及領空主權及通航合法後之遺患也。十月十七日，宋哲元與日本駐天津總領事堀內干城在北平簽訂華北通航協定，決定由中日合組惠通公司經營華北通航事宜。資本額定為五百四十萬元，先籌兩百七十萬元，中日各半。二十一日，惠通公司開發起人會議，通過各項規章。二十三日，惠通公司正式在天津成立，推由河北省保安司令張允榮任董事長，「滿洲航空株式會社」社長兒玉常雄為副董事長。實則張允榮不懂航空，掛名而已，實權均在兒玉常雄手中。

惠通公司初步決定的航線有四：(1)天津—大連線；(2)天津—北平—承德線；(3)天津—北平—張家口—張北線；(4)北平—天津—錦州線。就此航線觀察，軍事的意義實大於商業，故金曼輝作如下之警語：

津、連線銜接日本國內航線，以後日本天津之間可以朝發夕至；而津承、津錦兩線則恰和偽滿的空路組成一個航空網，由偽國長、吉、哈、黑、熱、瀋任何一點起飛，都可當天到達天津，日方對於通航的着重點，完全是想完成事實上的航空網，已無從詭辯。至於平張線則可聯絡內蒙，對於今後的軍事上的發展，尤形重要。增加日本侵略華北軍事上的便利，不言而知。[71]

---

[71] 金曼輝前書，頁一九二。

此一協定簽訂時，正逢日本華北駐屯軍壓迫宋哲元與之商談經濟提携之時，國人多表示反對，而十一月十八日開航之日，正綏遠戰爭激烈進行之際，國人輿論尤感憤激。宋哲元亦未將「協定」內容呈報中央，卽呈報亦不可能被核准。以是所謂「通航」，仍屬非法。開航之後，營業欠佳，且有虧損情形。其原因：

搭乘該公司飛機之旅客，均為國內外日本軍部人員及偽滿官吏，均按最優待辦法，繳四分之一票價。國人稍有正確愛國思想者，多不屑問津。[72]

抑有進者，惠通公司飛機不顧中國政府之制止，經常載運日軍武官及特務工作人員，飛往魯、青、晉、綏等地活動，以加强各地特務機關部之聯絡與情報之傳遞。中央政府及魯、晉兩省當局，迭予警告，魯省府且曾有扣留日機之表示。此等不法飛行，有時且擅入西北甘、寧及江蘇境內。據主管機關統計：自二十四年六月至二十六年四月止，日機在華不法飛行有記錄可查者，計達一千七百六十一次之多；而外交部向日方抗議，除口頭外，書面抗議亦已十三次。日方初尚復文詭辯，二十四年十月以後則均置之不理。[73]

二十六年開始，日方倡言所謂「經濟提携」之談判。除向國民政府外交部要求上海福岡間之航權外，並向冀察當局要求准由惠通公司開闢東京至天津間之航線，並在大連、京都、福岡三地

[72] 中央週報，第四七〇期，民國二十六年六月七日。

[73] 抗戰前華北政局史料，頁三三四—五，日機在華不法飛行—東北外交研究委員會報告。

搭載人貨，期使日本軍人與商界人員之欲來中國者，朝發夕至。四月間，張允榮以惠通公司董事長身分赴日考察，日本航空運輸會社因與之商定中日航線之路線、時間與票價，並聲言六月一日起開航。[74]然惠通公司迄未獲准向我國交通、實業兩部立案，任何飛行計劃，均屬非法，東京至天津通航消息傳出後，國民政府因電令冀察政務委員會予以制止。[75]

二、冀察政務委員會的因應

民國二十四年卽一九三五年秋冬間，由於日本策動「華北自治」而致北方危機空前嚴重之際，甫卸察哈爾省政府主席之任的第二十九軍軍長宋哲元，崛起而爲冀察政局的中心人物。國民政府先於八月二十八日任命宋爲平津衞戍司令，繼於十一月二十六日任命宋爲冀察綏靖主任，再於十二月十一日任命宋爲冀察政務委員會委員長，並兼任河北省政府主席。[1]宋是一位名將，然非專長於政治和外交。他之所以能够成爲冀察的最高軍政首長，實由於時勢使然。「質言之，宋是在中國國民政府充分信任與日本軍閥企圖利用的矛盾情勢下，崛起而爲華北第一號的實力人

[74] 民國二十六年七月十四日上海新聞報。
[75] 中央週報，第四七〇期，中央電令制止天津東京間之聯航。
[1] 國民政府任宋爲河北省政府主席之命令，係於十二月十二日發布。原任主席商震調長河南，原任河南省主席劉峙改任豫皖綏靖主任。

物。」❷

就中國政府的信任而言，軍事委員會委員長蔣中正，財政部長孔祥熙，都認爲宋哲元可以信賴。宋卸察省主席任後，孔祥熙曾電蔣委員長請畀新職，蔣復稱「明軒體國公忠，中央必有報之。」❸二十四年八月十日，蔣委員長自成都電宋：「有事相商，請兄即派能負全責之心腹人員密來四川面敍一切。」❹旋蔣委員長離成都赴廬山牯嶺，❺再由牯嶺返南京，經與中樞諸人研商後，決定任宋爲平津衞戍司令，❻認爲宋能負責，「則華北尚能安定一時」。❼同年十月十二日，蔣委員長過鄭州，先期電宋「請兄派心腹一人來鄭相晤」。❽十一月七日日記中，記曰「以冀察全責交之宋哲元，以免日寇在華北生事。」❾此等記載，均足說明華北危機聲中，蔣委員長對宋

---

❷ 李雲漢：宋哲元與七七抗戰，頁九七。

❸ 蔣委員長覆孔祥熙部長電，民國二十四年六月，成都。總統府機要室檔案。

❹ 蔣委員長致宋哲元電，民國二十四年八月十日，成都。總統府機要室檔案，籌筆，六九—一〇〇一五。

❺ 蔣委員長係於八月十四日自成都到達牯嶺，十九日再去南京。秦德純「海澨談往」謂二十四年七月奉召赴廬山謁蔣，蔣告以「中央現已決定，以宋明軒將軍完全負起北方的責任」，應爲八月十四日至十九日間事，當非「七月」。

❻ 蔣委員長並曾致電武昌張學良，告以：「在京時商定調王庭午（樹常）爲軍事參議院副院長，宋哲元爲平津衞戍司令，未知兄意如何？」電見總統府機要室檔案，籌筆，六九—一〇〇五九。

❼ 秦孝儀：總統蔣公大事長編初稿，卷三，頁二二〇。

❽ 電係十月九日自西安發出，文曰：「中昨抵西安，明日赴洛，預定十二日過鄭州，請兄派心腹一人來鄭相晤，何如，盼復。」

❾ 同❼，頁二四四。

哲元寄以重託與厚望的心意。蔣氏公開表示其對宋哲元的信賴，則是二十五年一月十五日在南京接見中等以上學校校長及學生代表發表的講話，他很肯定的說：

中央因為適應特殊環境，使行政便利起見，成立冀察政務委員會。這個委員會在實際上是對中央政府負責的一個行政機關，這種組織，現在兩廣也有，而一般人對於冀察政務委員會却看作自治獨立的政府，實在錯誤。剛纔說過，宋哲元的第二十九軍，實際上是中央的軍隊，宋哲元是我的部下，他絕對服從中央的，聽我的命令的！⑩

就日本軍方的企圖而言，關東軍與華北駐屯軍的意見初不一致。關東軍認爲宋哲元部第二十九軍有與日軍在喜峯口血戰的紀錄，其屬下各將領抗日意志甚堅，宋部能否爲日軍所利用，不無疑慮。華北駐屯軍則認爲二十九軍昔爲馮玉祥舊部，曾參加民國十八、九年間對中央作戰，對國民政府心懷芥蒂，日本可以用之爲反對南京的力量，如宋不受利用，則可以武力驅逐。依據田中隆吉的供述，日方之所以容忍第二十九軍留駐冀察，諒解宋哲元之出任平津衞戍司令，是華北駐屯軍參謀長酒井隆數度赴長春說服關東軍的結果。⑪他們希望壓迫冀察政務委員會，逐漸蛻變爲日人操縱下的華北自治政權，因而土肥原賢二於推動「自治運動」時，係以宋哲元爲首要目標，商震、韓復榘次之。

⑩ 同⑦，頁二七一—二。

⑪ 李雲漢：宋哲元與七七抗戰，頁九七。

冀察政務委員會，是在華北特殊的政治情勢所產生的一個特殊政治機構。由於這個機構的成立，使所謂「華北自治」運動告一結束，這自然是中國方面政略運用的一項成功；但由於這一機構的主要職能在因應日方的要索，且日人對它有相當重大的影響力，宋哲元在應付上，難免感到痛苦，也必將受到國人的懷疑與非難。民國二十五年一年間，是宋哲元一生中權力最大的時期，也是聲望最受損害的一年，一方面連續與日人進行各種敏感而複雜的談判，一方面又須審愼應付國內發生的政治危機以免危害其本身的地位，直到西安事變和平解決之後，華北政局始漸好轉—由特殊化逐漸轉變爲中央化。本節內容，係對宋哲元主持冀察政務兩年間對外對內的因應情形以及其政策的演變過程，作系統性客觀性的論述。

(一) 對日應付與交涉

冀察政務委員會面對的日人壓力，主要的來自華北駐屯軍，其次是關東軍，再次才是平津的日本使領館人員。日方的要求，大致可分爲人與事兩方面：人的問題，卽日方一方面要求宋哲元安置一些惡名昭彰的親日派，一方面要求冀、察、平、津重要行政人員的任免須徵詢日方同意；⑫事的問題，卽由於日軍的無理挑釁而造成的若干糾紛，以及日方對冀察政委會提出的一些要求。

⑫ 秦德純：海澨談往，頁六七。

關於前者，宋哲元採取適度應付的態度，多能使日人滿意；關於後者，則連續學行無數次的談判，雖有幾次傳出獲致協議的消息，事實上却是「無一件有結果」。⑬茲分別論述如后。

甲、人事的應付

二十四年十二月初，何應欽銜命去北平與宋哲元協商組織冀察政務委員會之時，曾派蕭振瀛於十二月六日前往天津去見日軍司令官多田駿與參謀長酒井隆，探詢日方意見。⑭這天，日方派飛機十二架至北平上空飛行，暗示威脅，蓋土肥原賢二、多田駿尚不同意組織冀察政委會一事。何應欽於十二月六日上電南京蔣委員長報告到平後談判情形，曾指陳：

劉玉書（按劉為天津市公安局長）昨來平，據言酒井（隆）個人頗不贊成土肥原、多田等之作法，已囑玉書探其意向所在，及有無補救之辦法。⑮

東京參謀本部則鑒於土肥原在華北的狂妄行動，已引起國際間之嚴重關切，又鑒於中國北方知識份子士氣之昂揚及國民政府秘密備戰之行動，乃決定接受中國方面之提議，電令土肥原等讓步。外交部駐平特派員程伯昂向南京報告：

日方以海會空氣不利，英、美並有强硬論調，故對華北停止軍事威脅，軍部亦令土肥原等

⑬ 曹汝霖：一生之回憶（傳記文學社，民國五十九年），頁二二二。
⑭ 國聞週報第十二卷四十九期，民國二十四年十二月十六日。
⑮ 何應欽上蔣委員長電，民國二十四年十二月六日，北平。原件存總統府機要室檔案。

讓步。蕭（振瀛）以冀察（政務）委員會徵土同意，經酒井婉勸，土始認可。我方關於經濟權益，亦表示讓步，俾土有以復命。⑯

冀察政務委員會委員人選問題，由何應欽與宋哲元等商定初步名單，報請國民政府核定後任命。何、宋於商酌期間，多田駿曾提出包括齊燮元、吳佩孚在內的三十餘人的名單，並對何、宋所提名單中之曹汝霖、王揖唐，表示「不願同意」，理由是彼等曾領受中央津貼。⑰名單經國民政府最後核定爲十七人，⑱於十二月十一日明令發表：

特派宋哲元、萬福麟、王揖堂、劉哲、李廷玉、賈德耀、胡毓坤、高凌霨、王克敏、蕭振瀛、秦德純、張自忠、程克、門致中、周作民、石敬亭、冷家驥為冀察政務委員會委員，並指定宋哲元為委員長，此令。⑲

就這一名單而言，屬於第二十九軍系統的爲宋哲元、秦德純、張自忠、蕭振瀛、石敬亭、門致中等六人，屬於東北系統的有萬福麟、劉哲、胡毓坤、程克四人；此十人均屬反日之實力派，足以控制冀察政委會之一切決議。其餘王揖唐、王克敏、賈德耀爲舊段派人士，高凌霨爲直系舊

⑯ 中日外交史料叢編㈤：日本製造僞組織與國聯的制裁侵略，頁三五二。

⑰ 程伯昂致外交部電，民國二十四年十二月八日，見中日外交史料叢編㈤，頁三五二。

⑱ 冀察政務委員會暫行組織大綱，亦係在北平由何、宋等擬定初稿，送南京核定，初稿原定委員人數爲十七人至二十七人，國民政府核改爲十七人至二十人，十一日以最低名額發表十七人。

⑲ 國民政府公報，第一九一九號。

人，周作民為金城銀行經理，李廷玉、冷家驥為地方紳商。此七人當時被認為是親日派，然則在二十九軍一系實力派控制下，殊少作為。⑳日人所推薦之齊燮元等不在名單內，日人自不滿意，而何、宋原提名單亦有多人如曹汝霖者，亦為國民政府所刪除。㉑以是日人雖不滿意，但亦無詞以對。以是當時路透社曾作評論說：「此組織既非自治，亦非日人傀儡，較想像之情形為佳。」㉒

其後，日人仍不斷要求宋哲元容納一些親日份子，宋不加拒絕，然每於增加一位親日派委員時，卽同時提請中央任命一位反日人士。如二十五年七月，日人要求任命湯爾和、曹汝霖，宋卽同時推薦戈定遠，劉汝明。㉓二十六年四月，李廷玉、王克敏、冷家驥辭職，宋卽遴選馮治安、鄧哲熙、章士釗，呈請國民政府任命。㉔日人強力要求重用齊燮元，宋推辭不掉，於二十五年十月間先行任齊為委員，且為駐會委員，但也自行找來了李思浩，擔任經濟委員會的主任委員。

⑳ 李雲漢：宋哲元與七七抗戰，頁一二五。

㉑ 曹汝霖其後由於日方再次推薦，宋哲元始提請政府任命為委員，曹氏自稱：「一日，忽接國民政府公函，附任命狀，任我為該會（冀察政委會）委員。我早無意入政界，遂繳還任命狀，附函辭謝。」（一生之回憶，頁二三二）

㉒ 李雲漢：抗戰前華北政局史料，頁二〇三。

㉓ 國民政府公報，第二二二四號。

㉔ 國民政府公報，第二三一八號。

冀、察、平、津的省市首長，宋哲元的原則是：一定由二十九軍的將領擔任，中央的意見應予尊重，日人的干預則不理會。冀察政務委員會成立時，宋與何應欽即已討論到省市首長人選：宋願自兼河北省主席，中央即將原任主席商震調主河南；北平市長秦德純，察哈爾主席張自忠，各方也沒有意見；天津市長原為程克，因健康不佳請辭，日人想推薦人選，宋却商承中央調蕭振瀛接任。這項人事安排，蔣中正委員長曾於二十四年十二月十八日召開的中央政治委員會會議中，作如下之說明：

> 中央應付華北事件，除設立華北政委會外，同時調整我們自己的內部。所以將商震調任河南省政府主席，河北一帶，專責宋哲元主持，並調蕭振瀛為天津市市長。因商與宋如同在北平，日本人易於挑撥離間。現在中央如此處置，日方是很不願意的，因此他們又有使蕭振瀛不能到天津接事的陰謀。在中央明令未發表以前，日方曾來要求不要調動。我們明白此事與日方無利，但蕭振瀛與日本人很接近，中央立刻發表，日本人亦無可如何。㉕

河北省政府主席一職，宋哲元於二十五年十一月向中央保薦第三十七師師長馮治安自代，㉖天津市長蕭振瀛於二十五年六月辭職，日本駐屯軍堅欲推薦齊燮元，並開列一項日人認為不能出

㉕ 紀錄原件。

㉖ 宋先於二十五年十一月十一日令馮治安代理河北省主席，再報請行政院於十一月二十四日通過。

任天津市長的十九人名單，以限制宋。㉗宋則不顧日人之反對，建議中央調原任察哈爾省主席張自忠為天津市長，另發表第一四三師師長劉汝明為察哈爾省主席。㉘依國民政府公布之冀察政務委員會暫行組織大綱第八條，該會於必要時，得設立各項特種委員會，研討各項問題。冀察政委會以此為依據，且亦應合日人之要求，先後設立了經濟、外交、交通、建設、法制五個委員會，且其職權亦超出「研討各項問題」範圍之外。惟日本方面要求設立教育委員會，一方面因平津教育界激烈反對，一方面中央也不予批准，因而始終未能成立。

然也無可諱言，冀察政務委員會及其附屬機構中，有三、五位毫無國家民族意識的親日份子厠身其間。這些人，日本人稱之為「文治派」，中國人則視之為漢奸。最為國人所痛恨的，有三個人：潘毓桂、陳中孚和陳覺生。潘毓桂，字燕生，安徽人，冀察政委會剛成立時，由於日本人的支持，獲任為政務處長，但宋一直不大信任他。二十五年五月，在一次對河北省各縣縣長講話時，竟狂妄的毀謗軍事委員會蔣委員長，宋哲元不滿其所為，乃於同年七月將其撤換。抗戰開始後，潘果然成了眞漢奸，任偽天津市市長，勝利後與殷汝耕、齊燮元等一同以叛國罪判處死刑。另一位是陳中孚，江蘇吳縣人，他本來是中華革命黨黨員，北伐後也曾在國民政府所屬機構中任事，但自民國二十年以後與西南諸人混在一起，反對國民政府暨蔣委員長，不時往來於華北與廣

㉗ *Foreign Relations of the United States*, 1936, vol IV, p. 206.
㉘ 同上，頁二一四—二一六。國民政府公報，第二〇八五號。

州間。冀察政委會於二十五年一月成立外交委員會，被派任爲主任委員，仰承日人鼻息，殊使國人失望。二十五年三月，蔣委員長曾託實業部長吳鼎昌密告宋哲元，以後外交委員會不必再叫陳中孚主持，因土肥原賢二已調職回日，對日交涉不再以土爲對手。㉙當時日方要求外交委員會賦予日人在華北自由定居之特權，外委會十位委員中有九位反對，只陳中孚一人贊同，其媚日心態，可見一斑。此事轉呈宋哲元決定，宋立卽予以否決。㉚宋並不相信他，卻有意要他數度赴日赴粵，至二十六年一月，始解除其職務。陳覺生，廣東籍，母爲日人。由於日人之提議，宋哲元派其擔任北寧鐵路局局長，並兼交通委員會主任委員，平日與日人接近，言論亦多媚日，但有時也向中國方面提供情報。二十六年五月，由於陳不遵守政府之緝私命令，曾爲監察委員周利生提案彈劾。㉛

另一個問題人物是石友三。他於民國二十年七、八月間叛變失敗後，卽往大連依附日人，當了漢奸，妄想組織僞軍，擾亂治安。冀察政委會成立後，日人建議宋哲元予以名義，報端亦嘗有「起用石友三」的披露。但石友三係政府通緝有案之人，宋不能用他。日方有意扶植石友三成立

㉙ 蔣委員長致吳鼎昌電，民國二十五年三月二日，時吳氏適在天津訪問。總統府機要室檔案，籌筆，七三一一〇五一三。

㉚ *Foreign Relations of the United States*, 1936, vol. IV, p. 124.

㉛ 民國二十六年五月十八日，上海新聞報；五月十九日，南京中央日報。

「華北自治軍」在華北搗亂，宋為杜塞亂源，乃一面呈請國民政府取消石的通緝令，一面先聘為冀察政委會委員。二十五年十月，田代皖一郎再以任用石友三為請，宋因於十月十九日任命石友三為冀北保安司令。㉜社會輿論對宋此舉頗多非議，且有以「冀察政委會已成漢奸集合」相斥辱者。北平市公安局長陳繼淹於致函馮玉祥時，透露宋的苦衷與用意：「最近聘某某等為委員，宋先生亦深知各方輿論，多不諒解；但非如此，既不能減少某方搗亂之力，而某某等無相當安置，亦必不能安分於華北。宋意能引人向善，能予以自新之路，未始不可令其自勵也，外人有指責漢奸集合者，則全視用人之能否駕馭耳。」㉝所幸石有覺悟之表示，「最近之表現，非常之好」，㉞社會之責難始漸平息。

乙、事端的談判

冀察與日本駐屯間的問題甚多，日方的要求又層出不窮。一般性的問題，多由冀察政務委員會外交委員會與日方進行磋商，重大的問題則由宋哲元親自出面，以是宋時常前往天津與日方接

㉜ 冀察政務委員會係於二十五年七月十日聘石友三為委員，至十月十九日，始由宋哲元以冀察綏靖主任身分派石為冀北保安司令。
㉝ 陳繼淹致馮玉祥函，民國二十五年十一月五日。
㉞ 叔棣：冀察的當局表現和局勢動向，見申報週刊，二卷五期。

觸。綜計二十五年一年內，宋與日人所商談的問題，主要者有五：㉟

1.冀東與察北問題

冀東問題，即取消殷汝耕之僞「冀東防共自治政府」問題；察北問題，即要求日本僞蒙軍歸還於二十五年十二月間所侵佔的察北六縣（沽源、康保、張北、寶昌、德化、商都）問題。這是宋哲元主動向日方提出的要求，也是中國政府和人民的共同願望。宋先請示中央，中央令宋「本維護領土完整原則，妥愼處理。」㊱宋爲了談判這些問題，於二十五年一月十六日去天津，與多田駿、土肥原賢二等進行談判，持續共二十四天，却未能達成任何協議。日方不僅不同意取消冀東與歸還察北，轉而要求宋哲元要做到與冀東僞組織「合流」。㊲及日本發生「二二六」政變，土肥原奉調回日擔任第十二師團長，冀東與察北問題的談判暫告停頓。宋於二月二十八日派冀察綏靖公署總參議石敬亭赴南京報告，並向蔣委員長請示。新任駐日大使許世英於赴日前，亦至北平訪晤宋哲元，商談外交原則。南京與冀察均同意以取消冀東僞組織爲終極目的，由冀察政委會在北平，許世英大使在東京，張羣外長在南京，同時與日方作多方面的折衝，以維護華北領土主

㉟ 五項問題的談判情形，見李雲漢：宋哲元與七七抗戰，頁一三一—一六二；周開慶：抗戰以前之中日關係，頁一〇八—二四六；中日外交史料叢編（五）：日本製造僞組織與國聯的制裁侵略，頁四〇五—四八四。

㊱ 總統蔣公大事長編初稿，卷三，頁二六三；中央週報，第三九七期，民國二十五年一月十三日，南京。

㊲ 多田駿對日本記者之談話，民國二十五年二月二十三日，見中央週報，四〇四期，民國二十五年三月二日出刊。

權的完整。㊳其後中國方面屢次提出交涉，然由於駐華日軍當局堅不同意取消僞組織，且不斷提出更爲嚴苛無理的條件，㊴且更進一步逼迫冀察政務委員會做到「華北明朗化」，因而冀東與察北問題終無由解決。

2.共同防共問題

所謂「共同防共」，乃「廣田三原則」之一，目的在以「防共」爲名，擴大日軍駐華的範圍並加强對中國軍事上的控制。實則國民政府一直進行剿共，且於二十四年秋，將中共殘餘部隊驅至陝北，防共已不成爲問題，而日本却就在此時大倡其「共同防共」，其別具意圖，不言而喻。二十五年二月，陝北共軍侵擾山西，中央軍立卽入晉協助晉軍堵擊。天津日本駐屯軍卽以中共入侵山西爲藉口向宋哲元提出共同防共問題。宋哲元一方面加强冀察防共措施，並曾親至保定對冀南防共措施妥爲部署，一方面於三月二十九日，前往天津，與多田駿會商防共問題。一時紛傳宋與多田已簽訂所謂「華北防共協定」，卽南京參謀本部亦獲得宋與日方「成立冀察防共委員會」的情報：

關於宋與日方定防共協定一事，經宋、陳（中孚）與多田、松室（孝良）等在天津會商，均同意成立冀察防共委員會。日方初甚堅持以松室任該會副委員長，宋婉陳目前華北及國

㊳ 三民主義月刊，七卷四期，民國二十五年四月十五日；宋哲元與七七抗戰，頁一三七。

㊴ 中日外交史料叢編㈤，頁四三四—六，各電。

人對此將不諒解，且易引起各方指責，幾經商榷，日方始允松室改充該會高等顧問。正副委員長皆由華方分任，惟須以殷汝耕任該會副委員長，並更以其他較優位置，（冀東）始行撤銷。㊵

四月下旬，英、日等國通訊社則又傳出所謂「華北防共協定」條文，但旋爲中日雙方所否認。惟「協定」條文今仍見於中、日文資料內，頗令讀者迷惑。㊶據著者研判，宋並未與多田簽署「協定」；日本現代史資料所發表之「防共協定」，可能係日本單方面的設計案，作爲與宋談判之底案，由於未能達成協議，故此協定始終未能如「協定」第三條所規定，「由雙方發表」。㊷

入侵山西之共軍於二十五年五月被擊敗，晉、察安全已無問題。然日方仍以「共同防共」相要求，以爲壓迫冀察當局「特殊化」、「明朗化」的工具。宋一再聲明自力可以防共，不欲再與日方談防共事。據外交部二十六年一月間獲得天津來電報告宋的態度：

> 華北共同防共一事，因陝事緊急，津日軍部復執此為壓迫冀察政權實行特殊化，明朗化工具。宋在平雖與松井晤談數次，表示自力防共，到津後並為先事抵制，發表告冀察同志

㊵ 同上，頁四〇八—九。

㊶ 民國二十五年四月二十五、六兩日申報；五月二日米勒士評論報；金曼輝：我們的華北，頁二四〇，周開慶：抗戰前之中日關係，頁一二四；日文條款見現代史資料⑧，頁二八五—六。

㊷ 宋哲元與七七抗戰，頁一二四。

書，以自力防共，並闡明剿匪不能視同內戰兩項意義，以昭示於日方冀察當局之態度，免日方來擾。但日方迄不甘心。支，田代曾派和知（鷹二）參謀晤宋，擬為一顯明要求。宋知來意不善，稱病拒見。㊸

3.日本增兵後各項衝突問題

民國二十五年五月，日本大量增兵華北。新任日軍司令官田代皖一郎於五月十九日抵達天津任所，携來所謂「華北改造案」，對冀察當局作進一步之壓迫。美駐華大使詹森預料，如宋不能儘快答允日方要求，日人將使平津歸入殷汝耕的勢力範圍。㊹北平日本憲兵又開始捕人，天津學生對日本增兵，於五月二十九日舉行示威遊行，同日北寧鐵路日本運兵車在張貴莊被炸，天津東站第十四號橋路軌，亦被炸毀。三十日，北平學生停課聲援天津學生，㊺社會上謠言大熾。㊻面對此一危急情勢，宋哲元於五月二十九日夜召集二十九軍各將領密商，各將領咸主張採强硬態度以維護冀察。㊼次（三十）日，宋哲元公開發表以下之談話：

㊸ 中日外交料叢編(五)，頁四〇八，民國二十六年一月二十四日天津來電。宋哲元各項防共措施文件，見宋哲元先生文集，頁七三；余天休：宋委員長言論集，頁三三。

㊹ *Foreign Relations of the United States,* 1933, vol, IV. p. 168.

㊺ 郭廷以：中華民國史事日誌，第三册，頁五八九—五九〇。

㊻ 當時謠傳二十九軍將南調，宋哲元經不起日人壓迫將向日方屈服。天津且見有「中華民國全民自治會」發表之通電，煽動人心。

㊼ 同㊹，頁一九二。

華北外交刻所爭者，為保全我國主權問題。凡不損我國主權者，方可本平等互惠原則去做。余對交涉事，非所經手者，不願過問，個人所能負責所應負責者，絕對負責。㊽

這一談話，代表宋哲元維護主權的態度。然語氣過弱，仍不能盡釋群疑。胡適公開發表「敬告宋哲元先生」一文，極爲痛切誠摯的希望宋氏勿忘喜峯口抗日歷史，切不能離開國家的立場，「一切遷就調和的行爲，其用心無論如何可恕，其實跡都是破壞國家的統一，都是全國人民所決不能寬恕的。」㊾

處此變局，宋哲元除團結二十九軍內部外，㊿顯應秘密向南京請示。然六月一日兩廣掀起所謂「六一抗日運動」，情勢趨於緊張，政府實亦無力北顧。據現存史料，吾人獲知國民政府曾於五月中旬密派魏道明北上見蕭振瀛、宋哲元「切實密商辦法」，51六月五日，蔣委員長曾派傅汝霖赴平謁宋，52旋又派熊斌北上，軍事參議院院長陳調元亦到北平，代表蔣委員長向各軍授

㊽ 國聞週報，十三卷，二十二期，民國二十五年六月八日。
㊾ 胡文見獨立評論，第二〇四期，民國二十五年六月七日。
㊿ 二十九軍將領馮治安、劉汝明等曾有誓與平津共生存之表示，見中日外交史料叢編(五)，頁三七五，參謀本部致外交部情報資料。
51 蔣委員長致蕭振瀛電，民國二十五年五月二十三日，總統府機要室檔案。
52 蔣委員長致宋哲元電，民國二十五年六月四日，總統府機要室檔案。

旗，[53]宋亦派李仲平至南京聯絡。[54]由於國內情勢的緊張與複雜，宋哲元決定對日方仍採忍讓態度，對於六月至九月間的四次衝突事件均以談判方式作若干讓步，以求得解決。四次衝突是：

(1) 六月二十八日發生之第一次豐臺事件；55

(2) 七月九日發生之大沽事件；

(3) 七月二十一日發生之天津事件；

(4) 九月十八日發生之第二次豐臺事件。

這四次衝突，都是因極微小之事故而起，日人都藉故張揚，提出道歉、賠償、懲戒肇事人員、保證不再發生類此事件，撤兵等要求。每次事件，二十九軍的士氣均極高昂，尤以第二次豐臺事件，駐軍堅强不屈，與日軍對壘一晝夜，國人爲之喝采鼓舞。但每次衝突，宋哲元總持退讓態度，全部或部分接受日方的要求。宋於第二次豐臺事件中允諾撤退二十九軍駐軍，固然避免了一次可能的戰爭，却也助長了日軍的氣焰，構成了二十六年七月七日盧溝橋事變的潛在原因。

4.日方要求成立「自治政府」問題

53 郭廷以：中華民國史事紀要，第三册，頁五九二。

54 李仲平：蘆溝橋與七七事變之回憶，未刊稿。李氏自稱代表宋哲元，兩年之內，「曾十二度晉謁蔣公」，蔣委員長於二十五年六月十八日，手令：「委李仲平爲軍委會諮議」，可見李氏所述非虛。

55 詳見周開慶：抗戰以前之中日關係，頁二一八—二二五；李雲漢：宋哲元與七七抗戰，頁一四九—一五一。

軍事威脅的幕後，是逼迫冀察當局成立「自治政府」的政治陰謀。九月二十四日，駐日大使許世英電告外交部：田代皖一郎已於昨日致最後通牒於冀察當局，要求五省自治及各機關聘用日本顧問，使華北成第二滿洲，海軍亦計劃占領各要地以「監視南方」。許痛切建陳於中央：

宋屈服，華北固失；不屈服，亦將在軍事掩護下促起所謂自治運動。請中央速定大計，指示宋、韓、閻、傅等，並切實開誠團結，勿再任貌合神離，為人所乘。(56)

田代皖一郎對宋哲元「最後通牒」之要求事項，乃日本外務、陸軍、海軍三省於九月二十一日所共同決定者。(57)其表面文字爲「華北五省特殊化」，誠如張熙若所指出者，「特殊化的最終目的，自然是脫離中國，併入日本。」(58)日方這一要求，對宋哲元及其二十九軍將領形成另一次嚴重的考驗。

面對田代皖一郎的要求，二十九軍諸將領表現團結愛國的精神，據稱曾有「忠義團」的組織，以表明其抗日決心。對於日方，亦不能不應付，宋哲元因再去天津與田代皖一郎商談。田代百般挑撥，勸宋「勿附和蔣氏，免蹈從來軍人投降蔣氏的覆轍。」(59)宋雖表示不能接受「自治政

(56) 中日外交史料叢編(五)，頁四八四，許大使東京來電。
(57) 郭廷以前書，頁六二六。
(58) 張熙若：冀察不應以特殊自居，見獨立評論，第二三九號，民國二十五年十一月二十九日，北平。
(59) 中日外交史料叢編(五)，頁四八五。

府」要求，惟允改組冀察政務委員會，以容納若干親日份子，並在經濟合作方面多作努力。惟據南京參謀本部所獲情報，宋在原則上本已同意日方要求，於十月四日自津返平二十九軍幹部會議後，始決定延期。此一情報資料原文是：

關於冀察自治政府事，田代連日積極催促成立。在原則上宋哲元本已同意，但因宣言經田代四次修改，宋部多不以為然。昨日全體幹部會議決延緩時日，以觀南京交涉之開展。同時，要求駐屯軍以先取消冀東政府為成立冀察自治之條件。今晚消息，關東軍對於冀東組織頗為袒護，以致駐屯軍不能遂意進行。此於宋部對冀察自治政府延後成立之政策將發生效力，故雙十節前後數日可以平安渡過。前途如何演變，自以南京之對日態度為轉移。⑥⓪

事實上，宋哲元未曾宣布成立「自治政府」。蔣委員長為了解華北情勢，電召北方軍政首長前往杭州相見，韓復榘、徐永昌都親自南下，宋哲元則派冀察政務委員會秘書長戈定遠偕同第二十九軍參謀長張樾亭赴杭。蔣委員長於十月十七日召見彼等，並令外交部長張羣向川越茂大使提議將上海及塘沽兩停戰協定，早日取消。⑥①十九日，蔣委員長致電宋哲元：「日方對我正欲分化地方行政，以遂其企圖，凡遇重要問題，我中央與地方自應密切聯絡，採取一致政策，始克有濟。」蔣委員長並切囑宋氏：

---

⑥⓪ 同上，頁四三〇。

⑥① 總統　蔣公大事長編初稿，卷三，頁三三八。

任何對外協定，未經中央核准者，切勿簽訂。[62]

戈定遠在南京停留兩週，至十月二十八日始由京返平。中央態度強硬，冀察因亦有舉行大演習以示日軍「還以顏色」，十一月十六日，蔣委員長自洛陽派賀耀組前往北平與宋哲元、秦德純、張自忠懇談，並告宋如認爲有與委員長會面之必要，隨時可以密約時地。[63]時蔣委員長正在洛陽指揮綏遠戰爭，並曾親赴太原、濟南一行。賀耀組對冀察情況頗感滿意，他後來回憶：「華北環境惡劣到了萬分，而宋將軍以下和二十九軍諸將領，應付的技術也臻於極致。他們在政治方面，不能不和敵閥浪人周旋，在軍事方面，他們以第二十九軍爲中心，時時準備廝殺。」[64]

5.華北經濟開發問題

所謂開發華北經濟，乃是日人所謂「中日經濟提携」的第一步，亦是日人對華北實施經濟侵略的手段，其眞正的目的在使華北先在經濟範疇上歸併於「日滿經濟集團」內。早在民國二十二年塘沽協定簽訂後，日方卽不斷提出共同開發華北經濟的要求。二十四年「河北經濟協會」以及由其衍生而成的「東亞經濟協會」的出現，都是日人策動開發華北經濟的先聲。然作爲一項積極政策，逼迫冀察當局作出若干具體的行動，則是二十五年二月有田八郎出任外相以後的事。有田

---

[62] 同上，頁三三八—九。

[63] 蔣委員長二十五年十一月十六日致賀耀組電及致張樾亭電，均見總統府機要室檔案，籌筆，八一一。

[64] 賀耀組：憶張自忠將軍，張上將自忠紀念集，卷十四，頁五二—六。

八郎就任外相後發表的談話，就曾說過：

為使南京政府速承認華北之特殊性，一面向南京政府交涉，同時謀華北五省經濟之改善，樹立中、日、滿間密接的經濟提携，使人民以自治為樂，急務也。㊿65

仰承有田八郎鼻息的駐華大使川越茂，則以「中日經濟提携」爲其對華交涉的主題。關東軍及天津駐屯軍，對華北經濟榨取亦甚熱中。自二十五年七月起，所謂開發華北經濟問題乃成爲雙方進行談判的焦點。宋哲元對經濟開發，亦不反對，他於七月十六日接見日本新聞記者時，同意先從開採宣化鐵礦與興建滄石鐵路入手。66川越茂於八月十八日到北平與宋哲元「晤談三四次，談及種種問題」，67經濟開發自是主題之一。九月末，宋哲元令張自忠、張允榮與日方商談天津電氣合作及通航等事。宋本人亦於十月初親到天津與田代皖一郎商談。自八月至十月間，雙方已經達成的經濟開發事項是：

(1)中日合辦天津電業有限公司—二十五年八月二十日成立。

(2)津石鐵路（初爲滄石路，日人要求改爲津石路）工程局成立。

(3)中日通航協定簽字—二十五年十月十七日。

---

65 中日外交史料叢編(五)，頁三三五。

66 國聞週報，十三卷二十九期，民國二十五年七月二十七日。

67 須磨彌吉郎對張羣部長之談話，見中日外交史料叢編(五)，頁四六二。

(4)龍烟鐵礦收歸國有，任陸宗輿爲督辦，準備開採。[68]

更重要的是田代皖一郎與宋哲元所商定的一項經濟開發計劃—外間傳聞爲「經濟合作協定」。國民政府聞知此一消息後，卽電宋哲元詢問究竟，宋乃於九月二十七日呈報行政院，謂確有此項「諒解」，計有經濟提携原則四項，經濟開發事項八項—是卽所謂「四原則」、「八要項」，[69]要點爲：

甲、原則：(1)共存共榮，利益均等；(2)平等的立場；(3)以中日合辦之企業方式行之，日軍爲之協助；(4)以增進民衆福祉爲着眼。

乙、事項：(1)航空；(2)鐵路—先築津石鐵路；(3)炭礦—先從井陘、正豐炭礦增產入手；(4)鐵礦—開發龍烟鐵礦；(5)築港；(6)電力；(7)農漁村之振興；(8)通訊—借助日本資金及技術人員改善現有設施。

行政院將宋哲元之報告交由外交、財政、實業、鐵道及交通五部核議。五部感認爲八項開發事業均係中央政府統制之事業，非地方行政機關所能專擅。行政院因依據五部之呈覆及全國經濟委員會與建設委員會之意見，於十二月四日電令冀察政務委員會：各省市對外協商及與外人合

[68] 龍烟鐵礦，是指宣化縣一帶之龍關、烟筒山、辛窰、錫富山四處鐵礦之總稱，蘊藏量豐富，據估計在漢陽大冶鐵礦之三倍以上。

[69] 全文見中日外交史料叢編(五)，頁四六四—五。

資條款，非經中央核准者，一律無效。[70]宋哲元接受中央指示，自動中止或改變了已經開始籌備的項目，日人雖仍不斷催促，宋的答覆是：「只有在冀東僞組織徹底取消後，這些事項才能實行。」[71]

宋哲元另一項曲從日人的願望却爲政府及輿論難容的行動，是對法幣的限制以及設立冀察稽徵處開徵低度私貨消費稅，此不僅破壞財稅制度，且無異鼓勵走私。財政部電宋不同意此一措施，並派李青選前往洽商。所幸宋亦從善如流，於十月二十五日令將冀察稽徵處撤銷。[72]

冀察當局一年來之對日肆應，雖費盡苦心，然以中國人之立場而言，不能令人滿意之處至多。北平學術界人士徐炳昶、顧頡剛、黎錦熙等曾於十月十二日發表時局宣言，對冀察政委會之對日交涉頗多批評，[73]十一月二十三日，張熙若又撰有「冀察不應以特殊自居」一文在獨立評論雜誌發表，指責冀察政務委員會「一切設施都是向造成獨立或半獨立的方向走」，甚至要求政府「明令取消分裂國家行政完整的冀察政務委員會」。[74]宋哲元一怒之下，下令禁止獨立評論的發行。經過陶希聖向鄧哲熙的疏通，胡適也寫信解釋一下，獨立評論終於在二十六年四月十八日復行。

[70] 金曼輝：我們的華北，頁一五一—二；*China Weekly Review*, December 12, 1936, p. 46.

[71] *China Weekly Review*, April 10, 1937, p. 208.

[72] 郭廷以：中華民國史事日誌，第三冊，頁六三六。

[73] 同上，頁六三二。

[74] 獨立評論，第二二九號（民國二十五年十一月二十九日出刊），頁二—四。

刊出版第二三〇號，這就是所謂「獨立評論停刊風波」。[75]

(二) 宋哲元與國內政治危機

宋哲元主持下的冀察政務委員會，不僅在對日關係上是重要的籌碼，而且也在國內政治情勢轉變中，佔有舉足輕重的地位。山東省政府主席韓復榘與宋係「西北同源」，在重要問題上都與宋採一致行動，兩人也不斷在冀魯邊境會見，宋、韓又數度聯名發表通電，因而更加增強了宋哲元的政治地位和影響力。

民國二十五年這一年，就大的局面而言，是樂觀與進步的一年。六月間發生的兩廣事件和十二月間發生的西安事變，都能由幾乎釀成內戰的悲劇轉變而爲加强國家統一，提高蔣委員長中正聲望的關鍵。這一轉變的因素很多，宋哲元的立場自然也是一項重要的影響力。質言之，宋於消弭內戰並促成國家統一的新局面，有其貢獻。

先談西南問題，亦即兩廣當局於二十五年六、七月間，以抗日爲名，出兵入湘向政府挑戰的事件。

---

[75] 陶希聖：潮流與點滴，頁一三六—七；秦德純：海澨談往，頁七二—七三。

兩廣之與南京對立，本因民國二十年三月立法院長胡漢民之辭職並被幽禁事件而起。[76]同年九一八事變發生後，寧、粵均基於團結禦侮的大義，通過上海和平會議，黨政復歸於統一。然由於一部分粵籍中央執、監委員的堅持，中央乃同意在廣州設立中國國民黨中央執行委員會西南執行部，與國民政府西南政務委員會兩個機構，主持粵、桂兩省軍政，立於半獨立狀態，達五年之久。

西南當局擁胡漢民為領袖，實則胡氏居住香港，實際上主持軍政者，在粵為陳濟棠，在桂為李宗仁。西南執行部中央執、監委員，於南京召開中央全會及代表大會時，亦多前往出席，如二十三年一月舉行的四屆四中全會，且曾通過西南中委蕭佛成依據胡漢民之主張所提及之政治改革案。[77]二十四年十月，四屆五中全會在南京開會，中央派王寵惠、孫科南下就商於胡漢民，全會並通過在粵中委二十一人請中央每月撥助中山大學建築費十萬元之提案。[78]二十四年春，胡漢民赴歐考察，西南中委鄒魯等不滿於陳濟棠等軍人的跋扈囂張，乃有趨向於南京之意。[79]十一月，中國國民黨第五次全國代表大會在南京開會，鄒魯、劉蘆隱、黃季陸等兩廣中委十數人到京出

---

[76] 董顯光：蔣總統傳（中華文化出版事業委員會，民國四十一年版），頁一五九；蔣永敬：胡漢民先生年譜（中國國民黨中央黨史委員會，民國六十七年），頁五〇六—八。

[77] 蔣永敬：胡漢民先生年譜，頁五三一—二。

[78] 同上，頁五三六。

[79] 鄒魯：回顧錄（獨立出版社，民國三十五年），下册，頁四五四—五。

席，次月五屆一中全會選擧胡漢民爲中央常務委員會主席，胡氏亦由法起程返國，西南局面本可改善。不意胡漢民返國抵粵，竟於五月十二日病逝。二十天之後，陳濟棠、李宗仁卽以抗日爲名，於六月一日以西南執行部及西南政務委員會名義，電請國民政府領導抗日。二日，再通電全國，旋將其第一、四集團軍改稱爲「抗日救國軍西南聯軍」，派兵入湘，公開與國民政府採對立態度。中央亦調兵增援湘南，內戰有一觸卽發之勢。此一事端，西南諸人美其名曰「六一抗日運動」，⑧⓪政府方面稱之爲「兩廣異動」，歷史學者則多稱之爲「西南事件」或「兩廣事件」。

宋哲元與西南當局初無歷史淵源。民國二十四年十二月冀察政務委員會成立，次年一月，宋任命來自西南之陳中孚爲外交委員會委員，亦非由於宋的遴選，而係出於日人的强薦。蓋陳中孚早卽鑽營於西南與日人之間，⑧①二十五年二月，陳又隨松井石根去粵大談「中日親善」，實則慫恿西南抗拒中央，不僅胡漢民鄙而斥之，⑧②且爲鄒魯所當面呵斥，鄒氏記曰：

在土肥原及松井來西南的時候，陳中孚也跟着來西南，樣樣替日本人說話。有一次，我在政務委員會當衆大罵他漢奸，叫他不要再住在廣州，他默默無言。又要求西南政委會派他

⑧⓪ 詳廣西大學文法學院學生自治會編：「六一抗日運動紀念特刊」（民三七，桂林）。李宗仁口述，唐德剛撰寫：李宗仁回憶錄，頁四三七—九；韋永成：談往事，再談「六一運動」（傳記文學，三十六，七卷連載）

⑧① 劉震寰致龍雲電，民國二十四年七月一日，見歷史檔案，一九八七年第一期，頁七〇。

⑧② 蔣永敬前書，頁五四三—四。又劉震寰二十四年七月一日致龍雲電中透露：「胡氏赴歐動機，固由於兩粵遲運不決，而最大原因，則爲廣西最近與日人往還過於露骨，恐中央反唇相譏，無以應付。」

做代表到北方去，我不許，後來經幾位同事勸我，由西南政委會寫了一封問候北方軍政當局的信，他就帶着匆匆到北方去了。[83]

有了西南當局的介紹信，又有土肥原賢二的推轂，宋哲元因而發表陳中孚爲冀察政務委員會外交委員會主任委員。[84] 西南當局另派有代表任援道，自二十五年三月起駐在北平。[85] 陳中孚並請准宋哲元，予任援道以外交委員會委員名義，以掩護其身分。[86] 五月下旬，西南決定以「抗日」名義發動軍事行動，復派潘宜之、王乃昌、黃建平等人，北上魯、冀聯絡。五月二十八日，西南政務委員會發出通電，表示「誓死反對日本增兵華北」，[87] 是爲向中央政府挑戰的第一聲。陳中孚於三十日卽離平南下，前往廣州。陳之南去廣州，當然獲得宋哲元同意，以是社會輿論多感到疑慮與憂慮。如國聞週報發表評論說：「兩廣派人對華北鼓動着，陳中孚由北平到廣州活動，大可注意。」[88]

---

[83] 鄒魯：回顧錄，下册，頁四六三。

[84] 冀察外交委員會係於二十五年一月二十日成立，委員有陳覺生、周龍光、熊少豪、雷壽榮、王黼瑋、錢遂蓀、王之相、唐悅良、張炫全、鄭文軒、雷葆康等人。

[85] 國聞週報，十三卷二十四期，民二六、六、二〇；中央週報，四〇五期（民二五、三、九），石敬亭在南京之談話。

[86] 民國二十五年五月七日，天津大公報。

[87] T. A. Bison, *Japan in China*, p. 138.

[88] 國聞週報，十三卷二十四期，民國二十五年六月二十二日。

西南動兵，自然希望得到冀宋魯韓的支持，白崇禧曾致電宋哲元，對蔣委員長作嚴厲的批評。[89]政府方面，自然切望宋能擁護政府的決定，先後派魏道明、傅汝霖北上訪宋。[90]韓復榘也派代表葛光亭至平謁宋，詢應付方策。[91]日本方面自然也要求宋、韓進行「聯防」的事。宋的處境困難，不能不審慎考慮。他密派石敬亭前往南京，對政府領袖有所陳述。[92]然後於六月五日表示不接受日方任何條件，十二日，公開宣稱決不參加內戰，[93]國聞週報的解釋是「好像是針對兩廣形勢而發」。[94]

蔣委員長數度電勸陳濟棠撤退進入湘南之軍隊，主張召開五屆二中全會共決大計。馮玉祥、李烈鈞、龍雲等亦均電勸陳濟棠、李宗仁、白崇禧息兵解紛。中央常務委員會並於六月十日議決定於七月十日舉行五屆二中全會，電西南當局速派員來京，共商大計。陳濟棠亦於六月十一日電京報告入湘部隊停止前進。不意六月十七日，李宗仁復令桂軍前進，逼近祁陽，[95]情勢復趨緊

---

[89] *Foreign Relations of the United States,* 1936, IV. p. 205.

[90] 魏於五月二十日左右即已抵平，見蔣委員長致蕭振瀛電，二十五年五月二十三日。傅係六月五日始離京北上，見蔣委員長六月四日致宋哲元、蕭振瀛兩電。各電均見總統府機要室檔案，籌筆七六一七七。

[91] 李雲漢：宋哲元與七七抗戰，頁一七一。

[92] 石於六月五日抵達南京，見 *China Weekly Review,* July 11, 1936, p. 200.

[93] 正風雜誌，二卷十期（二十五年七月一日），時事欄六月五日記事。

[94] 同[88]。

[95] 郭廷以：中華民國史事日誌，第三冊，頁五九七。

張。宋哲元於十七日離平赴津，復藉南巡之名，於二十日與韓復榘會於魯冀邊界之泊頭，密商時局。宋當日北返，次日—二十一日，卽有宋、韓聯銜發表馬電向政府及西南呼籲和平之擧，聲言：

哲元等待罪邊隅，困心衡慮，懼陸沉之無日，不得不先涕泣呼籲，伏祈垂念國土民生，尅日停止各方軍事行動，務期開誠相濟，大局幸甚。96

由於電文中有「不得不先涕泣呼籲」語句，似乎暗示尙有次一步行動，所謂「武裝調停」是也。然西南初未理會宋、韓之呼籲，於二十二日組織了「軍事委員會」及「抗日救國軍」，陳濟棠並於二十三日就任總司令。及南京於二十三日電告宋、韓，力避內戰，西南政委會始亦復電宋、韓，聲稱決無異圖。政府爲表明和平統一之決心，特托監察委員梁式堂北上訪晤韓、宋，說明中央決策，韓允「盡力維持地方」，97宋亦力稱擁護中央。98一團疑雲，始告澄淸。

西南事件，由於廣東空軍之飛離廣州，投效政府，以及陸軍將領余漢謀，李漢魂之聲言擁護中央，反對異動，迫使陳濟棠懸崖勒馬，辭職出國。五屆二中全會決議撤消西南政務委員會與西南執行部，兩廣黨政遂統隸於中央。廣西雖又僵持兩月餘，終亦和平解決，使國家之統一與團結

96 民國二十五年六月二十二日天津大公報，同年二十四日南京中央日報。
97 國聞週報，十三卷二十六期（民國二十五年七月二十六日），梁式堂（建章）之談話。
98 馮玉祥致蔣中正函，民國二十六年七月二十八日。

邁進一大步。

西南事件和平解決，綏遠抗戰獲得勝利，正全國民氣昂揚，國家前途展現光明遠景之際，不幸於十二月十二日爆發了另一次國內的政治危機—西安事變，中外均為之震驚。

宋哲元獲知西安事變的發生，是在十二月十二日的深夜收到了張學良西安拍來的急電。[99]張於電報中除說明發動「兵諫」的背景外，請宋本人或派遣「全權代表」，前往西安，「共商國是」。[100]宋以事關重要，決定於十三日上午召集高級將領和幕僚會商。

宋哲元與張學良的關係不錯。宋部於十九年中原戰爭失敗後接受張學良的改編，初稱東北第三軍，二十年春始改為中央番號第二十九軍；二十一年之出掌察哈爾省政，亦係出於張學良的推薦。[101]二十九軍在西安亦設有辦事處，由胡頌齡任處長，不時往返於西安北平間。[102]然宋一向主張反共，此次於張氏來電中判定張已為赤燄所包圍，使他不能不對張的動機發生憂慮。十三日上午開會時，即說：「張漢卿這個舉動是個大問題，大家要好好的研究研究。」[103]與會諸人議論紛

[99] 王式九：宋哲元對西安事變的態度，見吳福章編西安事變親歷記（北京中國文史出版社，一九八六），頁三〇六。

[100] 秦德純回憶錄，頁五〇。

[101] 秦德純：海澨談往，頁五六。

[102] 正風雜誌，二卷六期，時事欄，二十五年四月五日記事。

[103] 同[99]。

紛，見不及遠，獨秦德純分析各方利害，不主張輕舉妄動。午後，宋再與秦德純商酌後，決定復電張學良：

文電敬悉，哲元對時局主張，有先決條件兩項：一、共產主義不適合於中國國情，請公務與共產黨絕緣；二、蔣委員長之安全，關係民族存亡，請公負責維護。如蒙採納，即請電示，遵即前往。[104]

宋、秦及戈定遠、鄧哲熙、陳繼淹、王義樫等亦分別致電南京馮玉祥、何應欽，請「賜示詳情」。[105]宋於致何應欽電中，明言「諒張學良被赤色包圍，鑄成大錯。」[106]孔祥熙、何應欽、馮玉祥等均即復電宋、秦，告以陝變情形及中央決策。張學良亦於十四日電復宋哲元允保障蔣委員長生命安全，惟不提與中共關係。[107]宋以張既與共黨合流，再無與之商洽餘地，乃於十四日再電南京，告以：「張漢卿被共匪利用，構煽異動，舉國痛心，應請中央迅即戡定變亂，營救委座，貫徹剿匪主張，以維國本。」[108]次（十五）日，宋並派人訪問駐平各國使領館，致送備忘錄，告以冀察當局對時局的三項主張：「㈠決維持冀察境內的和平與秩序；㈡不論蔣委員長在南京與否，

[104] 同[101]，頁七六。
[105] 馮在南京第二年（馮氏叢書第十二種，三民圖書社發行，民國二十六年），頁二六七—六八。
[106] 民國二十五年十二月十四日，南京中央日報。
[107] *China Weekly Review*, December 19, 1936, p. 84.
[108] 電見孔祥熙：西安事變回憶錄。

決繼續服從南京國民政府的命令；㈢繼續採取反共政策。」109宋復令其秘書長戈定遠前往南京報告，對日人則稱病拒見，以免騷擾。

中共方面晚出的史料，則認為張、楊的「八項主張」，二十五年六月間已獲得西南及宋、韓的同意。事變起後，有徐惟烈者到西安活動，自稱為宋所派遣，但曾任冀察政務委員會副秘書長後來陷居於大陸的王式九，則表示懷疑。王式九指出：「宋對徐的印象很壞，說他是過激派，是一個危險人物，萬不可用。」王對「宋派徐去西安活動」之說，「不能加以肯定或否定」，但卻肯定的證實：「宋哲元在西安事變發展的過程中，支持了南京，也支持了蔣介石，同時也為自己種下了有利的因子。」110

宋哲元對國民政府的積極支持，自然對士氣民心具有極大的鼓勵作用。十二月二十二日，蔣夫人宋美齡與宋子文抵達西安，西安事變的解決已是指日間事。不意十二月二十三日的報紙上卻出現了宋、韓聯名發表的漾電，於提出「如何維持國家命脈」、「如何避免人民塗炭」、「如何保護領袖安全」三項原則外，提議：

> 由中央召集在職人員，在野名流，妥商辦法，合謀萬全無遺之策。111

---

109 *Foreign Relations of the United States*, 1936, IV, p. 417.

110 王式九：宋哲元對西安事變的態度。

111 全文見孔祥熙：西安事變回憶錄。

此電至爲突兀，且與宋哲元的立場不合。孔祥熙立電宋氏詢問，戈定遠亦由京返平探詢究竟，何應欽亦派軍事參議院參議何競武北上謁宋。宋因於二十五日復電孔祥熙，重申其「共匪不除，國無寧日」之主張。112 至於宋、韓聯名漾電，後經查明係何其鞏等慫恿韓復榘所發，宋哲元並不同意，113 韓復榘事後亦甚懊悔。114 孔祥熙透露其眞相是：

> 余據密報，始知該電原由何其鞏起草，有王芳亭、聞承烈、呂秀文等左傾份子在會磋商，韓復榘本武人，對於文字，不知輕重，遂為播弄。電稿送至北平，宋哲元對於容共一點，深表反對，曾囑緩行發表，而韓竟發之，殆亦有人作祟其間。嗣後聞事為韓部主要將領孫桐萱、曹福林等所悉，將何驅離濟南。孫為余之門下，聯繫原甚密切，更證以沈市長鴻烈密電及外交部情報司密報，故知其梗概也。115

所幸蔣委員長於二十五日安全脫險，宋於發電致賀外，再派戈定遠、秦德純先後南下晉謁，表示慰問與擁護之忱，由漾電造成的誤會與不快，遂得消失於無形。總觀西安事變一幕政治危機之平息，冀察之應付得宜實亦一項重要之因素。

---

112 同上。
113 秦德純：海澨談往，頁七九。
114 王式九前文。
115 孔祥熙：西安事變回憶錄。

(三) 由「特殊化」到「中央化」

冀察政局自民國二十四年以後，在日人的干預、威逼與壓迫下，表現出明顯的「特殊化」的現象。日人尚不以爲滿意，二十五年以後由田代皖一郎強逼冀察政務委員會的政策要「明朗化」—即明白表示其甘心爲日人傀儡的態度。宋哲元極力隱忍，愼作因應，爲應付日人並保全自身，他不能不對日方的要求作若干讓步。說眞的，他對南京國民政府也多少有些芥蒂。這也就是張熙若批評冀察當局「樂于利用國際背景造成冀察特殊局面」的原因。[116]這種情形，到二十六年一月起，却有了明顯的改變—或者說令人興奮的改善，亦即冀察當局決定不再顧慮日方的威脅，由「特殊化」趨向「中央化」。這一趨向，成爲導發盧溝橋事變的一項原因。[117]

所謂「中央化」，其實質意義就是「正常化」，亦即恢復地方政府正常的地位與功能，徹底執行中央政府的政令。當然，日方對察冀的威脅並未解除，宋哲元的趨向「中央化」，自然是基於理智的考慮後所下的決心。筆者認爲促使宋哲元決定趨向中央化的主要因素有二：一是二十五年十一月綏遠抗日勝利的鼓勵；一是西安事變後全國上下一致團結的影響。[118]

---

116 張熙若：冀察不應以特殊自居。
117 李雲漢：宋哲元與七七抗戰，頁一七九—一八五。
118 同上，頁一七九—一八〇。

冀察趨向「中央化」的起點，乃是二十六年元旦，宋哲元發表的「二十九軍二十六年新決心」一文，⑪⑲以及宋於一月二十日在天津發表的兩項文件：「告同志書」及「冀察政務委員會與冀察綏靖公署會銜通令」。⑫⓪在「新決心」一文中，宋提出三條，均以「我們是中華民國的國民」爲中心，憑自己的能力和知識，處理自己應辦的事，爲社會服務，決不依賴他人，決不心存僥倖，自責自勉，以求自立。「告同志書」，則提出三項重要的政策：

一、擁護國家統一，推行中央命令，誓以自力圖強，實現政治修明之象。

二、國家三大要素：卽主權，土地，人民；誓盡軍人天職，盡力保護之。

三、共產主義不適於中國，早爲識者所公認，馬克斯所說唯物史觀，處分剩餘等語，余已屢加駁斥。自共匪假用名義，希圖煽惑民衆，引起階級鬭爭，務達其搶奪政權之目的。其實殺人放火，純屬土匪行動，並不知主義爲何物，只有危害國本，殘殺民衆而已。誓卽嚴厲清共，不留餘孽。

「會銜通令」中規定四項，宋令所屬軍政各機關，堅決實行：

一、槍口不對內，中國人不打中國人。換言之，卽不參加內戰。

二、侵佔我土地，侮辱我人民，卽是我們的敵人，我們一定要打他。

---

⑪⑲ 全文見冀察政務委員會公報，第九十五期，民國二十六年一月六日出刊，特載，頁二。

⑫⓪ 民國二十六年一月二十一日，北平實報；正風雜誌，三卷十二期，民國二十六年二月一日出刊。

三、擾亂社會治安之土匪及共匪，人人應得而誅之。

四、剿匪不得視爲內戰，剿共更不得視爲內戰，應徹底肅清，以安社會。

日本駐各地的武官，於一月十九日在天津舉行會議。宋哲元於同日由平來津，次（二十）日即發表上述的「告同志書」與「會銜通告」，且要打倒「侵佔我土地，侮辱我人民」的敵人，這無異於對日人的一項警告。

宋的「中央化」行動，也自二十六年一月間開始。第一件使日人感到不愉快的事，是他於一月十二日更換了外交委員會的主任委員：陳中孚離職，賈德耀暫代。日人妄稱依據所謂「何梅協定」，任何華北高級官員的變動，非經日本同意，不能有效。[121]宋不顧日人反應，決定去陳，顯係決心擺脫親日派的包圍。戰後日人著書，猶以爲「親日系委員之追放」係「華北中央化」的一項明證。[122]

「中央化」的最大具體事實，是宋哲元不顧日人激烈的反對，決定派秦德純到南京出席二月十五日開幕的國民黨五屆三中全會。日本駐南京總領事須磨彌吉郎調職離華，於二十六年一月二十日向外交部長張羣辭行時，張曾告以：「冀東、冀察、察北等事例，均爲行政主權之分立或破

[121] *China Weekly Review*, February 20, 1937, p. 409.

[122] 秦郁彥：日中戰爭史，頁一三一。

壞。事關行政主權之完整與統一，自須儘速加以改善。」[123]日人遂以之爲依據，散佈三中全會將決議取消冀察政務委員會的謠言，以挑撥華北。宋在天津，於二月五日曾偕陳覺生訪問田代皖一郎，田代卽當面說宋「應速自決」。據二月六日自天津發往南京外交部的一份密電透露宋與田代談話情形：

田代對陝事解決，一再指為中央業已容共，日本不能忽視，應由冀察開始防共組織。同時並謂中央已決定於三中全會時決議取消冀察政會組織，調宋充豫皖綏靖主任，另簡何應欽或劉峙北來主持冀察，削韓、宋勢力，分化二十九軍。田代並云渠對此種未來演變極度關心，希望宋勿再猶豫，應速自決，日人決全力予以支持，雖有用武力時，亦不惜。宋對此未辯，蓋此為近一週來日方屢向宋聒絮之詞，宋雖覺其近於挑撥，但又以其言之近理，不能不信。[124]

事實上，宋未受田代影響，他立場堅定，秦乃成行。據外交部駐平特派員程伯昂向外交部報告：「秦德純代宋出席三中全會消息傳出後，日方要員紛紛探詢，並加譏勸。秦因赴津謁宋請示。宋意堅決，故毅然南下。雷嗣尙本預定隨往，亦因之中止。」[125]

[123] 中日外交史料叢編(四)，頁一〇〇。
[124] 中日外交史料叢編(五)，頁四八七。
[125] 同上，頁三八八。雷嗣尙，爲北平市政府社會局局長，親日份子懷疑雷將華北情報秘密報告南京，要求宋哲(續下頁)

宋哲元、秦德純均係中國國民黨第五屆中央監察委員，石敬亭則為候補中央執行委員，秦一人參加三中全會，無異為冀察當局的代表。他於二月十四日到南京，十五日起參加了八天的會議，二十八日北返，在京居留兩週。曾於二十七日發表談話，聲言：冀察外交今後完全與中央一致。[126]蔣委員長曾召見秦氏三次。[127]秦返天津後即向宋哲元報告南行經過，宋曾召集其重要幹部會商今後政策。三月四日，秦公開宣佈：「冀察外交今後將嚴格遵守中央政策的政策。」[128]宋於三月十日自天津回到北平，於接見中央社記者時，亦鄭重宣稱：「奉行中央政府的命令是我神聖的任務，過去如此，將來亦是如此。」[129]至於對日方所提經濟開發問題，宋表示：「我無權與日方談判這樣重大的問題，他們應當向中央政府外交部門去交涉。」[130]

三中全會以後，冀察表現出積極奮發的現象。如二十九軍訓練的加强—成立軍官訓練團，派遣高級軍官赴南京投考陸軍大學，接受中央軍校畢業學生至二十九軍服役，宋並於六月間手令設

(接上頁)

元將其免職，宋因不令其南下。後經秦德純力辯，宋准雷辭職，並資助其出洋留學。見秦德純：海澨談往，頁八二。

[126] 民國二十六年二月二十八日，南京中央日報。

[127] 秦德純在天津之談話，見 *China Weekly Review* March 6, 1937, p. 15.

[128] *China Weekly Review*, March 18, 1937. p. 49.

[129] *China Weekly Review*, March 20, 1937, p. 91.

[130] 同上。

置軍事訓練委員會，聘石敬亭爲委員長，計劃對二十九軍實施全面訓練；[131]要求冀察各機關加强對職員的訓練，並先從冀察政務委員會本身做起，「使人人均有整齊習慣，以爲民衆之模範」；[132]宋不顧日人的反對，於五月間下令恢復二十五年暑期停辦的學生暑期軍訓；[133]他如加强緝私，禁止盜賣國土，停止河北省銀行券之發行推行法幣政策等，亦均令日人震恐。[134]而綏遠省政府主席傅作義之到平訪宋，以及宋之親往張家口巡視，亦令北方軍民，備感振奮，察北義軍亦多反正抗日。[135]

冀察「中央化」之措施中，最具政治意義的事，乃是於六月間決定辦理國民大會代表選舉。蓋立法院起草之中華民國憲法係於二十五年五月五日公佈，同年七月，國民黨五屆二中全會議定於十一月十二日召開國民大會，並由內政部通令各省市辦理國民大會代表選舉。各省市均已遵辦，惟冀察以地位特殊爲詞，延未辦理。嗣國民大會日期延至二十六年十一月十二日，五屆三中

[131] 大槩：宋哲元久居樂陵的意義，見申報週刊，二卷廿八期，頁六三五—六；李雲漢：宋哲元與七七抗戰，頁一八三。

[132] 宋哲元先生文集（中國國民黨中央黨史委員會，民國七十四年），頁五三。

[133] 盧溝橋，頁六八；*Foreign Relations of the United States*, 1937 IV. pp. 110-111.

[134] 秦郁彥：日中戰爭史，頁一三一。

[135] 傅作義係於二十六年四月六日，到平訪宋；宋係於四月二十七日到張家口視察，傅作義亦於五月二日到平地泉視察，察北義軍常子義、李仲英、郭子英等受到鼓勵，遂先後反正與日僞軍作戰。

全會並授權中央常務委員會將國大代表選舉法酌加修訂，再由內政部通令各省市繼續辦理選舉。內政部長蔣作賓於五月二十四日到北平訪晤宋、秦，意見因得溝通，冀察同意遵令辦理。六月十日，河北省國大代表選舉事務所成立，選舉總監督民政廳長張吉墉同時就職，平、津、察繼之。七月二日，冀察平津國選指導辦事處成立，中央派宋哲元爲指導員，劉春霖爲辦事處主任。136 這件事，平津的學人特別高興，胡適認爲是「給全國的一件最好的消息」。胡在一篇以「冀察平津舉辦國大選舉」爲題的文章中，指出有三層特別意義：

㈠讓全世界知道，這兩省兩市當然是整個中華民國的一個不可分離的部分，㈡讓我們的强鄰知道，一切「分化」「特殊化」的陰謀是必須失敗的；㈢讓全國國民知道，冀察平津的軍政當局是擁護國家的統一，是不受浪人漢奸的煽惑離間的。137

一位署名爲「叔棣」的作者，於一篇「冀察的當局表現和局勢動向」通訊中，於論及二十六年春夏間冀察政局的情勢時，作了如下的頗爲公正的評論：

冀察的局面經過了好多次的風浪和危險，而直到今天，還能保持着現在這種樣子，没有出現日方所希圖的什麼「特殊化」，總算是僥倖的事。誇張地說，簡直是出人意外的事！這

136 宋哲元之任命發表於民國二十六年六月十九日，見國民政府公報，第二三八五號；又見正風雜誌，四卷，十一期，民國二十六年七月十六日出刊。

137 獨立評論，第二三九號；國聞週報，十四卷二十六期，民國二十六年七月五日。

自然由於國際國內的種種條件；不過，有一個條件，我們也不能忽略的，那就是：冀察當局的艱苦應付。[138]

三、大風暴前的小風波

民國二十六年上半年的華北，表面上看來，遠較二十五年爲平靜。不過，這僅是表面現象。實際上，却是外弛內張。日本軍方對冀察當局的壓力並未放鬆，除原來的「經濟提携」事項外，新的要索層出不窮，宋哲元不勝其煩，五月之後乃離開北平返回山東樂陵故里，暫避其鋒。這當然不是最好的辦法，却也不是全然無效。日人暫時找不到可以負責的交涉對象，也就得不到任何有利的承諾。這是本節所要陳述的第一個問題。

冀察中央化聲中，二十六年四、五月間，却發生了天津市市長、第三十八師師長張自忠率團赴日訪問的事。由於張自忠在一般人心目中，帶有親日的傾向，又在抗日聲浪幾乎遍及全國的時際貿然訪日，社會上難免又滋生疑慮，甚至責難。這件事是本節所要討論的第二個問題。

第三個問題，是關於青島的情勢：自二十五年十二月日本海軍陸戰隊登陸捕人，到稅警團換

[138] 申報週刊，二卷五期，頁九九；沈思：政府抗敵的準備（準備書局出版，民國二十六年四月），頁四二。

防惹起日人抗議交涉，是中日在華北地區的另一場糾紛，著者也希望在本節內予以澄清。

㈠ 日人要索與宋哲元返魯

儘管冀察表現出明顯的中央化趨向，儘管東京的林銑十郎內閣倡言「對華靜觀」，日本駐華軍人對冀察當局的壓力，却更變本加厲。於繼續要脅籌組「防共自治政府」，實行開礦、修路等經濟合作事項外，又復要求塘沽築港，拓界圈地等事，糾紛不斷，謠言亦多，尤其是五、六月間白河發現浮屍，社會人心均爲之惶恐不安。

所謂「防共自治政府」，係田代皖一郎所要求者，據外交部駐平特派員程伯昂報告：

自陝變解決後，日方認為中央與共黨成立諒解，又對平市長秦德純前次晉京，亦極不滿，蓋宋與中央合作，將影響彼在冀察之既得權利，適觸所忌，故遇機即一面向宋表示，希望速組華北防共自治政府，一面故意擴大宣傳，俾期達到目的。❶

對於此一要求，宋當然不予置理。關於經濟提携諸事項—尤其是滄石路的興建與龍烟鐵礦的開採，日方由於已籌得資金日幣三千萬元，因而再三催索。五月初，和知鷹二到北平見宋，要求表明態度，宋當卽告以：「政治問題未解決前，一切均暫不談。」❷

❶ 中日外交史料叢編(五)：日本製造僞組織與國聯的制裁侵略，頁四八九。
❷ 同上，頁四九〇。

塘沽築港，亦屬日方設計的開發華北經濟的行動之一。日人初欲濬深沽河，使大型商輪及軍艦可直駛天津，以與北寧、津石、津浦等路相接。嗣經勘查，需款至鉅，且非有五年不爲功，因改變計劃，決定在塘沽築港。二十五年一月二十五、六兩日，日本天津駐屯軍、關東軍及滿洲鐵道株式會社共同召開華北經濟開發協會，決定以塘沽爲正港，大沽爲副港，並疏通塘沽至葛沽一段河流，以爲軍商兩用之巨港。❸三、四月間，日本旅順要港部第十四驅逐艦隊司令官岡野親至塘沽再加勘估，準備動工興建。港係商、軍兩用，亦卽具有經濟與軍事的雙重意義。就經濟意義而言，目的在於收取晉察冀三省的物資—尤其是晉、冀兩省的煤，察省宣化龍關的鐵以及長蘆的鹽，均可由塘沽新港直運出海，日本貨物亦可由此直運冀晉察三省內部，成爲華北最大的吞吐港，由此亦可以掌握華北的經濟命脈。❹就軍事意義而言，由於津石路的興建與塘沽新港的完成，將可切斷平漢、津浦二路，控制華北的心臟地帶。任昉如有一段令人警惕的話：

> 我們還記得，日本侵略南滿的基礎，是大連港與南滿鐵路聯成的一線一港；日本進攻東省的途徑是：大連港與南滿鐵路，清津港與吉會鐵路，所組成的二線二港。塘沽由彼開築作為軍商兩用，聯絡津石、津浦、平漢、平綏、北寧諸線，成為一港多線，不就是吞併華

---

❸ 任昉如：塘沽築港的意義，見申報週刊，二卷十期，頁一九九—二〇〇。

❹ 任昉如上文；周開慶：抗戰以前之中日關係，頁二〇六。

北，征服華中華南的途徑嗎？❺

日方除興建塘沽、大沽正副港口外，並擬將大清河口建爲自由貿易港，或軍商兩用港。❻該地卽孫中山先生實業計劃中預定北方大港建港處，日本海軍亦早注意此地，並已勘查測量數次，認爲係灤東地區及長城內外的最佳吞吐港，築成之後，以鐵路公路聯絡遼、熱及冀東，當可與塘沽新港相互爲用。

清河口屬僞冀東區內，日方提議築港，殷汝耕自不敢不同意。然塘沽築港，必須向冀察政務委員會提出交涉，要求允准。冀察政委會以此事應由中央政府決定，日人亦深知中央政府殆無同意之可能，因而猶豫。塘沽築港問題，遂成爲冀察與日本軍方間的懸案。

所謂「拓界」，卽爲日本駐天津總領事館要求中國同意拓展日本租界的範圍。其理由爲：年來日、韓、臺人移殖來津者爲數日多，超過三萬人以上；日本駐軍增兵，總領事館警察部擴大之後，軍警眷屬前來者亦多，日租界內人口膨脹，幾無一畝隙地。日方遂謀擴展租界範圍至天津特二區，並拉攏意大利租界當局同時向天津市政府提出申請。天津市政府經冀察政委會轉呈中央請求，中央批復拒絕。據中央週報報導：

> 中央復示業已到津，由市府轉知（日、意）兩租界當局。中央之意，以日方有拓展租界向

---

❺ 任昉如上文。

❻ 中央週報，第四六一期（二十六年四月五日出刊），日本要求塘沽築港。

河東特二區（特一區鄰近意租界）侵佔企圖，在我正擬籌劃收回租界猶未實行之前，豈能再予帝國主義者以特殊機會，因予以批駁。❼

日人另一項非法侵佔中國土地的行爲，卽所謂「圈地」。意卽日方基於某項設施或某種意圖，認爲某處土地有取得之必要時，卽以非法手段逕行收購或租賃。這種事情，在天津和北平都曾發生。

天津市政府於二十六年三月間，發現有日本浪人勾結漢奸，誘迫郊區海河沿岸居民私自盜賣土地給日人情事，因於四月八日由官產管理處頒發布告，嚴禁盜賣國土，以維國家主權。❽然基層警察人員亦有爲日人收買，而致矇混庇護之事。五月上旬，天津縣政府查獲有機關任職人員張華軒等從事盜賣國土於日人之事。宋哲元據報後至爲震怒，因令冀察政務委員會於五月二十日在天津布告，凡盜賣國土查有實據者，處死刑。布告大意爲：

為保全國土主權，除民產有白契者限期登記，由主管機關加蓋戳記，不得賣與外人及其頂名之團體私人外，凡有代外人頂購及盜賣情事，無論市民及公務員，查實後概處死刑。❾

布告後僅一星期，天津縣政府卽查獲一名縣民谷文富，私購陳塘莊附近土地五十餘畝，售於

❼ 中央週報，第四六二期，民國二十六年四月十二日，日領館擬拓展租界區域。
❽ 中央週報四六三期（民國二十六年四月十九日），「漢奸一再盜賣國土」。
❾ 民國二十六年五月二十一日，上海新聞報；中央週報，第四六八期（民國二十六年五月二十四日）。

日人島英山，開設農業公司聖農園，天津縣警局遂將谷文富拘捕。詎日本駐天津副領事西田長康即向天津市政府提出抗議。谷文富被捕事在五月二十九日，不意至六月二日晨，聖農園突發生火災，燒斃華人一人。日人遂指爲華人縱火，但據天津縣府調查，可能係日人自焚，藉以嫁禍於國人。蓋火災係晨二時發生，而晨二時出刊之日文報紙即已刊出此一消息，惟謂爲一時火起。⑩天津市政府爲免日人引爲藉口，擴大糾紛，一面請天津縣長陳中嶽前往現場調查眞相，一面派市府參議盧南生偕同天津縣警局代表往訪領事館，允諾對聖農園日人加以保護，並釋放谷文富。日本領事館曾爲此事四次提出抗議，但無華人縱火之證據，且據調查，被焚之華人實係生前被害再投入火中，足見引火者實另有人在，日人乃未再擴大事態。是爲「聖農園事件」。⑪

日人非法圈地之情形，亦見於北平，古屋奎二曾作如下的敍述：

日軍在華北的挑釁行動，正日益露骨，日軍以北平郊外的盧溝橋附近為演習場所，逐日不斷的訓練、示威。更且計畫以由豐臺到盧溝橋一帶的六十多公頃土地建造飛機場，執拗不休的要求中國方面責給這些土地，並開出令人難以置信的高價誘惑地主，但大多數地主都不肯理會；於是，大為冒火的日軍乃一方面向中國地方行政當局施壓力，一方面更增加了

⑩ 中央週報，第四七〇期（民國二十六年六月七日），「我捕盜賣國土之犯津日領竟提抗議」；民國二十六年六月三日上海新聞報，「天津聖農園事件」。

⑪ 時事月報，十七卷一期，國內時事，頁九。

在盧溝橋一帶挑釁演習的頻度。⑫

另於四月上旬至五月上旬之一個月間，天津海河不斷發現浮屍，至五月七日，已發現七十多具，社會上因而謠傳紛紛。宋哲元卽於五月七日下令偵察，無論軍民舉發破案者卽獲重賞。⑬旋經查獲畀屍苦力二人，證明死者爲日租界內白面館（吸毒館）之吸毒者。天津警局曾據之向日本警察署長和久井交涉，和久井堅不承認，且自五月十一日起大舉搜捕租界內吸毒者，將之引渡於天津市警局，一時使天津警局進退兩難。至浮屍來源，猜疑者雖多，但警局始終未宣佈破案，一般認爲被誘賣於日方之勞工於逃脫時被捕回毆斃投河的可能性較大。⑭此案雖未引起正式交涉，卻使中日雙方軍民間的惡感，日益加深。

面對此種外弛內張，混沌險惡的局面—尤其是日本軍方的各種要索，宋哲元深感難於應付，乃萌回籍暫避之意。⑮宋係於五月三日離平赴津，五日爲其母祝賀七十壽辰，十一日卽由津前往樂陵原籍。⑯他於離平前，令秦德純、馮治安、張自忠共同主持冀察政務，並指示新任外交委員

⑫ 古屋奎二原著，中央日報社譯印：蔣總統秘錄，第十册，頁二〇一—二。

⑬ 平民破獲犯人的獎洋五千元，公務員破獲案犯的，提昇三級。見中央週報，第四六七期，民國二十六年五月十七日。

⑭ 公敢：天津海河浮屍的疑案，申報週刊二卷二十期，頁四四六—七。

⑮ 秦德純謂宋哲元二十六年二月間卽有此意，經秦勸告，一度擱置，然終又決意回魯。秦著海澨談往，頁八六。

⑯ 民國二十六年五月十一日，上海新聞報。

會主任委員魏宗瀚：「外交事宜，務以平等互惠，共存共榮，不喪權不辱國之原則，應付一切。」⑰他並派冀察政務委員會秘書長戈定遠，於五月十日前往南京，謁中樞當局有所陳述。⑱

宋返樂陵，亦非完全休假，冀察重要政務，仍向其請示。五月二十二日，宋與韓復榘會面於商河縣城西南三十里之茅家寺，更爲各方所注意。⑲日本華北駐屯軍經濟參謀池田純久曾於六月七日至樂陵謁宋談經濟開發問題，宋當卽告以「經濟提携問題，中央與冀察意見已完全一致，政治障碍不掃除，不能續談。取消冀東，爲先決條件。渠本人回平與否，無關談洽，只要日方肯接受冀察意見，隨時有人擔負商談之責。」⑳池田失望而歸。這也是盧溝橋事變前，宋哲元最後一次表示其坦率的意見。

(二) 張自忠率團訪日

民國二十六年四、五月間，張自忠率領了一個「旅行團」到日本去訪問一個多月。這件事，

⑰ 中央週報，第四六五期，民國二十六年五月三日。

⑱ 民國二十六年五月十一日，上海新聞報。

⑲ 民國二十六年五月二十三日，上海新聞報；張鵬揚「抗戰前後的商河縣」一文，作毛家寺。見山東文獻，五卷四期。

⑳ 民國二十六年六月十一日，上海新聞報。

在當時的環境和情勢下，當然是不合時宜也有拂民意的，因而引起不少人的疑慮和批評。秦德純亦曾說：「日方於二十六年春，堅邀張將軍（自忠）赴日參觀，因此張將軍便成了全國衆矢之的。」㉑

秦德純證實這次「赴日參觀」，是日方主動邀請的。另一份由中央週報刊布的「天津特函」，更透露：旅費明雖由冀察政委會負擔，實則此行純係華北日駐屯軍司令部邀請，而由退還庚子賠款之一部撥充用費，冀察政委會本身則所出無多。「特函」並透露日方之用意：

（日本）軍部之意，除使張自忠等悚於日本之富强，自動徹底親日外，則欲拉住冀察一部實力派頭腦簡單份子，根本排除其抗日反日思想，而無形中做到破壞我收拾華北計劃。宋哲元本人原不主張派員東渡，惟此中有人為張自忠運籌帷幄自命不凡者，極力慫恿張領導前往，迄今外間對該團多所傳述，但已不能影響該團之行矣。㉒

日本駐北平特務機關部輔佐官寺平忠輔，則認爲張自忠之赴日「見學」，係出於宋哲元的「命令」，目的是要實行「中日間的親善提攜」。㉓然寺平忠輔亦同時透露原任特務機關長松室孝良給他們的指示是：「我們應盡全力謀求與冀察親睦提携，打入其心中，誘導其成爲日本的伙

㉑ 秦德純：海澨談往，頁九六。
㉒ 中央週報，第四六三期（民國二十六年四月十九日），「冀察派員赴日考察」。
㉓ 寺平忠輔：蘆溝橋事件（讀賣新聞社，一九七〇），頁四四。

件。」㉔繼任特務機關長松井太久郎，則鑑於中國國民黨五屆三中全會之後，「抗日的空氣𥚃𥚃乎瀰漫平津一帶」，有「大禍臨頭」的感覺，因而認爲「如何使宋哲元逃不出我們的掌握，乃是北平特務機關應盡全力的任務。」㉕在這樣的背景下，日方邀請張自忠到日本去看看，作爲「使宋哲元逃不出我們的掌握」的一項謀略，是可以理解的事，宋哲元只是迫於情勢，不好不同意而已。宋哲元另外也同意了陳中孚的請求，讓他也到日本去「考察」，目的則在於「釜底抽薪」，免得他在華北挑撥日人，惹是生非。㉖

張自忠係於四月十五日至北平晉謁宋哲元，對團員人選及參觀計劃，有所請示，並決定於四月二十三日啓程。他當日下午回到天津，曾去拜訪英國駐天津總領事阿弗萊克 (J. B. Affleck)，告以：「已奉命不日前往日本訪問，並沒有特別的任務，僅是一次禮貌上的訪問，大概要請一個月的假。」㉗

事實上，日方安排的「參觀」，係分兩部分：有幾位二十九軍的將領李文田、張凌雲等，由櫻井德太郎引導，去青島參觀日本海軍的主力艦隊，爲期一週。㉘到日本去的「旅行團」，團員

㉔ 寺平忠輔前書，頁三三。
㉕ 寺平忠輔前書，頁三六。
㉖ 同㉒。
㉗ 李雲漢：張自忠赴日考察經緯，見傳記文學，第三十一卷，三期，頁三九—四二。
㉘ 寺平忠輔前書，頁四五。

則有十七人，連同眷屬及隨員在二十人以上，參觀的日期預定為六週，對外使用的名稱，則為「冀察國外旅行團」，但國內外報導則多稱之為「考察團」，日本軍人故意顯示其優越感，說是「冀察首腦之日本見學」。㉙依中央社發佈的消息，其組織情形及團員名單如下：㉚

冀察平津國外旅行團，定（四月）二十三日由團長張自忠率領，自津搭長城丸赴日考察。一行共十七人，分軍事、政治、工商、航空四組，預定二十八日可到東京，作一個月之考察。

團員包括冀察政務委員會，冀、察、平、津四省市政府，北寧鐵路局、惠通航空公司職員，二十九軍旅長四人，平津市商會代表各一人，二十一日已集中津市。此間（天津）各機關當晚在市府後樓聯合設宴餞行。玆將該團名單誌下：

團長：張自忠

團員：張允榮　邊守靖　張季垣　翟維祺　潘駿千　徐天鴻　鄭文軒

盧南生　劉中檀　姚作賓　徐仙槎　何葆蓀　田溫琪　黃振山

王文典　張旣澄

㉙ 同上，頁四四。

㉚ 民國二十六年四月二十二日，南京中央日報。名單中，可能有訛誤之處，如田溫琪，亦作田溫其；又二十九軍第三十七師一一〇旅旅長何基灃確係團員之一，惟名單中漏列。

張自忠啓程前，宋哲元在北平應日本新聞記者之訪問，發表談話，僅泛言中日關係應本平等互惠原則以增進雙方之和平與繁榮，諱言張自忠訪日有何任務。㉛張自忠在天津發表談話，亦謂此次訪日，純係觀光。他說：「此行係旅行性質，並考察日本軍政工商航空等狀況，俾作借鏡。如有機會，亦將與日本朝野人士一談，但並無政治上使命。」㉜然則，外界則論定張自忠負有與日方交涉取消冀東僞組織的任務，但因日方提出的交換條件過苛，且關東軍始終不予贊同，因而未獲成議。外交部駐北平特派員程伯昂，兩度向南京報告張自忠赴日，係與解決冀東問題有關。一次係在四月間發出的「總一一九號密電」，謂日本關東軍與華北駐屯軍人員於四月二十五日在天津開會，決定「由關東軍、駐屯軍雙方協助冀東防共自治政府，反對此次張自忠等赴日與外交團體交換冀東改組事件。」㉝一次是五月二十一日發出的「總一四三號密電」，報告外交部情報司：「此次張自忠在日商談收回冀東、察北問題，聞日方所提出條件，一部分爲日在華北駐軍三萬，分配山海關、北平、津浦路等地，津石路由日方修築，龍烟礦歸日人承辦。」㉞此外，中國國民黨上海市黨部的機關報「上海黨聲」雜誌，亦曾公開刊布「關係方面接東京消息」的報

㉛ 中央週報，第四六五期，民國二十六年五月三日。
㉜ 同上；又見二十六年四月二十三日，中央日報。
㉝ 中日外交史料叢編(五)，頁四八九—四九〇。
㉞ 同上，頁四九一。

導：

上月由津赴日考察之冀察考察團團長張自忠，日前已向東京日軍首腦部提出交涉，結果日方雖允予撤消冀東偽組織，但反向中國方面提出四項條件：㈠撤消偽組織應以承認日本在華北既得與已計劃中之各項基礎利益，為最低交換必具條件；㈡須在華北預劃『防共』緩衝軍事區域，以減少『滿洲國』危險及威脅；㈢中國政府應保障偽區取消後之偽官安全及自由；㈣華北各項問題祇須與冀察當局談判，南京政府應承認將來一切談判結果，不容諉卸或推翻。㉟

張自忠率團於四月二十八日抵東京，並開始考察。本來計劃訪問六週，由於宋哲元電催，提前於五月二十三日離日返國，二十六日到青島，二十八日過濟南，二十九日晨返抵天津，實際在日考察時間尚不足一月，連同往返行程亦僅三十五日，曾訪問東京、京都、奈良、大阪等地。寺平忠輔說他們在日「受到各方面熱烈的招待，滿載而歸」，認爲「親日氣氛的造成，已收到相當的效果。」㊱但張自忠回到天津後發表的書面談話，卻是走馬觀花，沒什麼心得：

此次赴日考察，為期共三十五日，以在東京、大阪兩處考察各工廠停留較久，此外在西京、名古屋等處，均未多停留。日本工商業近年來確有長足之進展，尤其紡織業與航空

㉟ 上海黨聲，三卷十八期（民國二十六年五月十五日），一週簡評欄，「張自忠訪日談撤消冀東僞組織問題」。

㊱ 寺平忠輔前書，頁四五。

業，進步更速。關於軍事與市政，亦略為參觀，惜均因時間關係，未能詳細考察。至所得材料，擬整理成帙，供各界研究。再此次在東京、大阪等處，曾與日本軍政實業界要人晤談，但亦係普通酬應。㊲

張自忠「至所得材料，擬整理成帙」的諾言，迄未實現。是否另有詳細報告呈送冀察政務委員會，亦不得而知。張氏未曾談及有關冀東交涉及其他政治問題，即日本方面，亦少直接可靠之記載。所幸何基灃之兄何基鴻於出席二十六年七月廬山談話會時，曾在七月十六日第一次共同談話會中，依據何基灃對他的報告，作了如下的說明：

> 冀察當局二月前曾派參觀團，赴日參觀。當他們動身的時候，人民對於他們非常懷疑，以為其中難免有秘密接洽之處。
>
> 參觀人員除了少數商會的代表外，大部分是軍人，其中一人是本席的胞弟，現任二十九軍三十七師旅長。此次我等在平親自詢問他去日本的經過，據他說：「這次在日本，大部分時間費在交際與遊覽，就是張自忠市長個人也沒有與任何日人作任何接洽。」
>
> 我又問他，在日本有沒有談到政治軍事問題，他說：「在日本的幾次應酬，我每次都在場，其中只有一次是談到具體問題。這一次，陸軍大臣杉山元談到華北經濟提攜問題，張

㊲ 民國二十六年五月三十日，上海新聞報。

市長就說明中央與地方的意見，並且一再說明中日經濟提携的前提，是消除政治障礙；消除政治障礙，首先要消除冀東偽組織。杉山元就說，祇要華北當局將日本應該做的事做到了，取消冀東是不成問題的。除此以外，什麼都沒有談到。」

還有一次日本少壯軍人請他們吃飯，席間有一位少佐起立致詞，他說：「我們都是軍人，我們的關係比較密切。因為中日兩國和平聯合，要由我們先握手；假使不幸中日兩國發生戰爭，也是我們先動手。」同時他又用着忠告的語氣說：「你們不要中蘇俄的宣傳，把蘇俄的武力估計得太高了，更不要以為有蘇俄作後援，可以抵抗日本。依照現在日本的國力，不僅對於蘇俄有餘，就是中俄聯合作戰，我們也可以應付。所以為貴國前途着想，應該中日兩黃種國聯合起來，共同防俄。」

少佐致詞畢，他們就推何旅長（基灃）代表答詞，大意說：「同人對於貴少佐的豪語壯氣，非常欽佩。不過中國無論現在或將來，決沒有聯合任何外國來反對其他國家的。我們只求自力更生，來保護我們的領土主權。至於說中日兩國提携，我們是十分願意的，不過提携要以平等作基礎。日本固然要生存，為生存而努力，中國也需要生存，也要為生存而努力的。」

這是他們參觀團到日本的經過。[38]

---

[38] 盧山談話會紀錄原稿，中央黨史會藏件。

㈢ 兩次青島事件

此處所稱兩次青島事件，係指：㈠民國二十五年十二月二日日本海軍陸戰隊登陸青島，捕人逞兇；㈡民國二十六年五月，日本駐青島總領事館藉口稅警團進駐，向青島市政府抗議恫嚇。

第一次事件，發生於日本關東軍支持僞蒙軍進侵綏遠之際，在戰略意義上，可以視之爲日方對綏遠戰爭的策應性行動。事實上，這年九月十六日，日本駐華大使川越茂與外交部長張羣舉行第二次會議時，川越卽以北海發生殺害日人事件爲藉口，表示「日本海軍考慮佔領海南島或青島。」㊴

日軍此次强行在青島登陸，其口實爲日人在青島的九家紗廠發生工潮。㊵工人要求增加工資，一部份工人以罷工要脅，其中難免有赤色份子居中煽動。青島市政府令有關機關，從事勸諭調停，並將涉嫌策動份子逮捕，工潮已可能於短期間內協調平息。不意，日方突於十二月二日宣佈日紗九廠全部關閉，致二萬七千餘工人因而失業，且日本海軍陸戰隊爲鎭壓華人，於深夜强行登陸，立卽包圍黨政機關，擅行捕人，毆辱員工，並刼掠文卷。據中央社十二月三日自青島發出之電訊：

㊴ 總統蔣公大事長編初稿，卷三，頁三二七。

㊵ 日本經營紗廠甚多，其最著者有九：內外、日淸、日本、長崎、同興、大康、隆興、寶來、銀月。

停泊此間之各日艦陸戰隊，二日夜登陸者千餘名，三日晨四時許，分頭携帶機槍鋼砲，前往包圍青島市黨部，膠路黨部，市立圖書館及平民報社等處，入室搜索各項文件，當將膠路黨部職員程炳南，工友范成、李德甫捕去。平民報社長張樂古，圖書館職工尹雨三、李蘭泉，及國術館秘書向禹九，亦均被日陸戰隊捕去。當日兵搜索膠濟路及青市兩黨部時，電話線被割斷，指名索特派員謝永存、李先良等，因未搜獲，故黨部職工横被毆辱。㊶

此一事件，顯係日軍有意侵害中華民國主權，侮辱中華民國官署與官員，其横蠻無理，在國際社會中尙屬罕覯。事情發生後，青島市市長沈鴻烈一面急電蔣中正委員長兼行政院長報告並請示。㊷一面卽向日本駐青島總領事西春彥提出交涉，日方亦允諾卽將無理拘捕之九人釋放。

蔣中正委員長時在洛陽。他於接獲沈鴻烈市長急電報告後，先於二日急電沈鴻烈，告以取應戰而不求戰方針，並與韓復榘連繫請其協助外，㊸並令外交部立卽向日方抗議並進行交涉，復於三日再電沈鴻烈，令其一面積極準備應戰，一面處以冷靜，仍向日本領事館交涉，要求其陸戰隊先行撤退。㊹蔣氏希望青島事件能盡速解決，免生事端，他電告外交部長張羣：「青島罷工問

㊶斛泉：青島日本陸戰隊捕人事件紀要，東方雜誌，二十四卷一號（民國二十六年一月一日），頁三九五。

㊷沈鴻烈十二月二日及三日兩次電報，均見中華民國重要史料初編—對日抗戰時期，緒編㈢，頁六八五—六。

㊸同上，頁六八五。

㊹總統蔣公大事長編初稿，卷三，頁三六〇。

題，如不從速解決，則必為共黨利用，各處響應罷工與其他反動，必日甚一日。」㊺張羣接到指示後即向川越茂當面抗議，並要求撤軍。張氏自述：

我得到青島的報告後，異常重視，立刻召川越大使到外交部。當天晚上舉行和川越的第八次談判，也是和他的最後一次會談。我先就青島日水兵非法行動事，向川越面提抗議，要求日本立卽撤退青島的軍隊；次述綏遠事件的調查事實，要求日本制止其軍民參加綏東的戰爭。我並且告訴川越：今日不準備商談其他交涉。㊻

中國駐日大使許世英亦奉令向日本外務省進行交涉。他於十二月五日向日方提出抗議，並要求四項：㈠立卽撤退登陸之軍隊；㈡立卽恢復紗廠原狀；㈢立卽釋放非法逮捕之中國人民；㈣歸還被抄收之中國人民財產。許大使並聲明保留提出其他要求之權。㊼

主要的交涉，在青島進行。沈鴻烈向西春彥提出要求：㈠保證日本不再拘捕任何中國人民；㈡交還日海軍陸戰隊在市黨部及其他各處所取之文件；㈢撤退登陸日海軍；㈣談判日本九家紗廠之復工問題。㊽西春彥對沈氏要求，不作具體答覆。蓋主其事者乃日本海軍第三艦隊，總領事固

㊺ 同上，頁三六一。
㊻ 張羣：我與日本七十年，頁七九。
㊼ 鄭允恭：匪偽侵綏聲中之青島事件，東方雜誌，第三十四卷一號（民國二十六年一月一日），頁六—七。
㊽ 周開慶：抗戰以前之中日關係，頁二四一。

無權作任何承諾。十二月四、五日間，復有日本海軍陸戰隊登陸之事。五日，日本第三艦隊司令及川及天津駐屯軍參謀和知鷹二抵達青島，不獨不答覆沈市長之要求，反而提出十數項無理要求强我方接受。沈與西春彥於六日晚作第三次會晤時，對日方超越範圍之要求嚴詞拒絕，幾至決裂。㊾七日，沈與西春彥作第四度會談，情況突趨好轉，及川司令官亦願與駐青中國海軍第三艦隊司令謝剛哲會晤。情況轉變之原因，係由於日方知悉沈鴻烈已有決心，且援軍正在集中中。沈氏曾向蔣委員長報告青島防務準備情形：

我方陸戰隊六營，二營駐威海，一營駐卽墨，其餘駐青之一營，派兩連居市外工廠地帶警戒，此外有市保安隊六連，分駐四鄉。昨調威海一營來青，正在航行中，五日午後可到，現正集中各隊妥為配備。向方（韓復榘，字向方）處，業經接洽，卽墨防務卽由李師填防。青市各國僑民達二萬以上，在未決定作戰以前，對外僑似應由職處預為通告。㊿

且及川奉令將司令官職務於八日交予新任司令官長川谷清，不欲多事。九日，雙方達成協議：登陸之日本海軍陸戰隊撤退，日營各紗廠定十二月十四日復工，青島市政府接受日方要求，處分煽惑滋事之不法工人，並加强治安之維持，勸告工人安心工作。51

㊾ 斛泉前文。
㊿ 中華民國重要史料初編—對日抗戰時期，緒編㈢，頁六八六，沈鴻烈電，李師，為第七十四師，師長李漢章。
51 斛泉前文；周開慶前書，頁二四二。

日本陸戰隊非法登陸捕人事件雖告解決，駐青日本人員與青島當局間的關係，却仍在緊張狀態中。青島日僑甚多，日人在青島的勢力深厚，而中國軍民對日人的驕橫狂妄，於無法忍受之際，自難免有報以眦睚之舉。沈鴻烈市長尤力維中國主權，擁護國民政府，日人遂視之爲仇日份子，日夕謀所以抵制。二十六年二月十日，駐青日本陸軍武官曾向日本陸軍省及參謀本部報告：「青島最近各方面的侮日態度，都很明顯。」「今日日本如果後退一步，將導致彼前進數十步，從而被迫不得不戰爭，如對中國稍微採取道義政策，勢必如是。」[52]

五屆三中全會開會，沈鴻烈親往南京出席，往返均經過濟南，與山東省政府主席韓復榘及膠濟鐵路管理局局長葛光廷有所磋商。日方大爲不滿，日海軍第三艦隊於三月八日致東京海軍省軍令部的密電中，竟談及青島市沈市長的撤換問題，甚至有意支持前青島市公安局長余晉龢或葛光廷代沈。[53]

四月下旬，冀察軍事參觀小組到青島參觀日本艦隊的演習。沈鴻烈市長以晚宴招待他們，說了一段帶有諷示性的話：「各位今天參觀日本主力艦隊的威容後，說不定會有英雄已無用武之地的感覺。然而根據一九二二年華盛頓海軍條約的規定，英、美、日三國的海軍主力艦比率是五：五：三；美英兩國海軍之噸數以及備砲之精度，遠非日本海軍所能及。各位牢記這一事實，乃爲

[52] 臼井勝美原著，陳鵬仁譯著：近代日本外交與中國，頁八一。
[53] 現代史資料⑧，日中戰爭㈠，頁三九二—三。

必要之事。」54日本人遂更嫌惡沈氏，說：「沈原是張學良的東北艦隊司令官，瀋陽事變後喪失該職位而登陸，轉任青島市市長，因而對日本不懷好感。」55

就在此際，發生了第二次青島事件：由於中國政府財政部所屬的稅警團換防山東膠澳區，爲加强緝私而增加若干兵力，因而引起日本駐青島總領事館提出抗議；並稱稅警團曾驅逐棘洪灘地方之韓人，不能不「興師問罪」。青島地區情勢，驟形緊張。外交部發言人乃對新聞界說明此一事件眞相：

山東膠澳鹽區，向有稅警一營駐防。本（五）月二日，財政部將該營調回海州，另派稅警第五團填防。此舉係因食鹽加稅，為防止走私，故增調一二營，以充實緝私力量。乃日本駐青島總領事不明此意，竟向青島市政府提出抗議，要求中央撤退，而同時青市日文報章復一面捏造稅警壓迫韓人之事實，一面對魯青省市兩府多作挑撥攻訐之詞，幾使人疑係有意尋釁，誠為遺憾。中國武裝隊伍，在本國領土內，自由調動駐防，原無外人置喙之餘地，況稅警職務，祇在緝私，實毋庸其張皇也。56

財政部之設有稅警，由來已久。惟擴充爲稅警總團，並任命國軍第二師師長黃杰爲總團長，

54 寺平忠輔：蘆溝橋事件，頁四五。
55 同上。
56 民國二十六年五月二十六日，上海新聞報，「外交部發言人說明青島汕頭兩事件眞相」。

則是二十五年春間之事。兵力共五團之衆，「武器裝備，俱爲上選，駐防青島及海州沿海，如期完成連雲港要塞工程。」(57)第一團駐山東日照，第二團駐海州，第三團駐安東衞，第四團駐靈山衞，第五團卽此次奉令增駐膠州灣沿岸諸地者，團長爲丘之紀，團部駐摩天嶺，下轄第一、二、三營，分駐山東卽墨縣境之南萬村、棘洪灘、馬哥莊。(58)其任務爲戢止青島至海州一線海陸走私活動，並協助青島地區外圍之治安。日本方面則謂此爲中國政府「高姿勢」之備戰行動，認爲是「入侵」及「挑釁」行爲。不僅當時日本駐青海軍武官田尻穰，總領事大鷹正次郎等連電東京告急，(59)卽戰後「現代史資料」的編者，亦作如下的了解：

> 稅警團（以監視鹽田並取締鹽稅走私為目的之混合部隊）之進駐山東，是中國政府對日反攻的一項行動。本來，山東只駐有韓復榘的軍隊及沈鴻烈指揮的東北海軍陸戰隊，並無中央軍之一兵一卒。（一九三七）四月下旬，原駐海州方面之稅警團突然進駐青島。此一行動，係沈鴻烈赴南京出席三中全會後向國民政府請求者，目的在阻止未來日軍之登陸。亦是華北中央化之反應。稅警團乃原駐徐州、海州一帶第二師及第五十七師中央軍之精銳所抽調編組者，約四五千人，以稅警團名義向青島出動。(60)

(57) 吳相湘：民國百人傳（臺北，傳記文學出版社，民國六十年），第四册，頁三三五。
(58) 現代史資料⑧，日中戰爭㈠，頁四二四，日本駐青島海軍武官田尻穰之調查報告「稅警團已進駐山東」。
(59) 兩人密電均見現代史資料⑧，日中戰爭㈠，頁四二三—四三九。
(60) 現代史資料⑧，日中戰爭㈠，資料解說，第十項。

五月三日，稅警團一部進入南泉車站緝私，田尻穰卽認爲是「開戰準備」。(61)實則稅警第五團分駐各地，均在青島市轄區之外，屬山東省膠縣及卽墨縣境，與青島市區日人之活動並無關係。乃大鷹正次郎總領事以「中央軍以稅警團名義，配備於膠州灣，芝罘、羊角溝方面」，有違於一九二九年交還山東時之約定，電請東京外務省向中國政府抗議。外務省通告南京日本駐華大使館，參事官日高信六郎因於五月十九日訪問中國外交部，向亞洲司司長高宗武口頭抗議，並要求制止稅警團之行動。(62)次日—五月二十日，稅警第五團團長丘之紀對青島市新聞記者，發表談話，就調防事件說明中國之立場：

本團隸屬於財政部，分駐各鹽區，負緝私及保護鹽灘之責。膠澳鹽區向來駐有稅警一營，近以鹽灘產量激增，兼以中央增加鹽稅，對於走私漏稅之防止任務，更為繁重，故最近財政部特調本團來此駐屯。原駐該營則開回海州。且兩年前卽已蓋有營房，築有馬路，此來換防，事極尋常。再本人對於部隊之管理，素重嚴格，歷來所駐各地，軍民融洽，頗受地方之愛戴。此次調駐膠澳鹽區，自當一秉初衷、注重紀律。惟日前卽墨縣棘洪灘地方，住有韓籍人三名，聞以販賣毒品為業，當地民衆，因子弟受害過深，乃於五月二日報請縣警查究，該韓人等承認販毒不諱，並自願他遷。適本團是日開到此地，以事關外僑安全，且

(61) 同上書，頁四三〇，五月三日紀事。
(62) 同上書，頁四三九。

囑村長王達護送出境。自此以後，本團部隊從未與任何外籍人發生事故。因本團駐在卽墨縣屬之摩天嶺，係山東內地，並不接近膠濟路線，照理並無外籍人居住，何來齟齬。至南泉、城陽，本團並無一人駐彼。事實俱在，何容假借。乃某外報揑造事實，故意攻擊，連日為有系統有組織之繼續登載，或極盡挑撥之能事，或橫加誣衊之詞，本團以事實勝於雄辯，惟念中日邦交正在好轉之際，此類無稽記載，誠恐淆惑社會聽聞，甚至影響邦交，故不得不加辯正。總之，本團職責，衹在緝私，其他一切，自不過問。今某報竟如此顛倒事實，任意侮辱，殊屬不可思議。63

中國政府在中國領土內調遣中國軍警駐地，乃中國政府之權力，日方妄事干涉，殊無立場。日方亦自知於理不足，惟擴大張揚青島現狀的危險，一意慫恿東京當局對中國採強硬政策。大鷹正次郎總領事於六月六日發往東京外務省的秘電，卽警告廣田弘毅外相說：「一旦在此地發生武力衝突，它跟上海事變不同，恐將導致整個華北甚至中日全面的衝突，這是陸海軍一致的看法。」64

63 中央週報，第四六九期（民國二十六年五月三十一日），「青島稅警團調防事件—丘之紀談話」。

64 現代史資料⑧，日中戰爭(一)，頁四三六，大鷹總領事關於稅警團問題之第一六五號密電；又見陳鵬仁譯著，近代日本外交與中國，頁八〇。

肆、由盧溝橋事變到平津淪陷

中華民國二十六年卽西元一九三七年七月七日夜晚，中、日雙方在北平城西郊宛平縣屬盧溝橋附近發生衝突，是爲盧溝橋事變。❶此一事變，亦稱七七事變，中國朝野視之爲對日關係的「最後關頭」，是對日抗戰（一九三七—一九四五）的開端；日本方面視之爲「事件」，當時稱之爲「北支事件」的發動，戰後始有人認爲是「亡國戰爭」或「日本之悲劇」的開始。❷

有關事變發生的背景以及當晚衝突的經過，中國與日本雙方面的記述互有歧異，且歷史學者之間，迄今仍有爭論。著者無意擧述或參與爭論，惟願對事變有關的幾個法理與事實問題，作理

---

❶ 盧溝橋，依河北省史誌記載，及鐵庵「盧溝橋之沿革」（中報週刊第二卷二十八期，民國二十六年七月十八日），張其昀「盧溝橋之位置」（民國二十六年七月十八日天津大公報）等文的考訂，正名應爲盧溝橋。橋頭有清乾隆帝所題「盧溝曉月」碑一方。中國公私文件著述及新聞報導，有作蘆溝橋者，日文資料則均作蘆溝橋。本書依史誌記載採盧溝橋正稱，惟引用資料中記作蘆溝橋者，仍于保留，不作更動。

❷ 伊藤正德著軍閥興亡史，稱盧溝橋事變爲「亡國戰爭的開端」，寺平忠輔著蘆溝橋事件，副標題記爲「日本之悲劇」。

智的探討，期能有所澄清。以是本章第一節，係以分析幾個有關問題爲中心。

誠然，事變發生之始，僅是一項地方性與局部性的衝突，可以經由談判的方式獲得諒解。中國自始卽堅持「應戰而不求戰」的立場，日本亦宣布「不擴大」與「現地解決」政策。然而，事實上，糾紛却越來越擴大，二十天後卽已發展爲不可避免的戰爭，日軍一擧而攻佔了華北名城亦是華北心臟地帶的北平和天津。和、戰之間的關鍵何在？其演變的過程爲何？平津何以能急遽失守？這都是本章第二、三、四節所要解答的問題。目的在使讀者能對中日和戰的有關因素及決策過程，能有比較深入的以及全面性的了解。

一、事變的爆發

事變發生時，冀察政務委員會委員長、冀察綏靖主任兼第二十九軍軍長宋哲元，尙在山東樂陵原籍，由冀察政務委員會常務委員，北平市市長，並兼第二十九軍副軍長之秦德純，代爲主持冀察政務。駐紮宛平縣城的中國部隊，是三十七師馮治安部的一一〇旅二一九團，團長爲吉星文。當晚衝突發生後，奉命與日方人員前往調查的中國官員，爲河北省第三區行政督察專員兼宛平縣長王冷齋。以是秦、王、吉三人爲中國方面處理事變的當事人，亦可說是這段歷史的見證人，三人也都有敍述事變經過的文字發表。❸綜合秦、王、吉三氏的記述以及當時的電報及新聞報導，事變的經過情形是這樣的：

六月二十五日起，駐平、津日軍開始大演習。七月七日夜晚十時四十分，在河北省宛平縣盧溝橋以北地區從事夜間演習之日本駐屯軍第一聯隊第三大隊第八中隊，突稱受到龍王廟方面中國軍隊的射擊，當即收隊檢查，發現士兵一名「行方不明」，認爲已被中國軍隊擄入宛平城內。中隊長清水節郎遂向其駐屯豐臺之大隊長一木清直提出報告，並請求增援。一木清直立即轉報聯隊長牟田口廉也，牟田口廉也一方面立令一木大隊向宛平進發，一方面經由日軍駐北平特務機關長松井太久郎即向中國駐北平軍政最高機關冀察政務委員會提出交涉，要求派兵進入宛平縣城搜查。北平市市長兼第二十九軍副軍長秦德純拒絕日方入宛平城搜查的要求，惟同意由雙方派員會同前往現地調查。詎調查人員抵達宛平城外，發現由豐臺開來之日軍一木大隊已將宛平包圍。調查人員甫入城尚不及五分鐘（時已七月八日晨四時五十分），日軍即開始進攻。此一揭開中日八年戰爭（一九三七—一九四五）序

❸ 秦德純著有海澨談往（著者自印，民國五十一年），回憶錄（臺北，傳記文學出版社，民國五十六年）；王冷齋撰有七七回憶錄（民國二十七年七月七日，重慶、香港各報），七七十週年—刼後盧溝橋巡禮（民國三十六年七月七日，上海大公報）；吉星文撰有盧溝橋保衛戰回憶錄（民國四十年七月七日在臺灣豐原中學紀念七七大會講詞）。

幕之盧溝橋事變亦即七七事變，遂告爆發，震驚中外。

中國朝野，自視即認定事變的發生是華北日軍的挑釁行爲，是一項預謀的侵略行動，更是中華民族存亡絕續的最後關頭，故自始即出以嚴正的態度應付。軍事委員會委員長蔣中正曾鄭重宣稱：「此事發展結果，不僅是中國存亡問題，而將是世界人類禍福之所繫。」❹

日本方面關於盧溝橋事變的記述，無論是在戰時或戰後，則都强調：衝突發生的當晚，日軍演習部隊於演習結束時，受到中國方面的射擊；而甚少提及，或有意廻避提及「失蹤士兵」、「要求入城搜查」及「一木大隊長下令攻擊宛平城」的事。當時服役於平津地區的日本軍官，如駐屯軍參謀長橋本羣、大使館武官今井武夫、北平特務機關部輔佐官寺平忠輔等，也都於戰後寫下了回憶錄或專書，❺多半把事變肇事的責任推到中國方面。歷史學者如秦郁彥、臼井勝美等人的專著，❻也都否認日方有發動戰爭的意圖，認爲中國政府的決策和行動，才是使局勢惡化的主要原因。

❹ 秦孝儀主編：總統蔣公大事長編初稿，卷四（上），頁七九。

❺ 今井武夫撰有支那事變の回想（昭和三十九年即一九六四年刊）；寺平忠輔著有蘆溝橋畔の銃聲（現代史資料月報，第九回配本「日中戰爭㈡」附錄，一九六四年九月），蘆溝橋事件（讀賣新聞社，昭和四十五年即一九七〇年）；橋本羣撰有橋本羣中將回想應答錄，見現代史資料⑨，日中戰爭㈡（東京，一九六四），頁三一八—三六七。

❻ 秦郁彥著有日中戰爭史（東京，河出書房新社，一九六一）；臼井勝美著有日中戰爭（中央公論社，一九六二），氏且爲現代史資料⑨日中戰爭㈡資料解說撰稿人。

研究及論述盧溝橋事變的第三國人士，以其學術背景及依據資料之不同，論點亦非一致。鮑爾格（Dorothy Borg）和杜恩（Frank Dorn）的著作比較持平，❼後起之秀的柯樂利（James B. Crowley），則聲言要對盧溝橋事變重作考量（reconsideration），❽並依據日方史料及訪問戰時日本軍人的口述材料寫成專書，大有爲日本軍國主義侵略政策辯護之意。❾筆者認爲盧溝橋事變係因日軍在盧溝橋附近演習而起，因此對日軍演習行動之是否合法，作一法理上與實際上的探討，乃屬必要。

(一) 日軍演習是否合法問題

幾乎所有日本方面的著述，都强調在華北駐屯軍的演習是一項「條約權利」。表面聽來，似乎也順理成章。因爲一九〇二年七月十五日各國公使致清政府要求擴大「駐兵權」的照會中，確

---

❼ Dorothy Borg, *The United States and the Far Eastern Crisis of 1933-1938*, (Cambridge: Harvard University Press, 1964); Frank Dorn, *The Sino-Japanese War, 1937-41* (New York: MacMillan Publishing Co., INC, 1974).

❽ James B. Crowley, "A Reconsideration of The Marco Polo Bridge Incident" *Journal of Asian Studies*. XXII, No. 3, May, 1963.

❾ James B. Crowley, *Japan's Quest for Autonomy, National Seceurity and Foreign Policy, 1930-1938* (Princeton: Princeton University Press, 1966).

有「該軍隊有操練打靶及野外大操之權」之語句，清廷也確曾承諾過此一要求。⓾但細察照會原文，則知此項演習權之規定，係指天津的駐軍而言，天津以外各地外國駐軍有否此項權利，則無明文規定。盧溝橋演習日軍是屬於豐臺日軍的一個中隊，而豐臺並不在辛丑條約所規定的十二處駐兵地點之內，以是日軍之進駐豐臺已屬違反條約，駐豐臺日軍擅行在中國領土盧溝橋附近演習，如何可稱爲「條約權利」？況且，華北日本駐軍的演習，已非純粹的教育性操練，而是於特定日期在特定地區內以特殊行動達到特定目的的挑戰性行動。一九三一年九月十八日的「瀋陽事變」，日本關東軍不也曾假託沿南滿鐵路實施「夜間演習」而眞的砲轟北大營中國駐軍嗎？這樣的「演習」又如何能視之爲合法行動！

北平與天津日本駐軍，本經常舉行實彈演習。依據一九〇二年七月十五日各國領事的照會，此等實彈演習，應先期通告中國當局，然日軍從未履行此一義務。民國二十四年卽一九三五年十月華北出現「自治運動」危機之後，日軍的演習次數增加，其所顯示的政治性目的也日益顯明。二十五年卽一九三六年內，最少有五次大規模演習，令人震驚：⑪

⓾ 各國照會全文，見中日條約彙纂，第一編，光緒條約，附八，平津至山海關各國駐兵關係文件，頁一八八—一九〇；中國外務部復各國照會，見同書，頁一九一。

⑪ 郭廷以：中華民國史事日誌，第三册（臺北，中央研究院近代史研究所，民國七十三年），民國二十五年度紀事；上海新聞報，南京中央日報，天津大公報，各有關紀事。

一、一月二十二日北平日軍在朝陽門外的實彈演習。

二、五月十日，天津日軍在唐家口子窪內之鋼砲演習，同日又在軍糧城附近舉行手槍演習。

三、九月十八日豐臺日軍演習，返程中與中國駐軍衝突，相持竟夜，北平戒嚴。

四、九月三十日，北平、天津日軍同時舉行大演習，北平謠諑甚熾。

五、十月二十六日至十一月四日，平、津日軍在北平市、盧溝橋、長辛店、軍糧城、大直沽、通州等地舉行「秋季大演習」，武裝日兵在北平市內遊行，暗示向二十九軍示威。二十九軍不甘受辱，亦於十一月十一日起開始大演習四天，繼之五十三軍、三十二軍及第四十軍，也都在冀南演習。⑫

進入二十六年即一九三七年度，日軍的示威性演習有增無已。一至五月間，有大演習三次：

一、一月十八日，北寧路沿線雷莊、古冶地區大演習，以日軍第二聯隊步、砲兵為演習部隊，演習四天，至二十二日終止。⑬

二、四月二十四日，日軍在通縣一帶大演習。⑭

⑫ 李雲漢：宋哲元與七七抗戰（臺北，傳記文學出版社，民國六十二年），頁一五四—五。

⑬ 申報每週增刊，二卷五期，「時事一週」欄內「冀察最近情形」，民國二十六年一月三十日出刊。

⑭ 同上書，二卷十七期，民國二十六年五月三日出刊。

三、五月九日，平、津日軍大演習、大檢閱。日軍之選擇五月九日這個袁世凱在日本最後通牒威脅下答覆二十一條要求的國恥紀念日，來舉行大演習，弦外之意，不言而喻。清華大學升降半旗，以志哀痛。⑮

豐臺日軍演習尤爲頻繁，王冷齋氏曾作如下之敍述：

豐臺事件發生後，我方駐軍他調，敵人遂以一木清直所部之一大隊（等於中國軍隊一營，惟人數較多，約七百人）全駐該處。平時以演習為名，常常在盧溝橋附近活躍，偵察地形。其初演習不過每月或半月一次，後來逐漸增至三日或五日一次；初為虛彈射擊，後竟實彈射擊；初為晝間演習，後來竟實行夜間演習，且有數次演習部隊竟要求穿城而過，均為我嚴厲拒絕。如是者相處數月，因我方種種之應付及切實戒備，幸未發生嚴重事件。⑯

上述的演習情形，實已成爲尋釁的手段，不僅在條約上無所依據，卽在各國軍事史上，恐亦並不多見。「五九」大演習後，天津日軍又於同月二十日起，擧行一連兩天的野戰、砲戰及夜襲演習。⑰六月二十五日起，日本駐軍開始「全軍大演習」。⑱至七月七日夜晚，便發生了盧溝橋

⑮ 中央週報，第四六七期（民國二十六年五月十七日出刊）記事：「日軍演習―五九檢閱」，「全國沉痛擧行五九國耻紀念」。

⑯ 王冷齋：七七回憶錄。

⑰ 上海新聞報，民國二十六年五月二十一日。

⑱ 華北日軍大演習，見上海新聞報，民國二十六年六月二十一日。

事變。

事變發生後，各方人士都對日軍演習的動機以及那一方面先行射擊的問題，不免有所揣測。上海英文「每週評論」(*The China Weekly Review*) 刊出的一篇評論，很乾脆的指出：

> 用不着去研究那一方面先開槍，或日軍在那「特殊區域」有否「夜間演習」的權利。外軍在中國領土上作任何的演習，總會發生糾葛的。[19]

這一論點，日本參謀本部作戰課長石原莞爾有類似的看法。他以爲日軍於一九三六年之增兵及進佔豐臺，就是中日衝突的基本原因之一。他說：

> 關東軍向華北插手，中央軍部竟無法阻止，只得增加中國駐屯軍，以為牽制，造成了華北事變。當時不應採增兵的辦法，而應以統帥的威力迫關東軍退出。應做而未做，深感未盡到責任。又關於兵力配佈方面，軍事的意見竟為政治的意見所壓制，不駐通州而改駐豐臺。在日本駐屯軍全面的配佈看來，豐臺是個突出部分，其位置與中國軍隊相距最近，最易接觸，我認為此乃盧溝橋事變的直接動機。[20]

儘管日軍演習的動機及其所謂「合法性」是否成立，已因上面的敍述獲得答案，另有幾個附帶的問題，仍然有加以說明的必要。

---

[19] *China Weekly Review*, July 18, 1937.

[20] 石原莞爾中將回想應答錄，見日本防衛廳防禦研修所戰史室編：支那事變陸軍作戰(一)。

其一，日軍何以於此時在此地演習？「日本軍閥興亡史」的著作人伊藤正德的說明是：

日軍的夜間演習，是因為每年七月間，為日本連教練的校閱時期，為了日夜實施預習演練，即不得不利用盧溝橋畔的空地。因為日軍的豐臺軍營，是一九三六年（昭和十一年）在豐臺車站附近沿鐵路按照貧民長屋的式樣而建築的，軍營附近全然無空地可供練兵之用，因此必須到遠離二、三公里的荒地去練兵。㉑

如就單純的軍事操練而言，這一說法是有相當理由的。問題是：以往爲何不在此處演習？明知此處爲中國軍隊警戒區域，何以不作避諱？顯然伊藤正德尚未能了解問題的全貌，最低限度，還有兩項因素是不可忽視的：一是盧溝橋的戰略價值至爲重要，日軍有意藉演習而挑起衝突，然後一舉而佔領之；使北平通往南方的唯一通路爲日人掌握，北平卽陷於孤立。這是徐淑希、唐德剛的論斷，㉒筆者深以爲然。一是日軍曾千方百計想在盧溝橋、長辛店一帶取得土地，與建營房和機場，但遭到失敗。於是想藉演習挑起事端，企圖以武力獲得原想佔用的土地。王冷齋肯定此一因素，古屋奎二也認爲日軍此一行動「增加了在盧溝橋一帶挑釁演習的頻度。」㉓

㉑ 伊藤正德原著，中華民國國防部譯印：日本軍閥興亡史（下），頁三。

㉒ Shuhsi Hsu, *How the Far Eastern War Was Begun* (Shanghai: Kelly & Walsh, LTD, 1938); Te-kong Tong, *China's Decision for War*, New York: Columbia University Seminar paper on Modern East Asia: China, November, 1963.

㉓ 古屋奎二：蔣總統秘錄，第十册，頁二〇二。

其二，日本駐華軍人的基本態度如何？有無幕後策動的可能？正確的答案應當是：遲早要起衝突，有此可能。

戰後日本的檔案大部公開，若干學者們發現日本參謀本部策定的作戰對象是蘇俄，而非中國；日本政府也沒有與中國發動全面戰爭的意圖，而且於一九三七年四月十六日，決定了「不要使華北分治，也不要去進行可招致中國內政紊亂的政治工作」的方針。㉔參謀次長西尾壽造曾勸戒田代皖一郎，不要輕易動用武力。作戰課長石原莞爾已改變九一八事變時的態度，一意防俄，不主張對華擴大衝突。這些，都是事實。然而，僅憑這些令人樂觀的史料，就斷定日本沒有挑起戰爭的責任，未免過於天眞而草率。因爲東京的決策，與在華軍人的態度，未必一致；日本政府也無法約制其在華軍人的活動。況且，東京軍部中也仍有主戰的一派，正處心積慮的製造中日間的緊張氣氛。在華日本軍人中的積極行動論者，亦大有人在，關東軍參謀長東條英機就是其中之一。看東條一九三七年六月間的言論：

六月七日，他說：「就中國現在的情勢判斷，就對俄作軍事準備的觀點而言，我認爲，如果我們的軍事力量許可，應當先對南京政府予以打擊，以消除我們後方的敵意。」㉕

六月九日，東條英機向日本陸軍省建議：「如果由日本方面主動（向中國）謀求親善，則徒

㉔ *International Military Tribunal for the Far East* (IMTFE), Document, 1841.

㉕ 蔣總統秘錄，第十冊，頁二〇二。

然助長其排日，侮日態度，故毋寧說是有加以一擊之必要。」㉖

六月十六日，東條英機向東京外務省建議：「國防的資源，顯然要結合滿洲和冀東的資源。」㉗

關東軍如此，華北軍內部也不穩定。六月間，石原莞爾就聽到盧溝橋附近將有事端的消息。他與軍務局局長後宮淳商量後，決定派軍事課高級課員岡本清福中校去華北作說服工作。岡本訪問過山海關、灤州、唐山、天津及北平，發現「並無値得憂慮之處」。㉘沒想到一回到東京，盧溝橋的槍聲就響了。這叫人聯想到一九三一年九一八事變前夕，建川美次的瀋陽之行，同樣是掩藏了事態的眞象。㉙關東軍的參謀田中隆吉已在平、津活動，岡本豈能不知？他做了不實的報告，然而並沒有受到處分，並且被派到華北日軍任高級參謀。

凡是對華北日軍的作爲及當時華北情勢有直接了解的，都確信已是暴風雨的前夕。日本大使館武官輔佐官寺平忠輔是在現場的見證者，他作的證言是：「如果那時不發生盧溝橋事件，那年中日之間也難免干戈相見的命運，這是不可否認的。」㉚伊藤正德同意這一看法，他說：「追溯

㉖ 同㉔。
㉗ 同㉔。
㉘ 寺平忠輔：蘆溝橋事件，頁四七。
㉙ 梁敬錞：九一八事變史述（臺北：世界書局，民國五十三年），頁六四—六五。
㉚ 寺平忠輔：蘆溝橋畔の銃聲。

盧溝橋事件，決非偶發事件，而是有其發生此種事件的暗流存在；如果不能將其流入堰塘內，而改變其方向，則是項不幸的事件發生，遲早將不能避免，乃爲想像中的事，而且具有充分的理由。」㉛

㈡ 所謂「第一槍」問題

戰後日本出版有關盧溝橋事變的書籍，無不偏重所謂「第一槍」問題。暗示的用意是：誰放出「第一槍」，誰就要負挑起戰爭的責任。但問題並非如此簡單，不僅所謂「第一槍」迄今仍是「謎」，說七月七日夜晚盧溝橋畔射擊「第一槍」的一方該負戰爭責任，也是草率而膚淺的看法。

事實上，「誰先開槍」的爭論，戰爭一開始時就已存在。由於日本方面宣稱是晚十時四十分左右，首先受到來自龍王廟方向的射擊，咬定這些槍彈是中國人射擊的，中國方面則堅決否認有射擊情事，認爲這是日方有意製造的藉口，因此互相指責。不僅兩國發言人發表的談話，針鋒相對，外國人在中國辦的報紙甚至使館人員的報告，也有時以「誰放第一槍」問題，加以推測、評論。如上海的字林西報星期週刊（*The North China Herald*）刊出來自北平的專稿，即提到

㉛ 伊藤正德：日本軍閥興亡史（下），一頁。

㉜ *The North China Herald*, July 10, 1937, p. 46.

「誰放第一槍，至今仍然未明悉」，㉜並判斷中國盧溝橋守軍，見到黑暗中前來的日本武裝士兵，問話又不答，因而有開槍警告的可能；這也僅不過是推測而已。

由於日軍在盧溝橋的演習是非法的，更由於盧溝橋事變已演變爲兩國間全面的戰爭，所謂「第一槍」的爭論，已毫無意義，因此在戰時不再聽到此一問題的討論，多數著作及出版品，則皆判定戰爭之起，是日本有計劃的侵略行爲，如一九三一年九一八事變之發生，如出一轍。

戰後的情況則又不同。日本戰敗投降已是事實，戰犯要接受逮捕與審訊也屬必然，對戰犯有利的證據極爲重要，因而想盡方法蒐集有利的證據，以逃脫或減輕戰爭的責任。於是「盧溝橋頭第一槍」的問題，乃成爲日人討論和研究的熱門話題。

熱心於論述「第一槍」的日人，首先是事變時的當事人。今井武夫、橋本羣等人都寫了「回想錄」和一些專文，寺平忠輔則著有「蘆溝橋事件」專書，當年在盧溝橋演習的中隊長清水節郎之「手記」，㉝也被視爲是重要的史料。其次是歷史學者們，如貝塚茂樹、岩村三千夫、秦郁彥、臼井勝美等人，在他們的著作中也都討論到「第一槍」的問題。軍事評論家兒島襄，新聞評論家古屋奎二等人，也都寫過討論這一複雜問題的專書和論文。㉞綜觀日人的說法，除少數一二人

㉝　秦郁彥：日中戰爭史，頁一六四—一七六。

㉞　兒島襄著有天皇紀錄（日本現代周刊連載，一九七三）；古屋奎二撰有盧溝橋之謎—第一槍的考證，中日文本均見中華民國建國史討論（中國國民黨中央黨史委員會編印，民國七十年，臺北），第四冊，頁三一—六七。

外，大都相信七七之夜，是日軍先受到中國方面—二十九軍或者中共—的攻擊，換言之，是由於中國人先開槍而起了衝突。伊藤正德說的更爽快：「此一事件的發生，可能是共產黨的陰謀，無賴漢的製造事端，或無統制的反日中國軍人的惡作劇，反正均和日軍無直接關係。」㉟

事變因日軍演習而起，聲稱受到華軍「不法攻擊」者是日軍中隊長，下令圍攻宛平城的是日軍一木清直大隊長，伊藤正德竟謂「反正均和日軍無直接關係」，實難自圓其說。這一論點，也反映出若干日人的心理。除了承認侵華政策是一項錯誤或錯估外，很少檢討自方的缺點，更不願提及日本駐華軍人的胡作非爲。

說中國軍隊先開槍射擊，於理於勢均甚牽强。清水節郎的「手記」甚多破綻，而日方也提不出其他有力的證據，這一說，不值得浪費時間和精力去作無益的推究。至於中共與事變的關係，容於下節中詳作探討。筆者僅就所謂「第一槍」的有關問題，略作商榷。

其一，所謂「第一槍」，究竟代表什麼意義？如果代表挑起戰爭的責任，則要先決定戰爭的範圍。依據一九五二年簽訂的中日和約，中日戰爭係自一九三一年九月十八日起算，「第一槍」應在九一八那天，與七七之夜無關。若以八年抗戰（一九三七—一九四五）爲範圍，「第一槍」也不在七月七日晚上十點四十分左右，因爲自日軍於六月二十五日開始演習以後，幾乎夜夜都是

㉟ 伊藤正德：日本軍閥興亡史（下），頁四—五。

槍聲，即七月七日夜晚，也是時時聽到槍聲。六月二十九日，盧溝橋城即已受到日軍的射擊，馮治安師長於七月三日面告今井武夫，今井回營經過「調查」後，却加以否認。今井自述他與馮治安間的一段對話：

馮謂：

「日軍於六月二十九日藉名夜間演習，對盧溝橋市街實彈射擊，對此不法之行動請克制一些。」

這樣非難。

「日軍果眞有如此無常識之擧動，眞是想像不到的事。」這樣强烈的反駁其抗議。

馮立刻正色道：

「如果認爲是謊言，那麼盧溝橋城壁上的彈痕猶在，有機會我二人當一同檢查看看。」

今井武夫卽令日軍旅團部副官小野口對豐臺駐軍「秘密調查」，結果發現「那種事絕對沒有」。㊱儘管今井武夫否認，但並不證明事情未曾發生。旣是實彈演習，那有不射擊之理？如果有意尋釁，射擊盧溝橋城牆以惹怒中國守軍，亦未嘗不可能。

七七之夜處處槍聲，是依據當時駐守盧溝橋北端白衣庵的二十九軍三十七師二一九團排長祁國軒的證詞。祁說：

㊱ 今井武夫：支那事變の回想。

那天夜晚，時時聽到日軍的槍聲，並沒有聽到中國軍的槍聲。日本槍的聲音「噗通！噗通！」比較低沈；中國槍「卡科！卡科！」，響聲激越。—兩者不同，誰都能夠聽得出來。37

對任何歷史事件之研究，都應重視其因果始末，或是說來龍去脈。日人偏重「第一槍」，自亦有其用心處。此一態度，與中國歷史學者不同。吳相湘曾於一九六〇年在東京面告今井武夫：

第一槍問題是枝節問題，日軍當時在河北省各地的橫行無忌，才是觸發戰爭的真正原因。38

事實上，所謂「第一槍」，根本就不能成立，也毫無意義。39因為日軍演習期間，夜夜都有槍聲，何必在七月七日晚間才有「第一槍」？就以七月七日晚間的槍聲而論，最先放槍的還是演習部隊的假設敵，兩挺機槍同時開火射了三、四十發。然後才聽到「正後方龍王廟南側好像是碉堡附近的堤坊上」突然傳來的槍聲。40假若這「第一槍」眞的是中國軍隊放射的，何以日本方面

37 蔣總統秘錄，第十一册，頁四。
38 吳相湘：盧溝橋頭第一槍，見近代史事論叢，第一册（臺北文星書店，民國五十三年），頁二七—二九；第二次中日戰爭史（臺北，綜合月刊社，民國六十二年），上册，自序。
39 嚴靜文：七七事變誰先開槍的問題—駁若干日本歷史學者的謬說，香港明報月刊，第八卷第七期（總第九一期），一九七三年七月號。
40 寺平忠輔：盧溝橋事件，頁六四。

無任何損失？問題的本質是：日本軍隊非法侵入了中國領土，從民國二十年即一九三一年九一八事變以後，已不知射擊過多少「第一槍」，中國人也不知道已經聽過多少「第一槍」，本身的行動已是非法的，侵略的，有沒有「第一槍」已無關緊要。

其二，是因「第一槍」而發生的「失蹤士兵」問題。當時日軍以一名士兵失蹤爲藉口要求進入宛平城搜查，等到這名失蹤士兵歸隊後，日軍却有意隱匿了這一事實，仍然堅持進城，得不到允許，就開始攻城—攻擊命令是一木清直大隊長得到聯隊長牟田口廉也的允許後親自下達的，嚴格說來，這才是眞正的「第一槍」。

根據日本方面的資料，這名「失蹤」的士兵，名叫志村菊次郎，屬第八中隊第一小隊，小隊長是野地伊七。志村入伍才三個月，演習當晚擔任傳令兵。他的「失蹤」，是因爲傳令時，迷失了方向。只不過二十分鐘，他就歸隊了。淸水節郎向一木淸直大隊長報告「失踪的士兵剛才找到了，平安無事回來。」並問：「今後究竟打算怎麼樣？」一木的答覆却是：「幹吧！」戰爭就這樣打起來了。㊶當然，日方也曾提到在進攻宛平城之前，曾三次受到中國軍隊的槍擊。

至於這位「失蹤士兵」志村菊次郎，不知在何時離開了部隊，回到家鄉。一九四一年十二月太平洋戰爭爆發後，他再度被徵集入伍，被派到緬甸前線去作戰。一九四四年（昭和十九年）一

㊶ 寺平忠輔前書，頁五四—八六；兒島襄：天皇紀錄。

月三十一日，在阿拉干山脈布其頓附近戰死，階級已是憲兵伍長。[42]

所謂七七之夜的「列兵失蹤事件」，根本上是一個騙局。嚴靜文判斷「他有可能當七七之夜受某一長官暗示，傳令時中途裝作失蹤」。當時受命與日人交涉並陪同調查的王冷齋則明白指出：「所謂失蹤日兵一名，原係日軍揑造事實，以爲進攻盧溝橋的藉口。在當時我與日方交涉時，卽已判明並無其事。而日方亦已承認該失蹤之兵，業已覓得歸隊。」[43]

其三，七七之夜，中日雙方軍隊的敵視程度問題。日文資料中，均記載七七之夜，日軍演習部隊數度受到中國軍隊的「不法攻擊」，似是雙方已壁壘分明，立於敵對狀態。然實際情形，却又有所出入。日軍屢次對二十九軍作挑釁欺侮行爲，又企圖藉演習製造事端，二十九軍士兵對日軍當然懷有敵意，也確曾奉令嚴密戒備。但在七七之夜，對試圖接近的日軍，並未以敵人對待。祁國軒回憶他的經歷：

> 當夜，日軍的演習和平時顯然不同。—在演習中，日本兵一接近中國的崗哨時，中國方面便喊出口令（當夜的口令是「國家」），平時，日本兵必然會聞聲退走；可是，在這天夜裡他們却答稱：「日本人」！毫不在乎地走進我們的陣地。看這個光景，實在是非比尋

---

[42] 讀賣新聞：昭和史的天皇；嚴靜文前文。

[43] 王冷齋：「七七」十周年—刼後盧溝橋巡禮，見民國三十六年七月七日，上海大公報。

常。㊹

「列兵失蹤事件」過後，一木大隊長下令要「幹」，清水節郎忽然要到中國軍隊警戒區「偵察堤防上的敵情，同時捕捉俘虜」，結果目的未達到，自己却險些被俘。這段經過，寺平忠輔作了以下頗為有趣的記述：

接近堤防東側十公尺左右時，一個士兵突然低聲說：

「報告中隊長，敵人（指中國兵）……」並用手指着。

全體人員採低姿勢注視前方，在昏暗的空間裡，直立着兩個像木樁的東西，仔細看時，則稍微在移動，的確是活動哨。

「喂，抓那兩個傢伙，擴大間隔，悄悄地前進。」大家在敵人沒注意下靜悄悄地前進。

突然，從堤防的壕溝裡另外上來幾個中國兵。

「誰呀！」——尖銳的叫聲。

——糟了！——

剎那間，清水上尉靈機一動以中國話問道：「你們這裏有一個日本兵沒有？他在這邊失迷

㊹ 蔣總統秘錄，第十一册，頁五。

路途了。」

本來清水上尉是專攻英語，中國話不過是瀋陽事變之後偶而學學罷了，不料今天却派上用場。

中國兵站在壕溝上，作開槍的姿勢，回答：

「沒有來！」「沒有見過！」

不行，那裏談得上捕捉俘虜，搞不好反而要被捕了，這麼危險的地方不可久留。—清水上尉一行人乃放棄捕捉俘虜的念頭，漸向北方移動，消失於黑暗中。㊺

由這段記述，可知中國方面擔任警戒的士兵，雖已察知這是些來意不善的日本人，但並不開槍，亦不以惡言相對。他們這樣做，一方面不認爲已經與日軍立於戰爭狀態，一方面也竭力克制，不願造成事端給日軍擴大侵略的藉口。清水節郎記述中國軍隊當夜曾三次向演習日軍射擊，可是他自己出現在中國兵士之前，中國士兵都不射擊，他的記載不是自相矛盾嗎！

其四，是日本特務人員介入的問題。日人有關盧溝橋事變之著述中，很少提到日本特務人員製造事端的事。但北平特務機關之一的「茂川公館」負責人茂川秀和於戰後被捕受審時，却承認

㊺ 寺平忠輔：蘆溝橋事件，頁八三—八四。

第一槍是日本人放的。㊻他又說，他和關東軍的田中隆吉，都認爲是寺平忠輔「點的火」。㊼其言論之眞實性雖有待考證，但已說明日軍特務機關人員確曾有幕後活動。

中國方面資料中，尙有關於日軍組織便衣隊，混水摸魚，擾亂治安的記載。玆擧兩則報導如后：

一是天津日軍組織便衣隊從事破壞活動：

駐津日軍司令部於六月中旬，已在日租界內秘密組織便衣隊。界內萬國公寓，北洋飯店，亞洲旅館等處，分設辦事處，招集流氓，施以訓練。每名每月發給生活費六角。及至本（七）月七日深夜，盧溝橋事件發生後，此項便衣隊約六百餘人，全部移往海光寺日兵營內，並在該處設立便衣隊指揮總部，按名發槍一枝，準備出動。㊽

一是不明來歷之一批青年便衣隊，僞裝大學學生混入北平城內，陰謀暴動：

六月二十三日，從通州來了二三百個衣飾類似青年學生的便衣隊，分別住在西直門外海淀，燕京大學及清華大學附近，和西直門、內新街口護國寺，東北大學，輔仁大學附近等，行蹤十分詭秘。警探方面在這種可疑的現象下得着線索，捕獲了一個較為重要的關係

㊻ 茂川秀和審判記錄，頁一六，北平警備司令部軍法處藏本。

㊼ 寺平忠輔：蘆溝橋畔の銃聲。

㊽ 前導書局編印：盧溝橋（桂林，民國二十六年九月），頁一六九，「日本便衣隊之活躍」。

人。由此人的種種供述，繼續不斷的將這二三百個便衣隊捕得不少。並在他們的住處獲得手槍、機關槍、紅旗、傳單之類物品，原來他們定於六月二十六、二十七、二十八，三天內之某一晚，在西直門外同時暴動，自稱為燕京、清華、東北、輔仁等校學生中的「共產份子」，一面放火開槍，裏應外合的攻開西直門，一面高呼「打倒宋哲元」、「歡迎紅軍北上」，隱藏了自己的真面目，散在城內。通州、豐臺的日軍聽到槍聲，立刻在「防共」、「安民」的漂亮的名義下佔領北平，並且以清除「共產份子」為名，用重砲向四個大學轟擊。㊾

稽諸二十年之九一八事變及天津事變，二十一年之一二八事變時，日軍組織便衣隊騷擾地方的往事。㊿以上兩則報導的可信度至高。既然可以組織便衣隊擾亂平、津兩市，自然也可以利用

㊾ 盧溝橋，頁一〇〇。

㊿ 據朱霽青於民國廿一年卽一九三二年八月一日在南京中央黨部留京辦事處講述「義勇軍抗日經過」時透露：「（一九三一年）九月十九日晨，住在瀋陽的日本商人，幾乎全體出動，穿着和服，一個人抱着一枝槍坐在大卡車上，奔馳到城內，助日本兵搜查守衞，因爲日本兵多數調到長春去作戰去了。」（革命文獻，第三十五輯，頁一二九七）。民國二十一年卽一九三二年上海「一二八」事變前夕，日軍特務人員田中隆吉、專田盛壽等，從關東軍參謀板垣征四郎處領得兩萬日元，到上海收買流氓無賴製造事端的情形，見蔣總統秘錄，第八册，頁一三三—一四〇；周丹（Donald Jordan）：海外日僑參與日軍之侵華，一九三一—三二（中華民國建國史討論集，第四册，頁一四〇—一六七）。盧溝橋事變時，日僑亦有類似活動情形。中央週報卽曾

（續下頁）

便衣隊來發射「第一槍」，這是研究盧溝橋事變的人不可忽視的一面。

三 日人口中的「中共陰謀說」

日本對七七之夜所謂「第一槍」的各種說詞中，以「中國共產黨陰謀」說較為普遍，且較有「說服力」。51 雖然至今尚未能獲得眞實確切的證據，但却認為當時的政治環境有使中共人員放出「最初的槍聲」之客觀情勢存在。到底盧溝橋事變與中共有無關係？應從中共全面性政策的演變和若干可疑的推斷方面去分析。

吾人必須了解：九一八事變之後，「抗日」的聲浪在中國各個角落，各個階層中驟形高漲。當時的「抗日」，有兩種背景：一是代表大多數國民激於愛國情操而發生的一種心理趨向，一是

(接上頁)

披露一段消息：「天津日僑少年團擴充，仍由領事岸偉一充團長，團員增至二百名，受非常時軍事訓練。又津日僑繼續徵兵，合格者百二十名，十七日檢驗後編入伍。」(中央週報，第四六七期，民國二十六年五月十七日出刊，南京)。

51 不僅軍人如今井武夫、櫻井德太郎等如此主張，學者如石村暢五郎、石島紀之等也有此言論。石村暢五郎係日本亞細亞大學經濟學教授，於民國五十年卽一九六一年十月二十日在臺北淡江文理學院講演，竟肯定盧溝橋的第一槍，是共產黨游擊份子同時向中日軍隊射出的。龔德柏曾以「駁石村教授的胡說」為題，撰文反駁。見龔德柏：愚人愚話（臺北，傳記文學出版社，民國六十年），頁五七—六一。石島紀之著中國抗日戰爭史一書（青木書局，一九八四年十二月），竟以中共為對日作戰之主體，頗多輕重不分之處。

反對國民政府的集團或個人以「抗日」作爲攻擊政府，爭取民心的口號。中共於一九三二年開始喊出「抗日」的口號，其目的應歸屬於第二種情形，卽使中共曾發表對日「宣戰」的文告，52也無人相信他們眞有抗日的誠意和力量。

民國二十三年卽一九三四年十月，中共因無力抵抗國軍第五次圍勦的强大壓力，遂從贛南根據地突圍西走。次年—民國二十四年卽一九三五年冬，毛澤東率其殘部到達了荒瘠的陝北地區。就在這年七、八月間，第三國際在莫斯科召開第七次大會，爲世界共黨制定了「聯合戰線」的新策略，參與會議的中共代表王明（陳紹禹）遂在莫斯科以中共中央名義發表了「八一宣言」，提出在中國建立「抗日民族統一戰線」的主張。53在陝北的中共中央於同年十二月作成決議，接受八一宣言的號召。這是中共正式以「抗日救國」爲其全面性政策的開端。二十五年卽一九三六年一年之內，中共全力向全國民衆宣揚其抗日救國的主張，並支持或組織以抗日救國爲號召的民衆團體，企圖建立以中共爲領導中心的抗日統一戰線。同年五月，日本在華北的大量增兵，深深刺激中國國民的憤激心理，對中共的統戰工作更大有助力。

---

52 民國二十一年卽一九三二年四月十五日，在江西之「中華蘇維埃共和國臨時中央政府」曾發佈所謂對日抗戰宣言，但內容則是號召推翻國民黨統治，支持「工農紅軍」，建立蘇維埃政權。

53 郭華倫：中共史論（臺北，中華民國國際關係研究所印，民國五十八年九月），第三册，頁八三，附錄二。

中共了解，只有提前發動抗日戰爭，才能解除國軍進剿的壓力，爭取到起死回生的機會。在此一需要之下，中共當然盼望中日間的戰爭早日爆發。有些日本人，即以中共此一需要爲理由，判斷中共在盧溝橋事變時必然主動介入以使其發展爲全面戰爭。

理論上，這一推斷似乎順理成章。事實上，却又有相當的差距。其一，中共在西安事變之後，已向國民政府接洽改編，並已達成初步的協議，[54]中國之全面抗日已是時間問題，中共已無觸發戰爭以解除其危機的迫切需要；其二，中共在平津地區的力量，由於宋哲元於二十五年卽一九三六年春季大力鎭壓的結果，一部分共黨份子被捕入獄，一部分共黨及左傾青年學生轉移到西安，仍然潛伏在平津地區的共黨份子，包括劉少奇領導的北方局人員在內，亦不過廿多人，並未建有武裝組織，是否有計劃、有力量介入盧溝橋事變，令人懷疑。[55]

---

[54] 蔣中正：蘇俄在中國（臺北，中央文物供應社，民國四十五年），頁七二—八三；李雲漢：西安事變始末之研究（臺北，近代中國出版社，民國七十一年二月），頁二三三—二三六。

[55] 中共在平津地區的黨員，迄無詳確之調查。筆者所知，在中國大學任教者，有陳志梅(伯達，原名陳尙友)、黃松齡、齊燕銘；在東北大學任教者，有徐冰（卽邢西萍）、楊秀峯；在北京大學任教者，有張申府、尙仲衣、施復亮（卽施存統）、陳豹隱（卽陳啓修）。劉少奇係於二十五年卽一九三六年三月始至平津建立北方局，隨其工作者有李雪峯、吳德、李大章、彭眞、林楓、姚依林等人；在北平軍人反省院者有侯外廬、劉格平；隱藏於天津秘密活動者，有柯慶施、南漢宸；潛伏於二十九軍中者，有鄒大鵬、孟紹濂等。總共近二十人。至於燕京、清華、北大等校學生之左傾者，當時未必是共產黨員，抗戰開始平津淪陷後，一部分學生始赴延安。參閱 John Israel & Donald W. Klein, *Rebels and Bureaucrats* (Berkeley, University of California Press, 1976).

當然，最重要的是證據問題。古屋奎二是日人中比較能以冷靜態度探討問題的新聞編輯人員，他的體驗是：正面的直接證據不足，「旁證」和「狀況證據」則有若干。就筆者所知，目前爲「中共陰謀說」人士引用的「旁證」或「狀況證據」，主要的有三項，下面依次予以簡要的說明。

其一，是二十六年卽一九三七年五月，中共總書記張聞天的一段講話。

這年二月，中國國民黨中央在南京召開五屆三中全會，將對西安事變以後的大政方針有所決定。中共向大會提出了四項「合作」的保證，大會則通過「根絕赤禍案」以答覆之。四月十五日，中共中央發出「告全黨同志書」的秘密文件，解釋他們對國民黨的保證並指示其黨員奮鬪的目標，其中一項卽是「實現對日抗戰而鬪爭」。五月上旬，中共在延安召開「全國代表會議」。毛澤東作政治報告，題目是「中國抗日民族統一戰線在目前階段的任務」，他所說的「目前的階段」，是指「從國民黨三中全會到開始實現全國性對日武裝抗戰」，暗示國民黨三中全會以後，下一步驟將是全面抗日戰爭。總書記張聞天作「十年來的中國共產黨」報告，自詡中共「抗日民族統一戰線的新政策」已經「爲中華民族開始放下了和平統一團結禦侮的基礎」。然後，張向到會人員提出「緊急建議」：

日軍侵略華北的大戰卽將爆發，華北黨應卽發動武裝鬪爭，把主要力量輸入農村，在農村進行游擊戰爭，留在城市的工作同志要嚴格的轉入地下，繼續秘密活動幷策應游擊戰爭。56

張聞天的「建議」，語勢上予人以大戰卽將來臨的感覺。兩個月後，盧溝橋事變爆發了，看來張聞天確有「先見之明」。57因而有人推斷盧溝橋事變是中共預謀策動的。

表面看來，似有道理。然如考證當時的情境，就知道張聞天的看法並不特殊，同樣判斷日本要在一二月內發動侵華戰爭，尙有其他人在。例如王芃生，就曾向中國政府軍事最高當局提出「日軍七月間行動」的報告，58北寧鐵路管理局局長陳覺生又曾於六月間當面告訴龔德柏：「一個月內要變」，59結果也都應驗。日人也承認，盧溝橋事變發生前，平津一帶就有不少日軍卽將奪取盧溝橋的流言。這些都是由當時緊張的情勢與政府的動態中，得到的判斷。張聞天的「建議」，重點乃在要共產黨員深入農村去準備游擊隊，是一種消極態度。其本意或在藉「大戰卽將爆發」一詞來刺激其黨員去做「掌握農村」的工作，是一種政治策略的運用。

56 郭華倫：中共史論，第三册，頁一九二。

57 連提供此一情報資料的「小項」都信以爲眞，郭華倫上書頁二〇〇，註二七指出：「據小項先生稱：張聞天這一消息報告，事後證明確實，卽一個多月後，日軍進攻盧溝橋（七月七日），抗日戰爭爆發。其情報可能來自第三國際與俄共。」

58 張羣：王芃生先生碑銘，見王芃生先生紀念集（臺北，民國五十五年五月）：「於日人謀我之亟，益洞若觀火。乃於二十六年五月，密呈今主席蔣公，謂其不出七月上旬，必發釁以囊括華北。」

59 龔德柏：我所知道的七七事變，見愚人愚話，頁四五—五五。

其二，是盧溝橋事變的次（八日）晨，中共中央從延安發出的兩通電報：一是「為日軍進攻盧溝橋通電」，一是「紅軍將領為日寇進攻華北致蔣委員長等電」。60兩個電報的內容都沒有什麼，只是表示要「為保護國土流最後一滴血」，「願在委員長領導下，為國効命，與敵周旋」。問題是：電報是七月八日發的，又提到日軍開始攻擊時間是「七月七日夜十時」，與日軍聲言受到攻擊的時間差不多，因此就有人懷疑挑起事變與拍發電報可能出於同一預謀，61否則電報何以能如此迅速？時間又何能如此接近？

這樣的推斷，雖非完全沒有道理，但畢竟只是一種機械式的想法，沒能作深入的全面的考察。案七月七日夜晚盧變發生後，北平的冀察政委會當即發電報向中央報告，秦德純於八日下午招待新聞記者宣布盧變的發生，中共在北平的人員自然也以最快的速度報告延安，所以七月八日，南京、盧山、東京和延安都得到了盧溝橋事變的消息。62延安方面自然樂於及時利用這一機

60 兩電全文均見延安解放社出版：抗日民族統一戰線指南（一九三八年四月），第二册，頁三—四，二一—二二。致蔣委員長署名人為毛澤東、朱德、彭德懷、賀龍、林彪、劉伯誠、徐向前。收電地點為廬山。

61 古屋奎二：盧溝橋之謎—第一槍的考證；Tetsuya Kataoka（片岡鐵哉）著 *Resistance and Revolution in China, The Communists and The Second United Front* (Berkeley: University of Calif. Press, 1974) 一書，亦持同樣見解。一九七二年曾來臺灣訪問，與筆者有所討論。

62 北平冀察政務委員會於七月八日發出兩電：一以宋哲元名義發出，一以馮治安、張自忠、秦德純名義發出，外交部接電後即於八日下午向日本大使館提出口頭抗議（各電見中日外交史料叢編（四）：盧溝橋事變前後

（續下頁）

會爭取國民的同情，於是有八日的兩通通電，廬山和南京則因代表政府的立場，不能予人以主動叫戰的印象，所以八日沒有公開的聲明發表，各報刊出盧溝橋事變的消息，也已是九日。63日本的朝日新聞却已於八日晨發表了盧溝橋事變的號外。

盧溝橋事變發生後，國人的視線都集中於廬山。因爲兩位軍政最高主持人蔣中正、汪兆銘都在廬山，一方面主持軍官訓練團，一方面籌備預定於十六日開始之廬山談話會。蔣中正委員長於七月八日接到盧溝橋日軍尋釁的報告，他不像中共一樣立發通電呼籲抗日，但却立致宋哲元兩電：一謂「宛平城應固守勿退，並須全體動員，以備事態擴大，此間已準備隨時增援矣。」一謂：「請兄速回駐保定指揮，此間決先派四師兵力增援。」64當天，外交部也向日本駐華大使川越茂，提出抗議。

明悉廬山的反應後，如仍執中共中央七月八日兩電以爲中共設計盧溝橋事變者，乃成見使

(接上頁)的中日外交關係，頁一九三—一九五)。蔣委員長接電後，亦於八日致宋哲元兩電，並已開始調兵北上。見總統蔣公大事長編初稿，卷四(上)，頁六六—六七。東京外務省則於七月八日拂曉，即獲悉事變消息。見石射猪太郎：盧溝橋事變前後(陳鵬仁譯，黎明公司出版，日本侵華內幕，頁一六〇)。

63 即天津大公報，亦遲至九日始見消息，標題爲：「蘆溝橋中日軍衝突」，並以「蘆溝橋事件」爲題發表社論。南京、上海各報亦係於七月九日刊出報導。

64 總統蔣公大事長編初稿，卷四(上)，頁六六。

然，不亦憾乎！

其三，是一位曾在林彪所部共軍中做過事的日本人葛西純一（Gunichi Kasai）所提供，中國人民解放軍總政治部戰後發行之「戰士政治課本」中，所稱劉少奇組織北大學生「向中日兩軍發槍」的記述。

古屋奎二似乎對這袖珍型「戰士政治課本」提供的材料很重視，他引用過下面的兩段原文：

胡服亦卽劉少奇同志，在我們據點之一的北京大學，組織並指導抗日救國學生，於一九三七年七月七日，在幽暗的盧溝橋，向中日兩軍發槍，導發了宋哲元的第二十九軍與日本駐屯軍隊的歷史性大戰。

七七事變是劉少奇同志所指揮的一隊抗日救國學生，以決死的行動實行了黨中央的指令，由此，蔣介石南京反動政府，為了消滅我黨而準備的第六次大圍剿，不得不移去對抗世界有數精銳的日本陸軍。其結果，被消滅的不是中國共產黨，而是蔣介石南京反動政府與日本帝國主義者。(65)

這段記載如果屬實，那就解決了所謂「盧溝橋第一槍」的問題，必定震動中外，抗日戰史也要重寫。但事實又非如此。這段記載的可疑之處太多，玆臚述之。

(65) 古屋奎二：盧溝橋之謎—第一槍的考證。

所謂「戰士政治課本」，見於葛西純一編的「新資料：蘆溝橋事件」。這位葛西純一，自稱是前人民解放軍第四野戰軍後勤軍械部第三保管處職員，是在什麼情形下獲得所稱「戰士政治課本」？他未作明白交待。此一「課本」註明是「兵士教育用之初級革命教科書」，需要量一定很大，印刷數一定很多，何以別的地方未曾發現，而由一位職位極低的日本人公布？

七七盧溝橋事變，如果眞是劉少奇所指揮的一隊北大學生放的槍，這一隊學生就是抗日英雄，何以一個人也沒站出來自承是當年這一隊學生中的一員？劉少奇本人何以也從未提及這麼光榮的事？66中共的官方文獻中何以也未有任何的記載？67

這一「戰士政治課本」是戰後出版的，所敍述的事實有些錯得離譜。就前面列出的兩段文字去檢查一下，就覺得非常離奇古怪。「在幽暗的盧溝橋，向中日兩軍發槍」，可能嗎？因爲盧溝橋係中國守軍固守，係戒備森嚴地區，如何能讓這些「學生」上橋「向中日兩軍射擊」？日本人說受到了「不法射擊」，中國駐軍當晚並未受到來自橋上的射擊，又如何說成是「兩面」呢！第二段引文，更是信口亂扯，毫無常識。盧溝橋事變發生時，共軍已開始接受軍事委員會的

66 一九六七年，劉少奇被批判。包括周恩來在內的批判文字及劉少奇的「自我檢查」，只提到劉少奇當時指示關在監獄中的共產黨員可以自首出獄，並可公開發表反共啓事，但從未提及劉派遣人員挑起盧溝橋事變之事。

67 如最近出版之「抗日戰爭史」（何理著，上海人民出版社，一九八六），並未提及中共人員策動一事。

收編，「紅軍」將領們也已於七月八、九兩日聯名上電蔣委員長表示擁護，並謂「全體紅軍，願即改名爲國民革命軍」，如何會有所謂「第六次大圍剿」？對南京國民政府一味謾罵爲「反動」，顯然是在戰後全面叛亂時的口氣！

這個「課本」，是中共總政治部對其士官實施愚昧教育的工具，只想刺激情緒，不顧事實眞僞，這樣的東西不能視作是歷史文獻，其可信的程度幾近於零！以這樣的記述解釋爲盧溝橋的「第一槍」是劉少奇組織的「北大抗日救國學生」射擊的，劉少奇地下有知，恐怕也要抗議，因爲他自己從沒有這樣說過！

中共的「抗日民族統一戰線」政策，影響到中日戰爭的提前爆發；在戰爭期間曾參加過少數的戰鬪，建立了十九處根據地；從戰爭中獲得了最大的利益，具備了戰後全面叛亂的條件；這些都是事實，都是無可否認的事實。但在「中共陰謀說」的前提下，找些毫不相干的讕言或似是而非的記載，勉强解釋爲盧溝橋事變爲中共主動挑起，則是無必要，無意義！

盧溝橋事變的發生，已滿五十年。對於七七之夜的眞象，中日雙方至今仍然有不同的看法，而且都十分堅持自方的看法爲正確。這給研究中日戰時關係的學者，帶來極大的困擾，短時間內還不能解決—如果沒有强有力的人證和文證出現的話。

寺平忠輔說：「『那一夜的射擊，實在是我射的。』除非有這樣的人出現，最後的判斷很難。」[68]這樣的一個人，恐怕永遠也不會出現。這分兩種情形：一是當晚開槍射擊的人—不管是中國人還是日本人，已經死亡或是雖然活着却決定永久保密；一是根本就沒有「第一槍」這回事，到那裏去找放槍的人呢！

二、備戰與交涉

盧溝橋事變，形式上僅是中日兩國駐軍間局部性衝突，在查明事實眞相之後，應當是可以和平解決的。事實上，雙方駐軍間雖不斷進行交涉，兩國政府却都在調兵遣將，準備作戰。所不同者，日本派兵進入中國華北，目的是在挑戰；中國派兵自華中北上，目的是在衞護領土與主權，意在準備應戰。

事變爆發後的前十餘天—自七月八日至十九日，是雙方進行交涉時期，也是兩國同時進行備戰時期。中國政府認定此一事變是日方蓄意尋釁，決定不再作任何退讓，而課日本以挑動戰端的責任。日本政府則在「不擴大」與「就地解決」的外衣下，派出軍隊，策定作戰計劃，並提出了超過軍事停戰範圍以外的政治要求。雙方駐軍間的交涉，則先後在北平、天津進行，事實却證明

---

[68] 寺平忠輔：盧溝橋畔の銃聲。

這是日方設計的政治謀略—以交涉掩護增兵。中國北方的主將犯了「誤信和平」的錯誤，因而吃了大虧。

本節內容，在分別敍述中國政府的應變行動，日本政府的謀略運用，以及雙方駐軍間平津談判的過程，藉以說明由局部衝突演變爲全面戰爭的實際背景。

(一) 南京應變

中國政府認定盧溝橋事變是出於日方的預謀，係基於日軍在華北從未停止過的挑釁行動，以及事變前日軍在華北造成的緊張情勢。❶依戰後公布的日本政府檔案，證明日本政府當時並無對華作戰的意圖，因而有人懷疑日人爲事變的挑動者，日人著作則多否定盧溝橋事變爲日方的預謀行動。然而，持此論者，却忽視了一項不容否認的事實：日本當時是軍國主義國家，日本政府並無力約束其一意好戰侵略擴張的少壯派軍人的行動；駐屯中國平津地區的日軍，實爲導發事變招

❶ 蔣中正委員長於民國二十六年（一九三七）七月十七日出席廬山談話會講話：「這次盧溝橋事件發生以後，或有人以爲是偶然突發的，但一月來對方輿論，或外交上直接間接的表示，都使我們覺到事變發生的徵兆。而且在事變發生的前後，還傳播着種種的新聞，說是什麼要擴大塘沽協定的範圍，要擴大冀東僞組織，要驅逐第二十九軍，要逼迫宋哲元離開，諸如此類的傳聞，不勝枚舉。可想見這一次事件，並不是偶然。」（總統蔣公思想言論總集，卷十四，頁五八三）。

致中日八年戰爭的元兇。❷當時的日本首相近衛文麿即曾慨歎：「盧溝橋事變爆發，竟至擴大為中國事變，當時各種事件之發生，政府中人固無所聞，即陸軍省亦無所知，完全出自當地軍人的策動。」❸

不獨中國方面認為事變是日人蓄意尋釁，即第三國人士如美國駐平武官巴勒托（David D. Barrett）者，亦認為日軍的演習行動，實際就是意存挑撥。巴氏於戰後在東京遠東國際軍事審判法庭作證說：

（盧溝橋事變）前後期間，日本軍對於中國軍的態度，是傲慢的攻勢，在許多場合，那行動，我認為是對中國主權的侮辱與直接的冒瀆。依我的意見，七月初週宛平附近日本軍舉行的夜間演習，是故意的挑撥。日本方面應該知道，當時兩國間所存在之緊迫的關係，舉行那種演習，有發生誤會與摩擦的可能性。由滿洲向萬里長城以南地域的日軍大部隊的移動，是在日本攻擊宛平後二十四小時內開始，這事實，可說是這樣的暗示：宛平事件，為日本對中國不宣而戰之第二階段戰爭之用意周到的準備。❹

❷ 李雲漢：挑起戰爭的眞正禍首—日本華北駐屯軍，見中國論壇，六卷七期，民國六十七年七月，臺北。

❸ 近衛文麿原著，高天原、孫識齊譯：日本政界二十年—近衛手記（上海：國際文化服務社，民國三十七年），頁八。

❹ International Military Tribunal for the Far East (IMTFE) Record, Affidavit, pp. 3355-3361; 鄭學

（續下頁）

早在一九三七年五月下旬，軍事委員會委員長蔣中正卽從各種不同的管道，獲得華北日軍將於秋間有所行動的情報。前述王芃生向蔣氏報告日本將可能於七月間對華用兵，卽是一例。❺蔣氏爲籌劃廬山暑期訓練及召開談話會，於五月二十六日前往牯嶺，對華北局勢則異常重視。宋哲元曾派戈定遠到廬山報告平津情勢，內政部長蔣作賓亦來報告視察華北各省經過。六月二十五日起，日軍在平津地區開始演習，蔣氏曾分電華北各軍政首長密切注意，其於六月三十日致山東省政府主席韓復榘、青島市長沈鴻烈電，告以：「據報日人在華北將有擧動，無論是否，不能不嚴密準備，積極防範。」❻七月一日，蔣氏考慮中日問題，曾自記曰：「中國必具應戰之決心而後可以免戰，必如是乃得達成不戰而收復失地之目的。」❼他並於七月二日電令綏遠省政府主席傅作義：「綏東綏北各區工事，務於八月十五日以前全部完成。」❽

由於此項預爲戒備的背景，蔣委員長於七月八日上午獲悉昨晚盧溝橋事變經過時，並不驚

(接上頁)
稼：日帝侵華秘史(臺北：地平線出版社，民國六十四年)，頁六五—六六。

❺ 總統蔣公大事長編初稿，卷四(上)，頁四〇。

❻ 蔣委員長致韓復榘、沈鴻烈各電，分見總統府機要檔案，革命文獻第一册，頁二五，籌筆八四—一二〇三一。

❼ 同❺，頁六二—三。

❽ 同❺，頁六三。

異。他判斷此乃華北日軍有意尋釁，於日記中記曰：「倭寇已在盧溝橋挑釁矣，彼將乘我準備未完之時，使我屈服乎？或故與宋哲元爲難，使華北獨立乎？」又曰：「倭已挑戰，決心應戰，此其時乎？」❾

蔣委員長決定以積極態度應付日軍的挑釁，目的在防止事態的擴大，並堅定華北駐軍之決心和士氣。他於七月八日採取了以下的行動：

—電令宋哲元：「宛平城應固守勿退，並須全體動員，以備事態擴大。」並令宋「從速回駐保定指揮。」❿

—電令南京軍事委員會辦公廳主任徐永昌、參謀總長程潛，準備增援華北。⓫

—電令時在四川重慶主持川康軍事整理的軍政部長何應欽，卽行返回南京。⓬

—下令時在廬山軍官訓練團任總隊長之第二十六路軍總指揮孫連仲卽行返防，率部北援；第四十軍軍長龐炳勳，第八十五師師長高桂滋，卽率所部向石家庄集中；開封綏靖主任

---

❾ 同❺，頁六七。
❿ 蔣委員長致宋哲元齊電兩通，二十六年七月八日。
⓫ 蔣委員長致徐永昌、程潛齊戌電，及批宋哲元電原稿。
⓬ 蔣委員長致何應欽電，二十六年七月八日。

劉峙先派一師至黃河以北，準備兩師待命出動。⑬北上援軍，均令歸宋哲元指揮。⑭

七月九日，蔣委員長密電太原綏靖主任閻錫山，告以昨日所令各項應變措施，並令閻氏「即行準備，嚴密防範」，且詢閻氏「此事應如何應付」。⑮閻氏於兩日後復電：「山意對方利用形勢，野心暴發，我方必須有抗戰之決心，或可有和平之希望。」蔣氏於閻電批曰：「尊見先獲我心，當在不求戰而必抗戰之決心下，努力一切。」⑯蔣閻意見一致，於抗戰決策實具重大影響。

盧山訓練期間，行政院各主要部會首長多在牯嶺，行政院院會亦在牯嶺舉行。外交部部長王寵惠在牯，南京部務由次長陳介代理。陳氏於八日接獲宋哲元、秦德純等人關於盧溝橋事變之電報後，立電牯嶺王部長請示，王復以立即嚴重抗議。⑰外交部因於八、九兩日，兩度向日本大使館提出口頭抗議。部長王寵惠於十日自牯嶺返回南京，當日外交部即正式向日本大使館提出書面抗議：

此次日軍更藉深夜在盧溝橋演習之機會，突向該處中國駐軍猛烈攻擊，以致傷亡中國士兵

⑬ 同❺，頁六七；蔣委員長致劉峙齊電；孫連仲回憶錄，見孫仿魯先生述集，頁四九。
⑭ 蔣委員長批錢大鈞呈，二十六年七月九日。
⑮ 蔣委員長致閻錫山電，二十六年七月九日。
⑯ 閻錫山致蔣委員長眞電摘要暨蔣委員長批示，總統府機要檔案。
⑰ 中日外交史料叢編（四），頁一九四—五，宋、秦各電；頁二〇九，陳、王各電。

甚衆，物質損失，亦甚重大。日軍此種行為，顯係實行預定挑釁之計劃，尤極不法。外交部於此事發生之當日，已向日本大使館面提抗議，並保留一切合法要求。玆再重申抗議之旨，應請日本大使館迅速轉電華北日軍當局嚴令肇事日軍立卽撤回原防，恢復該處事變以前狀態，靜候合理解決。外交部仍保留關於本事件一切合法之要求。⑱

外交部旋接秦德純電報，知日軍並未遵守八日雙方約定之停止軍事行動條件，於十日再向盧溝橋猛攻，因於十一日發表聲明，要求日方「立卽制止軍事行動，遵照前約，卽日撤兵。」⑲十二日，日本大使館參事官日高信六郎偕副武官大城戶三治前來外交部謁見王部長，聲言昨(十一)晚八時北平雙方軍事當局已成立諒解，日軍不能全部撤回原防。王部長提議「雙方同時將出動部隊撤回原防，並雙方卽時停止軍事行動」，日高則反要求「貴方是否在日軍調動軍隊期內，不調動中央軍隊」，王部長當卽斥以「貴參事所問，殊覺奇怪，誠屬奇聞。」⑳王部長詢以北方所謂「諒解」之內容，日高推辭不知，以是談話情形，極不愉快。時軍政部長何應欽已於七月十日自重慶返回南京，王寵惠旋訪何商談應付，決定卽行通知日本大使館：任何地方協定，非經中央政

---

⑱ 同上，頁二一〇—二一一。

⑲ 外交部爲盧溝橋事件發表之聲明，二十六年七月十一日。

⑳ 外交部王部長寵惠會晤日高參事談話紀錄，二十六年七月十二日上午，南京。全文見中日外交史料叢編(四)，頁二三一—二三五。

府核准，均屬無效。王並於同日電報牯嶺蔣中正院長：「已由部致文日使館，聲明此次所議定或將來待成立之任何諒解或協定，須經中國中央政府核准方爲有效。」㉑

總而言之，國民政府的基本立場有兩點：

其一，華北的領土主權不容侵害；爲維護領土主權的完整與獨立，並防止事勢的惡化，毫無猶豫的酌派部隊北上，並着手若干應變的措施。日本經內閣會議之決議增兵華北，然又恐嚇中國不得派兵，其蠻橫無理，以强凌弱的心態，實已暴露無遺。日本駐華大使館武官喜多誠一於七月十九日到南京軍政部晉見何應欽部長，其態度之惡劣與言語之粗魯，誠爲難以令人想像者。喜多强指中國之派兵進入河北省，係違反「二十四年了解事項」—意指所謂「何梅協定」，何應欽當卽告以「我方對於二十四年，並無此項了解；我方在當時對於五十一軍及第二師第二十五師，亦未有不能再開入平津之言。」喜多再以「局勢必擴大」相威脅，何氏則還言：「事態之擴大與否，在日方，不在中國。」喜多最後的恐嚇是：「日本對於此非常時局，已有重大決意。如中國抱有待日軍撤退中國軍始撤退之意，則局勢必惡化；如中國空軍活動，則必引起空中戰無疑，將來無法收拾。」㉒

㉑ 中日外交史料叢編(四)，頁二二三，王寵惠呈蔣院長電。

㉒ 中日外交史料叢編(四)，頁二二六—二二九。

其二，國民政府以中國中央政府地位，不反對和平解決，主張經由外交談判的途徑，達成協議，任何地方政府簽訂之協定，必須呈報中央政府核准。這一立場，常被日人解釋為國民政府對「就地解決」的有意阻撓。實則，國民政府早在民國二十五年十二月四日，卽已通知冀察政務委員會，外交權應統一於外交部，任何對外協定須呈經中央政府核准，方始有效。此乃任何獨立國家之中央政府行使國家主權之常軌，卽日本，亦從未允許其地方政府不經核准卽與外國簽訂任何協定。日方蔑視中國中央政府的地位與權力，是出於對中國認識上的錯誤。日方希望壓迫冀察當局與其達成「諒解」以謀取利益，而又拒絕向中國政府透露其所謂「諒解」的內容，益使中國政府有理由亦有決心，必須先行審核其「諒解」的內容後始再作可否之決定，以免中國的領土與主權受到損害。

中國政府希望中央與地方的立場一致，賦予冀察當局在不喪權不辱國的原則下，與日方周旋的權力。秦德純經常以電報及電話向南京報告與請示。㉓軍政部原派有簡任參事嚴寬駐北平，外交部於原派外交特派員程伯昂外，復於七月十一日加派孫丹林、楊開甲北上，以便隨時了解平津的情形。㉔蔣委員長並特派參謀次長熊斌於七月十四日前往保定，期能隨時掌握北方情勢的變

㉓ 同上，頁二一五，牯嶺徐次長（謨）致王部長（寵惠）電，民國二十六年七月十五日；宋哲元上蔣委員長電，二十六年七月九日。

㉔ 同上，頁二一〇，外交部王部長（寵惠）呈蔣院長（中正）電，民國二十六年七月十一日；頁一九八—九，孫丹林、楊開甲的報告。

化。㉕宋、秦希望北上援軍暫停於冀南，中央亦同意北上各師暫停待命。㉖民間輿論亦熱烈要求地方聽命於中央，如獨立評論的編者卽曾呼籲：「我們希望無論作戰與交涉，全要聽命於中央！」㉗

中國政府希望循外交途徑，協商盧變的解決，因此希望兩國的大使均在任所。中國駐日大使許世英此時因病留在國內，蔣委員長希望他力疾回任，許氏也認為任務在身，決定提前返回東京任所，共赴國難。㉘他係於七月十七日由上海啓程赴日。日本駐華大使川越茂於事變發生時，適在青島。中國政府外交部希望他卽返南京，他却逕自前往天津活動，而委其大使館務於參事官日高信六郎，川越顯然有意逃避與中國外交部接觸。日本外務省也催川越回任，川越仍不肯動。外務省再派自日返任的駐漢口總領事三浦義秋為外相的「返任督促使」，到天津力催，川越始於八月八日回到上海。㉙許與川越同為大使，而表現迴異，誠偽分明，因而七月下旬的東京臨時國會，有議員曾對川越強烈的抨擊。

㉕ 熊斌上蔣委員長電，民國二十六年七月十四日，保定。
㉖ 孫仿魯先生述集，頁九九。
㉗ 獨立評論，第二四三號（民國二十六年七月十八日），頁一九，編輯後記。
㉘ 王寵惠部長呈蔣院長電，民國二十六年七月十二日，見中日外交史料叢編（四），頁二一四。
㉙ 石射猪太郎：盧溝橋事變前後，見陳鵬仁譯：日本侵華內幕，頁一七四。

(二) 東京的謀略

事變發生，日本政府宣稱「不擴大」與「現地解決」的政策，事實上，卻是一種謀略的運用。

七月八日拂曉，盧溝橋事變電訊傳至東京。不論是日本駐北平外交人員，或是駐屯軍當局，都報告說：事變是由於日軍遭到中國軍的「不法射擊」而引起的，但熟悉日本軍情的一部分外交官卻不相信。外務省東亞局局長石射猪太郎曾說：

> 北平的大使館，陸續來電報。電報說，事端是因為中國軍不法射擊而開始的。但知道九一八事變之來龍去脈的我們，都異口同聲的說：「又來了」。不過，無論那一方先動手，當前的問題是趕緊解決事件。㉚

外相廣田弘毅基本上是聽從軍部的決定的，東亞局長石射猪太郎傾向於「不擴大」，七月八日上午，廣田外相召集次官堀內謙介，石射猪太郎及歐亞局長東鄉茂德商談後，決定贊成「不擴大」和「就地解決」的原則。㉛但軍部方面的反應，並不一致，大抵分為「擴大」與「不擴大」兩種意見：主張擴大者以陸軍大臣杉山元為首，主張不擴大者以參謀本部第一部長石原莞爾為

㉚ 石射猪太郎：盧溝橋事變前後，見陳鵬仁譯：日本侵華內幕，頁一六〇。
㉛ 石射猪太郎前文。

首。兩派比較，自然是以擴大派為主流，氣燄囂張，占盡優勢。

事變發生時，日本華北駐屯軍司令官田代皖一郎正在病中，由參謀長橋本羣負實際指揮責任。若干日人把橋本羣說成是穩健派，主張不擴大事態，㉜但實際上，他與北平特務機關長松井太久郎、大使館助理武官今井武夫等人，都採取了挑戰姿態。橋本羣曾於七月九日派參謀和知鷹二赴東京請示，和知也是個興風作浪的人，但他當時得到的初步指示是「不擴大，就地解決」。

另外一支駐屯中國東北的强大軍力—關東軍，則一直是侵略中國的先鋒。盧溝橋事變的次日—七月八日，關東軍即發表如下的挑戰性聲明：

由於暴戾的第二十九軍的挑戰，今日在華北竟發生了事端。我關東軍將以很大關心和重大決心，嚴正注視本事件的演變。㉝

七月九日，日本政府宣布的政策是「不擴大」與「現地解決」。十一日的內閣會議中，卻正式通過陸軍省的增兵華北提案：決定派遣內地三個師團，朝鮮一個師團，「滿洲」兩個旅團的兵力，增援華北，並下令朝鮮和「滿洲」方面的部隊立即出動。㉞當晚，獲知北平已達成停戰協議，乃聲稱「內地」三個師團暫緩派遣，朝鮮和「滿洲」的兵力則照原令出發。七月十二日起，

㉜ 森島守人所著「陰謀、暗殺、軍刀」一書，即持此一看法。
㉝ 陳鵬仁：日本侵華內幕，頁一一九—二〇。
㉞ 秦郁彥：日中戰爭史，頁一九八—二〇二。

由「滿洲」開往關內的日軍已開抵平津地區。美國駐華大使詹森（Nelson T. Johnson）曾於七月十二日自北平向美國國務院報告：

駐天津總領事剛剛來電話：大批日本軍隊已分批抵達天津東站，正進駐天津營區。㉟

令人注目並感到驚異的，是日本首相近衞文麿的態度。這位在日本頗負時譽，甫於一九三七年六月三日繼林銑十郎出任首相的「儒弱者」，㊱卻於盧溝橋事變後表現出積極支持軍部强硬派的姿態。七月十一日的內閣會議「無異議」通過了出兵華北案，近衞於當日發表了出兵聲明，㊲並自己帶頭來作民間動員的佈署。森島守人記述近衞文麿的表態：

七月十一日，日本政府聲稱這個事件為「華北事變」，不但自己把它擴大，而且從那一天起，首相近衞（文麿）便站在第一線，親自動員政界、財界和言論界，鼓動輿論；更未徵求現地的意見，而根據他自己的情勢判斷，就決定出兵華北，並密令由日本國內動員兩個師團。㊳

七月十二日，日本政府任命原任教育總監部本部長之香月清司中將，繼病危待斃之田代皖一

㉟ *Foreign Relations of the United States*, 1937, Vol. III. the Far East, pp. 142.

㊱ 近衞文麿自謂「戰前被譏爲儒弱者，戰時被罵爲和平運動家，戰後被視爲戰犯，余殆受命運之支配。」見近衞手記，封裏摘語。

㊲ 秦郁彥前書，頁二〇一；譯文見中日外交史料叢編㈣，頁五一一－一二。

㊳ 陳鵬仁前書，頁一二〇，譯森島守人原著。

郎出任華北駐屯軍司令官，香月當日卽抵達天津接任。同日，日本參謀本部也研訂了「對支作戰計劃」。香月於赴華前在東京的談話中，雖仍倡言「和平解決」，却又强調要「全力保護日本在華北的權利和日僑的安全」，聲言要對「暴戾的支那軍」予以「斷然膺懲」。㊴

七月中旬，日本政府不斷對外表態，宣示其「不擴大」方針，以及「現地談判」之和平解決意圖，實則援軍源源進入華北，企圖威脅冀察當局與之簽訂城下之盟。中國政府諸領袖自始卽保持高度的警覺，對日本的謀略運用瞭然於心。蔣委員長曾對國軍將領指出日本的陰謀：

> 對於我國，他（日本）的初意就想運用不戰而屈的政略，唱出什麽「平津局部化」，「地方事件」，要求「就地解決」等「外交原則」，想繼續因襲其佔我東北四省，侵我冀東察北的故技，恫嚇威逼，詐偽欺騙，來安然佔有平津。㊵

中國駐日大使許世英返抵東京任所後，曾數度與日本外交大臣廣田弘毅等人交涉，對日本政策瞭解甚深。他亦曾致電外交部，說明日本之「不擴大」事實上乃是一種騙術。他說：「以英觀察，彼之所謂不擴大者，蓋爲對內欺君民，對外欺國際之口號，對我則藉獲暇豫，大量徵發，積極充實戰備。多謂本月中旬以後彼必大擧攻我，最小限度亦須完成其華北五省計劃。」㊶

㊴ 香月新任華北駐屯軍司令官之記者會談話，一九三七年七月十二日，東京，見次日東京朝日新聞。

㊵ 中國國民黨中央委員會黨史委員會：中華民國重要史料初編—對日抗戰時期，第二編，作戰經過㈠（臺北，中華民國七十年九月），頁四五。

㊶ 中日外交史料叢編㈣，頁二七二—三。東京許大使八月十四日電。

㈢ 平津談判

七月八日，日軍自晨至晚，曾對宛平城實行三次攻擊。攻擊的間歇時間，則進行調查、要挾、談判並調遣軍隊。秦德純態度頗爲鎭靜而堅決，他於七月八日晨三時三十分獲悉日軍正由豐臺向宛平前進，判斷戰火將無法避免之時，卽曾電話命令宛平守軍團長吉星文：「盧溝橋可爲爾等墳墓，應與橋共存亡，不得失守」。㊷當晚秦氏在懷仁堂歡宴參加在淸華大學擧行之兩教育團體—中國教育學會與中華兒童敎育社—年會之敎育學者時，更曾明白表明其立場：㈠絕對服從中央，㈡不惹事亦不怕事，㈢北平決不作瀋陽第二，㈣準備犧牲。㊸他於同日面告軍政部駐平參事嚴寬：「盧城絕不能退出」，「日軍示威多日，此次在盧發生衝突，係日軍有計畫行動。」㊹北平於同日宣佈戒嚴，由第三十七師師長馮治安爲戒嚴司令。

談判亦同時接續進行中。據冀察當局七月八日向蔣委員長報告：「對方提出條件五項」，彼等拒絕，認爲「無商酌餘地」。㊺然於八日深夜，雙方終於在北平獲得口頭協議三項：㈠雙方立

㊷ 秦德純對記者談話，二十六年七月八日，北平。見天津大公報，二十六年七月九日。
㊸ 民國二十六年七月十四日，上海新聞報，北平當局對盧溝橋事件嚴正表示—某教育家在滬談話。
㊹ 丁思澤、陳長河編選：七七事變至平津淪陷蔣何宋等密電選（以下簡稱七七密電選），第二電。
㊺ 宋哲元呈蔣委員長齊酉電，二十六年七月八日。

即停止射擊，㈡日軍撤退豐臺，華軍撤回盧溝橋以西地帶，㈢城內防務由保安隊擔任，人數約二百名至三百名，定九日九時接防。㊻但在九日晨六時，宛平則又受到日軍一木大隊在旅團長河邊正三的口頭命令下發動的攻擊。㊼由於松井太久郎的制止以及橋本羣親至北平與秦德純商談，始告休戰。七月九日，秦德純等上電蔣委員長報告：

> 彼（日）方連日前來接洽，幷聲述不欲事態擴大，希望和平了結，經議商結果，雙方先行停戰，部隊各回原防，恢復原來狀態，前線兵力正各自撤退中。㊽

冀察當局復以宋哲元名義於同（九）日上電蔣委員長，說是「此間戰爭，業於今晨停息，所有日軍均已撤退」，「決遵照鈞座不喪權，不失土之意旨，誓與周旋」。㊾錢大鈞於同日自牯嶺電話北平秦德純，秦亦答稱：「日軍已退衙門口，盧溝橋附近已不見日軍蹤影」。㊿蔣委員長批示對宋、秦「獎勉」，却同時要求宋、秦不能掉以輕心：

㊻ 王冷齋：七七回憶錄，秦德純等上蔣委員長電報告：「經商議結果，雙方先行停戰，部隊各回原防，恢復原來狀態。」未提保安隊接防事。秦著海澨談往則記三條：㈠雙方立即停戰，㈡雙方各回原防，㈢由雙方派員組視察團監視雙方撤兵情形。

㊼ James B. Crowley, *Japan's Quest for Autonomy*, p. 227.

㊽ 秦德純張自忠馮治安呈蔣委員長青電，二十六年七月九日。

㊾ 七七密電選，第十一電。

㊿ 程潛唐生智徐永昌上蔣委員長庚電，錢大鈞簽註，二十六年七月九日，廬山。

應先具決死與決戰之決心及繼續準備，積極不懈，而後可以不喪主權之原則與之交涉，方能貫徹主張，完成使命。惟我軍以應戰而不求戰之方針，當使全體官兵明瞭遵守。談判之時，尤應防其欺詐，刻刻戒備，勿受其欺，北平城使其不能任意出入為要。51

七月十日，秦德純致電錢大鈞，請求轉令準備北上各部隊：「在原防集結待命」，他並上電蔣委員長，表示盧溝橋防務鞏固，「縱敵頑強，亦萬無一失」。52事實却證明秦德純所言不確，日軍撤後復回，於十日再度猛攻盧溝橋，戰況激烈，傷亡亦重。蔣委員長於接獲報告後，於十一日批令卽電秦氏：

> 我軍非有積極作戰之充分準備與示以必死之決心，則必不能和平了結。盧溝橋，長辛店萬不可失守，望兄等時時嚴防。又孫（連仲）、龐（炳勳）各部砲團今已北開，均歸宋主任明軒指揮調遣，請隨時直接與各該部接洽。53

七月十一日，有兩件事深刻影響北方局勢的變化。一是宋哲元於是晚六時三十分自樂陵抵達天津，一是日本華北駐屯軍於是晚宣佈，第二十九軍代表張自忠、張允榮已與橋本羣參謀長簽署停戰協議，「自認其非」。54

---

51 蔣委員長對秦德純等電批示；蔣委員長致宋哲元電，二十六年七月十日。

52 七七密電選，第十四、二十二兩電。

53 蔣委員長復秦德純等電，見總統蔣公大事長編初稿，卷四(上)，頁七三。

54 陸俊：最後關頭的盧溝橋事件，見時事月報，七卷二期（二十六年八月號），頁四一—五二。

宋哲元的態度，實爲各方面所共同關注。據汪兆銘講，宋於盧變發生後，曾自樂陵致電二十九軍各將領，要他們「撲滅當前之敵」，55並於八日先派門致中自樂陵返北平，傳達意見。56蔣委員長則令宋速行前往保定指揮，於七月八、九兩日兩電催促。57然宋未遵奉蔣令行事，反於十一日赴津與日方進行談判。宋氏態度之改變，頗難確定其原因，他於抵達天津後次日——十二日，密電蔣委員長說：「本擬馳赴保定。嗣因情勢轉趨和緩，特於昨晚來津，察看情形，以決定今後應付之方策。」58蔣委員長復電仍要宋「從速進駐保定，不宜駐津。」59何應欽亦於七月十二日電宋：「兄在津萬分危險，務祈即刻秘密赴保，坐鎮主持。」60然宋未曾遵辦。宋於十二日在津發表書面談話，語意曖昧，61蔣委員長因於七月十三日密電宋氏，戒以「勿受敵欺」，蔣電文曰：

盧案必不能和平解決，無論我方允其任何條件，而其目的則在以冀察為不駐兵區域，與區內組織用人皆得其同意，造成第二冀東。若不做到此步，則彼得寸進尺，決無已時。中央已決心運用全力抗戰，寧為玉碎，毋為瓦全。以保持我國家與個人之人格。平津國際環境

---

55 廬山談話會紀錄稿，汪兆銘講話，二十六年七月十七日。
56 上海新聞報，民國二十六年七月九日。
57 八日之電見總統府檔案「革命文獻」第一册，九日之電見七七密電選，第九電。
58 宋哲元上蔣委員長文電摘要，見總統府檔案—革命文獻，抗戰時期第一册，頁五三。
59 同上。
60 七七密電選，第二十八電。
61 上海大公報，民國廿六年七月十三日。

複雜，如我能抗戰到底，只要不允照辦任何條件，則在華北有權利之各國，必不能坐視不理。而且重要數國外交，皆已有把握。中央決宣戰，願與兄等各將士共同生死，義無反顧。總之，此次勝敗，全在兄與中央共同一致，無論和戰，萬勿單獨進行，不稍與敵方以各個擊破之隙，則最後勝算，必為我方所操。請兄堅持到底，處處固守，時時嚴防，毫無退讓餘地。今日對倭之道，惟在團結內部，激勵軍心，絕對與中央一致，勿受敵欺則勝矣。除此之外，皆為絕路。62

宋哲元既抵天津，自難免受親日份子齊燮元、張允榮、劉治洲、陳覺生之流的影響，亦無法抵擋日軍方面的壓力與苛刻條件。他首先要作決定的，是對張允榮與橋本羣商定的一項停戰約定。其內容，先由秦德純電告二十九軍駐滬辦事處處長李廣安，並於七月十三日刊載於上海新聞報，63繼於七月二十一日由宋哲元呈報中央，其原文如下：

解決條件：一、第二十九軍代表對於日本軍表示遺憾之意，並對責任者處分，以及聲明將來負責防止再惹起此類事件。二、中國軍為日本在豐臺駐軍，避免過於接近易於惹起事端

---

62 總統府檔案「革命文獻」—抗戰時期第一册，頁五八—六一。

63 原電文曰：上海二十九軍駐滬辦事處李處長廣安兄鑒：眞（十一）日下午六時至八時，中日雙方首腦部在張升三兄（案卽張允榮）宅聚會，當議決中日兩軍分歸原防，對此不幸事件陣亡與受傷官兵，分表惋惜，研究以後不再發生類似之事件，或可告一段落也。刻下日軍大部分由盧溝橋附近撤至豐臺等處原防，至盧溝橋防務仍由我軍駐守。此次事件，或可告一段落也。特聞。弟秦德純。

起見，不駐軍於盧溝橋城郭及龍王廟，以保安隊維持其治安。三、本事件認為多胚胎於所謂共產黨，其他抗日系各種團體之指導，故此將來對之講求對策，並且徹底取締。以上所提各項均承諾之。64

宋哲元顯然認爲此項條件可以接受，爲避免戰端而付出此項代價，彼或認爲有其必要。他自然不曉得東京日本閣議已於同日決議增兵，亦不知日本軍令部於七月十二日策定「對支作戰計劃」，決定「爲打擊中國二十九軍爲目的，戰局須局限於平津地區」，「本乎局限方針，目前應向平津地區迅速派遣陸軍兵力，以達膺懲二十九軍之目的。」65七月十四日晚間，日本華北駐屯軍司令官香月清司卽派參謀專田盛壽向宋哲元提出下列七項要求：

(一)徹底鎮壓共產黨之策動；

(二)罷黜排日之要人；

(三)有排日色彩的中央系機關應從冀察撤退；

(四)排日團體如藍衣社，CC團等，應撤離冀察；

(五)取締排日言論，宣傳機關及學生與民衆運動；

(六)取締學校與軍隊中之排日教育；

64 總統蔣公大事長編初稿，卷四(上)，頁八七。

65 現代史資料⑨，日中戰爭(二)，頁八。

㈦北平市之警備由保安隊擔任，中國軍隊撤出城外。

日方辯稱，此等條件係為實行七月十一日協議第三項而設定者。日方說：宋表示原則上無異議，惟希望延緩實行。⑥⑥七月十五日，宋召集張自忠、張允榮、魏宗瀚、陳覺生、鄧哲熙、章士釗等會商後，指派張自忠、張允榮、鄧哲熙三人與日方橋本羣、和知鷹二，進行折衝。⑥⑦

已公開的史料顯示，宋哲元的心情至為矛盾。他發現處境甚惡劣，曾於七月十四日密電蔣委員長請示是否可以放棄天津，蔣的批覆則是：「天津絕對不可放棄，務望從速集結兵力應戰。」⑥⑧熊斌在保定，密派張蔭梧携函去天津謁宋，繼又派高級參謀方賢，河北警務處處長李炘，先後到津勸宋去保定。⑥⑨宋不願去保定—亦無法脫身，但令鄧哲熙電話熊斌：和平商談以不損領土主權為原則。⑦⓪然據張蔭梧等觀察，宋對中央決心及準備，仍不免隔閡與誤會。⑦①為解釋誤會，蔣委員長因於七月十七日兩電宋氏：一則告以：「第二十六路孫總指揮連仲所部，第四十軍龐軍長炳勳所部，統歸冀察綏靖主任宋哲元指揮，並派熊次長斌駐保聯絡。」⑦②一則告以：「倭寇不重信

---

⑥⑥ 秦郁彥：日中戰爭史，頁二〇七。
⑥⑦ 上海新聞報，民國廿六年七月十六日。
⑥⑧ 總統府檔案「革命文獻」—抗戰時期第一册，頁六三，宋哲元寒電摘要及蔣委員長批示。
⑥⑨ 七七密電選，第三十八、第四十一兩電。
⑦⓪ 同上，第四十三電。
⑦① 同上，第五十一電。
⑦② 同上，第五十三電。

義，一切條約皆不足爲憑。當上海一二八之戰，本於開戰以前已簽訂和解條約，承認其四條件。乃於簽字八時之後，仍向我滬軍進攻。此爲實際之經驗，故特供參考，勿受其欺爲要。」(73)

七月十六日以前，宋哲元仍係與日方「虛與委蛇」。十六日晚間，香月清司接獲東京陸軍省的指示，限期要求宋哲元答應日方條件，香月乃於十七日通知宋氏，限宋於十九日以前承諾。於是局勢驟形緊張，張自忠等因與橋本羣於十七日夜再作洽談。十八日午後，宋藉參與甫於十六日死亡之田代皖一郎葬禮之便，與香月清司見面，日方解釋爲係宋氏對日方道歉，宋則認爲是雙方互表遺憾。就在十八日這天，宋親自與保定熊斌通電話，告以情形，熊當卽轉呈蔣委員長：

明軒刻親由津電話告知數事：一、戰爭恐不能免，二、彼在津不能有明白表示，三、決不能作喪權辱國之事，四、應作第二步計劃，卽召張維藩赴津轉保與斌商洽，五、宋部分佈散漫，無機會集合，期能多緩和幾日，以便作第二步計劃，六、明軒有犧牲決心，姑先作一作，試一試。(74)

宋哲元亟欲離開天津，日方初不同意。據香月清司回憶錄透露，宋表示「須赴北平一行，使部下遵守協定」，香月始同意宋離津返平。(75)宋於七月十九日晨離津搭北寧路專車返平，車過楊

(73) 同(68)，頁九四—五。

(74) 總統府檔案「革命文獻」—抗戰時期第一册，頁九七。熊斌另有電致何應欽，內容略同。見七七密電選，第五十七電。

(75) 古屋奎二原著，中央日報社譯印：蔣總統秘錄，第十一册，頁二七。

村西側橋樑時發現炸彈，幸未爆炸。據王冷齋指證，此炸彈為日方所置。(76)宋離津後，日方忽傳出所謂「細目協定」六條，由張自忠、張允榮代表第二十九軍簽字。(77)日方公佈之條文是：

一、徹底鎮壓共產黨之活動。

二、革除妨害中日合作關係的人員（冀察當局願自動的予以罷免）。

三、撤換冀察境內屬於排日組織之人員。

四、藍衣社、CC團等排日組織應撤出冀察。

五、取締排日言論，宣傳機關及學生與民衆運動。

六、取締冀察所屬各部隊各學校之排日教育與排日運動。

宋對此一「細目協定」，始終未作承認。他於返平後，除發表公開談話，表示「向主和平，凡事以國家為前提」，「國之大事，只有靜候國家解決」外，(78)並致電何應欽：「哲元今日上午十時由津返平。昨日下午一時，在天津與香月彼此會晤，除普通寒暄外，彼此希望早日恢復本月八日以前狀態。哲元決本中央之意旨處理一切，幷請鈞座千忍萬忍。」(79)

(76) 王冷齋：盧溝橋紀事詩五十首，第三十五首括弧內之說明。
(77) 秦郁彥前書，頁二一〇—一一。
(78) 談話全文見盧溝橋（桂林：前導書局，民國二十六年九月），頁四一。
(79) 七七密電選，第六十二電；中日外交史料叢編（五），頁二〇六，北平秦德純、馮治安致南京參謀本部皓電。

㈣民間的呼籲

盧溝橋事變發生後次日—七月八日，南京外交部口頭向日本大使館提出嚴重抗議，外交部部長王寵惠並自牯嶺電令南京：「將抗議及勸告情形明晨在報端發表」。[80]九日起，各地報紙遂均刊出事變消息，並鄭重發表社論。天津大公報，上海新聞報，南京中央日報等大報，並連續發表社論、評論及專論，獨立評論等雜誌也適時刊出評論或論文，充分發揮了民間輿論的力量，對中央與地方政府作了中肯而坦誠的呼籲。

民間輿論，有其共同一致的基本認識。分析言之，可有四點：

其一、認定盧溝橋事變乃一不幸事件，其起因係屬日軍的蓄意尋釁；無論如何解決，中國斷不能再受其威脅。這一論點，上海新聞界七月九日的社論，言之痛切：「此事之起因，據云日軍演習時，忽聞槍聲，卽收兵點驗，缺少一人，遂謂其人已入宛平縣城，可謂奇極。黑夜之間，蹤跡難辨，何以知其入城？倘謂確有所見，又何以待點驗始知？且我軍既無一人出城，又安得捕風捉影？況雙方已派代表，儘可查察，何以遽爾攻城？且一再進犯不已，其爲有意尋釁可知。」「日人於此，宜自檢其行動、迅速撤兵，以免糾紛不解。若必不悛改，則我軍爲自衞計，爲守土

[80] 中日外交史料叢編(五)，頁二〇九，牯嶺王部長來電，民國二十六年七月八日。

計，亦惟有力盡防禦之責，斷不能受其威脅。」[81]

其二、要求地方與中央政策一貫，態度一致，共同負責，力謀全面切妥的解決，勿作枝節敷衍的應付。天津大公報於九、十兩日社論中，均曾剴切陳論。九日之論，乃論及整個對日方策：「衡以國際環境，日本情況與夫北方現狀，來日大難，殷憂正多。枝枝節節的應付，蒙頭蓋面的敷衍，終必不適於今後的局勢。吾人切望中央地方務卽商定切合實際之具體方案，預定緩急先後之因應步驟，共同負責，徹底一致，不特內外軍政當軸精誠團結，見解從同，並應使社會各方有力人士認清現局，明瞭利害，以與政府呼應。是非禍福，榮辱毀譽，全國同之，夫然後始可望形成整個力量，以當不測之變。」[82]十日之社論，乃係專爲冀察當局進言者：「願關係各方面加緊覺悟，卽日方一再嘗試之後，橫逆之至，當更難測。如果長此孤立肆應，則屈辱之度必且愈來愈甚。今後惟有速決大計，上與中央連成一片，下與民衆結爲一體，憑藉強厚，猶可爲有力之周旋。否則，退讓復退讓，畸形復畸形，士氣何堪再用，地方成何體制！此尤吾人心所謂危，並望地方當局於處理盧案善後與準備未來方略時，充分省察。」[83]

其三、竭誠希望宋哲元返回北平，主持大計，並把握機會有所作爲，對歷史有所交待。天津

[81] 民國二十六年七月九日，上海新聞報社論：盧溝橋事件，執筆人爲「用言」。
[82] 民國二十六年七月九日，天津大公報社論：盧溝橋事件。
[83] 民國二十六年七月十日，天津大公報社論：盧溝橋案善後問題。

大公報九日社論中，即建言：「目前第一亟務，自爲促請冀察政務委員會宋委員長尅日銷假，返平主持，以重責任。」[84]中央則電令宋哲元前往保定指揮。然宋氏竟於七月十一日前往天津與日方商談，政府與社會均甚失望。以是，「我朝野內外，均對宋氏與日人談判的結果表示疑慮與關切，致電慰問者有之，發函責備者有之，親往天津當面對宋陳論利害者亦有之。」[85]北平教育界推李書華、張貽惠、李蒸、查良釗、沈履、樊際昌等人，於七月十六日前往天津見宋，邀宋返平，然發現宋的態度猶豫而矛盾。[86]新聞界則多著論勉以大義，期以大功。茲擧兩文以證之。一爲張佛泉於七月十八日夜午所撰之「我們沒有第二條路」專文：[87]

> 宋哲元將軍是想佔歷史一頁的（這自然是指流芳而言），喜峯口一戰，他已佔了半頁，現在是他填另外半頁的時候了！我們希望他把握得穩，往遠大處著眼，以祖先和子孫的尊榮幸福當作目標，準備作一次悲壯的大決鬥！

另一文是七月十九日天津大公報的社論，提出三項忠告，第一項即是對宋而發：

> 全國同胞絕對站在一條線上，不要聽任何離間挑撥，不要行動紛歧。關於此點，我們盼望

---

[84] 同[82]。

[85] 李雲漢：宋哲元與七七抗戰，頁一九二。

[86] 民國二十六年七月十七日，天津大公報；*Japan's War in China* (Campiled and published by China Weekly Review, Shanghai, 1938), p. 6.

[87] 全文發表於獨立評論，第二四四號，民國二十六年七月二十五日出刊。

冀察軍隊最高指揮官宋哲元先生，尤其要注意。須知中華民族，是榮辱生死與共，只有共同奮鬥是活路，並且必定成功。全國對宋先生是信任其愛國的。當此時機，需要宋先生格外努力。⑧⑧

其四、幾乎是輿論界共同一致的信念：我們只有一條路：抵抗。「我們只有一條路」，是二十六年七月十一日上海大公報「短評」的標題，其一段文字是：「盧溝橋事件，我方忍辱退讓，容納日方以保安隊接防而將二十九軍撤退的要求。詎意我撤而彼不撤，反而集結大軍，重來挑釁，以致復行衝突。昨（十）下午起，我軍抗戰極為激烈。冀察當局以對方逼迫至此，決心抵抗；中央向抱不惹事不怕事的方針，人既着着進犯，當然也要努力自衛，因為我們現在除了抵抗，實在沒有第二條路可走了。……時急矣！事迫矣！日軍若果進逼不已，希望中央當局審度時勢，領導全國，共走此不能不走的一條道路！」

這一論點不獨見諸京滬諸報，北方的主張或更強烈。獨立評論週刊的編者於七月十二日寫「編輯後記」，就說：「在此際，我們只願表明我們的態度與決心：我們必須抵抗，如地方當局所表示，敵方再不速停射擊，我們唯有準備大犧牲！」⑧⑨張佛泉的「我們沒有第二條路」，言來更為激昂雄壯：

⑧⑧ 民國二十六年七月十九日，天津大公報社論：時局到最後關頭。
⑧⑨ 獨立評論，第二四三號（民國二十六年七月十八日），頁十九。

中央與地方所表示的態度，是不挑戰，亦不避戰。但國民却希望我軍能一鼓而下通縣，且直搗榆關，看對方究將如何……不論如何，我們却衹有一條路，卽，小來自然抵抗，大來亦自然衹得抵抗！絶沒有不戰而退，以大好河山拱手送人的道理！⑨⓪

平津地區各大學的教授學者，目睹北平政情的複雜與日軍蠻橫無理的行動，尤感悲憤。他們同情二十九軍的處境，却希望二十九軍能爲捍衞華北的干城，並與中央政府採一致的立場與行動。對於宋哲元在天津的談判以及回到北平後的弭戰措施，感到失望，對於吉星文等二十九軍將士浴血抗日的壯烈，最爲感動。他們組織團體，作宣傳與慰勞工作，並數度發表宣言，呼籲政府採取積極有效的禦侮行動。

盧變後第四天—七月十一日，平津各院校教授聯合會召集北平各界開會，由楊立奎主席，決定組織北平市各界聯合會，爲二十九軍抗日的後援。⑨①十二日，北平文化敎育界人士李書華、李蒸、潘光旦等二十餘人在淸華同學會聚餐，交換對時局意見及應付辦法，於討論發動募捐慰勞及救護外，推定李書華、查良釗、沈履三人於午後赴市府見秦德純市長表示慰問，並分別致電南京蔣委員長及天津宋哲元，籲請採取堅決有效之辦法以應付華北危機。⑨②

⑨⓪ 張佛泉：我們沒有第二條路，獨立評論，第二四四號，民國二十六年七月二十五日。
⑨① 天津大公報，民國二十六年七月十二日
⑨② 天津大公報，民國二十六年七月十三日。

七月十五日，北京大學全體教職員致電天津宋哲元，有所建言。師範大學教職員於集會商討後，決推李書華、李蒸、張貽惠、查良釗等於次日赴津謁宋。93天津各院校代表則受北平市教育界之託，於十五日下午赴進德會—原張宗昌住宅，今為宋哲元讌集賓客及講學集會之所—晉見宋哲元，請宋返平坐鎮。

平津各大學教授曾先後兩次致電南京諸領袖，籲請中央迅即發動全力，抗敵圖存。一次為七月十五日，由凌樹聲、王惠中等十八人署名；94一次為七月二十一日，由李書華、李蒸、陸志韋、袁同禮等領銜，致電行政院院長蔣中正：「連日日軍破壞我國主權之行動，如北寧路軍運，實際佔領天津車站，飛機掃射平漢列車，强佔民地建築飛機場，不一而足。應請於堅持日方撤兵為談判先決條件外，立即作有力之制止，以維主權。」95

七月二十四日—北平政局依然陰霾之際，北京大學全體教授發表了「對盧溝橋事變宣言」，立即受到朝野各方的重視。這篇宣言，首先闡明：中華民族向來是愛好和平的，但對於日本兩週以來在平津令人髮指的暴行，已到不能忍受的地步；其次警告日本：中日兩國是否結成永世不解的仇恨，日本是否要作破壞東亞和平的戎首，這都繫於日本政府的態度和日本軍隊的行動，倘使

93 天津大公報，民國二十六年七月十六日。
94 上海新聞報，民國二十六年七月十六日。
95 天津大公報，民國二十六年七月二十二日。

日本還不悔悟，必將受到中國舉國上下犧牲到底的全力抵抗；最後以教育者的立場，忠告世界文化界人士：

同人等是從事教育的人，負責維持文化的責任，天天以宣傳和平與正義為事。我們不忍見同文同種的鄰邦，甘冒世界的不韙，來首先摧殘人類的文化，破壞東亞的和平。我們深願世界文化界的同志，共同起來幫助我們，喚醒這些迷夢中的日本政黨和軍人，如不立即覺悟，逼迫我們這個愛好和平的民族，使不得不共起抗戰，則非特中日兩國同遭浩刼，即全世界的驚濤駭浪，也要從此掀動了。我們為人道正義為自由為和平而犧牲，自所不惜。惟望全世界的明達，認清這個破壞和平摧殘文化的罪魁，是日本不是中國。[96]

三、盧山決策前後

民國二十六年暑期，中樞決定在江西牯嶺盧山舉辦兩項重要活動：一是暑期軍官訓練團，每兩週一期，計劃舉辦三期，以軍政部次長陳誠及胡宗南、黃杰等負責籌備，陳誠並爲教育長；[1]

[96] 抗戰文獻（獨立出版社，民國二十七年五月），頁六七—六八；中國全面抗戰大事記（上海，美商華美出版公司，一九三八），頁四三—四四。

[1] 總統蔣公大事長編初稿，卷四（上），頁三七，蔣委員長致陳誠電。蔣委員長兼任團長，陳誠任教育長，孫

（續下頁）

一為談話會，邀請各黨派領袖，社會名流及著名學者兩百餘人參加，討論政治、經濟及教育文化事宜，由中央政治委員會主席汪兆銘與蔣委員長共同主持，計劃分三期辦理。❷

蔣中正委員長為主持訓練團與談話會，於五月二十六日到達牯嶺，並於二十九日銷假，恢復執行行政院院長職務，行政院院會亦在牯嶺舉行，以是牯嶺遂成為暫時的軍政中心，盧溝橋事變後的抗日決策即係在廬山決定，並於七月十七日由蔣委員長向廬山談話會講演時，正式宣佈。

中國政府的決策是：應戰而不求戰，其和、戰的關鍵，在於日本是否接受中國政府處理盧變的最低限度的要求：華北領土與主權不容受到危害。中國政府希望在和平絕望之前，仍盡最大努力期能和平解決中日間的衝突。因此，蔣委員長於發表廬山講話後回到南京，一方面統籌軍政外交，準備應戰，一方面仍從各種可能的途徑，進行和平談判的試探，結果却歸於徒然，日本既不接受中國政府的立場和條件，也拒絕任何第三國從事於善意的和平的斡旋。即與日本簽訂反共同盟條約的德國，日本政府亦不同意其介入。德國駐華大使陶德曼（Qscar P. Trautman）即曾面告蔣委員長：「敝國政府甚願協同第三國對日本為友誼的勸告，或出面調解，但日本已申明不願

（接上頁）

連仲任團附兼第一總部長，黃紹竑任第二總隊長，薛岳、吳奇偉、胡宗南、萬耀煌、朱懷冰、劉茂恩、馮治安、李服膺、羅卓英等分任大隊長。

❷ 第一、二期按計劃舉行，第三期因抗戰爆發，未克舉行。

意第三國干涉，故敝國雖欲調解，恐亦不能收效。」❸

本節內容，係敍述蔣委員長在廬山談話會發表政策性演說前的情勢—特別是中共的積極態度，以及蔣氏自牯嶺於七月二十日返回南京後對和平解決所作的試探。

(一) 中共請命抗日

中共與政府間的談判以及共軍收編的情形，本書第二章第三節第三目已作敍述，但由於中共的要索過多，政府與蔣委員長的態度，又甚嚴峻，以是共軍改編後的人事與指揮問題，以及政治談判中信奉三民主義及發表宣言方式問題尚未能解決，中共頗感憂慮。❹及盧溝橋事變發生，無異爲中共提供了最好的機會，向政府請命抗日，向社會展開宣傳。

七月八日，中共中央發出了兩通電報：一是「爲日軍進攻盧溝橋通電」，表示中共決心「爲保衛國土流最後一滴血」，要求「國共兩黨親密合作抵抗日寇的新進攻」；❺一是由毛澤東領銜

---

❸ 蔣委員長與德大使陶德曼談話，民國二十六年七月二十七日，南京。見總統蔣公思想言論總集，卷三十八，頁七九—八二。

❹ Lyman p. Van Slyke, *Enemies and Friends, the United Front in Chinese Communist History.* (Stanford, California: Stanford University Press, 1967), p. 91

❺ 全文見抗日民族統一戰線指南（延安解放社，一九三八），第二冊；郭華倫：中共史論（臺北：中華民國國際關係研究所，民國五十八年），第三冊，頁二一五—六。

之九名「紅軍將領」拍給廬山蔣委員長的電報，❻聲稱：

日寇進攻盧溝橋，實現其武裝奪取華北之已定步驟，聞訊之下震驚莫明（名）。平津為華北重地，萬不容再有喪失，敬懇嚴令二十九軍奮勇抵抗，並本三中全會禦侮抗戰之旨，實行全國總動員，保衛平津，保衛華北，收復失地。紅軍將士，咸願在委員長領導之下，為國家效命，與敵周旋，以達保地衛國之目的。❼

七月九日，中共中央又發表通電兩通：一爲彭德懷等九人「率人民抗日紅軍全體指揮員戰鬥員」上電蔣委員長，申言：「我全體紅軍，願卽改名爲國民革命軍，幷請授命爲抗日先鋒，與日寇決一死戰。」❽一爲「中國人民抗日紅軍致華北當局暨二十九軍將士快郵代電」，聲稱：「貴軍處在國防最前線，不畏强暴，奮起抵抗，忠義壯烈，不愧軍人模範。我軍以抗日救國爲職志，已非一日，誓爲貴軍後盾。除已電呈國民政府及蘇維埃政府，懇請國民政府遣派大軍增援貴軍，並請將我軍卽行改名爲國民革命軍，授命我軍效命抗日外，特向貴軍致熱烈之慰勞，深信貴軍必能忠義奮發，爲保國衛士之光榮事業而堅持到底。」❾

❻ 九人爲毛澤東、朱德、周恩來、彭德懷、賀龍、林彪、劉伯承、徐向前、葉劍英。

❼ 中華民國重要史料初論，第五編，中共活動眞相㈠，頁二六九。

❽ 郭華倫上書，頁二一六，九名共軍將領爲彭德懷、賀龍、劉伯承、林彪、徐向前、葉劍英、蕭克、左權、徐海東。

❾ 同❼，頁二六九—二七〇。

中共三位代表｜周恩來、秦邦憲、林伯渠（祖涵），於七月十一日秘密抵達牯嶺，向蔣委員長作進一步的要求。周恩來等帶來了一份由周起草並經中共中央認可的「國共合作宣言」，於七月十五日送呈蔣委員長核閱，並希望由兩黨名義儘快發表。在此一文件中，中共保證取銷「蘇維埃政府」、「紅軍」番號及推翻國民政府的暴動政策，在蔣委員長統一領導下共同抗日。蔣委員長認為內容尚須核酌，發表亦非其時，予以暫時放置。中共中央却於七月十五日在延安逕行公佈，並自行將「蘇維埃政府」改組為「陝甘寧三省邊區政府」。⑩

由於中共的公開通電請命抗戰，自然引起民間輿論的注意。儘管國人對中共的誠意不無疑慮，⑪然在戰火已無法避免的情勢下，共軍的請命抗日，自然令國人感到欣慰與興奮。天津大公報七月十六日社論，即曾說過下面一段很樂觀的話：

目前大局，視九一八及一二八時代為佳。蓋彼時共禍方熾，牽掣過鉅；今則陝北服從中央，內亂清算終結，盧溝橋事件發生後，該方面業已申請蔣委員長領導救國，辭意誠摯，實為陝變以來未有之事實。中國統一強化，決非虛飾。此點並望北方將士充分認識，安心

⑩ 郭廷以：中華民國史事日誌，第三册，頁七〇五。

⑪ 中共假抗日以求生存發展，已是史家認定的事實，有的中共黨人，亦不否認。張浩（林毓英）在盧溝橋事變前在陝北「擴大」講授「中共黨的策略路線」，即曾坦承：「我們黨假停止一切內戰一致抗日，才能停止及消滅蔣介石向紅軍的進攻，而蘇維埃紅軍才能得到休息，整理，補充及擴大。」「我們的黨在抗日的策略下，來把持，利用各黨派各軍的矛盾，來分裂他們，中立他們，引誘他們，爭取他們到革命方面來。」

應付。⑫

蔣委員長的立場，則至爲嚴峻。他同意共軍改編爲三個師，但不允許師以上再設置指揮部，最多可設立政治訓練處負責人事訓練及指揮。各師參謀長及排以上的副職，亦應由軍事委員會派任，朱德和毛澤東應當離開部隊。如中共不接受此等條件，從七月起卽斷絕一切接濟。⑬蔣委員長令張沖將此等條件轉告周恩來，周感到爲難，因於七月十六日上書蔣委員長，請求准他與林伯渠，秦邦憲再行晉謁，面陳理由，「使獲一妥善之辦法」。並謂：「關於軍隊統率問題，乃昨據張君轉告部隊在改編後各師須直隸行營，政治機關，只管聯絡，此與來上次在廬所面聆及歸陝向黨中諸同志所面告者出入甚大。且寇深禍急，抗戰前線使用改編後之紅軍，當不在遠，編整訓練，萬難無兼籌並顧之統率機關，諒荷同感。」⑭

蔣委員長於七月二十日返回南京，與中共間的商談亦改於南京進行。中央堅持軍令政令必須統一，中共於拒絕政府派人進入共軍任職外，尙有修改國民大會組織法，國防會議組織法，期使彼等亦可參加等政治要求，政府亦未能遽卽同意。惟延安方面則經由葉劍英轉告西安行營，共軍竭誠擁護蔣委員長領導抗日，已下令於十日內準備完畢，待命出動，同意擔任平綏線作戰任務，

---

⑫ 民國二十六年七月十六日，天津大公報社評：日本誠意何在？

⑬ 何理：抗日戰爭史，頁七〇。

⑭ 周恩來致蔣委員長函，民國廿六年七月十六日，總統府檔案室藏。

並願以一部深入敵後，最好與友軍配合以發揮其運動戰之特長。⓯七月下旬，毛澤東並派周小舟持函前往太原晉見閻錫山，商談協同作戰問題。⓰周恩來等返陝報告後，毛澤東、朱德等十二人於七月二十九日上電國民政府主席林森暨軍委會蔣委員長，表示擁護蔣委員長七月十七日在廬山談話會之談話，並稱：「敝軍正在加緊改編，不日出動參加作戰，尚望時予指教。」⓱

㈡ 蔣委員長宣佈政府決策

廬山談話會的邀請書，於六月間卽已發出，目的在對國家政情及建設方針，交換意見，提供政府參酌。⓲談話會第一期預定於七月十六日開始，由於七月七日盧溝橋事變發生，廬山談話會因而更爲各方所重視，視之爲政黨合作與全面團結的新起點。

第一期談話會依預定日期，於二十六年七月十六日上午開始，地點在牯嶺圖書館，由汪兆銘致開會詞，張羣爲秘書長。出席人員共一百五十八人，其中有青年黨領袖曾琦、李璜、左舜生，

⓯ 何應欽呈蔣委員長電，民國二十六年七月十六日，總統府檔案室藏。

⓰ 閻錫山上蔣委員長電，民國二十六年七月二十六日，總統府檔案室藏。

⓱ 署名於電文者，爲毛澤東、朱德、周恩來、張國燾、賀龍、劉伯承、林彪、徐向前、葉劍英、張雲逸、蕭克、徐海東。全文見中華民國重要史料初編—對日抗戰時期，第五編，中共活動眞相㈠，頁二七六—七。

⓲ 汪兆銘：出席中央黨部第八十七次總理紀念週關於廬山談話會之報告，見民國二十六年八月三日，上海大公報。

國家社會黨領袖張君勱（嘉森）、張東蓀，以及無黨籍之名流學者胡適、張伯苓、梅貽琦、傅斯年、王雲五等人士。第一日舉行第一次共同談話，由汪兆銘主持，他提到共產黨的問題，說明政府的立場是：堅持要中共接受並信奉三民主義。汪說：

至於共產黨究竟能否接受三中全會的決議？則要看其行為及其誠意與否。現在政府方面所堅持的，是共黨要接受信奉三民主義；因為現在之唯一急務，在建設三民主義的新中國。在此建設時期中，為完成建設，俾中國在國際上早日得到平等自由的地位，斷不能容有破壞三民主義廁雜其間，使建設工作毀於半途，更生枝節。這是政府對於共黨的真實態度。⑲

繼汪兆銘之後首先發言，表示支持中國國民黨建國政策的人，是中國國家社會黨領袖張君勱。張氏的話是：

兄弟覺得現在中國的問題，除了生死存亡問題之外，再沒有其他意見。我們除了維持民族生存保障民國獨立以外，沒有第二個希望。在民國成立以前，我們的主張容有不同的地方，可是對於中山先生創建民國的計劃，可以加力的時候，總是從旁贊助。自從十三年以後，因為見解不同，以致未能追隨將先生汪先生之後。不過現在可以說：我們儘管在黨

⑲ 廬山談話會紀錄原稿，中國國民黨中央黨史會藏。

外，對於過去中山先生的苦心，對於中國國民黨的努力，除了希望中國國民黨建國的志願完成以外，決不希望再把這一工作換在第二個團體去完成。[20]

最爲中外人士所重視的，是七月十七日上午舉行的第二次共同談話，先由汪兆銘就外交問題作口頭報告，繼由蔣中正以中央政治委員會副主席、軍事委員會委員長、暨行政院院長地位，發表了政策性的講話：就蔣氏個人觀點，說明盧溝橋事變發生的眞相及中國政府所持的基本方針，這就是有名的盧山談話。[21]內容分四點：

第一，國民政府的外交政策，係對外求共存。我們是弱國，但如臨到「最後關頭」的時候，便只有「拚全民族的命，以求國家的生存」，「犧牲到底，抗戰到底」。

第二，這次盧溝橋事件的發生，不是偶然的。事變的推廣，關係於中國國家整個的問題，「此事能否結束，就是最後關頭的境界。」

第三，「我們的態度只是應戰，而不是求戰。」我們雖是弱國，但不能不保持我們民族的生命，不能不負起祖宗先民遺留給我們歷史上的責任。戰端既開之後，就再沒有妥協的機會，「如果放棄尺寸土地與主權，便是中華民族的千古罪人。」

第四，「盧溝橋事件能否不擴大爲中日戰爭，全繫於日本政府的態度，和平絕續之關鍵，全

[20] 同上。
[21] 同上，又見總統蔣公思想言論總集，卷十四，頁五八二－五。

繫於日本軍隊之行動，在和平根本絕望之前一秒鐘，我們還是希望和平的，希望由和平的外交方法，求得盧事的解決。但是我們的立場，有極明顯的四點：

㈠任何解決不得侵害中國主權與領土之完整；

㈡冀察行政組織，不容任何不合法之改變；

㈢中國政府所派地方官吏，如冀察政務委員會委員長宋哲元等，不能任人要求撤換；

㈣第二十九軍現在所駐地區，不能受任何約束。

這四項條件，蔣委員長認為是中國政府「最低限度的立場」。天津大公報曾以社論綜結這一立場的精神：「國家整個的態度，就是蔣委員長所說的立場四點，觸犯這四條，就認作是最後關頭，就一定拚命。另換句話說，這四條不牴觸，就願意和平解決。而這四條綜合起來，只是一句話，就是冀察的領土主權及行政完整不容再受打擊。政府的決心是以全力保護二十九軍全軍及冀察的地位，鞏固宋委員長(哲元)的職權。一言以蔽之，是不容變更我冀察之政治軍事現狀。」㉒

華北情勢，仍是廬山談話會的中心問題之一，來自北平的學者們，先後針對華北問題發言的，有胡適、梁士純、崔敬伯、林志鈞、陶希聖等人。㉓他們均認為二十九軍是有抗日歷史的一支好軍隊，二十九軍的將領是愛國的，中央政府應相信二十九軍，蔣委員長宣布的盧變解決立場

㉒ 民國二十六年七月二十二日，天津大公報社評：嚴重時局的新階段。

㉓ 廬山談話會第一期共同談話第一、二次記錄，民國二十六年七月十六、十七日。

是完全正確的，國人當一致擁護。胡適於第二次共同談話會首先講話，說：

聽了兩位主席對時局有很明白的態度表示，我想在座諸君，定必人人滿意，人人佩服，尤其是感謝蔣先生給我們很詳細的分析和指示，我們來自所謂國防第一線的北平人士，個個都明瞭蔣先生所說的，是完全對的。㉔

對於冀察政務委員會負責人及第二十九軍將領，發言者的重點是：

胡　適：「蔣先生說，我們對於華北當局應該信任，這一點，我想個個是贊同的。」

梁士純：「本席四號離開北平的那天，秦德純市長曾告訴兄弟這樣幾句話：北平絕對不會做奉天第二，同時又可面告委員長，我們絕對擁護中央，決不與人家訂立任何協定，但局勢如果日趨嚴重，敵人假使大規模的動作起來，非地方上一部分的武力所能應付的時候，應請中央援助等語。足見北方當局絕對服從中央，日來種種謠傳，定必是敵人離間的政策，我們不可輕信。我們對於二十九軍，切不可存着一種意見和感情上理想上的作用，致有所猜疑。」

崔敬伯：「北平人民深信二十九軍將士，決不輕易退讓，信任宋委員長，更信任中央政府必有適當辦法。」

㉔ 同上。

陶希聖：「中央與二十九軍有特殊情形，本人的意見以為中央對他所應督促與諒解兩方面兼顧。」㉕

蔣夢麟：「二十九軍的下級幹部很好。」

談話會中發言的人尚多，也不是完全沒有批評，上舉幾位出席人的言論，可以代表大多數人的意見，別的就不必列舉了。

㈢ 和平的試探

蔣中正委員長七月十七日在廬山的談話，鄭重表明中國政府最低限度的立場、方針和決心，然仍着重於和平解決爭端，「希望由和平的外交方法」，求得盧變的解決。因此，蔣氏決定此一談話的內容，暫不公佈。

事實上，中國政府正試圖經由英、美駐中、日兩國使節進行一次和平的試探：英國駐華大使

㉕ 陶氏發言甚多，僅就原始紀錄取其重要的一句原則性談話，陶氏於所著潮流與點滴一書中，曾有如下之回憶：「會議除了大會以外，還有分組會議。平津來賓大抵參加第一分組。這一分組首次集會，談到北平的情勢。我們力說二十九軍是抗日的。會後，中央一位重要同志問我道：『你能保二十九軍一定抗日嗎？』我說：『牯嶺今日是全國視線集中的軍事政治中心。我們在這裏說二十九軍可靠，二十九軍就可靠。』蔣委員長特別邀集平津來賓會談。有人提出二十九軍之事。蔣委員長高聲說道：『我信任二十九軍，二十九軍是愛國的。』」（頁一四九）

許閣森（Hughes Knatchbull-Hugessen）受中國政府之託，於七月十六日以個人名義寫信給英國駐日大使館代辦達茲（James Dodds），請他立卽轉告日本外務省：中國蔣委員長準備自十七日起停止調動軍隊，但希望日本亦採取同樣行動；此外，中國政府並準備預作安排，以使雙方捲入衝突的軍隊各回原防。㉖當美國駐日大使格魯（Joseph C. Grew）於獲悉此事後，曾說：「假若日本眞的希望避免敵意的擴張，顯然這是個良好的機會。」㉗然而，日本外務省根本拒絕任何和平的機會，他們要達茲轉告許閣森：「由於盧溝橋事變之解決，完全是華北地方當局範圍內的事，日本政府不能接受蔣委員長的提議。」㉘

七月十七日，日本內閣會議通過撥款一千萬元（日幣），供華北增兵需用。㉙並決議致照會於中國政府，要求「卽行停止一切挑戰的言論，並要求不妨礙冀察地方當局履行解決事變的條件」，日方照會並以最後通牒的語氣，希望中國政府「迅予明確答復」。㉚

㉖ Te-kong Tong, *China's Decision for War.*

㉗ Joseph C. Grew, *Turbulent Era* (Boston: Houghton Mifflin, 1957), II, p. 1050

㉘ 同㉖。

㉙ *Japan's War in China* (Shanghai: *China Weekly Review*, 1938), p. 7.

㉚ 中日外交史料叢編(四)，頁二〇三，外交部電爲日方來文；又見 Shuhsi Hsu, *How the Far Eastern War Was Begun* (Shanghai: Kelly&Walsh, 1938) p. 10; *Foreign Relations of the United States, 1937*, IV, pp. 205-206.

七月十九日，中國外交部派科長董道寧赴日本大使館與日高信六郎參事官見面，當卽面致備忘錄一件—亦卽對日本政府七月十七日照會的答覆，重申中國政府的立場：

我國政府願重申不擴大事態與和平解決本事件之意，再向日本政府提議：兩方約定一確定之日期，在此日期，雙方同時停止軍事調動，並將已派武裝隊伍撤回原地。日本旣抱和平折衝之希望，想必願意接受此項提議。至本事件解決之道，我國政府願經由外交途徑與日本政府立卽商議，俾得適當之解決。倘有地方性質，可就地解決者，亦必經我國中央政府之許可。總之，我國政府願盡各種方法以維持東亞之和平。故凡國際公法或國際條約對於處理國際紛爭所公認之任何和平方法，如兩方直接交涉、斡旋、調解、公斷等，我國政府無不樂於接受。㉛

就在同一天—七月十九日，喜多誠一向何應欽提出「日本已有重大決意」的威脅，蔣委員長決定將七月十七的廬山談話稿公開發表。他預料日方將作重大的反應，當日日記記曰：「談話稿旣發表，祇有一意應戰，不再作迴旋之想矣。」㉜

七月二十日晨，日本駐華大使館參事官日高信六郎到外交部見王寵惠部長，就外交部十九日之照會內容有所詢問，談及撤兵問題，王鄭重告知日高：必須雙方同時撤兵。日高再問：「蔣委

㉛ 民國二十六年七月二十日、京滬各報；盧溝橋，頁三—四。

㉜ 總統蔣公大事長編初稿，卷四(上)，頁八四。

員長眞意如何？」王答以：「蔣委員長演說詞實際乃外交部迭次對日方所明言者，不過引申而詳言之。其最可注意者，爲『在和平根本絕望之前一秒鐘，我們還是希望和平』一語。」㉝日高當即表示他個人已完全明瞭此一意思，惟恐日本政府不能認爲滿意。事實上，日本政府已於昨日舉行緊急會議，認爲中國政府的照會係對十七日日本內閣決議的完全拒絕，決定採取「適當的自衞步驟」。㉞二十日，日本政府再應陸軍大臣杉山元的要求，以閣議通過三個師團的動員案。㉟

蔣委員長的廬山談話公佈後，中國各界一致擁護，軍民均感興奮。廣西李宗仁、白崇禧、黃旭初於七月二十日致電國民政府，認爲蔣委員長談話，「實爲代表全國民衆公意」，彼等誓「統率第五路軍全體將士，暨廣西全省一千三百萬民衆，擁護委座，主張抗戰到底，任何犧牲在所不惜。」㊱二十三日，毛澤東在延安對「活動份子大會」講話時，也說蔣委員長七月十七日的廬山談話，「確定了準備抗日的方針」，「受到了我們全國同胞的歡迎。」㊲

日本內閣既於七月二十日決議採强硬政策，日軍源源進入平津地帶，盧溝橋戰事復又發作，駐日大使許世英訪晤日外相廣田弘毅商談不得要領，各種現象均顯示戰事必將擴大。面對此種情

㉝ 天津大公報，民國二十六年七月二十一日。
㉞ *Japan's War in China*, p. 9.
㉟ 石射猪太郎著，陳鵬仁譯：盧溝橋事變前後，見日本侵華內幕，頁一六五；秦郁彥前書，頁二一五—七。
㊱ 天津大公報，民國二十六年七月二十二日。
㊲ 郭華倫：中共史論，第三册，頁二二四。

勢，國民政府自不能不作備戰準備，蔣委員長除令空軍準備應變外，並於二十一日致電青島市長沈鴻烈：「敵（如）以武裝部隊登陸，應用武力拒止。」㊳二十二日致電宋哲元，望其「刻刻嚴防，步步留神，勿為所算。」㊴同日並批准發行國庫券，以為應戰之準備。㊵

日方屢屢責難國民政府「干涉」北方的「現地解決」，但所謂「現地解決」的談判內容為何，冀察當局並未呈報中央。中央曾於七月十六日電宋詢問，亦未獲覆。十九日，日方又有所謂「協定細目」的聲明，蔣委員長因於二十一日、二十二日兩電催詢。二十一日之電，語氣極為委婉：

頃日方派員間接來說明彼方對所提條件，實與中（正）演說所發表四點立場，並不抵觸。究竟彼與兄在天津所談各項辦法，望即詳細電告，以便中審核。如果能與中所發表之立場無抵觸，則應可了即了。當此最後關頭，萬勿稍存客氣，中當負責一切。㊶

宋哲元於七月二十二日將七月十一日張自忠、張允榮與橋本羣簽訂之協議三條，分別呈報蔣委員長及何應欽，並解釋未能早日呈報的理由：「本擬早日電陳請示，因雙方屢次衝突，故未即

㊳ 總統府檔案「革命文獻」—抗戰時期第一册，頁一〇三，蔣委員長致沈鴻烈七月馬電。
㊴ 總統蔣公大事長編初稿，卷四(上)，頁八六。
㊵ 同上。
㊶ 同㊳，頁一〇二。

報告。」㊷宋未提及七月十九日之「協定細目」，可能係由於他並未承認此一文件。蔣委員長亦未詳究，其七月二十三日日記：「明軒祇報告十一日與倭方所協商之三條，而對十九日所訂細則，尚諱莫如深，似宜不加深究為宜，使其能自行負責也。」㊸

七月二十三日，蔣委員長於召集軍政負責首長會商後，原則上批准了這一協議，惟電宋哲元說明兩點：㈠來電所報告之條件如已簽字，中央願予以批准，以與宋共同負責；㈡如尚未簽字，中央有兩點意見補充：一點是三十七師的撤離宛平縣應認為是暫時性的，一點是對共黨的鎮壓及其他排日團體的取締，應由中國自行決定。㊹至此事件的真正結束，「自應以彼方撤退陽（七）日後所增部隊為重要關鍵。」㊺

中國政府此一決定，自然是對日本「現地解決」要求的一項讓步，亦可見蔣委員長希望盧變能和平解決的心意。然日方並未能作有利的反應。日本外務省仍依從陸軍省的要求，堅持要中國政府命令北上的中央軍隊撤退。且華北日軍已開始侵佔塘沽碼頭，監視中國電報局並強迫檢查郵電，中國外交部遂不得不於七月二十四日再度向日本大使館提出抗議：

㊷ 七七密電選，第七十六電。
㊸ 總統蔣公大事長編初稿，卷四(上)，頁八六。
㊹ 廬山談話會第二期第二次共同談話速記錄，民國二十六年七月二十九日。
㊺ 總統府檔案「革命文獻」—抗戰時期第一冊，頁一一二。

關於大批日軍開入河北省境，强佔車站扣用車輛事，曾經外交部於本月十六日送達節略在案。玆據報告日軍上項行動不但仍未停止，近更佔用塘沽民有碼頭及招商局碼頭、輪駁、棧房，監視唐山、密雲等處電報局，阻止中國兩航空，並在河北郵政管理局强迫檢查郵件，實屬侵害中國主權。應請日本大使館查照外交部上項節略，立電日本政府迅速切實辦理，並一面迅電華北當局，嚴令制止上開不法行為。至關於本案之一切要求，外交部仍保留提出之權。㊻

中國外交部提出抗議的同一天——七月二十四日，上海却又發生了日本海軍陸戰隊隊員宮崎貞雄失蹤事件，日方藉機要脅，幾將開戰。當盧溝橋事變發生後，駐上海海面之日本海軍第三艦隊司令長谷川清於七月十六日向海軍軍令部建議：「爲制中國死命，須以控制上海、南京爲最要者。」㊼海軍大臣米內光政雖主愼重，駐滬海軍艦隊則有迫不及待發動戰爭之勢。七月二十四日，日本駐滬海軍陸戰隊宣稱：「隊員宮崎貞雄在北四川路與狄思威路口被中國人帶走」，於是一方面要求上海市政府暨公共租界工部局調查，一面在閘北一帶實施戒嚴，與中國保安隊對峙達三天之久。二十七日，失蹤日兵爲中國船伕在鎭江附近長江江面救起，證實其失蹤並非「被中國人帶走」，而係因違反軍紀去娼寮遊蕩恐懼受罰而潛登日輪上駛，途中畏罪跳水自殺，却被中國

㊻ 中日外交史料叢編(四)，頁二一二—三。
㊼ 蔣總統秘錄，第十一册，頁三九。

船伕救起。㊽此一事件，顯示日方已試圖在上海點燃戰火，爲中國政府的和平努力更加蒙上陰影。

儘管情勢益趨緊張，蔣委員長仍願作促成和平的最後努力。他想央請各國駐華大使轉請其本國政府向日本政府提出勸告，冀能緩和日方態度。蔣氏於七月二十一日、二十四日兩度召見英國駐華大使許閣森，希望轉請英國政府「設法防止」日本的繼續增兵，「以便促進和平」；並預料日本必將於一、二週內提出强硬苛刻之最後通牒，必至釀成戰爭，「故特預告貴大使請轉告貴國政府，約同美國一致設法，事先預爲防止。」㊾許閣森允即轉告英政府，並建議亦可請德國政府對日本勸告。

七月二十五日，蔣委員長在南京接見美國駐華大使詹森，希望美國以九國公約發起國地位，制止日本侵略。蓋在國際法上及道義上，美國均有協助制止日本侵略行爲的義務。詹森當日即電告華盛頓，但美國當時抱持孤立主義，不願涉足於遠東紛爭。㊿二十六日，日軍佔領廊坊，情勢已極端險惡，外交部再向日本提出抗議。51二十七日，蔣委員長再先後召見德國駐華大使陶德曼

㊽ 同上。

㊾ 談話紀錄見總統蔣公思想言論總集，卷三十八，頁七四—七八。

㊿ *Foreign Relations of the United States*, 1937, III, pp. 256-257; Russell D. Buhite, *Nelson T. Johnson and American Policy Toward China*, 1925-1941 (Michigan State University Press, 1969) pp. 128-129.

51 盧溝橋，頁四—五。

(Oscar P. Trautman)、意國駐華大使柯賚(Giuliano Cora)及法國駐華大使那齊亞(Paul Emile Naggiar),均請其斡旋和平,然各使亦均表示願轉告本國政府,但因日本政府已申言不願意第三國干涉,恐已無能爲力。52所幸各使對日本之狂妄,亦均有所認識,陶德曼謂「日本政府已全爲軍人所控制」,那齊亞則以英法百年戰爭爲例,斷言:「現在日本在亞洲大陸得勢,以爲可以屈服貴國,但戰爭結果,日本必歸失敗,將來仍須退回島上。」53

據近衞文麿戰後自述,當時曾秘密派宮崎龍介與秋山定輔前往南京,欲與蔣委員長「促膝而談」,但宮崎於神戶登輪前爲憲兵逮捕,秋山亦在東京爲憲兵拘押,和平之議遂告流產。54宮崎等卽使能到南京見到蔣委員長,亦難促成和平,蓋日方仍欲中國政府默認僞滿之存在,並於「經濟提携」基礎上締結軍事協定,仍不脫侵略手段,蔣委員長自不能應允。蔣氏於七月二十五日致電孔祥熙卽謂:「昨夜半日方態度緩和,并派密使來華折衝,但以弟觀察,毫無和平誠意。」55

52 三使談話紀錄,見總統蔣公思想言論總集,卷三十八,頁七九—九一。
53 同上書,頁九〇。
54 近衞手記—日本政界二十年,頁一三。
55 總統府檔案「革命文獻」—抗日時期第一册,頁一二一,蔣委員長致孔祥熙七月有電。

四、平津作戰

中國中央政府「備戰而不求戰」，冀察政務委員會委員長宋哲元初則希望以和止戰，繼則猶豫於和戰之間，最後始於日軍最後通牒的威迫下，毅然抗日守土。於是爆發了廊坊、北平廣安門、南苑、通縣及天津等地的戰鬪，是爲抗日戰史中的「平津作戰」。❶

宋哲元的歷史、地位及其實力，均足使國人倚之爲「北國長城」，盧變起後，也是宋氏建大功，成大名的機會。事實上，宋却未能掌握時機，妥善因應，以致喪失機先，爲敵所乘。在宋、或亦有其自以爲是的理由，❷然深犯「主將誤信和平」之忌，❸最後其本人亦不能不承認「處置失當」之咎。❹

儘管如此，宋哲元仍是第一位奮起抗日的高級將領，功大於過。第二十九軍諸部的抗日決心與奮戰精神，仍爲國人所欽仰。身爲最高統帥的蔣中正委員長，於檢討平津作戰失敗經過時，於

❶ 國防部史政局編：抗日戰史，第五章，七七事變與平津作戰（臺北，民國五十一年六月），頁二七—四二。
❷ 李雲漢：宋哲元與七七抗戰，頁一九〇—一九一。
❸ 馮玉祥之批評，見馮氏上蔣委員長電，民國二十六年九月二十二日。
❹ 盧溝橋（桂林：前導書局，民國二十六年），頁四五—四六。

指出「缺乏準備，沒有作戰決心」外，也同時給予二十九軍如下的諒解與獎勉：

我們二十九軍這一次雖然失敗退卻，但他們在平津一戰所表現的壯烈犧牲的精神，和衞國抗戰的忠勇，實在不愧為中華民國的軍人；他們雖然處在敵人重重包圍之中，知道不免失敗，但仍要勇敢的和敵人拼一拼，他們忠勇愛國的精神，充分表現出來了。❺

本節內容，主要在陳論平津作戰的經過；以宋哲元的決策爲中心，說明由和而戰改變戰略的過程，從而論析日人蓄謀侵華策略與我方所應記取的敎訓。

㈠ 宋哲元的猶豫

宋哲元在天津和日方談判期間—七月十一日至十九日，日軍分別自朝鮮、東北，分批進入平津地區，控制天津車站、塘沽碼頭，並四出騷擾。秦德純、馮治安等，幾乎每日都有電報報告日本積極進兵情形，❻美國駐天津總領事卡德威（Caldwell）於七月二十日向國務院報告：

過去兩天來，有六千名日軍，配備二十四門七五米大砲及各種機槍，從滿洲開抵天津。昨晚有三千名日軍離津沿北平公路步行出發。未確定的報告說，數日內將有大批日軍在塘沽

❺ 總統蔣公思想言論總集，卷十四，頁六〇三。

❻ 中日外交史料叢編（四），頁二〇四—七，各電。

登陸。❼

日本飛機亦陸續增援，天津東局子原有惠通公司機場已不敷應用，因派人至天津縣境北倉鐵道東劉安莊附近租地拓建機場，但爲當地居民所拒，❽北平近郊南苑附近，日軍不待居民同意，卽强行佔地百餘畝，悉將田禾剷除，動工興建新機場，事後每畝付「租金」十元；高麗營附近亦有日軍佔地修築機場情事。❾

軍事滋擾事件，亦不斷發生，七月十九日夜間，清華大學附近且有便衣隊與駐軍衝突之事。❿盧溝橋附近之衝突，亦時斷時續，日軍多在日間砲轟及轟炸，二十九軍則曾於十五、十七兩夜派隊出擊。據吉星文敍述：

七月十二日至十八日，敵人經此（十一日）苦戰後，因傷亡過大，不敢再行攻擊，僅前哨仍有不斷接觸而已。乃終日用大砲及飛機不斷向（宛平）城內及長辛店轟炸，百姓傷亡甚重，我軍為確保宛平計，遂實行攻擊防禦，每到夜間卽派兵一營（輕裝）由地道出城襲擊敵人。十五日夜派一營出擊，迂廻敵後，襲擊其砲兵陣地，毀敵砲兩門，擊斃其馬十餘匹，

❼ *Foreign Relations of the United States*, 1937 vol. Ⅲ p. 216.
❽ 天津大公報，民國二十六年七月十七、十九日。
❾ 天津大公報，民國二十六年七月二十、二十一日。
❿ 天津大公報，民國二十六年七月二十日。

鹵獲兩匹，迨敵增援時，我軍乃利用青紗帳轉回，而敵人在附近搜索終夜，一無所得。十七日夜，余又選奮勇隊二百人携帶出軌器（是平漢路長辛店修理廠所贈）卡在路軌之上，可使鐵甲車輛出軌。夜二時許，向敵人鐵道上之裝甲車襲擊，敵向豐台開去，首先一輛，遭我埋伏出軌，第二輛撞擊前車而又傾毀（因其夜間不開燈）。斯時伏兵已至車前，用地雷轟毀之。迨敵人援軍來到，又撲空而回。敵因此老羞成怒，又向我再行攻擊。」⓫

宋哲元於七月十九日自天津返回北平。次日，公開發表談話，謂：「哲元對於此事之處理，求合法合理之解決。」⓬並致電熊斌，表明其立場：「本人始終站在國家立場，國民地位，本中央意旨處理，希望中央忍耐。」⓭宋顯然對於「和平解決」，仍存希望，一直參與與日方交涉之林耕宇亦密告嚴寬：「現在形勢，大體可以緩和。緩和方案，仍實行眞（十一）日之條件及其他若干零碎。但能否實行目前之緩和，係在日方撤兵如何也。」⓮然則，正當此和平聲浪瀰漫北平之七月二十日下午，日軍又復展開對宛平城的猛烈攻擊，造成我軍民極大傷亡，吉星文團長及宛平縣保安大隊附孫培武等均受傷。吉星文述當時戰況如下：

⓫ 吉星文：盧溝橋保衞戰回憶錄，民國四十年七月七日講述。見山東文獻，九卷三期。
⓬ 宋哲元先生文集（臺北，中國國民黨中央黨史會，民國七十四年），頁五八。
⓭ 抗日戰史—七七事變與平津作戰，頁二六；七七密電選，第六十四電。
⓮ 七七密電選，第六十電，嚴寬致何應欽。

七月二十日拂曉，日軍再行攻城。重點指向盧溝橋。鐵甲車兩列掩護步兵前進，其砲火射擊更猛，而其步兵成縱隊向我方攻擊。時余在該橋親自指揮，俟敵攻至陣地前觸我地雷時，炸傷甚重。而一部突入陣地之敵，我以奮勇隊逆襲之，白刄衝鋒達四次之多，卒將突入之敵擊退。我奮勇隊員傷亡五十餘人，余頭部亦受傷，卽時暈倒，被人抬入地下室包紮。保安隊附孫培武亦受傷。⓯

二十日下午，日軍又轟擊宛平及長辛店。衝突至晚八時半始止。⓰衝突發生時，宋哲元態度堅決，謂：和平固極所願，萬不得已時亦不惜犧牲，悉視日方誠意如何。⓱嗣以和知鷹二、張允榮自天津前來北平，繼續商談，始再達成停戰約定：中日雙方同時撤兵，宛平由石友三部保安隊接防；第三十七師馮治安部撤出北平，由一三二師趙登禹部接防；二十九軍表示對日和平之誠意。⓲宋因下令北平解除戒嚴，撤除北平街頭之沙袋、拒馬等備戰設施；令馮治安部何基灃旅撤出北平，由趙登禹部王長海旅接防；宛平吉星文團撤長辛店，由石友三部程希賢旅接防。宋並將

⓯ 吉星文前文。

⓰ 中日外交史料叢編（四），頁二〇一，孫丹林、楊開甲電；頁二〇六，馮治安、秦德純電；七七密電選，第七〇電。

⓱ 天津大公報，民國二十六年七月二十六日。

⓲ 七七密電選，第七十四電（嚴寬致何應欽），第七十五電（孫連仲致蔣委員長）；天津大公報，二十六年七月二十二日。

二十九軍高級將領於七月十六日在南苑軍部所擬定的一份「戰字第一號」的作戰命令，予以擱置。⑲二十三日，宋面告外交部駐平人員孫丹林、楊開甲：「盧案和平已有七成希望，今後交涉中心，端在中日兩政府。」⑳於約晤軍政部來人趙巽時，告以：「盧溝橋日軍現陸續向豐臺撤退，盧事算告一段落，複雜問題尚多，解決須相當時日。」㉑

七月二十二、三兩日，北平城內瀰漫和平氣氛，平漢路亦通車。適於此際，參謀次長熊斌於二十二日晚秘密抵達北平。㉒熊係應宋哲元之邀前來，任務在對宋說明中央的決策，促宋往保定指揮作戰。隨熊赴平者，尚有代表河北地方人士之張蔭梧，及參謀本部第二廳第一處處長楊宣誠。㉓二十三日，錢大鈞電話宋哲元，蔣委員長即派劉健羣到平相訪。㉔熊、劉之抵平，成為影響宋哲元對和平決策的一項重要因素。

---

⑲ 此項作戰命令，計劃由軍長宋哲元，第三十七師師長馮治安聯名發布，而以馮治安為作戰指揮官，鄭大章為右翼指揮官，石友三為左翼指揮官，劉自珍為城防守備隊指揮官。作戰目標為：「軍為確保北平重點及其附近地區對敵抗戰，同時以一部迅速撲滅盧溝橋豐臺方面之敵，以使後方兵團之進出容易。」見總統府檔案「革命文獻」—抗戰時期第一冊，頁七三—七七。

⑳ 中日外交史料叢編（四），頁二〇一，楊開甲七月二十三日致外交部電。

㉑ 七七密電選，第八十三電。

㉒ 蔣總統秘錄，第十一冊，頁二七。

㉓ 秦郁彥：日中戰爭史，頁二二〇，註②；曲直生：抗戰紀歷（臺灣中華書局，民國五十四年），頁二一。

㉔ 總統府檔案「蔣總統籌筆」，抗一—一二〇八〇。

熊斌、劉健羣於訪宋傾談時，均發現宋對中央政府是否有對日作戰決心，仍表懷疑；對蔣委員長令其移駐保定的用意，仍不甚瞭解，㉕他不願中央派兵北上，惟恐影響與日方間的談判，又怕「中央軍北上，漸次奪其地盤。」㉖熊、劉詳作解釋，蔣委員長亦數度致電析陳利害得失，㉗宋表示願與中央採一致立場，惟仍不願中央軍北上。他於七月二十四日親筆簽名上函蔣委員長，託由熊斌帶往南京，內稱：

目前局勢，敵已實行一部動員，想其必有所收獲，方肯罷休。倘中央此刻決心一戰。職分屬軍人，自當効命前驅，義無反顧，但恐無勝他之可能，不能達到任務，有誤國家大局。刻下擬請鈞座千忍萬忍，暫時委曲求全，將北上各部稍為後退，以便和緩目前，俾得完成準備。鈞座深謀遠慮，廟算周全，倘稍假時間，必可達到復興民族之目的。不計暫時之毀譽，求最後之成功。所有一切，請熊次長哲民兄代陳，敬祈 鑒督。關於此後之準備，當

㉕ 熊斌將軍訪問記錄（中央研究院近代史研究所，未刊稿），第五，六十一次訪問稿；劉健羣：我與宋哲元先生的幾次交往，見劉著銀河憶往，頁九九。偕劉前往北平者尚有戈定遠。

㉖ 七七密電選，第八十一電，楊宣誠致何應欽報告。

㉗ 蔣委員長於七月二十三、二十四日兩電宋哲元，均寫「北平熊次長密轉」，除告以中央願與其共負責任，日軍積極增兵近期內必有大擧外，告宋：「以中判斷，不久彼必有進一步之動作，我北平城內及其附近，尤應嚴防，若我能積極準備，示人以無機可乘，隨時可起而抵抗，則或可消弭戰端戢其野心也。」，總統蔣公大事長編初稿，卷四(上)，頁八八。

積極籌劃。一面嚴密戒備，以防意外，並請　賜予訓示，俾資遵循。㉘

使宋哲元立場不得不改變之另一因素，乃為日軍之拒絕撤退。到七月二十三日，不僅盧溝橋、宛平城東、大井村一帶日軍並未撤退，並且有些地方還在增兵並加强構築陣地。張自忠在天津欲訪香月清司詢日軍撤兵情形，但香月稱病避不見面。㉙今井武夫在北平竟公然否認日方曾承認：如中國自宛平地區撤退，日軍亦同時撤退。㉚宋鑒於此種情形，深知日軍並無誠意，乃採取備戰行動：令時在北平之察省主席、第一四三師師長劉汝明即速回察，準備作戰；㉛令一三二師所屬之獨立第二十七旅石振綱部接防北平，趙登禹則任南苑指揮官；㉜一度後撤的部隊也再度奉命返回原陣地，宋派參謀長張樾亭隨同熊斌於二十五日急返南京「報告並請示一切」。㉝張自忠則奉命於二十五日前往北平，共商應付。當夜晚，日軍遂有自天津進擊廊坊之舉。

㉘ 總統府檔案「革命文獻」—抗戰時期第一册，頁一一八—一二〇。
㉙ 蔣總統秘錄，第十一册，頁二八—九；據嚴寬致何應欽密電，香月係飛長春訪植田謙吉，談華北時局，外傳抱病。
㉚ *Japan's War in China*, p. 11.
㉛ 劉汝明回憶錄，頁一八六。
㉜ 吉星文前文。
㉝ 七七密電選，第八十八電，熊斌致何應欽，民國二十六年七月二十五日。

㈡ 廊坊衝突與廣安門事件

依據日本戰後公布的資料，日本軍部一直在準備作戰。軍令部於七月十二日策定了「對支作戰用兵有關內示事項」，決定「於對方提出宣戰之時或依據戰況的進展」，得對中國「從事正規戰」及「海陸軍協同作戰」。㉞同月十五日，日本華北駐屯軍決定了「作戰計劃策定」，決定「軍事行動開始時，速以武力膺懲中國第二十九軍，惟第一期先將北平郊外之敵掃蕩於永定河以西。」㉟十七日，又策定一種「在華北兵力行使之際，對華戰爭指導綱要」，其第二條規定：「自行動開始，卽對二十九軍使用優勢兵力，作戰地域在河北省北部，施以急劇之大打擊，以影響其依靠中央軍加入戰鬥之意志。」㊱總之，華北駐屯軍決定以慘重打擊二十九軍爲其初期作戰的目標。

廊坊，或作廊房，位於天津、北平之間，爲一控制北寧鐵路的交通要鎮。日方人員及物資從海陸雙方運抵天津後，如欲運往北平，必須經過廊坊。北寧鐵路局局長陳覺生惟日人之命是從，駐守廊坊的第二十九軍三十八師一一三旅劉振三部卻嚴格控制鐵路運輸，使日人深感不便。劉振

㉞ 現代史資料⑨，日中戰爭㈡，頁八。
㉟ 同上，頁一五—六。
㊱ 同上，頁一七—八。

三，留德出身，在二十九軍將領中屬於少壯派，抗日意志堅强。他奉有宋哲元的密令，必要時先把鐵路公路破壞，以阻止日方的增援。㊲因此，日方發動軍事行動的第一目標，就是廊坊。

七月二十五日下午三時許，天津日軍二百餘人搭車赴廊坊，藉口修理電線，意圖佔領廊坊車站。蓋電線被割斷事件，以往亦曾發生，只派少數電工人員修復即可，無須派遣武裝兵隊。此次派兵搭裝甲車前來，自屬有意挑釁。中國駐軍不准日軍下車，要求撤回天津，日軍不允，並自天津增派一個聯隊，由聯隊長鯉登行一親自統率前來赴援，飛機亦出動助戰，廊坊戰爭遂告發生。㊳激戰八個小時之後，中國守軍終於被迫撤出廊坊。馮治安、秦德純於二十六日向南京報告戰鬥經過：

昨（二十五日）午後三時，有日兵車一列，由津開到廊坊，計步兵二百名，擬駐車站附近，我駐軍劉旅長為避免發生衝突計，曾數次交涉，制止該日軍下車，至深夜未得結果。今晨一時，該日軍即向我駐軍射擊。六時，續到日轟炸機十七架，向我軍投彈轟炸，破壞甚鉅。同時更由津增援鐵甲車兩列，兵千餘名，向我軍猛攻。經我沉着應戰，互有傷亡，至午刻我軍即退出廊坊。㊴

㊲ 宋故上將哲元先生遺集（臺北，傳記文學出版社，民國七十四年），下册，頁一〇八六—七，劉振三：關於陳覺生及七七抗戰的序幕。
㊳ 秦郁彥：日中戰爭史，頁二二〇；寺平忠輔：蘆溝橋事件，頁三〇一—七。
㊴ 中日外交史料叢編（五），頁二〇七，北平馮治安等致參謀本部電，民國二十六年七月二十六日。

廊坊，係自盧溝橋事變以後，日軍公然攻佔的第一座城鎮。增援廊坊的鯉登聯隊，係甫到天津之第二十師團之一部，亦卽日本增援華北部隊到達後之首次出擊。衝突起時，宋哲元令獨立第二十五旅六七九團劉汝珍部增援廊坊，惟中途又改令劉部進駐北平，擔任北平城防。㊵宋哲元亦深悉事態嚴重，曾面告外交部駐平專員孫丹林：「廊坊又起衝突，戰爭恐不能免。至於外交方針，仍應由中央主持。」㊶日人則視廊坊衝突爲局勢惡化的開端，古屋奎二說：「廊坊的衝突，決定了事變的擴大。」㊷石射猪太郎則謂：「從二十五日到二十六日，因爲廊坊事件中日兩軍互相槍擊，形勢爲之大變。」㊸

佔領廊坊的日軍，繼之並佔據天津與廊坊間的北倉、落垡各站，將北寧鐵路交通切斷。同日（二十六日）下午，又發生了日軍僞稱「野外演習歸來的日本總領事館衞隊」强行進入北平，在廣安門與中國守軍發生衝突的事件，亦卽「廣安門事件」。㊹

事情的原委是這樣的：七月二十六日晨一時，天津日軍司令官香月清司下令駐屯軍步兵第二

㊵ 宋故上將哲元將軍遺集，下册，頁一〇六二，劉汝珍自述。
㊶ 中日外交史料叢編（四），頁二〇三，孫丹林電。
㊷ 蔣總統秘錄，第十一册，頁三〇。
㊸ 石射猪太郎：盧溝橋事變前後，見陳鵬仁：日本侵華內幕，頁一六八。
㊹ 寺平忠輔：「蘆溝橋事件」，頁三一四—三一八；胡應信：北平突圍血腥錄（陸軍獨立第二十七旅司令部印，民國二十八年），頁七—八。

聯隊第二大隊，由天津出發直趨北平，到平後受北平留守警備隊長岡村勝實的指揮，保護北平的日本僑民。㊺第二大隊大隊長為廣部廣，率隊於晨五時三十分自天津出發，於午後二時到達豐臺。北平特務機關長松井太久郎與岡村勝實、今井武夫等日本在平校尉商討廣部大隊進入北平方式，決定僞稱為北平日本使館衞隊出城演習歸來，由廣安門入城。二十九軍顧問櫻井德太郎負責與二十九軍聯絡，企圖蒙混過關。守城部隊為劉汝珍部，已識破日方騙局，於日軍廣部大隊於晚六時左右抵達廣安門要求入城時，予以拒絕。日軍堅欲入城，並散開作攻城準備。廣安門守軍報告宋哲元，宋令劉汝珍團備戰。劉團乃開啓城門，誘日軍進入，及進至一半，守城兵士乃開槍擊之，日軍陷入混亂中，遭受相當損失。㊻劉汝珍自述當時經過：

七月二十六日的中午，日本軍官二十九軍的顧問櫻井，來到廣安門上交涉說：「有一百五十名日軍回來要進城」。並且硬要我城上的守兵，把對準城門外的槍砲，都收起來。我們已曉得城外來的敵人很多，不准進城。對櫻井的侮辱要求，更是氣憤。於是發生衝突，當場把他刺死，丟下城去。接着就展開了激戰，打死很多乘機湧入的日軍，包括他一名隨軍記者佐藤宣一。這就是所謂的「廣安門事件」。㊼

㊺ 寺平忠輔前書，頁三一四。
㊻ 胡應信前文。
㊼ 宋故上將哲元將軍遺集，下册，頁一〇六二—六三。

廊坊與廣安門事件於同一天內發生，宋哲元已判斷這是日軍有計劃的行動。他於當日電告何應欽：「似此情形，敵有預定計劃，大戰勢所不免。」「天津方面兵力單薄，危險萬分，擬請速飭龐軍（炳勳）集結滄縣，以作總援。」㊽蔣中正委員長於接獲平津情勢報告後，認為這是日軍的挑戰行為，其目的「是倭必欲根本解決冀察與宋哲元部」，㊾因電宋哲元，指示宋即赴保定，並決心準備大戰：

此刻兄應決心如下：

甲、北平城防立即備戰，切勿疏失。

乙、宛平城防立即恢復戒備，此地點重要，應死守勿失。

丙、兄本人立即到保定指揮，切勿再在北平停留片刻。

丁、決心大戰，照中（正）昨電對滄（縣）保（定）與滄（縣）石（家莊）各線，從速部署。㊿

中國政府外交部為廊坊事件，於同日向日本政府提出抗議，聲言「嗣後一切事態之責任，自

㊽ 七七密電選，第九十一、九十四電。

㊾ 總統蔣公大事長編初稿，卷四（上），頁九一，七月二十六日日記。

㊿ 總統府機要室檔案「革命文獻」第一冊，頁一二三；蔣總統秘錄，第十一冊，頁三一一三。

應完全由日方負之。」51蔣委員長並密電倫敦孔祥熙特使，令其轉告英國政府：「倭寇今晨攻佔廊坊後，繼續向南苑轟炸進攻，大戰刻已開始。」52

㈢ 二十九軍奮戰與平津陷落

七月二十六日夜晚，日本駐北平特務機關長松井太久郎奉其司令官香月清司之令，往見宋哲元，面交最後通牒一件，限宋於二十八日正午以前，將馮治安之第三十七師部隊撤退至永定河以西，並陸續撤退至保定以南。此一通牒之中文譯文如下：

廿五日夜間，我軍為保護廊坊通信所派士兵，曾遭貴軍非法射擊，以致兩軍發生衝突，實深遺憾。查此事發生之原因，實由於貴軍對我軍所訂之協定，未能誠意履行，而緩和其挑戰的程度。如果貴軍有使事態不趨擴大之意，須將盧溝橋及八寶山附近配備之第三十七師於二十七日正午以前撤至長辛店，並將北平城內之三十七師撤出城外，其在西苑之三十七師部隊，亦須於二十八日正午以前，先從平漢路以北地帶移至永定河以西之地，並陸續撤退至保定方面。如不實行，則認為貴軍未具誠意，而不得不採取獨自之行動以謀應付。因

---

51 外交部發言人談話，民國二十六年七月二十七日，南京。見中國全面抗戰大事記，頁四八—九；抗日戰史—七七事變與平津作戰，頁三六。

52 同50，頁一二四。

此，所有一切責任，並應由貴軍負之。53

宋哲元當然不能接受此一無理橫蠻之通牒。他除調動二十九軍各部隊準備抵抗外，並於二十七日零時，電令第四十軍龐炳勳部集結滄縣以北之青縣，唐官屯、靜海、獨流鎮一帶，以策應天津；第二十六路軍孫連仲部進駐任邱、雄縣、固安之線，以策應北平，旋以情況緊張，宋復令第二十六路軍進駐長辛店、良鄉一帶。孫部一部分部隊遵即北開，龐部則以統帥另有差遣，未即北上。54

二十七日晨北平近郊戰爭全面展開。日軍首向駐通縣之二十九軍獨立第三十九旅阮玄武部傅鴻恩營發動攻擊，激戰至十一時，傅營突圍。55日軍於同時以陸空軍配合，進攻團河，致使守軍一三二師第四團傷亡在千人以上。56蓋東京參謀本部已於二十六日下令香月清司動用武力；二十七日，日本內閣會議決議動員，令派第五、第六、第十等三個師團之全部及其他八十六個戰鬪及後勤單位之一部，卽行增援華北，57參謀本部亦電告香月清司：「支那駐屯軍之現行任務，爲

53 中日外交史料叢編(四)，頁五一二—三。
54 抗日戰史—七七事變與平津作戰，頁三七。
55 中日外交史料叢編(四)，頁二〇八，馮治安、秦德純電。
56 胡應信：北平突圍血腥錄，頁八—九。
57 現代史資料⑨，日中戰爭(二)，頁一一九—一二二。

平津地區支那軍之膺懲。」58

面對日軍之强大壓力，宋哲元立電南京告急：「敵以全力圍攻北平，情勢實堪危慮。擬請中央速作第二步之準備，并速派大軍，由平浦線星夜兼程北進，以解北平之圍。如派飛機隊到河間、任邱一帶，則於戰局更有裨益。」59 蔣委員長於二十七日一日內，三次電報宋哲元，告以已派大軍全力增援，並派大員到保定策應，盼宋「穩紮穩打」，「先要鞏固現有陣地，然後方易出奇制勝。」60 當晚，宋與南京通過電話後，通令二十九軍各部一致抵抗，並發表感電，向各界說明日軍挑釁經過，並決心盡力自衞守土：

本月七日夜，日軍突向我盧溝橋駐軍襲擊，我軍守土有責，不得不正當防禦。十一日，雙方協議撤兵，恢復和平。不料於二十一日砲轟我宛平縣城及長辛店駐軍，於二十五日夜突向我廊坊駐軍猛烈攻擊，繼以飛機大砲肆行轟炸，於二十六日晚又襲擊我廣安門駐軍。二十七日早三時，又圍攻我通縣駐軍，進逼北平南北苑，已均在激戰中。似此日日增兵，處處挑釁，我軍為自衞守土計，除盡力防禦聽候中央解決外，謹將經過事實，掬誠奉聞。國家存亡，千鈞一髮。伏乞賜教，是所企禱。61

58 同上。
59 總統府機要室檔案—革命文獻第一册，頁一二六，宋電摘要。
60 同上，頁一二六—七；抗日戰史—七七事變與平津作戰，頁一六。
61 民國二十六年七月二十八日，上海大公報；宋哲元先生文集，頁一九二。

宋哲元決心抵抗，並遵照蔣委員長電示，「決心固守北平，以安人心，而作士氣。」(62)然為時已晚，日軍已不允許二十九軍有部署時間。二十八日黎明—距日方通牒最後撤退時間尚有六小時，日軍即以四十架飛機，三千名機械化部隊之優勢兵力，向二十九軍軍部所在地之南苑攻擊。駐軍猝不及防，傷亡慘重，二十九軍副軍長佟麟閣及一三二師師長趙登禹均壯烈殉難。蔣委員長在南京接獲「平郊戰爭激烈」「損失慘重」「北平城尚安」的報告後，(63)立電宋哲元：「希速離北平到保定指揮勿誤」，蔣並致電秦德純轉劉健羣與戈定遠：「不論如何，應即硬拉宋主任（哲元）離平到保，此非為一身安危計，乃為全國與全軍對倭作戰之效用計也。」(64)

宋哲元本有信心：「堅守北平城，三、五日內當無虞。」(65)並曾派隊繞攻豐臺，但未成功。二十八日下午，戰況已極惡劣。宋哲元與秦德純、張自忠等在進德社舉行緊急會議，決定留張自忠在平應付，宋、秦前往保定。當時情形，秦德純、張自忠均有自述：

秦德純：

我們商量了兩個應付的方策：一、留下四圍人，由我守北平；二、留下張自忠在北平，

(62) 七七密電選，第一〇〇電。
(63) 戴笠呈蔣委員長報告，民國二十六年七月二十八日，存總統府機要室檔案。
(64) 兩電均見總統府機要室檔案「革命文獻」，第一册，頁一三二—三。
(65) 七七密電選，第一〇九電，嚴寬致何應欽。

和日本人周旋；宋同我帶馮治安師到永定河南岸佈防。正在考慮的時候，接到蔣委員長的電令，命宋移駐保定坐鎮指揮。宋便決定將平、津的政務防務，交張自忠負責，而於二十八日晚九點鐘，同我及馮治安師長，由北平西直門，經三家店至長辛店，轉赴保定。66

張自忠：

自忠於七月二十八日奉宋委員長命令，留守北平，代理冀察軍政事宜，奉命之下。誠恐才具不勝，一再堅辭，經宋委員長責以大義，不得已涕泣受命，允為維持十日，由宋委員長由保率隊來平接應，以解北平危急。67

宋哲元抵保定後，立即發出三電。一致國民政府各院部會暨全國各界，告以「哲元奉令移保，所有北平軍政事宜統由張師長自忠負責處理。」68一致軍委會蔣委員長暨軍政部何應欽部長，報告：「職今晨三時抵保，秦市長德純、張局長維藩偕來，所有北平軍政事宜，統由張師長自忠負責處理。」69一呈蔣中正委員長，自請處分，文曰：

66 秦德純：海澨談往，頁八九—九〇。
67 張自忠：呈蔣委員長報告，民國二十六年十月九日，南京。
68 宋哲元先生文集，頁一九二。
69 七七密電選，第一一三電。

哲元身受國家重託，自主持冀察軍政以來，日夜兢兢於國權保持，乃自盧案發生，終不能達到任務，實有虧於職責，並負鈞座之屬望。擬請予以處分，以免貽誤，而挽國威。[70]

宋哲元等倉卒離平，未及通告平津各機關，居民猝聞之下，多感意外與失望。惟次（二十九）日，通縣、天津分別爆發激烈抗日戰鬥，復令民間大快於心。

通縣位於北平城東，為漢奸殷汝耕之「冀東防共自治政府」所在地。日軍駐有守備隊、特務機關部及警察署，偽軍武力則為由河北省保安部隊改編而成之冀東保安第一、二兩總隊長。第一總隊長為張慶餘，第二總隊長為張硯田。兩張係于學忠舊部，與宋哲元亦有秘密聯絡，蓄意待機反正。盧變發生後，冀察當局派李仲平赴京報告軍情，亦曾就兩張反正後之職銜問題，有所請示。[71]七月二十八日，北平近郊戰爭爆發，民間盛傳二十九軍反攻豐臺勝利，兩張遂決定於二十九日拂曉率部反正，誓師殺敵，當將日本駐通特務機關長細木繁、守備大隊長一木西以下日官兵及日鮮浪人近三百人，悉數殲滅。並將殷汝耕綑縛，擬押解北平，不意派員與北平聯絡時，始發現二十九軍已經撤離。[72]日軍旋即調遣援軍大舉圍攻兩張所部保安隊，並出動飛機炸射，保安

[70] 同[68]。
[71] 李仲平：盧溝橋與七七事變之回憶，未刊打字稿。
[72] 姚薦楠：河北省戰區特警第一總隊兼教導總長總隊長張慶餘成軍經過暨開入戰區剿匪殲敵始末記，未刊稿，中央黨史會藏。

隊於奮勇作戰一日後化整為零，分別突圍並向保定集中。殷汝耕復被日軍劫回，繼續為日人傀儡，至抗戰勝利後始被捕以叛國罪判處死刑。三十日，張慶餘、張硯田等聯名發表通電，向中外說明起義殺敵經過：

近者敵燄愈熾，國難益深。盧溝橋事變時，不過吞併整個華北之發軔，而殷逆汝耕等喪心病狂，搜括地方，竭澤而魚，特設供給委員會，為敵人籌劃給養，維持後方。二十八日，敵以一聯隊之衆，益以飛機大砲，轟炸我二十九軍駐通部隊。敵砲一鳴，全軍淚下，斯何時也，殷逆竟率貼身羣小，登城作壁上觀，引以為樂。慶餘、硯田以為敵人謀我，具有決心，非羣策羣力，聽命領袖，不足收救國禦侮之效。藩籬豈任久據，報國已愧後人，爰於二十九日拂曉，揮淚誓師，一鼓粉碎偽組織各機關，暨暴日駐通守備隊、特務機關、警察署，巨憝漢奸，一體俘獲。當時竟日均對日機血肉相拚中，除已派敝部總務處長劉鴻廉馳赴保定，面謁上峯請示機宜外，此後一切行動，均惟蔣、宋兩委員長命令是從。[73]

日方聲言通縣保安隊所殺害者，多為日本「平民」，軍人死傷僅三十三人。[74]因而誇稱通州保安隊之反正抗日行動為「通州事件」或「通州慘殺」，作為國際宣傳資料，並引為增兵來華擴

[73] 通電全文見民國二十六年八月一日，上海大公報；中國全面抗戰大事記，頁五五—六。具名者尚有教導總隊第一區隊長渡步青，第二區隊長沈維幹。

[74] 寺平忠輔：蘆溝橋事件，頁三七七。

大侵略戰爭的藉口。

天津之抗日戰鬥，發生於七月二十九日及三十日，指揮官爲二十九軍第三十八師副師長李文田。蓋天津爲日軍司令部所在地，中國駐軍深受限制，兵力甚弱。日軍既對二十九軍發動全面攻擊，因於二十九日晨先佔領天津警察局特四分局，並令警察繳械。李文田以守土有責，復接奉張自忠自北平發來命令，(75)遂以天津市各部隊臨時總指揮名義，指揮各部軍警向日軍進攻，並發出抗日通電：

自盧案發生後，我宋委員長、張市長始終為愛護東亞和平，維持人類福祉，一再容忍。乃日人日日運兵，處處挑釁，除無端分別襲擊我平郊各處外，竟於今晨復強佔我特四分局，分別襲擊我各處，我方為國家民族圖生存，當即分別應戰，誓與津市共存亡。喋血抗戰，義無反顧，敬祈各長官、各父老，迅予援助，共殲彼虜。臨電神馳，無任惶悚。(76)

李文田部攻勢凌厲，士氣旺盛，一度攻克爲日軍所攻佔之飛機場及火車東、西兩站，逼近日軍司令部所在地之海光寺。但日軍以優勢之陸、空軍反攻，衆寡懸殊，張自忠復自北平電令停戰，李部於奮戰一晝夜後退出天津。日軍大肆燒掠，私立南開大學、河北第一女子師範及工學院

(75) 張自忠：呈蔣委員長報告。
(76) 李文田等抗日殺敵通電，民國二十六年七月二十九日，見中日外交史料叢編（四），頁二〇八。

等學校，均遭受日機慘酷之轟炸，成為廢墟。(77)日人到處縱火，各重要機關則成灰燼。(78)八月一日，上海大公報發表「人道的嚴正抗議」社論，對日軍暴行作如下之指控：

這幾天，日本軍人又燃起了兇暴的狂燄；在平津戰役中，對無辜市民大舉殺戮，天津的情形尤慘。自二十九日以迄於今，日軍在天津市區內肆意燒殺，飛機轟炸，砲火肆威，和平民衆陳屍塞途，文化機關慘被摧殘。日本飛機對無辜之市民追踪掃射，轟毀南開大學之後，又復至南開中學放火。迄昨我軍已退出市外，而日軍的殺戮焚燒如故。全市為烟燄所包，城廂一帶遍陳血屍。這種殘暴行為，既背絕人道，尤不容於公法，即使天津已成佔領地，日軍也不應隨意加害佔領地的無辜民衆，對於這種殘暴行為，我們特提出人道的嚴正抗議。(79)

(四) 再接再厲

平津戰局的逆轉，實出國人意料之外，戰鬥不過二、三日，第二十九軍官兵及保安團隊犧牲於戰場者逾五千餘衆，戰況之激烈可知。尤以宋哲元之猝然離平，導致平、津各城的淪陷，國人

(77) 王聿均：戰時日軍對中國文化的破壞，見中央研究院近代史研究所集刊，第十四期，頁三三一一二一。
(78) 抗日戰史—七七事變與平津作戰，頁四一。
(79) 民國二十六年八月一日，上海大公報。

於惋惜悲憤之餘，對宋氏頗有不能諒解者，即二十九軍參謀長張樾亭亦嘗抱怨「高級指揮官決心不堅定」。⑧⓪宋氏亦自承「處置失當，實應受國家嚴重處分」。⑧①以民間立場，對平津戰局作通盤檢討者，爲上海大公報二十六年八月二日發表的評論：⑧②

關於平、津陷落的因果，我們還有許多不能痛快說明的地方，但是大體說來，可得以下數點：

一、因為有辛丑條約，和塘沽協定種種關係，我們在軍事上根本不能有强固的防禦佈置，人家却儘可縱橫自如。

二、宋哲元和平念切，習於妥協，平時既不敢亦不肯妥籌防務，盧事發生，據聞中央連致十數電至樂陵，促宋早赴保陽治軍，他却遲回天津談判和平，以致延失時機。待至敵軍齊集大舉進攻，既以武器見絀，更以工事缺乏，因此一日一夜之間損兵折將而退，為時過促，應援也來不及。

三、宋因心存妥協，不願援兵大集，刺激對方，以致後方相距甚遠，軍隊急切間不易開上前線。

---

⑧⓪ 張樾亭致錢大鈞等電，民國二十六年八月三日。

⑧① 宋哲元：我軍抗敵經過通電，民國二十六年八月三日，盧溝橋，頁四五—六。

⑧② 社評題目爲：關於時局的幾點說明。

四、因為主將無作戰決心，於是將領中意見不盡一致，如張自忠其最著者，此於全軍動作上亦很不利。

五、天津抗戰，係出臨時動作，非出預定期約，所以不但他部援軍不能呼應，卽二十九軍亦未有切實聯絡。

總之，平津軍事失敗的原因，依然在祇曉得「應該做」，而沒有計劃「怎樣去做」和實行「這般去做」。這實在是我們大家應當痛切反省改正的極大病。

上開五條之中，有三條係針對宋哲元而發。政府主要負責人中，於公開或秘密談話中亦嘗表示其不解與痛惜之情。[83] 蔣中正委員長雖對北平的陷落表示深度的悲痛，[84] 然認爲這是意料中事，非但不對宋哲元作任何責難，反而予以精神上與財力上的支援，於七月二十九日致電宋哲元、秦德純、馮治安，告以：「戰事勝敗，全在最後努力，務望兄等鼓舞全軍，再接再厲，期建殲滅倭寇目的，雪恥圖强，完成使命，此其時也。茲特先滙伙食費洋五十萬元，以資接濟，已令軍政部照發。前方布防，望勿稍疏爲要。」[85] 同日下午，蔣氏於答覆新聞記者詢問有關宋哲元突

[83] 公開談話如立法院院長孫科七月二十九日之談話（中國全面抗戰大事記，頁五三），秘密談話如中央政治委員會主席汪兆銘在廬山談話會第二期之講話；均流露其疑惑與不滿心情。

[84] 總統蔣公大事長編初稿，卷四（上），頁九二，二十九日記事，蔣委員長嘆曰：「歷代古都，竟淪犬豕矣！悲痛何如！」

[85] 同上，頁九二。

然離平的責任時，並願代宋負責：

在軍事上說，宋早應到保定，不宜駐在平津，余自始即如此主張，余身為全國軍事最高長官，兼負行政責任，所有平津軍事失敗問題，不與宋事，願由余一身負之。余自信必能盡力負全責，以挽救今日之危局。須知平津情勢，今日如此轉變，早為國人有識者預想所及。日人軍事政治勢力之侵襲壓迫，由來已久，故造成今日局面，絕非偶然。此軍事上一時之挫折，不得認為失敗，而且平津戰事不能算是已經了結，日軍既蓄意侵略中國，不惜用盡種種手段，則可知今日平津之役，不過其侵略戰爭之開始，而決非其戰事之結局。國民祇有一致決心共赴國難，至宋個人責任問題，不必重視。[86]

七月三十一日，國民政府以蔣委員長之提議，明令褒揚南苑殉國之佟麟閣、趙登禹。八月一日，蔣委員長在南京中央軍校擴大紀念週講演，呼籲全國準備應戰，[87]於提到平津戰役之得失時，認爲二十九軍已充分表現了「忠勇愛國的精神」，過去兩年來二十九軍屏障華北的功勞，不可抹殺。蔣委員長說：

大家要知道，平津能够守到今天，已很難得。在兩三年以前，以敵人謀我之亟，敵軍已入幽燕之後，今日的平津，早應失陷於敵人之手。然而竟能在重重艱困挫折之中，保持我們

---

[86] 總統蔣公思想言論總集，卷三十八，頁九二。

[87] 講題爲「準備全國應戰」，全文見總統蔣公思想言論總集，卷十四，頁五九七—六〇四。

的領土主權，作我們這幾年後方建設的屏障，和國防準備的掩護，這實在是我們政府和人民共同一致埋頭苦幹的結果，尤其是當日二十九軍自宋哲元軍長以下，全體官兵忍辱含垢，苦心應付的功勞，是不可抹殺的。[88]

蔣委員長的諒解和關懷，對二十九軍將士而言，自然是極大的安慰與鼓勵。宋哲元本決意堅守北平，終於戰況惡化而倉卒撤退，內心難免沮喪，他於七月三十一日，特派秦德純、石敬亭攜帶「平津戰役報告節略」前往南京晉謁蔣委員長報告詳情，並令馮治安師長暫代二十九軍軍長職務，其本人則表示「稍事休養，再圖報國」。[89]然由於蔣委員長之諒解與關懷，宋及馮治安等乃遵令從速整理部隊，重作部署，並構築工事，準備繼續戰鬥。馮治安以代理軍長身分，於七月三十一日電呈蔣委員長：

昨與徐主任（永昌）、熊次長（斌）、孫總指揮（連仲）議定，平漢前線由第二十六路軍負責。平津退下部隊正在集結，並分別整頓之中。敵機連日在涿州、徐水、漕河、保定偵察轟炸。今後軍事重點，要在北守察綏，南扼滄保，對平津採監視控制之態勢。宋主任（哲元）昨親赴任邱視防，職暫駐保定，地方秩序安定。[90]

---

[88] 總統蔣公思想言論總集，卷十四，頁六〇三。

[89] 同[81]。

[90] 抗日戰史—七七事變與平津作戰，頁四六。

二十九軍各部，於八月四日均已在指定地區部署完成。(91)秦德純、石敬亭至南京報告後，軍事委員會卽於八月六日任命宋哲元爲第一集團軍總司令，負津浦路北段對日作戰之指揮全責，宋於八月十四日發表告官兵書，誓言：「一致振作起來，本不屈不撓之精神，作再接再厲奮鬥，前仆後繼，死而後已。」(92)

蔣中正委員長對宋哲元及二十九軍，給以充分的諒解和信任，一部分監察委員却仍要追究北平失守責任，醞釀提案彈劾，石敬亭曾列席監察院會議，懇切說明。(93)宋哲元感到有赴南京親作報告與說明的必要，於是請准於八月二十一日赴京述職。蔣委員長於先一日條諭侍從室主任錢大鈞：「宋主任到時，錢主任應代表中（正）往浦口迎接，並預備住處。」(94)

宋哲元與八月二十一日到京，訪問一週，先後晉見國民政府林主席暨蔣委員長，有所請示，各界人士對宋亦表示歡迎。宋到京前一日—八月二十日，軍事委員會劃定河北省及豫北地區爲第一戰區，(95)蔣委員長親兼司令長官，宋哲元之第一集團軍歸第一戰區指揮，宋益感興奮。九月六日，軍事委員會明令第二十九軍擴編爲第五十九、六十八、七十七三軍，由張自忠（未到職前由

---

(91) 同上，頁四七。

(92) 民國二十六年八月十五日，南京中央日報。

(93) 秦德純：海澨談往，頁九〇。

(94) 總統府檔案—「革命文獻」，第一册，頁一五六。

(95) 國防部史政局：中日戰爭史略(二)（臺北，民國五十一年），頁一六九。

宋哲元暫兼）、劉汝明、馮治安分任軍長，冀省保安部隊則編為一八一師，石友三任師長。96 各部分別轉戰於華北各戰場，浴血奮戰，蔚為勁旅。

蔣委員長對張自忠之體諒與信任，尤為高矚遠瞻，知人善任。蓋二十六年七月二十八日北平撤守時，張自忠奉命留平應付，頗難得國人諒解，多以漢奸視之，其後脫險離平，傳言又復紛雜。張自忠脫險後，曾具呈蔣委員長報告其留平至脫險之一段經過：

自宋委員長離平赴保後，職一面令駐城內石旅確保北平秩序，阻止日軍入城，一面派員與宋委員長妥取連絡，並電令在津李副師長文田率督所部，努力殺敵。並誥誡官兵，勿忘為中國國民，不必以交通梗阻為慮。嗣以平保連絡斷絕，而日軍大部逼近城郊，職當令石旅突圍赴察，職亦率手槍隊出城。不意石旅甫出得勝門，敵人預設伏兵，三面襲擊，以致石旅長與其部隊失却連絡，職亦中途折回城內。從此職困處孤城，一日數遷，居處被日人查封，形同囚虜，屢次冒險出城，均未辦到。遲至九月三日，職不得已化裝隻身離平赴津。在途三日，始抵天津，寓於英籍友人家中。至十日，乘英籍海口船赴烟臺，轉濟南來京。此經過之大概情形也。97

張自忠脫險後秘密到濟南，韓復榘對之採秘密監視態度。宋哲元時率部在泊頭鎮作戰，聞訊

96 同上，頁一八一—二。一八一師嗣又擴編為第六十九軍。
97 張自忠：呈蔣委員長報告。

後卽派秦德純陪張前往南京向蔣委員長請示。宋並親函蔣委員長：

張自忠此次轉道南來，外間對之多抱懷疑態度，茲特令其晉京親謁鈞座前，面陳經過。職對其平日之為人，知之甚切，決不至如外間之所傳，以負國家數十年培養之厚也。茲並派秦德純與之偕行，報告此間近況，伏乞　鈞座賜予指示，是所至禱。[98]

秦德純並另電報告軍政部長何應欽，然後陪張自忠晉京。蔣委員長親自召見張自忠兩次，對張慰勉有加。[99]乃令派張自忠爲其原部改編之第五十九軍軍長，卽赴前線率部作戰。張衷心感德，矢志殺敵報國，其「英烈千秋」之志節與功勳，乃垂爲抗戰歷史中最爲光輝的一頁，永爲國人所景仰。

---

[98] 宋哲元上蔣委員長函，民國二十六年十月。

[99] 秦德純：我與張自忠，見傳記文學一卷二期。

伍、全面抗戰

華北日軍於二十六年七月二十六日攻佔廊坊，蔣中正委員長即認定和平絕望，大戰已經開始。二十八日，北平不守。二十九日，蔣氏對新聞記者宣佈國家已臨最後關頭，全國惟有一致奮鬬，此後決無局部解決之可能。❶三十一日發表「告抗戰全體將士書」，決定「要全國一致起來，與倭寇拚個他死我活」，並沉痛的指出：

我們自九一八失去了東北四省以後，民衆受了痛苦，國家失去了領土，我們何嘗一時一刻忘記這種奇恥大辱？這幾年來的忍耐，駡了不還口，打了不還手，我們為的是什麼？實在為的要安定内部，完成統一，充實國力，到最後關頭來抗戰雪恥！現在既然和平絕望，只有抗戰到底，那就必須舉國一致，不惜犧牲來和倭寇死拚。❷

為期舉國上下一致，蔣委員長於八月上旬召集各處綏靖主任曁重要將領至南京會商，決定抗

❶ 總統蔣公思想言論總集，卷三十八，頁九三。
❷ 同上，卷三〇，頁二三一。

戰方策和初步動員計劃。八月十三日，上海戰爭爆發，國民政府遂於八月十四日宣告中外：「中國為日本無止境的侵略所逼迫，茲已不得不實行自衛，抵抗暴力。」❸壯烈的全面對日抗戰，遂告展開。

任何國家進入戰時，都必須採取非常措施以適應戰時需要，政府體制亦多由平時轉變為戰時。中華民國亦不例外；所不同者，中華民國的對日抗戰係被迫應戰，是一場不宣而戰的民族自衛戰爭，❹且國家甫告統一，全面性的動員計劃尚未完成，歷史上亦無先例可循，故由平時體制轉變為戰時體制的決策與過程，較一般國家尤為遲緩而困難。自二十六年八月上旬軍政機構調整起，歷時半年，至二十七年（一九三八）一月行政院及軍事委員會全面改組後，始告完成。

中國是弱國，與世界强國的日本作戰，不能不講政略與戰略。質言之，中國抗戰的大方策是：政略指導戰略，戰略指導戰術。政略，就是戰時制敵致勝的基本方策，表現於全民動員，統一領導，抗戰建國並行，內政外交並重的政策上，更益以蔣中正委員長堅强卓越的領導，中國始能夠奮戰到底，而且愈戰愈强。

本章範圍，即為戰爭初期—民國二十六、七兩年（一九三七—一九三八）戰時體制的建立，

❸ 民國二十六年八月十五日，南京中央日報。
❹ 直至民國三十年即一九四一年十二月八日珍珠港事變爆發後，國民政府始於十二月九日正式對日本及其盟國德、意宣戰。

與國家政略的決定，是民族智慧與民族精神的高度發揮，也是八年苦戰終獲勝利的一項基本因素。

一、大戰的展開

七月十七日，蔣中正委員長在廬山談話會講演時，曾提醒國人：

戰端一開，那就是地無分南北，年無分老幼，無論何人，皆有守土抗戰之責任，皆應抱定犧牲一切之決心。所以政府必特別謹慎，以臨此大事，全國國民亦必須嚴肅沉着，準備自衞。❺

政府決心應戰，然行動上不能不特別謹愼，以謀周全。戰時擧措，自以軍事爲第一；欲在軍事上作全面而有效的抵抗，必須動員全國的軍事力量，且必須獲得各省軍政大員的誠心支持，因而有南京軍事會議的召開。並擴大國防會議爲國防最高會議以爲決策機構。軍事會議甫行結束，淞滬戰爭卽告爆發，國民政府乃號召全國國民，奮起而爲全面之抵抗。中國政府此時無意對日宣戰，然國民政府八月十四日發表之聲明，精神上實無異於一項宣戰書：

❺ 總統蔣公大事長編初稿，卷四(上)，頁八三。

中國政府鄭重聲明：中國之領土主權，已橫受日本之侵略，國聯盟約、九國公約、非戰公約，已為日本破壞無餘。此等條約，其最大目的，在維持正義與和平，中國以責任所在，自應盡其能力，以維持其領土主權，及維護上述各種條約之尊嚴。中國決不放棄領土之任何部分，遇有侵略，惟有實行天賦之自衛權以應之。❻

㈠ 南京軍事會議

盧溝橋事變發生後次日—七月八日，蔣委員長即致電適在重慶主持川康軍事整理會議之軍政部長何應欽「即刻飛京」，❼共策應付。九日，再電太原綏靖主任閻錫山，徵詢應付時局意見。❽何於七月十日，應召返京。閻於十一日復電，主張備戰求和。❾十三日，蔣委員長復由牯嶺致電南京參謀總長程潛、訓練總監唐生智及何應欽：「擬十日內召集國防會議，兄等之意如何？如同意，請即發電召集可也。」❿是為蔣委員長計劃召開軍事會議以決定戰略之始。然為配合全盤政策，召集會議之通知並未即時發出。及七月二十八日，平津情勢逆轉，乃急邀各省區高級軍事將

---

❻ 同❸。
❼ 總統府檔案「革命文獻」抗戰時期第一册，頁二七。
❽ 同上，頁四〇。
❾ 同上，頁四九。
❿ 總統府檔案，籌筆，抗一—二〇六一。

領，即行晉京面商。首先應召到京者，爲山東省政府主席兼第三路軍總指揮韓復榘，他於八月一日到京，蔣委員長於召見並指示後，令其當日返魯。⓫自八月二日到七日，陸續到達南京之高級將領有：

閻錫山（軍事委員會副委員長，太原綏靖主任）

余漢謀（廣東綏靖主任，第四路軍總司令）

白崇禧（軍事委員會常務委員，第五路軍副總指揮）

何成濬（武漢行營主任）

顧祝同（重慶行營主任，西安行營主任）

何　鍵（長沙綏靖主任，湖南省政府主席）

劉　湘（川康綏靖主任，第六路軍總司令，四川省政府主席）

黃紹竑（湖北省政府主席）

八月七日晚間，蔣委員長召集國防會議及中央政治委員會聯席會議，討論作戰方略，到京各省軍政長官亦全體列席。討論終結時，蔣委員長宣示：

戰爭必具最後決心，乃生死存亡之關鍵，一切照原定方針進行。或進或退，或遲或速，由

⓫　民國二十六年八月八日，上海大公報。

中央決定。何時宣戰，亦由中央決定。各省與中央須完全一致，各無異心，各無異言。⓬

當時所有與會人員全體起立，一致贊成。參加會議之鐵道部部長張嘉璈（公權）認為「全場中擧國一致精神之表現，恐為數百年來所未曾有。」⓭蔣委員長亦至感欣慰，自記：「全國將領齊集首都，共赴國難，乃勝利之基也。」⓮

當時全國各主要將領中，最為國內外所注意者，厥為廣西李宗仁、四川劉湘、雲南龍雲三氏。於此略述李、劉、龍三氏當時之態度，實有必要。

廣西自二十五年六月以來，卽以抗日號召，李宗仁並以「為應付將來抗戰軍事上的需要」為理由，將廣西省會自南寧遷移桂林。⓯及二十六年七七事變發生，蔣委員長自廬山致電桂林李宗仁、白崇禧，約赴廬山「共商大計」，李、白復電表示擁護中央抗日，然未應召赴廬。八月二日，蔣委員長再電促駕，白崇禧始於八月四日飛往南京，李宗仁仍留桂林，直至十月十三日始到南京共赴國難。白氏晚年曾述及當時廣西態度：

中央旣決定抗戰，八月二日奉委員長電召我，命我入京共赴國難。我與李德鄰（宗仁）先

⓬ 姚崧齡：張公權先生年譜初稿（臺北，傳記文學社，民國七十一年），上册，頁一八二。
⓭ 同上。
⓮ 總統蔣公大事長編初稿，卷四(上)，頁九六。
⓯ Te-Kong Tong and Li Tsung-Jen, *The Memories of Li Tsung-Jen*, Westview Press, 1979, p. 317.

生，李品仙、夏威、廖磊、黃旭初等人商量，衆人皆反對我入京，惟恐中央對我不利。我回家與先室馬佩璋女士商量，她平日雖不過問政治，但了解國家大事，要我自己決定，可說當時只有她一個人不反對我入京，給我精神上不少鼓勵。……遂力排衆議，毅然入京。我決定後立刻覆電蔣委員長表示願到南京。蔣委員長派其水陸兩用座機由德籍駕駛員駕駛至桂林接我。⑯

白氏到京，於各方觀感均有影響。旋卽受任爲副參謀總長，參與中樞對日作戰計劃之策定。淞滬戰起，屢奉命至前線視察戰況，於戰區之調整及指揮權之劃分，多所獻替。李宗仁在廣西將其軍隊編爲四十個團，分隸於四個軍，旋改編爲第十一、十六、二十一集團軍，分由李品仙、夏威、廖磊統率，次第開赴前線。軍事委員會任命李爲第五戰區司令長官，指揮津浦路沿線之作戰。

四川劉湘，於七七盧溝橋事變發生前後，適以中央任命之川康軍事整理委員會副主任委員身分，協助何應欽、顧祝同主持川康整軍會議。會議於七月六日開始，九日閉幕。⑰十日、十四日，兩度電告各方，請纓殺敵，主張全國立卽總動員。⑱然對中央電召入京，亦不無顧慮，據李

⑯ 白崇禧先生訪問紀錄（中央研究院近代史研究所，民國七十三年），上册，頁九八—九。
⑰ 周開慶：民國四川史事（臺灣商務印書館，民國五十八年），頁一二一，川康整軍會議經過。
⑱ 周開慶編著，劉航琛審訂：民國劉甫澄先生湘年譜（臺灣商務印書館，民國七十年），頁一五八。

宗仁透露，劉與龍雲均曾勸阻廣西將領入京。⑲八月初，再奉蔣委員長電召，始於八月七日偕鄧漢祥、甘績鏞、劉航琛、盧作孚等到達南京，出席八日之會談。他發表談話：「國家民族已到最後關頭，唯一生路，只有抗戰。」「四川爲國家後方，今後川省所負之責任極鉅，現時軍隊整理業已就緒，人力財力，無一不可貢獻於國家。」⑳劉湘允諾四川出兵五萬人。㉑並對林繼庸等主持的下游工業西遷計劃，全力支持。㉒蔣委員長並令何應欽、顧祝同，對於川省之軍事財政，乘劉氏在京之便，就下列兩項開誠徹商：

㈠戰時財政，各省皆應由中央負責統籌，各省田賦概歸中央統籌統支，故川省財政廳應由中央派員負責整理，則目前金融危機方能解決。

㈡川省部隊及其動員數額，應卽確定，集中地點與日期，亦須詳訂，請速辦以免延誤。㉓

劉湘對以上兩項，均作承諾，川軍於八月十日整編完成，九月一日開始出川抗敵，劉亦受任爲第七戰區司令長官。雖不幸於二十七年一月二十日病逝武漢，然其在戰爭初起時公忠保國精神，彌足稱道。

⑲ *The Memories of Li Tsung-Jen*, p. 321.
⑳ 民國二十六年八月八日，上海大公報。
㉑ 白崇禧先生訪問紀錄，上册，頁九九。
㉒ 胡光麃：波逐六十年（香港：新聞天地社，民國五十三年），頁三一一—六。
㉓ 總統蔣公大事長編初稿，卷四(上)，頁九八。

龍雲為一城府甚深之舊式軍人，於奉召晉京一節，頗有猶豫。遲至八月九日，始行到京。他發表談話，表示：「除竭誠擁護既定國策接受命令外，別無任何意見，事已至此，理宜少說廢話，多負責任。」㉔龍至南京之日，蔣委員長啓程前往廬山主持訓練團第二期結訓典禮，至十一日晚始自九江乘艦返京。龍在南京，除晉見汪兆銘等人作禮貌性之拜訪外，未曾參與重要決策。龍的本職為雲南省政府主席兼滇黔綏靖公署主任，中央此時復任命龍為第三預備軍司令長官，並負責發動民工修築滇緬公路。直至二十八年十二月，始兼軍事委員會委員長昆明行營主任。但這位「高傲倔强而固執」的「雲南王」，却與重慶國民政府之間一直不甚融洽，且與南京汪兆銘僞政權「信使往還不絕。」㉕

上述諸將領之外，尚有未能公開露面的共軍總司令朱德。他係由周恩來、林伯渠陪同，於八月九日抵達南京。㉖朱、周等人所談，仍係以共軍改編及改編後之作戰地域為主，據稱朱在京亦曾出席過國防會議，㉗然原始會議紀錄中並無任何朱、周出席會議的記載。

各將領出席之軍事會議，自亦討論到全盤戰畧問題。吳相湘記述當時蔣委員長的宣布是：基

㉔ 民國二十六年八月十日，上海大公報。
㉕ 劉健羣：我與龍雲，見銀河憶往（臺北：傳記文學出版社，民國五十五年），頁一一五。
㉖ 郭廷以：中華民國史事日誌，第三册，頁七一四。
㉗ 何理：抗日戰爭史，頁六三一四。

於既定「舉全國力量從事持久消耗戰以爭取最後勝利」的國防方針，策定守勢作戰時期作戰指導原則：「國軍一部集中華北持久抵抗，特注意山西之天然堡壘；國軍主力集中華東，攻擊上海之敵，力保吳淞上海要地，鞏固首都；另以最少限兵力守備華南各港。」㉘

(二) 上海八一三事變

日本海軍與陸軍在中國競作挑釁活動，互不示弱，乃是各國人士久所習知，日本關東軍發動了民國二十年的九一八事變，日本海軍卽繼之於次年（一九三二）發動了一二八事變。民國二十六年七、八月間，這段歷史又復重演。七月七日華北駐屯軍發動盧溝橋事變，同月十六日，以上海爲基地的日本海軍第三艦隊司令官長谷川清向東京海軍軍令部報告，主張打破「局限戰域」，並謂：「爲制中國於死命，須以控制上海、南京爲最要着。」㉙因而在上海方面尋找藉口，發動戰爭。七月二十四日的日海軍陸戰隊隊員宮崎貞雄的「失蹤」事件，如果不是中國方面找到了跳水自殺的宮崎，日軍就會在「宮崎貞雄在北四川路與狄思威路被中國人帶走」的藉口下，㉚開始

㉘ 吳相湘：中國對日總體戰略及若干重要會戰，見薛光前編，八年對日抗戰中之國民政府（臺灣商務印書館，民國六十七年），頁六五。
㉙ 蔣總統秘錄，第十一册，頁三九。
㉚ 同上。

行動。七月二十八日—日軍全面攻擊平津地區中國駐軍的一天，日本政府下令撤退漢口及長江上游的日僑，也是長江下游將有戰爭的信號。同一天，日本海軍大臣米內光政頒布「改訂艦隊編制」命令，海軍軍令部下令上海第三艦隊保護日本在華中與華南的「權益」，軍令部次長嶋田繁太郎給予「當面作戰指示」。八月八日，日本政府下達了兵力部署命令，㉛並增援上海日本艦隊及海軍陸戰隊的兵力。㉜

八月九日，上海虹橋機場發生了日本海軍軍官大山勇夫强闖中國警戒區致發生衝突事件，是爲「虹橋事件」或「大山事件」。據上海市長兪鴻鈞向南京外交部報告，事件情形是這樣的：

> 今（九）日下午五時左右，虹橋飛機場附近，有日本軍官二人，乘坐汽車越入我警戒線，向飛機場方向直駛，不服停止命令，反向我守兵開槍。守兵初未還擊，一時槍聲四起，該車前輪乃跌入溝內，車內一日軍官下車向田內奔跑，在附近因傷倒斃。另一軍官已傷斃車外，檢查身內有名片二張，印有海軍中尉大山勇夫字樣，我方士兵亦傷斃一名。㉝

事後查證：大山勇夫爲日本駐滬特別陸戰隊西部派遣隊隊長，軍階爲海軍中尉，死亡後追晉

㉛ 吳相湘：第二次中日戰爭史（臺北：綜合月刊社，民國六十二年），上册，頁三八二；現代史資料⑨日中戰爭(二)，頁一八七—一九一。

㉜ Dorothy Borg, *The United States and the Far Eastern Crisis of 1933-1938* (Harvard University Press, 1964), p. 301.

㉝ 中日外交史料叢編（四），頁二六六，上海兪市長電。

大尉。另一人爲一等水兵齋藤與藏，係當時駕駛汽車者。㉞日方聲稱二人並未携帶槍械，不可能先開槍，認爲二人係爲中國士兵所射殺。蓋軍人出勤，例應携帶武器，日人之說自係推卸責任之辯辭。卽或屬實，其擅行衝入中國軍用機場警戒範圍內刺探軍情，卽係不法侵入，又復不服制止，其被殺亦係咎由自取。況中國守兵亦被擊斃一人，責任自不能專責中國一方。㉟

虹橋事件發生當日，俞鴻鈞市長曾電話通知日本駐滬總領事岡本孝正及海軍武官本田忠雄，均言陸戰隊並無官兵外出，「定係謠傳」，足證大山勇夫外出係執行機密任務，陸戰隊及總領事館均尚未明眞相。㊱次（十）日俞鴻鈞再約岡本、本田在日本總領事館會商，日方態度雖趨激昂，然仍同意循外交途徑解決，並同意派員將大山等二人屍體領回。㊲然至十一日，日方態度突變，岡本孝正往見俞鴻烈，謂：「虹橋機場案發生後，日方以衣海軍制服之軍官及水兵爲華人慘殺，認爲對皇軍重要侮辱，全國憤激。」㊳岡本並要求在本案未正式交涉前，中國先行做到兩點：㈠撤退保安隊，㈡拆除所有保安隊之防禦工事，俞市長允飭保安隊暫行稍退以離開日僑居住區域，但嚴斥岡本「雙方派員決定保安隊撤退之距離」之要求，告以：「該處係我國領土，無所

㉞ 秦郁彥：日中戰爭史，頁二二九。
㉟ 據周珏向外交部報告，中國方面「保安隊死一人」，見中日外交史料叢編（四），頁二六五。
㊱ 同㉝。
㊲ 同㉝，頁二六七，上海俞市長八月十日來電。
㊳ 同㉝，頁二六八。

謂撤退，更無所謂距離，雙方派員事，自不能同意。」39

岡本孝正態度之轉變，係由於日本政府已於十日決定再增兵上海，其已出發者於十一日可以到滬。其艦隊增强情形，外交部駐上海辦事處的報告說：「此間原有日艦十二艘，今日增加十六艘，一部分屬第二艦隊，餘屬於第三艦隊。」40其增兵後兵力，古屋奎二指證：

日軍業已以其設於虹口的陸戰隊本部為中心，正構築陣地約八十多處；其兵力為原有之三千二百人，又新登陸三千餘人，以及在鄉軍人三千六百人。此外，包括在艦上可能動員的部隊，合計推算約為一萬二千人。41

日軍既已增援，中國軍事統帥部亦於八月十一日命令京滬警備司令張治中率第三十六、八十七、八十八師向上海近郊推進，張治中於八月十二日由吳縣進駐南翔。同時，第五十五、五十七兩師及獨立第二十五旅，第五十六師等部隊，亦奉令向上海近郊推進，準備作戰。42

八月十二日，日本駐滬總領事岡本孝正請求淞滬停戰協定共同委員會立卽召開會議。此一共同委員會係依據民國二十一年五月五日簽訂之淞滬停戰協定而設立，由中日美英法意各派代表組

---

39 同33，頁二六八。
40 同33，頁二七三—四。
41 蔣總統秘錄第十一册，頁四二—四三。
42 中日戰爭史略(二)，頁一八七；吳相湘前書，頁三八三—四。

成，其任務爲協助並檢視停戰協定之執行。平時因無需要，故不舉行會議。二十六年六月，日方曾提請召集會議，對中國駐滬保安隊修築工事提出異議，中國代表立予拒絕。八月十二日之會議，係於下午三時在工部局會議廳舉行，俞鴻鈞代表中國參加，日方代表爲岡本總領事，英、美、法、意四國亦有代表出席。岡本首先提出：中國保安隊及正規部隊，在限制區域內繼續推進且爲作戰準備，不獨妨害租界安全，且違反一九三二年之停戰協定，應請各國代表注意，並請對中國採取有效方法制裁。俞鴻鈞當即以嚴正之態度與堅定之語氣，予以駁復：

㈠停戰協定早為日方破壞，因日方軍隊時常侵入八字橋一帶區域，該處地段按照協定，日方軍隊理應撤退。㈡日方既破壞停戰協定，則根本無依據該協定作任何提議之權。㈢日方每利用共同委員會，為實施該國侵略政策之工具，於己有利時則提及之，於己不便時則漠視之，應請各國注意。㈣日方對於虹橋事件，一方同意以外交方法解決，一方軍艦雲集，軍隊增加，軍用品大量補充，此種舉動，不獨影響各國僑民生命財產之安全，且對於我國為威脅與危害。㊸

俞鴻鈞並依據上述理由，請求共同委員會各國委員駁回日方之要求，並將日方對中國之威脅

㊸ 中日外交史料叢編（四），頁二六九—二七〇；艾納：全面抗戰的展開—從平津失守到上海抗戰，東方雜誌三十四卷，第十六、十七號合刊。

行爲向其本國報告。如各中立國家代表以友邦使館代表資格進行公平之調處，中國自亦歡迎。㊹各中立國代表旋提議中國保安隊可否稍稍後撤，以免與日軍衝突，俞氏則斷然告以：「中國軍隊在本國土地行動有絕對自由之權，此則未容他人置喙。如日本能將增加之軍艦與軍隊撤回，中國爲維持上海之和平與治安，亦可考慮保安隊之後撤。」㊺

八月十二日，中華民國外交部就虹橋事件後之中日情勢發表聲明，抗議日本增派飛機、戰艦及海軍陸戰隊至上海，指責日本飛機連日來在上海、杭州、寧波等處之不法飛行，申言中國除抵抗暴力以實行自衞外，實無他途可循，今後事實演變之一切責任應完全由日方負擔。㊻

八月十三日晨九時十五分，上海北區日本陸戰隊一小隊，開始衝入橫濱路東寶興路地段向中國駐軍攻擊，中國駐軍亦還擊，是爲淞滬戰役的開端。惟日軍係試探性質，二十分鐘後即告停止。㊼俞鴻鈞市長立即向日本駐滬總領事館提出嚴重抗議，並請抗議書錄送挪威駐滬總領事兼領袖領事奥爾轉知各國駐滬總領事。㊽同日凌晨，日本內閣緊急會議，決定增派兩個師團—第三、第十一師團，赴滬增援。午後四時，上海日軍即全面出動向八字橋、天通庵、東寶興路、寶山路

㊹ 同上。
㊺ 艾納前文。
㊻ 上海美華出版公司：中國全面抗戰大事記，二十六年八月份，頁一九。
㊼ 中日外交史料叢編（四），頁二七四，上海俞市長來電，二十六年八月十三日。
㊽ 東方雜誌，第三十四卷，第十六、十七號合刊，現代史料欄，頁四六—四九。

一帶中國駐軍攻擊，㊾激烈悲壯，為時近三個月的淞滬保衛戰遂告展開。㊿

中國決心應戰，並採取攻勢。八月十三日，政府下令封鎖長江鎮江以下江面及南黃浦江。當日下午四時，日本駐華大使館參事兼代館務日高信六郎前往外交部會見部長王寵惠，談「上海虹橋事件」，仍呶呶以上海停戰協定為言，王寵惠當即告以：「上海停戰協定已成歷史遺物，當然不能再限制我方。」「此次上海事件發生後，日機在寧波、杭州等地飛行威脅，此係事實，此皆顯係敵對行為，而貴方不自責，以我國保安隊之駐紮及防禦工事為敵對行為，天下寧有是理？」51

八月十三日夜，蔣中正委員長下令上海國軍於十四日晨拂曉發動總攻擊，52空軍亦於十四日出動，創造輝煌戰績。日方亦於十四日宣佈組成「上海派遣軍」，以松井石根為司令官，並於十五日開始轟炸杭州及南京。陳納德（Claire L. Chennault）八月十五日的日記這樣寫着：

對虹口的攻擊計劃，因日機空襲杭州而作罷。日機在杭州上空，又損失十架。下午，日本重轟炸機十六架襲炸南京，第四大隊立即升空迎戰，日機損失六七架，我方無損失。日機

㊾ 中日外交史料叢編（四），頁二七五，上海余銘、周珏來電，二十六年八月十三日。

㊿ 中國全面抗戰大事記，八月份，頁二〇。艾納：全面抗戰的展開。

51 中日外交史料叢編（四），頁二八九。

52 八一三淞滬抗戰史料選，第十三，上海作戰日記，八月十三日記事。

的空襲毫無任何效果。[53]

蔣委員長認爲：「對倭作戰，應以戰術補武器之不足、以戰略彌武器之缺點，使敵處處陷於被動地位。」[54]令陳誠前往上海戰地視察，並釐訂戰鬥序列。陳建議集結重兵於上海以擴大淞滬戰爭，誘敵至東戰場，以實現民國二十五年所擬定之消耗持久戰略。[55]蔣委員長同意此一觀點，令國軍主力集中華東，以確保淞滬，鞏固首都。並於八月十八日任陳誠爲前敵總指揮，[56]親赴上海前線指揮作戰。

八月二十日，軍事委員會將全國劃分爲五個戰區：第一戰區爲河北及豫北地區，由蔣委員長自兼司令長官，負責平漢線作戰，晉、察、綏三省爲第二戰區，閻錫山爲司令長官，江蘇南部及浙江爲第三戰區，初任馮玉祥爲司令長官，馮於九月調任後，由蔣委員長自兼；福建、廣東爲第四戰區，由何應欽代理司令長官；山東及淮北爲第五戰區，由李宗仁任司令長官。[57]九月下旬，軍事委員會復劃津浦路北段爲第六戰區，調馮玉祥任司令長官，及至十月中旬，津浦北段陷於敵

---

[53] 陳香梅譯，陳納德將軍在華日記，一九三七年卷，見民國七十年一月六日至九日，臺北聯合報。

[54] 總統蔣公大事長編初稿，卷四(上)，頁九九。

[55] 陳誠傳，見革命人物誌，第五集，頁二三；陳故副總統紀念集，頁十九。

[56] 蔣委員長致程潛巧電，民國二十六年八月十八日。

[57] 中日戰爭史略(二)，頁一六九、一七七、一八八；吳相湘：第二次中日戰爭史，上冊，頁三八八。

手，第六戰區遂即撤消。[58]

滬戰發生，全面作戰，政府對共軍之改編作了相當程度的讓步，允許共軍於改編後設有總指揮部。八月二十二日，軍事委員會明令改編共軍為國民革命軍第八路軍，以朱德、彭德懷分任正副總指揮，下轄三師，任林彪、劉伯承、賀龍分任師長。朱、彭於八月二十五日通電就職，依軍委會命令歸第二戰區司令長官閻錫山指揮，於九月中旬將其部分部隊開赴晉北作戰，並改番號為第十八集團軍。[59]散佈江南各地山區之中共零星游擊隊，則於十月十二日受編為國民革命軍新編第四軍，任葉挺、項英任正副軍長，歸第三戰區司令長官顧祝同指揮。[60]然共軍並不準備積極從事正面抗日戰爭，毛澤東指示彭德懷的原則是：㈠依照情況使用兵力的自由；㈡紅軍有發動群衆創造根據地組織義勇軍之自由，地方政權與鄰近友軍不得干涉；㈢南京只作戰略規定，紅軍有執行此戰略之一切自由；㈣堅持依傍山地與不打硬仗的原則。[61]

---

[58] 中日戰爭史略㈡，頁一八二—三。

[59] 有關共軍改編經過，詳中華民國重要史料初編—對日抗戰時期，第五編，中共活動眞相㈠，頁二六一—二八四；曹伯一：抗戰初期共黨問題重要文獻，見東亞季刊九卷一期；簡笙簧：第八路軍的改編，見國史館館刊，復刊第一期，民國七十六年，臺北。

[60] 郭華倫：新四軍的招募與編組，見郭著中共史論，第三册（中華民國國際關係研究所，民國五十八年），頁二六七—二七六。

[61] 毛澤東致彭德懷密電，民國二十六年九月十二日。中共當時視為極機密，遲至民國七十年即一九八一年七月六日，始連同其他四通密電由新華社公布。臺北中央日報於民國七十四年九月三日慶祝九三軍人節特刊，將全文發表，並刊出曹聖芬、李雲漢兩氏之評論文字。

㈢宣導、肅奸、全面動員

盧溝橋事變之次日—七月八日，行政院政務處長何廉前往蔣委員長牯嶺官邸報告昨晚事變的消息，他發現委員長已知道事變的詳細經過。何氏請示應如何就此一事變發佈新聞，蔣委員長立即令何氏轉告中央宣傳部部長邵力子：盡量據實報導，沒有限制。[62]蔣委員長此一指示，代表兩種暗示：一是他已決心抵抗日本的侵略，不再有所顧慮；一是要激發全國軍民同仇敵愾的抗日情緒，準備全面動員，準備犧牲。

新聞報刊，都作了自由而有力的報導。平、津淪陷之後，人人皆知大戰已不能避免，政府與民間均已開始動員的準備。八月一日，蔣委員長出席中央軍校擴大總理紀念週，以「準備全國應戰」爲題發表講演，指出今後只有「全國一致，發動整個應戰的計劃，拼全民族的力量」，才能「爭取最後的勝利，以保障國家民族的生存。」[63]此後數日內，國民政府主席林森及高級政、軍首長孫科、居正、于右任、戴傳賢、馮玉祥均先後向全國軍民同胞廣播或講演，激勵國人奮起抗

[62] 何廉：抗戰初期政府機構的變更，傳記文學四十一卷，一期，頁六七。何氏生前，曾於一九六八年在紐約寓所中對著者談及此事。

[63] 講詞見總統蔣公思想言論總集，卷十四，頁五九七—六〇四。

戰。[64]

京滬輿情一致抗日，政府已在積極作應戰的部署。惟亦有比較穩定的人，認爲中國的實力尚不足以抵抗日本，建議不關閉和平談判之門，胡適卽如此主張。[65]亦有認識不清，意志不堅之人，對抗戰前途缺乏信心，如周佛海等卽倡組「藝文研究會」發出「低調」。尙有少數利令智昏的人，甘心賣國求榮，國人稱之曰「漢奸」。政府對於背叛國家民族的漢奸，絕不寬貸。此項懲治漢奸的工作，稱之爲「肅奸」或「鋤奸」。

抗戰開始後第一件「肅奸」案件，發生於八月中旬。被肅之奸，竟是行政院秘書黃濬(秋岳)。其罪狀則是受日人收買，私將政府將於八月十三日封鎖長江江陰以下江面的機密情報洩於日人。事發之後，政府先於八月二十日下令將黃濬免職逮捕，六天以後卽將其一夥奸徒一十八人，明正典刑。[66]此案公布，人心爲之稱快。

---

[64] 林森主席於八月二日，在中央黨部紀念週講「對當前時局應有之認識」，九日，在國民政府總理紀念週講述「自存與共存」，考試院長戴傳賢於八月五日在中央廣播電台播講「抗敵救國的要點」，軍事委員會副委員長馮玉祥於八月六日播講「我們應如何抗敵救國」，監察院長于右任八月九日在中央黨部紀念週報告「精誠團結與民族生存自由」，軍政部長何應欽報告「揭發日人造謠挑撥之伎倆」，中央常務委員陳立夫播講「戰爭與和平」。

[65] 何廉前文；胡頌平：胡適之先生年譜長編初稿（臺北聯經公司，民國七十三年），第五册，頁一六一〇—一一二。

[66] 南京中央日報，民國二十六年八月二十七日。

最緊要的工作，當然是動員作戰。事實上，軍隊之調動，七月八日即已開始。十日，國防最高會議於首次會議時，即核定戰費支撥辦法，以應付緊急需要。軍政部長何應欽於十一日召集各軍事部門舉行會報，決定使一切軍事進入戰時狀態，並採取緊急措施，編定戰鬥序列，並在七月底以前秘密組成大本營及各級司令部，備妥兵員一百萬人六個月需用之糧秣。67此一決定，實爲軍事動員的開端。

軍事動員，包括四項立即行動的措施：一是運輸，二是戒嚴，三是調兵、徵兵與徵用，四是實行戰事軍律。茲分別撮要說明如後。

關於運輸，是支援前線戰爭的必要措施。我國空運不發達，主要運輸仰賴於鐵路與船運。七月二十四日，軍事委員會即制定一項戰時運輸辦法，決成立鐵道運輸司令部，主管全國鐵路軍運事宜。運輸司令部之下，各區設線區司令，工作人員則悉由各路人員兼任。68八月二日，鐵道運輸司令部在漢口成立，派隴海鐵路管理局長錢宗澤兼任司令，各鐵路之線區司令部亦次第成立，各車站則設車站司令。又在鄭州及株州兩要地，各設軍運調度所，分任長江以北及以南各鐵路之軍運事宜。錢宗澤自北伐時期即身膺軍運重任，經驗宏富，南北奔馳，晝夜匪懈。69鐵道部部長

67 總統蔣公大事長編初稿，卷四（上），頁七四。
68 姚崧齡：張公權先生年譜初稿，上册，頁一八一，張嘉璈筆記。
69 革命人物誌，第八集，頁二〇五，錢宗澤傳。

張嘉璈亦命令各路局全力配合，並規定「與軍隊同進退」，[70]故能於極端艱苦情形下，達成戰時軍運任務。

蔣委員長深知軍運之重要，於路線之督修及聯運，三令五申。七月十一日，限令玉（山）萍（鄉）路段即日通車，以便湘、粵、桂、黔等省經浙贛路支援東戰場。復爲開展國際運輸路線，指示鐵道部迅將粵漢與廣九路接軌。[71]鐵道部全力進行，於兩星期內完成任務，八月二十日正式接軌通車。[72]十月一日，復設西南進出口運輸總經理處於廣州，直隸於軍事委員會。他如黃河渡口船舶之調查，招商局江輪運輸之掌握，以及甘肅新疆間國道交通之限期修復等，蔣委員長亦均有命令詳作指示。[73]八月三十日，國民政府公布「軍用運輸護照規則及施行細則」，[74]軍事運輸遂依程序有計劃的實施。

關於戒嚴，乃爲取締奸宄活動維持戰地安全之必要手段。國民政府於上海戰爭爆發之日—八月十三日，即宣布長江戒嚴，封鎖長江江陰以下江面。次日復明令：「京滬滬杭兩鐵路沿線各市

---

[70] 張公權先生年譜初稿，上册，頁一八一。

[71] 中華民國重要史料初編—對日抗戰時期，第二編作戰經過(一)，頁三八。

[72] 張公權先生年譜初稿，上册，頁一八四；淩鴻勛：中國對日抗戰八年的交通艱苦建設（薛光前編，八年對日抗戰中之國民政府），頁二八七。

[73] 同[71]頁四三，致商震、俞飛鵬、賀耀組各電令。

[74] 國民政府公報，第二四四五號。

縣及鄞縣、鎮海等處，着自即日起宣告戒嚴。」(75)四天以後，政府並明令對戰區之糧食予以管制。其他戰場之戒嚴，則由各該司令長官衡酌實際需要後宣布。

調遣西南各省軍隊至前方作戰，爲八月上旬各高級將領奉召至南京商談之主題之一。四川、廣西、廣東、貴州均承諾出兵。軍事委員會於八月二十日制定的戰鬥序列，尙將廣西、四川、雲南、湖北四省軍隊列爲預備軍，番號爲第一至第四預備軍，分由李宗仁、劉湘、龍雲、何成濬爲司令官。(76)各省軍隊亦準備隨時遵令開拔。川軍出兵最多，於九月一日分南北兩路出發，前後達六個集團軍之衆。十月以後，東、北兩戰場無不有川軍作戰。(77)廣西出兵四個軍，四十個團，嗣後改編爲三個集團軍，次第開赴前線，並將廣西頗具規模的兵工廠，移交給軍事委員會統籌辦理。(78)蔣委員長於九月一日向國防最高會議作報告時，曾提到廣東、廣西、貴州、四川的軍隊不久即增援前線，獨不及雲南。龍雲對外宣稱曾派出十六萬人，(79)實際情形却並非如此，第一期作戰過程中，前線並未調用雲南軍隊。至西北各省，寧夏馬鴻逵部改編爲第十七集團軍，準備應援

---

(75) 國民政府公報，第二四三二號。
(76) 何應欽：日軍侵華八年抗戰史（國防部史政編譯局印，民國七十一年）附表一。
(77) 周開慶：四川與對日抗戰（臺灣商務印書館，民國六十年），第四章，川軍出川抗日及其戰績，頁一六九—二三七。
(78) *The Memories of Li Tsung-jen*, p. 322.
(79) 易勞逸（Llyod E. Eastman）：地方政府和中央政府：雲南與重慶（薛光前編，八年對日抗戰中之國民政府），第九章，頁三五九。

綏遠，蔣委員長並電令寧青部隊集中寧河、五原，配合綏遠部隊實行游擊，以阻敵前進。[80]

徵兵、徵用，自爲軍事動員的基本事項。國民政府早於七月十二日，卽已公布「軍事徵用法」，其第一條規定「陸海空軍於戰時發生或將發生時，爲軍事上緊急之需要，得依本法徵用軍需物及勞力。」[81]稍後又陸續公布「陸軍兵役懲罰條例」、「國民公役法」、「防空法」等法規，輔助軍事徵用的實行。八月三十日，國民政府發布命令軍事機構得依法隨時徵集國民兵。令文如下：

> 東鄰肆虐，侵我疆土，自非全民奮起，合力抵抗，不足以保衛國家之獨立，維護民族之生存。在此非常時期，凡屬兵役適齡之男子，均有應徵入營服行兵役之義務。茲特依兵役法第三條之規定，着由行政院轉飭各兵役主管機關，得隨時徵集國民兵，俾資服役而固國防。[82]

此一規定，變通了徵兵程序，也增加了徵兵年次，各軍事專門學校也奉令成立補充團營，訓練並補充新兵員額，兵員因不虞不繼。從民國二十六年八月到二十七年二月，抽調補充的兵額有

---

[80] 同[71]，頁五一，蔣委員長致賀耀組電。民二六，九，十五。

[81] 國民政府公報，第二四〇四號。

[82] 國民政府公報第二四四五號。

六十八萬六千人。(83)以抗戰八年計算，全國實徵新兵一千二百萬人，(84)四川一省，徵兵卽達二百七十萬人之多。(85)

重賞罰，嚴紀律，亦爲軍事動員發揮戰力的要件，軍事委員會均嚴格執行。第二十九軍副軍長佟麟閣及第一三二師師長趙登禹於七月二十八日殉職，國民政府於同月三十一日卽明令褒揚，均追贈爲上將，可謂劍及履及。(86)其後殉國之將領，如在晉北忻口殉職之第九軍軍長郝夢齡、第五十四師師長劉家麒，旅長鄭廷珍，在廣德前線奮戰成仁的第二十一軍一四五師師長饒國華，以及堅守滕縣壯烈犧牲的第四十一軍第一二二師師長王銘章，亦均迅卽受到褒揚追贈高級軍階的榮崇。卽如第七戰區司令長官劉湘，係於二十七年一月二十日病逝武漢，政府亦明令褒卹，並追贈爲陸軍一級上將。(87)

壯烈犧牲者褒獎，英勇奮戰或身膺重寄而表現優越者晉升。黃紹竑、黃旭初、陳儀、熊式輝均獲任爲陸軍中將，並特加上將銜。(88)劉文輝、楊森亦特加上將銜，(89)各軍長作戰成績優良者，

(83) 吳相湘：第二次中日戰爭史，上册，頁四三七。
(84) 何應欽：日軍侵華八年抗戰史，附表九，「抗戰期間各戰區歷年實補兵員數量統計表」。
(85) 周開慶前書，頁二四六—二四七。
(86) 令見國民政府公報，第二四二一號，民國二十六年八月二日出刊。
(87) 周開慶：民國劉甫澄先生湘年譜，頁一七〇。
(88) 國民政府令，民國二十六年九月二日。
(89) 國民政府令，民國二十六年九月十八日。

亦多擢升集團軍總司令、軍團長等職，張自忠卽是一例。

二十六年八月二十四日，國民政府明令公布「中華民國戰時軍律」。⑨⓪全文十條，均爲死刑之規定：

不奉命令無故放棄應守之要地，致陷軍事上重大損失者；不奉命令臨陣退却者；奉令前進，託故延遲，或無故不就指定守地，致誤戰機，使我軍因此而陷於損害者；降敵者；通敵爲不利於我軍之行爲者；故意損壞我軍武器彈藥糧秣船艦飛機廠庫場塢防禦建築物及交通通訊機關，以利於敵或以資敵者；主謀要挾或指使爲不利於軍事之叛亂行爲者；敵前反抗命令不聽指揮者；造謠惑衆，搖動軍心，或擾亂後方者；縱兵殃民刼奪强姦者。

此一軍律，當日公布當日起施行，軍事委員會並遵委員長指示，將軍法處擴大改組爲軍法執行總監部，於九月六日正式宣布，國民政府於當日發表命令，申明：

現在戰時軍律及其施行條例，業經明令公布，自應嚴切施行。玆特於軍事委員會設置軍法執行總監，按照軍律規定，負責實施。仰我擧國文武官佐以及民衆一體恪遵，毋稍踰越。

於二十七年二月前依戰時軍律而受到極刑處分之高級將領，厥有三人。一爲第六十一軍軍長李服膺，因不遵令迅速馳援南口，又不戰而放棄天鎭，而爲第二戰區司令長官閻錫山於十月三日

⑨⓪ 國民政府公報，第二四四一號，民國二十六年八月二十五日出刊。

判處死刑。一爲第七十七師師長羅霖，以未奉命令，擅自退却，由軍事委員會依法褫職訊辦處刑。[91]三爲山東省政府主席、第三路軍總指揮、第五戰區副司令長官韓復榘，因在津浦路作戰不聽指揮，擅自後退而被拿辦，經軍法審判於二十七年一月二十四日判處死刑。韓爲陸軍上將，然於抗戰國策，態度曖昧，[92]韓被處死以後，民心士氣均爲之大振。

軍事動員之同時，黨、政及民間亦進入非常時期，動員應變。中央執行委員會常務委員會於八月五日之第四十九次會議中，通過「非常時期工作指導綱要」及「非常時期本黨黨員信約」，要求黨員「先人民而犯險，後人民而退息」，並應「率先人民應戰時之一切徵發」，「絕對服從所在地黨部及軍事長官之命令」，[93]是爲黨員動員之基礎。地方黨部的主要任務，在策動組織抗敵後援團體，並從事各種戰時宣傳及戰地服務工作。然戰時各地情況不一，地方戰情政情均急劇變化，黨員之動員及工作情形，亦難期於理想。

政府公務機關，亦遵令採非常時期措施，配合軍事之需要，辦理各項徵發並組織民衆，保衞地方。有的機關，如鐵道部，決定減薪裁俸以共紓國難，國民政府且據軍事委員會之呈請，訓令

[91] 國民政府公報，第二四八二號，國民政府二十六年十月十二日令。

[92] 蔣委員長於八月上旬在南京召集諸將領會議，韓到京而又速返，並未參加八月七日及八日之軍事會談。蔣委員長八日日記曰：「我全部戰略之弱點乃在山東，應設法補救。」（總統蔣公大事長編初稿，卷四(上)，頁九六）足證蔣委員長對韓已不能信任。

[93] 會議紀錄原件。

各機關：「文武官佐，均應加緊工作，以赴機宜，不得藉婚喪及其他事故請求辭職、調職。至患重病者，非至不堪任職，經醫師證明屬實者，幷不得假。」94

民衆激於愛國熱誠，自動捐輸並作義務服務者，處處皆是，各都市城鎮，多組織抗敵後援團體，名稱雖不一致，其「有錢出錢，有力出力」的認知則屬一致。本文爲篇幅所限，不克多所敍述，僅引張發奎於指揮淞滬會戰時對民衆愛國行動的親身觀察，以爲例證。張氏回憶：

在這時戰況高度緊張中，最可歌可泣而又值得安慰的事，是人民對我軍的協助。他們不僅幫助軍隊的運輸和救護工作，並有自動獻給他們僅有的食品。婦女們自動看護我們的傷兵，慰勞隊的歌聲鼓舞了我們的士氣，工作隊的崇高熱情，減少了戰士們的疲勞。大軍作戰最感困難的後勤業務，大部都由他們幫助解決。軍隊為國家而流血，人民為救國家民族的忠勇軍人而流汗出錢。這是民族戰爭的特質，也是中華民族的光榮。95

(四) 物力、人力與文化資財的西遷

早於民國二十二年長城戰役前後，我朝野大多數有識之士，即已認識長期抵抗日本侵略的必

---

94 國民政府公報，第二四六一號，頁一，國民政府二十六年九月十六日訓令。

95 張發奎：抗日戰爭回憶錄，民國七十年，香港打字印本。

要。[96]二十四年，蔣中正委員長進入四川，決定以四川爲「持久抗戰的後方」，是有其相當充分的理由的。四川面積大，人口多，腹地廣，自古稱爲天府之國，又是大西南的核心地帶，與西北亦可聯結一氣。蔣委員長以川滇黔三省聯結一起爲基地，其價值與重要性足可比擬本部其他十五省。」[97]

因爲有了以四川爲核心的西南作基地，抗戰開始後政府才採取「以空間換取時間」的戰略，與日軍進行長期消耗戰。要作持久戰，且要抗戰到底，單憑西南的人力和資源當然不夠，必須將沿海地區的工業設備與物資以及全國的專門人才都集中到西南地區，才可能抗戰與建國同時並舉，期能「愈戰愈强」。因此，人力物力及文化資財的西移，乃是預定之持久戰略的一環，二十七年七月下旬，政府卽已開始作工廠西移的打算。蔣委員長重視工廠物資，他於七月二十七日卽指示軍政部，卽將「首都及各兵工廠與各倉庫所儲物品」，卽日起「照預定計劃移動疏散」。[98]

二十六年七月下旬，政府卽已設立了總動員設計委員會，隸屬於國防最高會議，委員會由軍政部部長何應欽主持，分爲數個組，其中資源部分，由資源委員會負責召集。資源委員會工業聯絡組組長林繼庸建議盡速將上海各工廠遷移至西南內地，並獲得上海工業界的同意，因向行政院

[96] 吳相湘：中國對日總體戰略及若干重要會戰，見薛光前編，八年對日抗戰中之國民政府，頁五〇—一〇一。

[97] 峨嵋訓練集，頁十六；黃紹竑：五十回憶，頁三〇六—七。

[98] 中華民國重要史料初編—對日抗戰時期，第二編，作戰經過(一)，頁三八。

正式提案。八月十日，行政院第三二四次會議，通過資源委員會拆遷上海工廠的提案，責由資源委員會負責進行，財政部、軍政部、實業部各派代表組成上海工廠遷移監督委員會，由林繼庸爲主任委員。林氏遷廠計劃，同時獲得四川省財政廳長劉航琛，建設廳長何北衡及工業專家胡光麃的贊助，因能順利進行。(99)其後遷廠的範圍擴大至沿海各省及山西、河南，形成史無前例的工業大遷移。從二十六年八月至二十七年十二月，除政府經營的工廠外，約有六百多家工廠，十一萬六千噸的設備和原料，以及一萬二千名技術工人，遷移到四川、湖南省境內，其中百分之七十於二十九年前後重建生產。(100)

工廠及其機器與物資，係有形的資產；學者、教授，大中學生及技術工人則是國家無形的資產。工廠的遷移代表着中華民族的潛力，大學及文化機構的遷設後方，則是中華民族民族精神的象徵。

天津的南開大學，南京的中央大學，由於主持人有遠見，早在盧溝橋事變以前就作了遷校的準備。全面戰爭爆發後，教育部於二十六年九月二日令沿海各公私立大學，儘速遷往內地省區，

---

(99) 胡光麃：波逐六十年（香港，新聞天地社，民國六十年），頁三一一—三一六；周開慶：四川與對日抗戰，頁四七—五三。

(100) 侯繼明：一九三七至一九四五年中國的經濟發展與政府財政，薛光前編，八年對日抗戰中之國民政府，頁二四〇—二六六。

擇地復校，繼續上課。二十七年春夏間，戰區擴大到中原地區，遷移至後方的學校為數益多。吳俊升指陳大學遷移的情形：

> 據教育部一九三九年的統計，戰前專科以上學校共一〇八校，因戰爭遷移後方者有五十二校，遷入上海租界或香港暫時續辦的有二十五校，停辦的有十七校，其餘十四校或是原設後方，或是原設上海租界，或是教會大學能在淪陷區勉強維持的。太平洋戰爭爆發以後，所有在上海租界與香港辦理的各校，乃至在淪陷區苟延殘喘的教會大學都已停閉，其中一部分學校的員生遷至後方，復校續辦。其原在後方的學校因避免敵機轟炸，亦移至較偏僻地區。實際當時全國大專院校，未經遷移而在原地照常開設，只有新疆省的新疆學院一校而已。[101]

大學的遷移備歷艱辛，北平的北大、清華和天津南開大學三校師生三百餘人，曾由長沙徒步前往昆明。浙江大學、廣東文理學院等校，則一遷再遷，顛沛流離，其苦更甚。然所有師生意志昂揚，從無怨言。中國知識份子在抗戰這個大時代中所表現威武不屈的精神，證明中華民族是個不可征服的民族。

大學之外，各圖書館，博物院及其他文化機構，亦多遷移至後方。尤以故宮博物院珍貴文物

[101] 吳俊升：戰時中國教育，薛光前：八年對日抗戰中之國民政府，頁一一三—一一四。

的遷移，最為國人所欣慰，亦最為外人所矚目。經歷八年的殘酷戰爭，數度崎嶇險峻的遷移風險，文物與人員均無損失，實為大可稱幸之事。102

(五) 撤僑與撤館

自戰爭開始，日本始終是主動的挑釁，中國則是被動的應戰。日本內閣於七月二十七日發布「內地師團動員令」之後，外務省卽開始作撤僑撤領的計劃，顯示戰爭將無限制的擴大。八月五六日間，長江流域各地之日僑日領及日艦，先後奉令撤退。日本駐華大使館參事日高信六郎於八月十三日面告王寵惠部長：

為避免長江一帶中日軍再發生意外起見，不惜下最大決心，將長江上游重慶、宜昌、沙市、長沙一帶日僑日領先行撤退，繼復將漢口、九江、蕪湖之日僑日領，亦同樣撤退。各該地日僑日領撤退後，日艦亦無必要，亦相繼駛返上海，而在漢口之谷本少將，亦隨同到滬。103

---

102 故宮博物院遷移過程，詳胡頌平：朱家驊年譜，頁四一—四二；那志良：故宮文物疏散後方，傳記文學三七卷五—六期。

103 中日外交史料叢編(四)，頁二八四，王寵惠部長會見日高參事談話紀錄，民國二十六年八月十三日，南京。

日高辯稱撤退日僑日領日艦係爲了避免再發生意外，實則係避免於上海挑起戰爭後長江中上游各地日人可能遭受的傷害，及日僑日艦撤抵上海之當日，就有大山闖入虹橋軍用機場的事件發生了。

八月十三日上海戰爭爆發，日本內閣於同日決定增兵上海。[104]次日日本內閣發表聲明要「懲罰中國軍的暴戾」，並組成「上海派遣軍」，海陸空軍全部出動。中國政府亦於八月十四日宣布爲自衞而全面抵抗，悲壯慘烈的淞滬戰爭持續達三個月之久。這是一次不折不扣的大戰，兩位美國人的觀察足以爲證，一位是沙利(Eare Albert Selle)，他以爲：

> 這是自凡爾登(Verdan)戰役以來，世界上的最大戰爭，一共有四十五萬中國人被殺害，然後開始撤退。[105]

另一位是多恩(Frank Dorn)，「一九三七至四一年間之中日戰爭」(*The Sino-Japanese War, 1937—41*)一書的作者，他說：

> 戰爭正進行着—是一場不宣而戰的戰爭，造成了千百萬人民的死亡，出現了歷史上最大的一次大遷移，難以統計的城市被毀滅，使這個地球上人口最多的國家遭受慘重的摧殘，兩

---

[104] 秦郁彥：日中戰爭史，頁二三〇；石射猪太郎：盧溝橋事變前後。

[105] Earl A. Selle, *Donald of China*, p. 339.

千多年來未曾稍變的生活方式和思想將要被推翻。[106]

然而，日本政府當時並不承認這是眞正的戰爭，而故意貶稱爲「支那事變」—日本政府自動於九月二日起，將「北支事變」改稱爲「支那事變」。[107]日本政府也不準備對中國宣戰，但很希望刺激中國政府，要中國政府先對日本絕交或宣戰。中國政府則認爲對日戰爭係被迫應戰的自衞戰爭，國防最高會議也於八月十四日的首次會議中，決定暫不對日本宣戰，也不主動宣佈絕交。民間團體有要求對日絕交宣戰者，國防最高會議的決定仍是「本會業有決定，不必變更。」[108]

中國政府之決定不宣戰，自然有充分的理由，也經過審愼的考慮。張明凱於「抗日戰爭中的宣戰問題」一文中，提出如下之綜合性看法：

我國在抗戰第一期不宣戰的原因，總括研判起來是：1.希望不觸及美國中立法，能得到美國援助。2.如首先對日宣戰，對我自衞立場，陷於混淆不清的地位。3.我如宣戰，即不便向國聯提出控訴。4.我具有抗敵到底的決心，也並不完全放棄光榮的完全平等的和平的意

---

[106] Frank Dorn, *The Sino-Japanese War*, 1937–41 (New York: MacMillan Publishing Co. 1974), Front page.

[107] 古屋奎二：蔣總統秘錄，第十一册，頁四四。

[108] 國防最高會議常務委員第二十六次會議紀錄，民國二十六年十月二十五日，南京。

願。⑩⑨

中國是弱國，是被侵略者，是爲民族的生存而抵抗日本的軍事侵略，而從無意圖主動向日本尋釁。抵抗是自衞行動，於和戰進退之策略方面，一切運用自如，尤其不影響軍械軍品的購買與運輸；宣戰則不同，必須承擔國際法所規定之交戰國戰爭行動的責任與義務，那依當時的情勢而言，對中國並非有利。因此，胡適曾向蔣中正委員長建議：「外交路線不可斷」。⑪⓪然這樣的言論，却被中共份子一直指斥爲「賣國罪證」。⑪⑪

日本政府之不願主動對華宣戰，主要原因在不願承擔發動侵略戰爭的責任，同時也找不出可以對華宣戰的理由。依據倫敦侵略定義公約第二條之規定：國際糾紛中除當事國另有約定外，凡首先向他國宣戰者，卽爲侵略行爲。⑪②且宣戰之後，兩國間的一切條約均隨之廢止，僑民亦必須接受對方的管制，財產亦因之被沒收或凍結。日本在中國的特殊利益太多，僑民亦復不少，倘如因宣戰而導致中國政府全面採用交戰國的處置，日本的損失實在太大。因此，日本不願首先宣

⑩⑨ 中華文化復興運動推行委員會主編：中國近代現代史論集（臺灣商務印書館，民國七十五年），第二十六編，對日抗戰（上），頁四二一。

⑪⓪ 胡適民國二十六年七月三十、三十一兩日日記；吳相湘：第二次中日戰爭史，上册，頁三七九。

⑪⑪ 大陸出版近代史資料一九五五年第二期，卽曾選錄胡氏日記，而標題爲「抗日戰爭初期胡適的賣國罪證」。

⑪② 陳世材：國際公法（臺北，精華印書館，民國四十三年），頁六五。

戰。113即如八一三滬戰起後，日本政府發表的派兵聲明，有些日本人自己都覺得沒有道理，石射猪太郎即曾針對這一聲明說是「自以為是的聲明」，「除日本人以外，不會有人說他是有道理的。」114

日本雖不願對中國宣戰—終戰爭八年，日本始終未曾對中國宣戰，但卻於滬戰爆發後，全部撤退其駐華外交人員，表示決絕。八月十五日，日本駐華大使館以下面的節略照會中國政府外交部：

逕啓者：玆奉本國政府訓令本大使館辦事處暫行封閉，臨時在上海辦事處辦公，在封閉期內，對於本大使館房屋及其他一切財產請充分保護，並為管理等因。相應略達查照為荷。115

外交部當即決定：由憲兵司令部派遣專人及衞兵，護送日本大使館參事官日高信六郎等二十三人，於八月十六日經津浦、膠濟兩路前往青島，交由青島市政府接收，再轉交日本駐青島總領事館點收，並於名單上簽字證明。此事於八月十八日完成。116外交部旋派科長董道寧等會同內政

---

113 張明凱前文。
114 陳鵬仁譯著：日本侵華內幕，頁一七七—八。
115 中日外交史料叢編（四），頁二二六，日本大使館節略。
116 同上，頁二二八，憲兵司令部致外交部函，民國二十六年八月二十三日。

部、南京市政府、警備司令部、警察廳等機關所派代表，將日本駐華大使館、駐南京總領事館、陸海軍武官室之房舍查驗加封，發現原私設於該館後樓之無線電台及電報房之重要機件，日人均已預先撤除。[117]

北方之日僑，均先集中青島。日人數度要在青島滋事，然青島市市長沈鴻烈防備甚嚴，未為所乘。且日人在青島之財產至多，惟恐戰端一開，日人犧牲必大，因而決定於八月二十五日將其僑民全部撤退返日，所有權益財產，則請青島市政府「切實保護」。青島市政府接受日本領事館之請求，予以保護，但告知日方：「所有財產，如因天災事變不可抗力，或因日本軍攻擊青島或其附近，致兩國發生軍事行動，所生之損害，不負任何責任。」[118]至日人撤退情形，青島市政府咨告外交部：

> 查自滬案發生，膠濟沿線一帶之日僑，均集中青島，連同僑青之日本婦孺等，業經陸續歸國，所餘只壯丁五千餘人。自八月二十八日以後，此項壯丁亦開始撤退，並於八月三十一日決定將日領館館員及海軍聯絡員等，亦一律回國，預定本（九）月四日以前撤盡。[119]

中國駐日大使館於八月十七日曾電外交部：「日僑在我國者除集中青、滬各地者外，長江及

---

[117] 同上，頁二二九，外交部董道寧等報告。

[118] 同上，頁二三二—三，青島市政府咨外交部文，民國二十六年九月五日。

[119] 同上。

膠濟沿線已全部撤退，彼已無後顧之憂，軍事行動勢必日趨猛烈。」⑫果然，日本第三艦隊司令官長谷川清卽於八月二十五日宣布封鎖中國沿海口岸，⑫並開始大肆濫炸中國不設防之城市、平民及文化機關，英國駐華大使許閣森且於八月二十六日在無錫附近，遭日機炸射而受重傷。⑫尤令中外人士驚疑而痛憤者，厥爲日本官方公然在朝鮮、臺灣及日本本土各地中國僑民與領館，進行迫害與威脅，其目的則在「逼我首先絕交」。⑫

日本官署之迫害中國僑民與留學生，自非於戰爭爆發後開始。盧溝橋事變以前，在日被捕之中國留學生卽有二十餘人，其中包括中國革命元勳黃興之子，黃一寰。⑫據留日學生代表葉文津等歸國請願時函述：

非但留日學生行動不得自由，卽研究出版，亦多受限制。至於涉及愛國，擁護中央時，日方卽認為思想不良，橫遭逮捕者，所在皆是。……就今年一月，留東新聞同學六人被捕後，相繼又有質文社邢桐華同學等四人，旋又有李華飛同學等於返國途中，被拘於名古屋，並

⑫0 同上，頁二三四，東京大使館來電。

⑫1 其聲明全文爲：「本艦隊自肇和十二年八月二十五日下午六時起，以屬於本艦隊指揮之海軍力，遮斷中華民國公私船舶與軍艦，在自北緯三十二度四分，東經一百二十一度四十四分，至北緯二十三度十四分，東經一百六十度四十分之中華民國沿海交通。特此宣言。」

⑫2 *Japan's War in China* (Shanghai, *China Weekly Review*, 1938), p. 34.

⑫3 中日外交史料叢編（四），頁二三七，巴黎顧大使（維鈞）來電。

⑫4 民國二十六年七月六日上海大公報：留日學生代表葉文津等在滬謁許世英大使請願。

均飽受鞭笞，至今傷痕尚未痊愈。不久前有工大同學，亦以抗日理由被遣回國。本月十五日，編譯社同學楊憲五、王孔昭、趙金璧、楊式穀、盧耀武、劉清貞、石寶瑚等七人，又被無理拘捕。繼復有明大同學鄧克强一人，不但押禁旬日，未獲釋出，且謂尚須繼續檢舉，其中理由，輒云抗日。生等聆此，實為憤懣。[125]

戰爭爆發後，旅日華僑處境艱難，一部分歸國，一部分仍於困難重重中掙扎，駐日大使館曾兩度向政府請款共十萬元救濟。[126]八月上旬，日本駐朝鮮憲兵隊開始對華僑及領館人員秘密偵察，認爲主張抗日者，即行逮捕。[127]十二月，日軍攻陷我國首都南京，臺北等地遂發生所謂「華僑」騷擾領事館，要求改懸北平僞組織之五色旗並發表擁護僞組織宣言等行動。及二十七年一月上旬，朝鮮漢城、新義州、元山、釜山等地中國領事館均已無法辦公，駐釜山總領事人員且爲日本憲警强迫登舟離境，駐東京大使館迫於情勢，乃於二十七年一月八日通知日本外務省，將駐朝鮮各領館一律暫行停止辦公，並鄭重聲明：「在停止辦公期內，如有假借中華民國領事館名義，爲任何非常行動，當然無效。」[128]

---

125 民國二十六年七月七日上海大公報：留日學生代表葉文津等致駐日大使許世英請願函。
126 中日外交史料叢編（四），頁二三四，東京大使館電。
127 同上，駐朝鮮京城總領館電，民國二十六年八月七日。
128 同上書，頁二四二—四，外交部電及許世英大使致日本外務省照會。

國民政府頻接駐日大使館告急文電，因提交國防最高會議討論。二十七年一月十日，國防最高會議決議兩點：㈠令許大使回國報告，酌留館員維持館務，至不得行使職權時始得歸國；㈡各領館應仍努力維持，並團結僑民一致救國，至不能行使職權時始行回國，將館務交使館或我其他領館暫行兼顧，如無一領館能行使職權，則諭僑民一律回國。⑫⑨外交部當即電告駐日大使館遵辦。⑬⓪

情勢繼續惡化中，橫濱、神戶、臺北等地均發生日人直接或間接威脅、騷擾之事，要求領館改懸僞旗。一月十六日，日本以中國政府不理會其於南京淪陷後所提出之「議和」條件，乃悍然發表「不以國民政府爲對手」之聲明，⑬①一意在中國扶植傀儡組織以供其驅策。日政府並於同日訓令其駐華大使川越茂返國，中國政府遂亦下令召回許世英大使。許於一月二十日自橫濱搭船回國，館務由參事楊雲竹代理。⑬②

在日人壓迫及少數被收買之僑民騷擾下，駐臺北總領事館不得不於二月一日撤退，駐長崎領

---

⑫⑨ 會議紀錄原件。
⑬⓪ 外交部致東京大使館電，民國二十七年一月十日。
⑬① 日本政府發表此一聲明，若干日人亦認爲係不智之舉。見石射猪太郎原著，陳鵬仁譯：我對於收拾中日事變的意見。
⑬② 楊雲竹呈外交部報告：駐日大使館撤退經過，外交部檔案。

事館被迫於二月五日停止辦公，駐神戶總領事館亦於二月七日閉館。[133]已辭職之大使館二等秘書兼理領事事務孫湜甘心附逆，接受北平僞組織任命並設立僞組織駐東京辦事處，日方公然承認之，並對中國駐日大使館作公然蔑視與侮辱，如在外交團名簿中擅將中國駐日大使館刪除，不再發給大使館外交證明書，嗾使並包庇不法華僑於五月十九日，二十四日進入大使館騷擾等是。[134]大使館已無法執行職務，經請准外交部，決定於二十七年六月十一日撤館，並先期於六月九日照會日本外務省：「近來本館地位及工作迭受外方不當之限制及阻撓，雖經屢次交涉，貴國政府迄未予以有效之處置，致本館不能自由行使其職務。茲奉本國政府命令，自本月十一日起暫行停止辦公，全體館員回國，嗣後凡本國旅居貴國僑民之生命財產，應請貴國政府切實予以保護。至本館一切動產及不動產各項財產，業經編成財產目錄，相應檢同該項目錄一份，照會貴大臣，煩請查照並希派員來館點收，負責保護，實深盼禱。」[135]

日本外務省派事務官松井忠久於六月十日到大使館點收財產，中國大使館並預交保管費日金五百元。外務省次官堀內謙介亦於同日復函大使館，謂對大使館財產，當依國際法原則，予以充分保護。然日本政府並未遵守其諾言，於二十八年竟將大使館館產交予僞組織，中國政府曾經由

[133] 楊雲竹報告。
[134] 楊雲竹報告。
[135] 楊雲竹報告。

美國駐華大使館，向日本政府轉達中國政府之抗議，並要求日本政府「應負其完全責任」。[136]

日本壓迫中國撤館的目的已達到，然中國政府依然未對日本宣布絕交。直至民國三十年卽一九四一年十二月八日珍珠港事變後，中國政府始於同月九日正式對日宣戰，兩國間現存之所有條約協定合同，凡有涉及中日間之關係者，一律廢止。

二、戰時體制與基本政略

抗戰開始之年，中華民國尙在訓政時期。中國國民黨爲執政黨，國民政府爲國家的中央政府，其施政依據則是由國民會議制訂的「中華民國訓政時期約法」。黨與政府之間，以中央政治委員會爲樞紐；政府建制之內，主管全國政務的行政院與主管全國軍事的軍事委員會，立於平等的地位；國民政府主席居國家元首地位，但不負實際政治責任。這種「賢者在位，能者在職」的政治設計，平時固可相輔相成，運用自如，但進入戰時之非常時期，運用上卽不够靈活與有效。因此，政府必須立卽作戰時的因應，亦卽建立適應戰時需要的政府體制，始足以負擔抗戰建國的艱鉅任務。

[136] 中日外交史料叢編（四），頁二五二，致美大使館節略，民國二十八年二月十三日。

戰時體制需要的條件，一是指揮統一，一是運用靈活，一是迅速有效。為達到此等要求，中國必須要有統合黨、政、軍三方面的最高決策機構與最高統帥機構。然中國之抗戰為長期抵抗，基本國策為抗戰建國並行，因而平時的行政系統亦不容紊亂或中斷。為兼顧平時與戰時的雙重需要，政府於建立戰時體制過程中，一方面保持了各級政府原有的建制、形態和運作的系統；一方面則適應軍事第一的需要，擴大國防會議為最高決策機構—先後以國防最高會議及國防最高委員會，統攝黨政軍一致行動，並賦予軍事委員會以最高統帥部的地位與權力，由蔣中正委員長以最高統帥統一領導抗日戰爭。這一體制，維持了戰時政局的穩定，也發揮了高度的效率。

抗戰初期，中國出現了數百年來未曾有過的團結局面。尤其各在野黨派，於民族大義的感召與政府推誠相與的政策下，共赴國難，相互合作，更為中國政治顯示出樂觀而光明的遠景。中國國民黨適時召開臨時全國代表大會於武漢，確定了戰時的最高政略和建國方針，更為抗戰建國大業奠定了勝利成功的基礎。

(一) 最高決策機構：國防最高會議

抗戰爆發前一年—二十五年七月，中國國民黨第五屆中央執行委員會第二次全體會議決議設立國防會議，由中央軍事機關首長，行政院與國防有關之部長及中央特別指定之地方軍政大員參加，以共同「討論國防方針及有關國防各重要問題」。❶大會宣言闡述其設立之宗旨：

值茲存亡興廢關頭，益宜集中心力，共負艱鉅，爰成立國防會議，期於薈萃全國之心思才力，發抒關於救國之良謨，為整個國防策完全充實之圖，以樹救國圖存之根本。❷

國防會議由軍事委員會委員長爲議長，行政院院長爲副議長。❸各省重要軍政首長雖均經中央指定爲會員，❹然非常設機構，其職能亦僅在審議，且「每年開大會一次」，❺如在平時，尙可勉强應付，戰爭既起，自不足適應緊急狀態下之動員作戰需要。以是二十六年八月上旬，蔣委員長召集南京軍事會議，雖仍在國防會議之名義下進行，事實上却不能不擴大更張，以建立統籌抗戰全局之最高決策機構。

中國國民黨中央執行委員會爲國家權力中心，中央執行委員及監察委員中，亦有以立卽建立最高統帥機構爲請者。如中央監察委員蕭佛成，卽曾致函中樞請授蔣中正委員長以全權，督飭將

❶ 國防會議條例（中國國民黨五屆二中全會於二十五年七月十三日通過），第一、二條。
❷ 革命文獻，第六十九輯，頁二九九。
❸ 國防會議條例，第二條。
❹ 二十五年七月十三日，五屆二中全會於決議設立國防會議之同時，卽議定以各省軍政首長十八人爲會員：李宗仁、白崇禧、陳濟棠、劉峙、張學良、宋哲元、韓復榘、劉湘、何成濬、顧祝同、龍雲、何鍵、楊虎城、蔣鼎文、徐永昌、朱紹良、傅作義、余漢謀。
❺ 國防會議條例，第四條。

士，掃蕩敵氛。❻國家重大決定，例由中央政治委員會討論決定。中央政治委員會因於八月十一日召開第五十一次會議，決議：「設立國防最高會議；國防最高會議組織條例通過，送國民政府，並送中央執行委員會備案。」❼中央執行委員會常務委員會因於八月十二日召集第五十次會議，決議：「准予備案」。❽國防最高會議遂於八月十四日召集全體會議，宣告成立。

依「國防最高會議條例」之規定，國防最高會議為全國國防最高決策機關，對於中央政治委員會負責。設主席、副主席各一人，以軍事委員會委員長為主席，中央政治委員會主席為副主席，參加國防會議的成員，依「國防最高會議條例」第三條之規定：

「國防最高會議以左列各員組織之，並由主席指定常務委員九人：

㈠中央執行委員會常務委員，秘書長，組織部、宣傳部、民衆訓練部各部部長，中央監察委員會常務委員，中央政治委員會秘書長。

㈡立法院院長、副院長。

㈢行政院秘書長，內政部、外交部、財政部、交通部、鐵道部、實業部、教育部各部部

❻ 中國國民黨中央執行委員會政治委員會（以下簡稱中政會）第五十一次會議紀錄，民國二十六年八月十一日，南京。

❼ 同上，又見中央政治委員會致國民政府密函，民國二十六年八月十二日，國史館藏。

❽ 中國國民黨第五屆中央執行委員會常務委員會（以下簡稱中常會）第五十次會議紀錄，民國二十六年八月十二日，南京。

長。

㈣軍事委員會副委員長，參謀本部總長，軍政部、海軍部部長，訓練總監部總監，軍事參議院院長。

㈤全國經濟委員會常務委員。」

可見國防最高會議之職能，在使黨政軍各方面主要負責人融為一體，以貢獻其心智與才力。其職權，依規定為：㈠國防方針之決定；㈡國防經費之決定；㈢國家總動員事項之決定；㈣其他與國防有關重要事項之決定。❾其最大特色且足以適應戰時需要者，即賦予主席為應付危機得便宜行事之緊急命令權：

> 作戰期間，關於黨政軍一切事項，國防最高會議主席得不依平時程序，以命令為便宜之措施。❿

國防最高會議之主席，即軍事委員會委員長蔣中正，副主席為中央政治委員會主席汪兆銘。⓫主席以忙於指揮各局，絕大多數的會議均由副主席主持。八月十四日，在南京孫中山先生陵園靈谷寺舉行首次全體會議，主席蔣中正依最高國防會議條例第三條之規定，指定立法院院長

---

❾ 國防最高會議條例，第五條。

❿ 國防最高會議條例，第六條。

⓫ 張其昀黨史概要第三册頁一一五二，記汪兆銘為國防最高會議主席，係屬誤記。

孫科、司法院院長居正、考試院院長戴傳賢、監察院院長于右任、財政部部長孔祥熙、外交部部長王寵惠、軍政部部長何應欽、中央常務委員宋子文、中央執行委員會秘書長葉楚傖九人爲常務委員，以中央政治委員會秘書長張羣爲秘書長。大會並作了兩項政策性之決定：㈠不對日本宣戰，只說明係爲自衞而戰；㈡政府不遷移。⑫常務委員於八月十六日晚間舉行第一次會議，由副主席汪兆銘主持，以後每週開會三次或兩次，成爲抗戰初期國防決策之核心。⑬

在對日作戰時期，國防最高會議對於黨政軍一切舉措，於主席得不以平時程序以命令爲便宜之措施外，其於立法權，亦予以如下之限制：

㈠凡應交立法院審定之案，國防最高會議認爲有緊急處置之必要，得爲便宜之措施，事後依立法程序函送立法院備案。

㈡立法院所議各案，與戰時有關者，應先行送國防最高會議核議。⑭

爲配合國防最高會議發揮高度功效，中央常務委員會於八月二十七日之第五十一次會議中，決議兩項：㈠常務委員會不能按期舉行會議時，應提會之案件，由常務委員三人先行批行，報告常會追認；㈡中央政治委員會應提會各案，先由政治委員會主席批行，再報告政治委員會追

⑫ 姚崧齡：張公權先生年譜初稿，上册，頁一八三。
⑬ 國防最高會議常務委員第一次會議紀錄，民國二十六年八月十六日，南京。
⑭ 張公量：戰時政治機構之演進，東方雜誌，第三十七卷，第五號。

認。⑮事實上，重大決策如中蘇互不侵犯條約之審議，召開國民大會日期之延期，對國際聯盟提出聲訴及對布魯塞爾會議之態度，以及對德使陶德曼從事調停之應付等項，均須經由國防最高會議大會或常會討論決定，而由國民政府公布或通令實施。其尤重要者，國防最高會議為加强軍事委員會委員長統一指揮黨政機關之權力，於十月二十五日決議致函中央執行委員會及中央政治委員會，告以：

嗣後凡屬中央黨政機關適應戰事之各種特別設施，令行各省市地方黨政機關辦理者，概應先請軍事委員會委員長核准施行，以期統一。⑯

十一月上旬，上海戰況轉急。由於日軍在杭州灣金山衞登陸，我軍後方感受嚴重威脅，不能不後撤。十日，上海撤守。南京隨之告急，國民政府決定西遷重慶。國防最高會議為期中樞各機構作有計劃的遷移，於十一月十五日決定「非常時期中央黨政軍機構調整及人員疏散辦法」，「交行政院約集各院會從速辦理」。⑰此一辦法中，最主要的兩項決定是：

其一，中央執行委員會及監察委員會留秘書處，中央組織、訓練、宣傳三部，暫時歸併軍事委員會。

⑮ 中國國民黨第五屆中央執行委員會常務委會會議紀錄原件。
⑯ 國防最高會議常務委員第二十六次會議紀錄，民國二十六年十月二十五日，南京。
⑰ 國防最高會議常務委員第三十一次會議紀錄。

其二，中央政治委員會暫行停止，其職權由國防最高會議代行。國防最高會議應在軍事委員會委員長所在地。

關於第一項，係暫時性質，目的在便於中央組織、訓練、宣傳三部人員的撤退，並使其工作不致因撤退而中斷。及十二月，軍政機關齊集武漢，中央組織、訓練、宣傳三部隨即回隸中央黨部。⑱第二項，時限則較長久，自二十六年十一月至三十六年四月，中央政治委員會未再恢復其建制。國防最高會議此一代行中央政治委員會職權的決定，亦曾獲得中央執行委員會之同意，並約定代行之職權範圍為：立法原則、施政方針、軍政大計、財政計畫、特任特派官吏及政務官之人選，及中央執行委員會交議事項。⑲

國防最高會議自二十六年八月設立，在南京先後舉行兩次全體會議，三十二次常務會議。二十六年十一月下旬遷設漢口，於十二月三日起，開始在漢口中央銀行開會。二十七年一月，秘書長張羣出任行政院副院長，至四月八日，五屆四中全會通過以葉楚傖繼任。十月，武漢危急，國防最高會議再遷重慶。二十八年一月，國防最高會議停止開會，另設國防最高委員會以取代其職權，推中國國民黨總裁蔣中正為委員長，統一黨政軍指揮，主持戰時決策，負荷艱鉅達八年之久，至三十六年四月，始依中國國民黨第六屆中央執行委員會第二次全體會議之決議，宣告撤

⑱ 國防最高會議常務委員第三十九次會議紀錄，民國二十六年十二月三十一日，漢口。

⑲ 中國國民黨第五屆中央執行委員會常務委員會第五十九次會議紀錄。

銷。⑳

國防最高會議條例第九條：「國防最高會議設國防參議會，由國防最高會議主席指定或聘任若干人充任之」。其成員稱參議員，有聽取政府關於軍事、外交、財政之報告，及對政府提出建議之權，本質上係一國防諮議機構。二十六年八月十六日，國防最高會議常務委員在南京召開第一次會議時，主席汪兆銘卽稱「本會國防參議會已聘定參議員十六人」。㉑其後陸續聘請多人，然當時係秘密性質，對外不作宣布。至九月九日，國防參議會始正式成立，以汪兆銘爲主席，彭學沛爲秘書長。

國防參議員人數，並無定額，係由蔣中正委員長以國防最高會議主席身分聘任。二十六年八月至十二月間，先後受聘爲參議員者，有左列諸人：㉒

張君勱（嘉森）	蔣方震	張東蓀	曾　琦	李　璜	左舜生	毛澤東
胡　適	張伯苓	傅斯年	馬君武	梁漱溟	陶希聖	羅文幹	顏惠慶
施肇基	徐　謙	甘介侯	沈鈞儒	黃炎培	晏陽初	楊賡陶	張耀曾
江　庸	蔣夢麟	梅貽琦	周佛海	陳布雷	周恩來	林祖涵	秦邦憲

⑳ 王寵惠：國防最高委員會結束之談話，民國三十六年四月二十四日，南京中央日報。

㉑ 會議紀錄原件，汪係以國防最高會議副主席身分出席常務委員會議，並任歷次會議主席。

㉒ 依據國防最高會議紀錄及私人著述所記述者所彙集，間有遺漏或失實者，容續考訂。

上列人選中，包括各黨派及無黨派之知名之士，上承廬山談話會之精神，目的在黨派協調與團結。參議員中，有出席數次會議後，卽行奉派出國者，如胡適、蔣方震是；亦有徒擁空名，始終未曾出席會議者，如中共之數人是。經常參加會議，研究政情或外交，不時向國防最高會議提出建議者，則爲張君勱、李璜、傅斯年、陶希聖、馬君武等人。參議員之建議，無論係集體提出或個人提出者，均受到重視，交付有關機構研究或實施。如張君勱、李璜等，建議請在國民大會延期召集期間，另設民意機關一案，提出於國防最高會議常務委員第十九次會議後，主席汪兆銘當卽宣告：「此案作爲議題，請各委員研究。」㉓下次會議開會時，汪復報告：「業與蔣主席商議，國民大會如不開，可有一民意機關，人數職權產生方法，請各委員多加研究。」㉔又如「建議請實施輸出補償發展對外貿易，藉以充實外滙資金，增進抗戰力量」一案，亦係由國防參議會提出，經國防最高會議決議交行政院辦理者。㉕

國防參議會之經費，原定爲國幣壹萬元。旋以人數增加，不敷開支，秘書長彭學沛具呈國防最高會議請求每月增加四千元，當經決議：「自十月份起飭財政部照撥」。㉖數目雖不算大，然

㉓　此次會議係於二十六年十月四日在南京鐵道部內舉行。
㉔　國防最高會議常務委員第二十次會議紀錄，二十六年十月八日，南京。
㉕　國防最高會議常務委員第七十五次會議決議案第三案，民國二十七年六月。
㉖　國防最高會議常務委員第二十一次會議紀錄，民國二十六年十月十一日，南京。

在非常時期一切費用均規定減縮的情形下尚能增列，足見國防最高會議對參議會之重視。

二十六年十二月，中央各軍政機關遷往武漢後，均作大幅度之調整與併縮，獨國防參議會之名額擴大至七十五人，產生方式亦有變更。決議案原文如下：

自去歲八月十二日中央議決設立國防參議會以來，集思廣益，頗有明效。茲決定以下列原則，擴充國防參議會參議員名額如左：

國防參議會參議員之名額定為七十五人，依下列之原則擴充之。

㈠原任參議員全體。

㈡五院秘書長。

㈢各省政府及各直屬市政府就本省市推出有學識經驗及社會有名望者三人，由中央選定一人。

㈣蒙藏委員會及僑務委員會各推出九人，由中央各選定三人。

㈤其不足之名額由中央增聘之。㉗

至是，國防參議會已具備全國性民意機關的雛形。二十七年三月，中國國民黨臨時全國代表大會決議設立國民參政會以為戰時最高民意機構，原任國防參議會參議員均受聘為國民參政會參

㉗ 國防最高會議常務委員第三十九次會議紀錄，民國二十六年十二月三十一日，漢口。

政員。是國防參議會，實爲國民參政會之前身。㉘

(二) 最高統帥部：軍事委員會

國家既進入全面戰爭狀態，戰時最高統帥部的設立乃爲必要之舉，惟設立的方式與程序，各方意見則難期一致。㉙中央執行委員會常務委員會於八月十二日舉行第五十次會議，於同意中央政治委員會之決議設立國防最高會議外，並同時通過國民政府主席林森之提議，推定蔣中正爲陸海空軍大元帥。㉚十六日，國防最高會議常務委員第一次會議復通過居正之提議，由國民政府發布明令，特授蔣中正爲陸海空軍大元帥，統率全國陸海空軍。㉛蔣中正委員長初亦允予接受，惟囑暫緩發表。㉜事實上，中樞負責人員已在籌商大元帥大本營之組織條例，張羣、何應欽、陳立夫等均參與其事，蔣委員長亦不時指示，曾於八月十九日電告何應欽，主張大本營組織中應增設國民經濟與國民指導兩部，前者以吳鼎昌爲部長，後者可任陳立夫主持。㉝條例定稿後，並提經

㉘ 總統蔣公大事長編初稿，卷四(上)，頁一一二。

㉙ 何廉著，謝鍾璉譯：抗戰初期政府機構的變更，見傳記文學四十一卷，一期，民國七十一年七月。

㉚ 中國國民黨第五屆中央執行委員會常務委員會第五十次會議紀錄，民國二十六年八月十二日，南京。

㉛ 會議紀錄原件。

㉜ 國防最高會議常務委員第二次會議紀錄，民國二十六年八月十八日，南京，張羣秘書長報告。

㉝ 中華民國重要史料初稿—對日抗戰時期，第二編，作戰經過(一)，頁四八—九，蔣委員長致何應欽電。

中央政治委員會通過。然蔣中正委員長經再三考慮，決定不接受大元帥職銜，仍以軍事委員會委員長身分，執行最高統帥職權，指揮作戰。蓋已決定暫不對日宣戰也。八月二十七日，中央常務委員會第五十一次會議遂又作成如下之決議：

「公佈大本營組織條例，由軍事委員會委員長行使陸海空軍最高統帥權，並授權委員長對於黨政統一指揮。」㉞

然蔣委員長以中國並未正式對日宣戰，並無設立大本營之必要，決定仍以軍事委員會爲最高統帥部。㉟九月一日，蔣委員長對國防最高會議報告：

關於大元帥的名義和大本營的組織，經中正再三考慮，在日本未正式宣戰以前，不必發表。仍以軍事委員會委員長的名義和已成立各部的組織，執行一切職權。我們是弱國，是被侵略國，此次抗戰是敵人迫我到了最後關頭，不得已而戰爭。故我們作事，一切寧願有實無名，不願有名無實，或名不副實。㊱

軍事委員會以戰時最高統帥部地位，其組織自須加以擴大。八月間，該會修正原組織大綱，並提經中央政治委員會第二十七次會議，准予備案。增設秘書長，副秘書長各一人，由張羣、陳

㉞ 會議紀錄原文。此次會議由居正主席，係在南京外交部擧行。
㉟ 總統蔣公大事長編初稿，卷四（上），頁一〇三。
㊱ 總統蔣公思想言論總集，卷十四，頁六二七，「最近軍事與外交」。

布雷分別擔任。㊲原辦公廳分設為秘書廳、總辦公廳；另設第一至六部，及後方勤務部、管理部、衛生部。㊳九月上旬，財政部為增進戰時生產並調整對外貿易以充裕戰時資源，請求增設農產、工礦、貿易三個調整委員會，經國防最高會議審查後，以三個調整委員會均與戰時經濟動員有關，因決議：「農產、工礦、貿易三調整委員會隸屬於軍事委員會，並各依其辦理業務之性質，受各主管部之指導。」㊴各部及三委員會之組織均於九月間先後設立，其職掌與人事略述於下：

各部：

第一部：主管軍令，亦即作戰事宜，部長為黃紹竑。

第二部：主管政略與軍政，部長為熊式輝。

第三部：主管國防工業，部長初由副參謀總長白崇禧兼任，繼由翁文灝接任。

第四部：主管國防經濟，部長為吳鼎昌，副部長為何廉、黃季陸。

第五部：主管國際宣傳，部長為陳公博，副部長為董顯光、周佛海。十一月，陳公博奉派赴歐，部長由董顯光代理。

㊲ 陳布雷回憶錄（臺北，傳記文學社刊本），頁一二三。

㊳ 何應欽：何上將抗戰期間軍事報告（臺北，文星書店影印本，民國五十一年），上册，頁一〇八。

㊴ 國防最高會議常務委員第十二次會議紀錄，民國二十六年九月十五日，南京。

第六部：主管民衆組訓，部長陳立夫。

以上六部爲主要軍略及政略單位，第二、三、四、五、六部部長均得列席國防最高會議常務委員會議。㊵下列三部則係軍事業務單位：

後方勤務部：部長俞飛鵬

管理部：部長朱紹良，繼爲張治中；副部長姚琮。

衞生部：部長劉瑞恒

三個調整委員會：㊶其組織及職掌係由財政部擬訂，經軍事委員會委員長核准設立者，並由財政部撥款六千萬元，供其運用。㊷其人事情形：

農業調整委員會：主任委員爲上海金城銀行總經理周作民，副主任委員爲行政院政務處長何廉。

工礦調整委員會：主任委員爲第三部部長翁文灝兼任，翁同時爲資源委員會主任委員。副主任委員未發表。

㊵ 國防最高會議常務委員第十二次會議（二十六年九月十五日），第十四次會議（同年九月二十日）紀錄，南京。

㊶ 三調整委員會之名稱，依國防最高會議常務委員會議紀錄所紀載者。鄒琳年譜記爲農礦、工商、貿易；何廉「抗戰初期政府機構的變更」記爲工礦、農業兩調整委員會，及外貿平準基金委員會，均係誤記。

㊷ 鄒琳年譜，頁一〇二。

貿易調整委員會：主任委員爲陳德徵（光甫），副主任委員爲郭東文，其任務爲依據「非常時期經濟方案」，來「管理貿易，以充裕外滙。」㊸

此外，軍事委員會於九月六日，設立軍法執行總監部，以嚴格執行戰時軍律。㊹總監部設總監一人，國民政府於九月八日任命由訓練總監唐生智兼任；副監二人，國民政府於九月十六日任命谷正倫，王懋功。㊺下設總務、審判、督導三組，分別執行其法定職權。成立半年之內，即審判違反戰時軍律案件五十餘案，平時違紀案件則有一千八百餘件。㊻

抗日戰爭要求全民動員，各地亦紛紛組織民衆團體以從事抗日活動。國防最高會議因決議由軍事委員會設立國家總動員設計委員會以規劃全局，並統一民衆運動之領導。該設計委員會於十月下旬正式成立，首先對孫科建議之「發展全國民衆戰時組織並施行武裝訓練方案」，進行愼審研究。㊼蔣中正委員長並卽行電告中央常務委員會：中央黨政軍各機關有關民衆訓練法規方案，統由軍事委員會第六部綜合整理，劃一辦法；所設有關民衆訓練機關，槪歸第六部統一指揮管

㊸ 姚崧齡：陳光甫的一生（臺北，傳記文學出版社，民國七十三年），頁八三－八四。
㊹ 國民政府公報，第二四五一號。
㊺ 分見國民政府公報第二四五三、二四六〇號。
㊻ 何上將抗戰期間軍事報告，上册，頁一二六－一二八。
㊼ 國防最高會議常務委員會議第二十九次會議紀錄，民國二十六年十一月七日，南京。

理。㊽

十一月上旬上海戰爭失利，政府考慮西遷重慶。中央黨政軍機構為適應遷移期間的緊急需要，國防最高會議常務委員第三十一次會議，乃有「非常時期中央黨政軍機構調整及人員疏散辦法」之決定。㊾依此「辦法」，軍事委員會作如下之調整：

㈠第二部取銷，其職掌與總動員有關係者，歸併國家總動員設計委員會辦理。

㈡第五部取銷，其職掌歸併中央宣傳部辦理。中央宣傳部改隸軍事委員會。

㈢中央組織，訓練兩部改隸軍事委員會，與第六部合併。

㈣軍事委員會其他各單位之機構調整辦法，由參謀總長擬定。

㈤政府各機關之與軍事委員會有關係者，如軍政部、海軍部及外交部、財政部之一部分機構，應在軍事委員會所在地。

㈥參謀本部，訓練總監部，仍隸屬於軍事委員會。

㈦軍事委員會遷移地點，由委員長臨時指定。㊿

㊽中國國民黨第五屆中央執行委員會常務委員會第五十八次會議紀錄，民國二十六年十一月十日，南京。

㊾此次會議係於二十六年十一月十五日，在南京鐵道部舉行。次（十六）日，中央常務委員會舉行第五十九次會議（南京撤退前最後一次會議），決定照國防最高會議之決定辦理。

㊿非常時期中央黨政軍機構調整及人員疏散辦法，第二條第一款一—四項，第二款第二項，第三款，第四款第二項。

十一月十七日，國防最高會議決議：爲期長期抵抗日本侵略，中央黨部及國民政府遷至重慶辦公。十九日晚八時，國防最高會議常務委員舉行第三十二次會議—撤離南京前最後一次會議，通過國民政府遷移重慶辦公宣言，秘書長張羣並報告：軍委會後方勤務部已預備專輪長興輪開往漢口，凡中央委員，國防最高會議委員，各部長及其他必要人員，可於明晚搭此輪啓程。次（二十）日，國民政府卽將遷移重慶辦公之宣言，正式發表。

十二月一日起，國民政府在重慶開始辦公。實則僅國民政府主席林森，中央常務委員丁惟汾、鄒魯等少數委員抵達重慶，軍事委員會及其他與軍事有關之軍政機構均集中武漢。中央黨部於十二月七日遷抵重慶，並舉行首次中央執監委員常務委員聯席會議，然亦在武漢設立辦事處，由中央常務委員居正負責。國防最高會議則於十二月三日開始舉行常務委員會議—第三十三次會議，仍由副主席汪兆銘擔任主席，秘書長張羣卽席報告撤離南京情形：

> 十一月二十六日清晨，蔣委員長到陵園謁　總理陵墓，午後又召集談話，準備離京。本人與行政院秘書長魏道明宣傳部董顯光等，卽於是晚奉命來漢。二十七日形勢稍好轉，蔣委員長仍坐鎮南京。惟二十九、三十等日，泗安、廣德相繼失陷，敵軍猛進不已。此數日內，我空軍實施空襲，頗有效果。現決守南京，已布置就緒。京滬正面我軍之一部已退江北岸，右翼預定退浙贛。為主持全局指揮便利計，將委員長仍留南京，非至萬不得已時，

似不離去。51

蔣中正委員長於南京防衞部署完成後，於十二月七日離開南京，前往廬山。旋於十二日搭艦西上，於十四日抵達漢口。52南京已於前一日淪陷。蔣氏積勞日久，至染寒熱，然仍力疾從公。53於指揮軍事部署指示作戰方略外並決定再行調整中央軍政機構，期能權責分明，配合得宜，以發揮戰時體制之功效。二十九日，蔣委員長與監察院長于右任，司法院長居正等會商，次日再與行政院副院長孔祥熙，國防最高會議秘書長張羣研究，遂將行政院與軍事委員會之改組案定案。國防最高會議於次（三十一）日舉行常務委員第三十九次會議，對中央機構與人事調整，作如下之決定：

甲、行政院兼院長蔣中正辭職，由副院長孔祥熙繼任院長，張羣繼任副院長。

乙、海軍部暫行裁撤，歸併於海軍總司令部。

丙、實業部改為經濟部，由翁文灝任部長。原全國經濟委員會之水利部分，建設委員會，及軍事委員會之第三、四兩部，歸併於經濟部。

---

51 國防最高會議常務委員第三十三次會議紀錄，民國二十六年十二月三日，漢口。

52 總統蔣公大事長編初稿，卷四（上），頁一四八—一五〇。

53 同上，頁一五五，十二月二十二日記事：「公連日籌畫國家大計，昕夕辛勞，不遑寢處，因發寒熱，熱度且高至一〇一度，雖體中違和，仍撐持處理公務。」

丁、交通、鐵道兩部合併爲交通部，任原任鐵道部長張嘉璈爲交通部長（原任交通部部長俞飛鵬改調軍事委員會後方勤務部部長）。原經濟委員會主管之公路部分，歸併於交通部。

戊、衞生署改隸內政部；原經濟委員會之衞生部份併入衞生署。

己、教育部部長王世杰另有任用；任陳立夫爲教育部部長。

經此次調整，軍事委員會之機構大爲精簡。中央組織、訓練、宣傳三部回隸中央執行委員會，第三、四部歸併於經濟部，農業、工礦兩個調整委員會亦歸經濟部統轄，貿易調整委員會改稱貿易委員會，改隸行政院。軍事委員會本身之機構與權責，亦繼之於二十七年（一九三八）一月上旬重作調整，並於一月十日報經國防最高會議常務委員會議通過。原有各部會分別裁併軍令、軍政、軍訓、政治四部，其建制情形如下：

㈠軍令部：由參謀本部與第一部合併而成，掌管國防建設、地方綏靖及陸海空軍之動員作戰。部長爲徐永昌，次長爲楊杰（被派赴俄，未到任前由林蔚代理）、熊斌。

㈡軍政部：原屬行政院，改隸軍事委員會，第二部併入之。掌管全國軍務、軍需、兵工、軍醫之設施與監督。由參謀總長何應欽兼任部長，曹浩森、張定璠爲次長。

㈢軍訓部：由訓練總監部改組而成，掌理陸、海軍之訓練、整理、校閱及軍事學校之建設與改進。部長由副參謀總長白崇禧兼任，次長爲陳繼承、劉士毅（二十七年七月，黃琪翔由政治部副部長調任軍訓部次長）。

㈣政治部：係由第六部及政訓處合併而成，掌理全國陸海空軍之政治訓練，國民軍事訓練、戰地服務及民衆之組織與宣傳。部長爲陳誠，副部長爲周恩來、黃琪翔（二十七年七月黃調軍訓部次長，由張厲生接任爲副部長）。

原設總辦公廳及秘書廳，亦合而爲一，稱辦公廳。資源委員會併入經濟部，水陸運輸聯合辦公處則改隸交通部，衞生勤務部併入後方勤務部。軍事參議院、銓敍廳、航空委員會、軍法執行總監部四單位，則仍依原來編制。惟軍法執行總監唐生智卸職，由鹿鍾麟繼任（二十七年六月以後鹿辭，改任何成濬）。改組後之軍事委員會組織系統表如後：

軍事委員會組織系統表

民國二十七年二月國防最高會議第四十二次常務委員會議決議修正

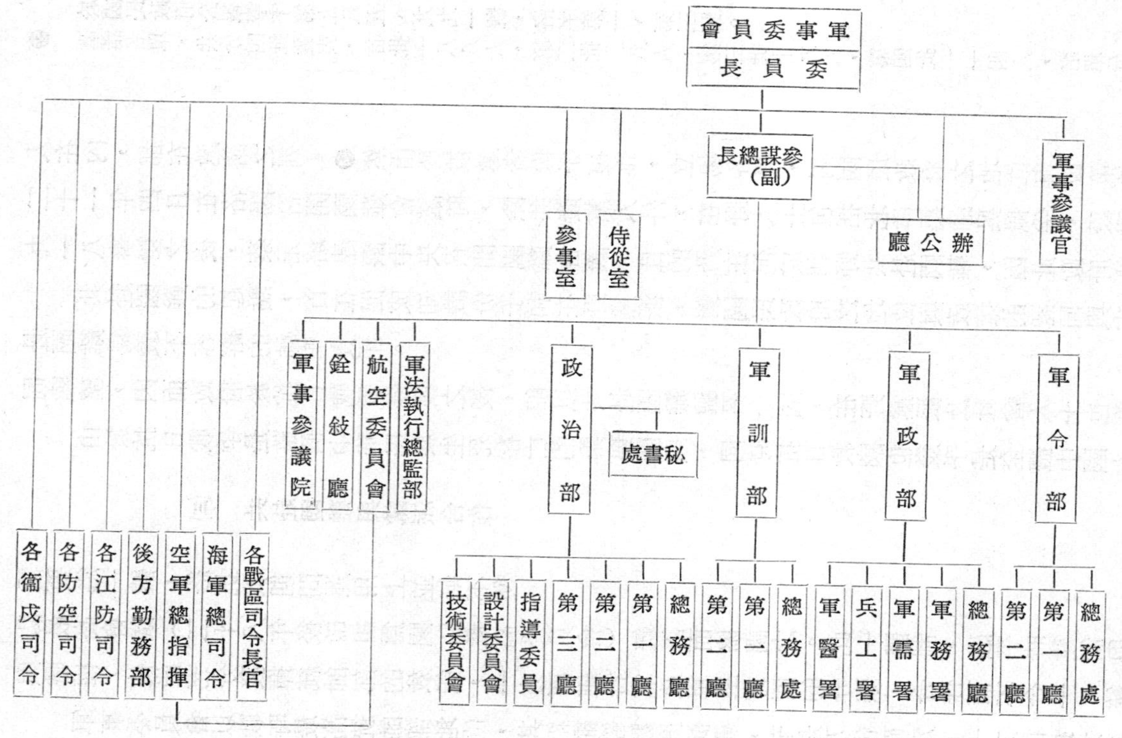

軍事委員會以戰時最高統帥部地位，其組織經數度演變，至是乃告確定。一方面擴大其組織與職權，使能充分發揮統帥部的效能，一方面維持黨政軍三方面的分際，合作而不合一，統由國防最高會議（二十八年後改組為國防最高委員會）統籌而協調之。此一體制，融平時建制與戰時需要為一體，終抗戰期間運用上並無不便。

㈢ 共赴國難與黨派合作

由於抗日戰爭是整個中華民族生死存亡的緊要關頭，同時抗日救國也幾乎是全體中國人的共同願望，因而政府於抗日戰爭爆發之後，即以共赴國難號召全國，在野黨派及社會人士也都以共赴國難為義不容辭的神聖責任。

共赴國難的起點，首在促成知識份子和在野黨派，對國民政府之地位與政策的認同與支持。九一八事變之後，蔡元培建議中央召開國難會議，目的乃在促成朝野共赴國難，因此政府決定於二十一年四月在洛陽召開國難會議時，除共產黨人外，在野人士包括北洋渠帥吳佩孚、段祺瑞等人在內，都在邀請之列。54 然由於被邀者份子複雜，立場各異，對國民政府之地位與政策缺乏共

54 邀請名單，共分四批發表，首批一八八人，第二批三八人，第三批十九人，第四批一一四人，名單分別刊載於國民政府公報寧字第九八五、九九一號，洛字第一、第三號。

識，因而造成了國難會議的失敗。[55]

然而，中央當局並未放棄促成全國團結的努力。對於當時尚無合法地位且公開反對訓政制度的中國青年黨，尤其重視。二十三年七月，蔣中正委員長約晤青年黨領袖之一的左舜生於廬山，彼此建立了很好的印象，[56]不能不說是兩黨關係的一大突破，也可說是黨派合作的開端。二十四年秋季開始，左舜生便應聘至中央政治學校講學。二十六年一月十九日，曾琦、李璜、左舜生聯袂往謁蔣委員長於奉化。[57]左舜生記曰：

> 二十六年春天，我陪慕韓（曾琦）到奉化和蔣先生談了兩次……在對外一致的名義下，青年黨必與國民黨保持密切的合作，也總算沒有什麼問題了。[58]

以「獨立評論」爲喉舌的北方無黨籍學者們，對國民黨與國民政府，一向是持批評態度的。但自二十四年十二月蔣中正兼任行政院長後，情形顯著的改善。二十五年夏季以後，蔣廷黻、翁文灝、陳之邁、吳景超等人都南下參加國民政府工作，傅斯年也離平南下長住南京，全國團結的氣氛爲之益濃，這也是國民政府獲得學術界之了解與支持的一項明證。

---

[55] 沈雲龍：民國史事與人物論叢（臺北，傳記文學社，民國七十年），頁三三一—三六〇，國難會議之回顧。

[56] 左舜生：近三十年見聞雜記（文海出版社影印本，與萬竹樓隨筆合刊），第五節，九一八之後。

[57] 總統蔣公大事長編初稿，卷四（上），頁一一。

[58] 左舜生前書，第六節，抗日準備時期。

中國青年黨之外，另一受到重視的在野黨，乃是民國二十一年四月成立於北平，以張君勱為黨魁的中國國家社會黨—即今日中國民主社會黨的前身。這個黨，在歷史背景上，是與國民黨的革命黨立場立於反對地位的。但在嚴重的國難下，國家社會黨以國家民族的利益為前提，並不反對國民黨與國民政府。該黨主要成員之一的徐傅霖原係老國民黨人，另一重要成員羅文幹已在國民政府外交部任職，張君勱之弟張嘉璈（公權）且於二十四年十二月起出任國民政府鐵道部部長。59 張君勱另一好友蔣方震素與蔣中正委員長相互敬重，張本人先後發表「民族與復興運動」及「民族復興運動之學術基礎」等書，其主張與蔣氏所倡導之民族復興運動若合符節。60 以是中國國家社會黨之與中國國民黨之合作，並無太大之障碍。

當然，政府領袖正式邀請各黨派主要負責人及全國學術界，產業界巨子，聚集一處，「對於政治、外交、經濟、教育種種問題，交換意見」，61 始於二十六年七月之廬山談話會。就政治意義而言，廬山談話會乃是政府促進黨派合作以共赴國難的開端。就在這次談話會中，與會人員對蔣委員長所宣布之應付盧溝橋事變的政策，表示一致支持，發言時無不流露同仇敵愾情緒，自然建立起支持政府一致抗日的共同信念。

59 姚崧齡：張公權先生年譜初稿，上册，頁一四四，二十四年十二月二日記事。
60 吳相湘：民國百人傳，第三册，頁二一一。
61 汪兆銘出席中央黨部第八十七次記念週報告詞，民國二十六年八月二日，南京。

政府既決定全面抗戰，乃以更開闊的胸懷與更具體的行動，號召國人，一致奮起。於促成黨派團結方面，政府採取了三項具體行動。

其一，設立國防參議會，聘請各黨派領袖及社會賢達之士爲參議員，俾能貢獻智慧與能力，協力於戰時大政方策之建立與推動，其功效已如本書前節所敘述，乃爲黨派團結重要的一步。

其二，對中共問題作了相當程度的讓步—同意中共的要求，准予設立師級以上的總指揮部。蔣中正委員長且曾希望朱德與毛澤東能至南京，「面商大計」。[62]朱應召至京，第八路軍之編組遂告定案。毛則以周恩來爲代表，與葉劍英、朱德同機晉京，表示共軍卽行改編出發前線，並請求發給開拔善後等費，西安行營立卽先發四十萬元。[63]九月二十二日，中央卽將中共七月十五日送交之「共赴國難宣言」予以審查後公布。[64]中共中央在此宣言中表示「在和平統一團結禦侮的基礎上，已經與中國國民黨獲得了諒解，而決心共赴國難」，提出所謂「共同奮鬥之總的目標」三項，再向全國宣告之「諾言」四項。三項「總目標」是：

㈠爭取中華民族之獨立自由與解放，首先須切實的迅速的準備與發動民族革命抗戰，以收

---

62 中華民國重要史料初編—對日抗戰時期，第五編，中共活動眞相㈠，頁二七七，蔣委員長二十六年八月一日致西安行營蔣主任鼎文電。

63 同上，頁二七八，西安行營主任蔣鼎文二十六年八月七日呈蔣委員長電。

64 全文見上書，頁二八五—二八七。

復失地和恢復領土主權之完整。

㈡實現眞正的民主共和政治，首先須保障人民之自由，召開國民大會，以制定民主憲法與規定救國方針。

㈢實現中國人民之幸福與愉快的生活，首先須切實的救濟災荒，安定民生，發展國防經濟，解除人民痛苦與改善人民生活。

至於四項「諾言」，其主要內容是：

㈠孫中山先生的三民主義爲中國今日之必需，本黨願爲其徹底實現而奮鬥。

㈡取消一切推翻國民黨政權的暴動政策及赤化運動，停止以暴力沒收地主土地的政策。

㈢取消現在的蘇維埃政府，實行民權政治，以期全國政權之統一。

㈣取消紅軍名義及番號，改編爲國民革命軍，受國民政府軍事委員會之統轄，並待命出動，擔任抗戰前線之職責。

中共認爲：「這個宣言，不但將成爲兩黨團結的方針，而且成爲全國人民大團結的根本方針」。65「宣言」公布後次日——九月二十三日，蔣中正委員長發表談話，認爲中共宣言中所列諸項，「均與本黨三中全會之宣言及決議案相合，而其宣稱願爲實現三民主義而奮鬥，更足證明中

65 同62頁二八七，中國共產黨爲公布「國共合作宣言」之談話。

國今日只能有一個努力之方向」，蔣氏並聲明中國國民黨的立場：

今日凡為中國國民，但能信奉三民主義而努力救國者，政府當不問其過去如何，而咸使有效忠國家之機會，對於國內任何派別，只要誠意救國，願在國民革命抗敵禦侮之旗幟下，共同奮鬥者，政府無不開誠接納，咸使集中於本黨領導之下，而一致努力。中國共產黨人既捐棄成見，確認國家獨立與民族利益之重要，吾人惟望其真誠一致，實踐其宣言所舉之諸點，更望其在禦侮救亡統一指揮之下，人人貢獻能力於國家，與全國同胞一致奮鬥，以完成國民革命之使命。66

中共對蔣委員長談話的解釋是「承認了共產黨在中國的合法地位」，67國民黨人則認為中共之「諾言」是悔過與輸誠的表現。事實上，中共是在玩欺騙的魔術，對外宣言與內部決議是不相符合的，甚至是完全相反。在「共赴國難宣言」中承認中國國民黨的領導地位，主張「召開國民大會」，並保證「取消一切推翻國民黨政權的暴動政策」，然而在其洛川會議所通過的「抗日救國十大綱領」中，却要「改革政治機構」，成立所謂「國防政府」，68無形中否定了國民政府的

66 同62，頁二八四—五。
67 同65。
68 中國共產黨抗日救國十大綱領，第四條，第一至五款。洛川會議係中共中央政治局擴大會議，於民國二十六

（續下頁）

合法地位，且要以所謂「國防政府」來取代。

中共在「共赴國難宣言」中的「諾言」，並未認眞的實行。如「取消蘇維埃政府」一項，本保證「立卽實行」，事實上卻從未取消，且予以擴大。十一月五日，蔣中正委員長曾對國防最高會議說明中共背信違諾的情形：

說到此地最堪注意的，就是近來共產黨的宣傳，我們應特別留心，在此次抗戰沒有發生以前，他們對本黨有很坦白誠懇的表示，並約定陝北特區的行政人員，由中央委派，各軍的參謀長政訓人員，應由中央選任。如果國民黨能容納他們，他們甚至表示願意取銷共產黨，諸如此類的事情都說好了，並且有文書的記載。自從抗戰發生以後到現在，他們不惟不守諾言，而且提出許多新的要求，如此不講信義，如何能團結抗日呢？[69]

其三，在共赴國難的號召下，政府對於所謂「政治犯」及非法團體問題，作了適時而寬容的處理。其原則：凡因國是意見不同而判刑繫獄者，得予特赦或假釋，涉嫌叛亂之團體或個人，必須宣布解散團體停止叛亂活動後，始可允予自新。所謂「政治犯」，係指因從事違反國策或危害

（接上頁）年八月二十五日在洛川舉行，同日，朱德、彭德懷通電就任國民革命軍第八路軍正副總指揮，誓言：「德等願竭至誠擁護蔣委員長」。

[69] 總統蔣公思想言論總集，卷十四，頁六五〇。

民國活動而被判刑繫獄或通緝有案之人。政府在處理時，則視其情節之輕重與悔悟之程度，分別衡酌其處理辦法。

首先獲准釋放出獄的，是所謂「救國會」的「七君子」：沈鈞儒、章乃器、鄒韜奮、史良、李公樸、沙千里、王造時。彼等係於二十五年十一月二十三日，因發表違反剿共國策的言論與煽動上海工人罷工而被拘捕，並經江蘇高等法院於二十六年四月四日提起公訴，六月十一日開始審判，尚未能宣判，國家卽實行全面抗戰。情勢旣變，各方籲請釋放，江蘇高等法院遂由審判長朱宗周於七月三十一日裁定「停止羈押」，其依據則爲刑事訴訟法第一一一條第一項之規定。裁定主文是：

「被告沈鈞儒、章乃器、王造時、李公樸、鄒韜奮、沙千里、史良，應各提出殷實之人，或商舖二百元之保證書，准予停止羈押。」(70)

與「七君子」同日宣布解除通緝的犯人，是郭沫若。十六年，國民革命軍北伐至長江流域時，郭是總政治部的副主任，與主任鄧演達沆瀣一氣，以激進的左派分子自命，甘心爲中共工具。鄧演達派郭去上海設立辦事處，策動「倒蔣」。國民黨決定清黨，郭在國民政府秘字第一號

(70) 民國二十六年八月一日，上海大公報。沈等出獄後發表談話：「鈞儒等愛國宗旨與精神仍一如初，滿腔熱忱，擁護政府，如當局有命爲國效力，自當以身許國，不稍猶豫。」

通緝名單之內，(71)潛逃赴日。二十六年七月，抗日戰爭揭開序幕，郭請求中國國民黨中央執行委員會轉知國民政府取消其通緝，俾其回國參加抗日。中央執行委員會允其所請，轉函國民政府，國民政府因於七月三十一日指令行政院，取消郭沫若之通緝。(72)

八月二十一日，國民政府發表命令，准將中共創始人之一之陳獨秀減刑釋放。令曰：「據司法院呈，為陳獨秀前因危害民國案件，經最高法院於民國二十三年六月三十日終審判決，處有期徒刑八年，在江蘇第一監獄執行。惟查該犯入監以來，已逾三載，愛國情殷，深自悔悟，似宜宥其既往，藉策將來，轉請依法宣告減刑等語。茲依中華民國訓政時期約法第六十八條，宣告將陳獨秀原執行之有期徒刑八年減為執行有期徒行三年，以示寬大。」(73)

僅其言行涉及違反國策而被通緝者，如徐謙、陶知行、李俠公等，亦均由中央執行委員會本共赴國難之旨，決議轉請國民政府取消通緝。(74)惟涉及叛亂以及在國外組織非法團體進行危害民國之活動者，必須表明其悔悟態度並解散其組織之後，始取消通緝。如參加「閩變」之李濟琛、陳銘樞、蔣光鼐、蔡廷鍇等，在香港組成「中華民族革命同盟」非法組織，必俟彼等於九月二十

---

(71) 通緝令全文及名單見革命文獻，第十六輯，頁五三—五七。

(72) 令見國民政府公報第二四二三號，民國二十六年八月四日出刊。

(73) 令見國民政府公報，第二四三九號，民國二十六年八月二十三日出刊

(74) 中國國民黨第五屆中央執行委員會常務委員會第五十三次會議紀錄，民國二十六年九月十四日，南京。

九日正式發表宣言，聲明解散其組織並表明擁護政府抗戰之態度後，中央執行委員會始於十一月十日決議取消通緝，函請國民政府辦理。(75)

另一位被通緝之國民黨人爲陳友仁。陳在北伐期間，曾代理外交部長，主張「革命外交」。九一八事變之後，又嘗激烈主張對日宣戰，後以參加二十二年十一月的閩變而被通緝。抗戰開始，孫科向國防最高會議提議取消陳友仁通緝令，衆無異議，遂決議函請中央執行委員會查核辦理。(76)

另一與政黨關係有關之問題，乃是反省院的存廢問題。反省院之設立，本在爲誤入歧途之人提供反省教訓場所，期其改過自新。然受反省處分者，多爲言論偏激之人，初非罪大惡極，且反省院之效果如何，亦不無商榷之處。國防最高會議因決定由于右任、居正、陳立夫、邵力子、張羣五委員，對修正反省院條例再作審愼審查。于右任等審查結果，認爲反省院已無設立必要，因建議國防最高會議決定裁撤，現在反省院受反省處分者可考慮釋放。國防最高會議接受此一建議，決議撤消各地反省院，其職員交司法行政部及軍委會第六部酌情任用，現在正受反省處分者，准予取保釋放。(77)

(75) 同上，第五十八次會議紀錄，二十六年十一月十日。
(76) 國防最高會議常務委員第十三次會議紀錄，民國二十六年九月十七日，南京。
(77) 國防最高會議常務委員第三十九次會議紀錄，民國二十六年十二月三十一日，漢口。

淞滬於苦戰三個月後撤守，南京旋於十二月十三日淪陷。國民政府遷都重慶，主要軍政機構則集中武漢。戰爭雖失利，蔣委員長却拒絕日人託陶德曼提出之議和條件，宣言繼續抗戰，直到獲得最後勝利。各黨派人士亦多追隨政府後遷，堅持共赴國難初衷。二十七年三月二十九日，中國國民黨召開臨時全國代表大會於漢口，一致推舉蔣中正爲總裁，領導中心益爲鞏固。中國國家社會黨代表張君勱於四月十三日致函中國國民黨總裁蔣中正及副總裁汪兆銘，表達願與國民黨共赴國難之眞誠。張函有曰：

同人等之主張與中山先生民族、民權、民生之三大主義，措詞容有不同，而精神則並無二致。良以中山先生之三大主義，固已確定吾國立國之大經，而莫能出其範圍。……同人等更願本精誠團結共赴國難之意旨，與國民黨領導政局之事實，遇事商承，以期抗戰期中言行之一致。此同人等願為公等確實聲明者也。更有進者，方今民族存亡，間不容髮，除萬衆一心對於國民政府一致擁護而外，別無起死回生之途。(78)

四月十五日，蔣中正總裁復函張君勱表示敬佩與欣慰之忱，今後自當共相策勉，以期弘濟時艱。(79)六天之後—四月二十一日，中國青年黨以左舜生爲代表致書蔣中正總裁，申述該黨願與國民黨共患難，並始終擁護之眞誠。左函有曰：

(78) 孫子和：民國政黨史料（臺北：正中書局，民國七十年），頁四五九—四六二。
(79) 同上書，頁四六三。

中山先生畢生奮鬥之目的，其一在爭取中華民國之自由平等，此次國民黨領導全民抗戰，即此遺教精神之具體發揮。其一在建國必以憲政為指歸，此次國民黨臨時代表大會在此非常時期不忘國民參政機關之建立，國民言論、出版、集會、結社自由之保障，亦即異日憲政實施之端緒，與同人等夙所主張之國家主義民主政治，適相符合，願表示甚深之敬佩。國民政府為今日舉國共認之政府，亦即抗戰惟一之中心力量，同人等必本愛國赤誠，始終擁護。……同人等覩目前之艱難，念來日之大難，惟有與國民黨共患難之一念，此外都非所計及，僅知國家不能不團結以求共保，此外亦無所企圖。(80)

蔣中正總裁於四月二十日復函左舜生表示欽佩與感慰，並以兩黨間「苟蘄向之從同，必團結而無間」相與黽勉。(81)

國民黨、國社黨、青年黨之間正式交換書函，此爲首次，不僅使政黨合作的基礎得以確立，且爲中國政治發展開一新的里程。大公報曾於四月二十七日，由張季鸞執筆發表以「團結之增進」爲題之社論，闡述三黨交換函件於增進政治團結上的重大意義，一方面顯示「兩黨已取得公開的存在的地位，而同時則加强國民黨領導全國的立場。」一方面則提示國人：「今天必須絕對一致者，是共同擁護政府，擁護領袖，擁護抗戰到底的總目的總行動，及共同信仰三民主義的

(80) 沈雲龍：抗戰時期的黨派團結，民國七十一年十月三十一日，臺北中國時報。

(81) 孫子和前書，頁二八五。

總原則。」82

蔣中正委員長對於黨派問題，曾有打破黨派界限，重組以三民主義爲中心信仰之大黨的打算，亦卽：「化多黨爲一黨，而後公政權於誓行革命主義的民衆」。83早在二十六年六月，於處理中共問題時，卽曾有成立「國民革命同盟會」以規範中共的擬議，但沒有實現。84二十七年三、四月間，蔣委員長又嘗有結合各黨爲一大黨的提議，然由於中共不同意，致未能成爲事實，張其昀記其事曰：

> 他（蔣總裁中正）考慮到其他黨派（如中國青年黨、國家社會黨及中國共產黨）以合併爲嫌，不能使其黨徒諒解，因之主張苟各黨派能贊成合併，則中國國民黨可更改黨名，或酌

---

82 季鸞文存（臺灣新生報刊本，民國六十八年），頁五一九—二二。

83 張其昀：黨史概要（臺北，中央委員會中央文物供應社，民國四十一年），第三冊，頁一二三六。

84 周恩來於民國二十六年七月十六日上蔣委員長書，提及「關於同盟會綱領承允討論，極爲欣慰」，所指當係「國民革命同盟會」。關於此事始末，國民黨黨史史料中並無記述，大陸出版何理所著「抗日戰爭史」一書，則作片面的敍述如下：「六月，蔣介石進一步提出成立國民革命同盟會，由兩黨同樣數目之人員組成，蔣任主席，有最後決定權；兩黨共同綱領等問題，由同盟會決定之；同盟會在一定時期後，可擴大爲兩黨份子合組之黨，並代替共產黨與第三國際發生關係。當時，爲解決兩黨合作的具體形式，中國共產黨原則上同意組織國民革命同盟會，但必須確定共同綱領，奠定同盟會及兩黨合作的政治基礎，承認蔣依據共同綱領有最後決定權。關於同盟會與第三國際關係，中國共產黨不表示反對，但必須保持共產黨在組織上和政治上的獨立性。國民革命同盟會可成爲政治上兩黨合作的最高黨團，但不得干涉兩黨之內部事務。關於同盟會之綱領及組織原則，共產黨準備擬出草案後再與國民黨作進一步商談。」（四五頁）

改組織，以泯呑併或降服之嫌猜。此種意見，於會（臨時全國代表大會）前曾向各黨派負責人坦白說明之。中國青年黨表示可接受，國家社會黨允可考慮，獨中共負責人秦邦憲、王明（陳紹禹）等堅決拒絕，謂合作可，合併則不可。此議遂寢。[85]

(四) 中國國民黨臨全大會的召開與決議

「中國現正從事於四千餘年來歷史上未曾有的民族抗戰」，[86]中國國民黨負有國家民族興亡成敗的重大艱鉅任務，對如何支持抗戰以爭取最後勝利之政策方針，不能不謀完備周全之謀畫。因此，於軍政機構調整告一段落之後，中央常務委員會於二十七年二月三日決議：於三月二十九日召開臨時全國代表大會，以策訂抗戰建國的基本政略和具體方針。[87]

依據黨章，全國代表大會應在中央執行委員會所在地舉行。時中央執行委員會已遷重慶，惟多數重要負責中央執監委員及大會代表均在前方工作或指揮作戰，無法遠赴重慶開會，中央執行委員會因復決定：開幕典禮仍在重慶舉行，議事則在武昌，以期法理與事實兩相兼顧。會期訂爲四天，自三月二十九日至四月一日。出席人員除中央執、監委員及候補執、監委員外，即以各地

[85] 張其昀：黨史概要，第三册，頁一二三七。
[86] 中國國民黨臨時全國代表大會宣言，民國二十七年四月一日，武昌。
[87] 中國國民黨第五屆中央執行委員會常務委員會第六十六次會議紀錄，二十七年二月三日。

原出席第五次全國代表大會之代表爲代表，惟原列席於第五次全國代表大會者，此次則勿庸列席。[88]

三月二十九日上午，大會開幕典禮在重慶國民政府大禮堂舉行，由國民政府主席林森主持，蔣中正委員長特致書面開幕詞，由丁惟汾代爲宣讀。[89]當日下午八時，在武昌珞珈山武漢大學禮堂舉行預備會議。由於避免日機空襲，會議均在晚間八時後舉行，會場氣氛極爲肅穆而緊張。由於全國代表大會爲中國國民黨最高權力機關，所討論者又爲決定抗戰前途與國家命運的要政大計，故爲國人所一致重視。政治學者認定大會具有劃時代的意義，「對於抗戰建國有決定性的影響」；[90]歷史學者認定：「臨全大會，是改革黨務，決定抗戰時期國家對內對外一切大方針的決策會議，故其貢獻與影響，均屬史無前例。」[91]

四天之內，大會通過重要決議案二十餘案。[92]其中具有特殊重要性，影響及於抗戰全局者，厥爲下列三案：

㈠改進黨務並調整黨政關係案：主要精神在設置總裁，確立領袖制度，及設立三民主義青年

---

[88] 同上，第六十六，六十八，六十九次會議紀錄。
[89] 總統蔣公大事長編初稿，卷四（上），頁一九一。
[90] 馬起華：抗戰時期的政治建設（臺北，近代中國出版社，民國七十五年），頁九一。
[91] 李國祁：臨時全國代表大會，中華學報，第四卷，第一期，中國國民黨歷次全國代表大會專輯。
[92] 革命文獻第七十六輯，中國國民黨歷次全國代表大會重要決議案彙編（上），頁三〇七—三八四。

團。

本案係由中央執行委員會提出，三月三十一日第三次會議通過。依據此案決議案，中國國民黨增設總裁，副總裁，總裁依黨章行使總理之職權。四月一日，主席團暨中央執監委員會向大會提案；請依大會決議，推選總裁，副總裁；並鄭重提議請選蔣中正為總裁，汪兆銘為副總裁。繼由吳敬恒代表主席團說明提案旨趣，獲全體一致通過。[93]事實上，蔣中正早已為全國公認之領袖，此次臨全大會推舉為黨的總裁，名實得以相副，黨的領導因得益趨統一，國家政治亦得而有穩固之重心。此實為抗戰致勝之一項重要因素。

㈡組織非常時期國民參政會以統一國民意志，增加抗戰力量案：

本案係出席代表胡健中等三十七人聯名提出，中央執行委員會所提「國民參政會組織法大要案」合併討論，實亦為國防參議會之提議，於國民大會延期召集之非常時期，設置一由各方面人士參加民意機構，以為政府之輔助，促進全民之團結，冀得有助於抗戰建國之推行，且以奠日後民主憲政之始基。原提案列有國民參政會組織原則六項，於參政員之產生、任期、職掌、與黨政機構關係等，有所說明，並認定此為非常時期之設施，「抗戰停止，國家恢復常態，或召集國民大會時，國民參政會應即解散。」[94]大會決議此案通過，職權與組織則交中央執行委員會詳細討

[93] 會議紀錄原件，全體並起立致敬。

[94] 革命文獻，第七十六輯，頁三三六。

論。復經五屆四中全會討論後，確定國民參政會組織條例，研擬擬聘參政員名單，至七月六日，國民參政會第一屆第一次大會卽在漢口揭幕，其職能乃在「集思廣益，團結全國力量」。95

國民參政會並非國會，只是戰時的民意機關。它網羅了各黨各界的優秀人才，對國家施政提出了若干有價值的建議。抗戰後期，雖由於中國民主同盟份子的甘受中共利用而成爲政爭場所，但對整體而言，國民參政會的地位與成就仍不容忽視。三十六年五月，國民參政會舉行最後一次大會時，大公報對其九年來的貢獻作了如下的總結：

由於國民參政會的號召，而全國的意志集中，力量集中，遂以遂行長期的抗戰，而奠定了最後勝利的基礎。在戰爭進行中，參政會除協贊政府外，又致力於前方將士的慰勞，傷病官兵的救護，以及民生經濟的規劃，逃難義民的救濟等，凡所以鼓勵士氣，安定社會，裨益抗戰者，無不悉力以赴，這是參政會的一大功績。96

㈢抗戰建國綱領決議案

本案係中央執行委員會提出，爲臨時全國代表大會之中心議案，亦爲抗戰建國時期的最高施政綱領，於四月一日第四次大會時一致通過。抗戰與建國並行，實爲中國國民黨最具眼光最切實際的政略設計；惟有如此，始能愈戰愈强，長期抵抗。臨時全國代表大會宣言中，曾說明抗戰要

95 國民參政會組織條例第一條。

96 民國三十六年五月二十日，大公報社評：國民參政會大會開幕。

與建國必須同時並進的根由：

> 吾人此次抗戰，固在救亡，尤在使建國大業不致中斷。且建國大業，必非俟抗戰勝利之後重行開始，乃在抗戰之中，為不斷的進行。吾人必須於抗戰之中，集合全國之人力物力，以同赴一的，深植建國之基礎，然後抗戰勝利之日，卽建國大業告成之日，亦卽中國自由平等之日也。世人於此有所未察，以為建國大業，有俟於抗戰勝利之後，此不惟浪費中國之時間與精力，且不明抗戰與建國之關係。蓋非抗戰，則民族之生存獨立且不可保，自無以遂建國大業之進行；而非建國，則自力不能充實，將何以捍禦外侮，以求得最後之勝利。吾人誠能究心三民主義之最高指導原理，則知抗戰建國二者之相資相輔以相底於成，有必然者。[97]

抗戰建國綱領除序文外，分總則、外交、軍事、政治、經濟、民衆運動、敎育七項，計三十二條。[98]總則兩條，一爲確定三民主義暨孫中山先生遺敎，爲一般抗戰行動及建國之最高準繩；一爲全國抗戰力量，均應在中國國民黨及蔣中正委員長領導之下，集中全力，奮勵邁進。抗戰建國綱領公布後，立卽獲得各主要黨派之擁護，國民參政會成立後亦決議支持，此一綱領乃成爲超黨界之全國最高政治綱領，三民主義的立國原則及中國國民黨與蔣委員長之領導地位，遂亦爲全

---

[97] 革命文獻，第六十九輯—中國國民黨宣言集，頁三一八—九。

[98] 全文見革命文獻，第七十六輯，頁三四一—四。

國朝野所共同確認。

抗戰建國綱領，實深具戰鬥性，開創性與民主性。就戰鬥性而言，如否認並取消日人在中國領土內建立的僞組織，嚴厲懲辦漢奸並依法沒收其財產，以及嚴懲貪官污吏並沒收其財產等，均係對日敵奸僞及不法之徒的當頭棒喝，足以勵民心，正風氣。就開創性而言，如國民參政機關之組織，計劃經濟之實施，財稅制度之改革，科學研究的重視等，均爲當務之急的改革性措施，是爲戰時新政。就民主性而言，主要在於地方自治的加速推行，對於民衆運動之發動，對於言論、出版、集會、結社之依法保障等，普受各黨派之讚揚。而綱領全部條文均係着眼於戰時的需要與民衆的生活，故張其昀認爲：「六個項目，都是充實抗戰力量的政策，而以軍事第一，勝利第一爲其骨幹。」⑲

上述三項重要決議案之外，再如蔣中正總裁在四月一日講話中關於收復臺灣的宣示，⑳以及大會宣言中對全國有志之士的有力號召，㉑亦皆具歷史性的重要意義，使國人爲之感奮鼓舞。正

---

⑲ 張其昀：黨史概要，第三册，頁一一三二。

⑳ 李雲漢：國民革命與臺灣光復的歷史淵源（臺北，幼獅書店，民國六十年），頁五。

㉑ 大會宣言有三項要義：一爲宣示對日長期抗戰的目的；二爲說明三民主義爲抗戰建國最高之指導原則；三爲號召全國有志之士，加入中國國民黨，共同奮鬥。蔣中正總裁於閉幕詞中，於團結各黨各派一致奮鬥，尤再三致意。他勗勉國民黨人，要以「寬宏大度，至公至正」的態度，「在三民主義最高原則之下，來接納各黨派人士，感應全國國民，使共循革命正道。」

確的決策與堅強的領導，實爲抗戰勝利的基本因素，而臨時全國代表大會的重大決定，則是促成全民團結，決心抗戰到底之精神力量之泉源。

三、外交與外援

中華民國的基本政策，是自力更生。然中國之對日抗戰，事實上乃是世界反侵略戰爭的前哨戰，中國政府自然希望世界各國基於維護國際非戰協定，反對侵略的基本立場，對日本實施譴責與制裁，對中國給予同情與支持。國民政府於二十六年八月十四日發表的聲明中，即曾昭告世人：

> 吾人此次非僅為中國，實為世界而奮鬥，非僅為領土與主權，實為公法與正義而奮鬥！吾人深信，凡我友邦，既與吾人以同情，又必能在其鄭重簽訂之國際條約下，各盡其所負之義務也。❶

駐法大使奉派出席國際聯盟（League of Nations）第十八屆大會首席代表顧維鈞，於九月十五日在國聯大會講演時，亦曾明白指出：

❶ 民國二十六年八月十五日，南京中央日報；中國全面抗戰大事記—二十六年八月份，頁一二三—一二七。

日本大陸政策的目的，不僅在於在政治上統治和征服中國，凡為日本武力所及之處，一切外國利益，必被排斥。最後必把歐美從日本佔據的亞洲領域中趕出去。……顯然，中國奮起抵抗日本的武裝侵略，不僅是為保衛它的領土與主權，事實上也是在保護外國在其境內的權益。❷

盧溝橋事變發生後，蔣中正委員長曾於七月下旬先後召見英、美、德、意、法駐華大使，希望各國能採取制止日本侵略的行動。❸然各國以中立態度相標榜，雖對中國同情，但不願開罪於日本。英國雖曾有意聯合美、法為共同勸告日本之舉，但以美國不願合作而亦轉趨冷淡。❹時在歐美訪問之行政院副院長兼財政部長孔祥熙曾致電政府，說明各國當時的畏縮政策：

英方態度，在實力未充足前，似怕多事。德國希氏表示，伊與日携手卽為謀中日妥協。美羅總統秘稱，滿洲國成立已有六年，玆不問法理若何，其存在已為事實；目下各國雖未承認，但將來未必不免有一二國家與日本在互換條件下開始承認。其餘俄、法等國，或實力不足，或態度曖昧。當此中日戰爭開始之際，除我以武力抵抗自求生存外，似不無考慮其

---

❷董霖：顧維鈞與中國戰時外交，附錄一，顧維鈞講詞譯文，頁九一—二。

❸蔣委員長於七月二十一日召見英國駐華大使許閣森，二十五日召見美國駐華大使詹森，二十七日先後約見德國駐華大使陶德曼，意國駐華大使柯賚，法國駐華大使那齊雅。

❹鮑家麟：列強對中國抗戰的態度（一九三七—一九三九），國立臺灣大學歷史學系學報，第六期，頁一一六—一四七。

他運用途徑之必要。❺

國際環境儘管難如人意，中國政府仍以最大之耐心和努力，以爭取與國與外援。事實上，早在二十六年三月，政府卽特派孔祥熙爲慶賀英王喬治六世（George VI）加冕特使，並分訪歐美各主要國家，秘密洽購武器並接洽貸款。事變前後，政府亦聘有若干外籍顧問，協助中國戰時動員，甚至參與作戰。權衡利害，毅然與蘇聯簽訂互不侵犯條約，藉可獲得若干俄援，實爲外交方面的一項突破。向國際聯盟提出聲訴，要求對日本侵略行爲加以制止或制裁，雖未達到目的，却也申張了國際正義。派遣著名學者，以特使身分訪問各國，於各國民意及輿論的轉向制日，效果亦至佳。玆將有關各項，分述如後。

㈠ 孔祥熙訪問歐美

民國二十六年三月二十日，國民政府發布命令，特派孔祥熙爲慶賀英王喬治六世加冕典禮特使，海軍部長陳紹寬爲副使。❻二十七日，再派駐英大使郭泰祺爲副使。❼孔氏組成了一個陣營至爲堅强的特使團，以國防設計委員會秘書長翁文灝爲秘書長，溫應星、桂永淸等爲武官，人數

❺ 中日外交史料叢編（四），頁三四五，孔令侃轉孔祥熙刪電，二十六年八月十五日。
❻ 國民政府公報，第二三〇八號。
❼ 國民政府公報，第二三一四號。

超過三十人，❽包括了財政專家郭秉文，及英籍海關總稅務司梅樂和（Frederick Maze）。❾特使團於代表中國政府參加英王加冕慶典之官方任務外，尙負有秘密向各國洽商借款，購買軍械軍火的使命，故備受重視。啓程前，蔣中正委員長曾召集軍事負責人員會商戰時軍火需要之種類與數量，提供孔氏參考。據兵工署長俞大維統計，如果與日軍作戰，僅步槍機槍子彈，每月需七萬萬發，除國內兵工廠生產部分外，須大量自國外購進。❿四月一日，蔣委員長親自杭州前來上海，設宴爲孔祥熙及全體團員餞行。⓫次日，國民政府頒授孔氏一等寶鼎勳章，⓬以示榮寵，特使團任務重要，可以想見。

孔特使率團於四月二日自上海搭輪啓程，經意大利、捷克斯拉夫、德國，於五月三日抵達倫敦。備受禮遇。十二日，參加英王加冕大典。十五日起，不再接受英國政府之接待，開始其預定的訪問與磋商合作計畫。

孔氏在英，顯然有兩項任務：一爲對於正在進行中的英日談判—所謂英日「對華合作」的會

❽ 郭榮生：孔祥熙先生年譜（編者自印，民國六十九年），頁一二二。
❾ Nicholas R. Clifford, *Retreat from China, British Policy in the Far East, 1937—1941* (University of Washington Press, 1967), p. 10.
❿ 吳相湘：孔祥熙任勞任怨，見民國人物列傳，頁二四七。
⓫ 總統蔣公大事長編初稿，卷四（上），頁二七。
⓬ 國民政府公報，第二三一八號。

談，⑬力促英國政府勿為日本所欺，且在任何情形下不能妨害中國的主權。英外相艾登（Anthony Eden）頗能體會中國的立場，因於五月三十一日發表聲明：英日談判，無損於中國利益。英國前駐華大使賈德幹（Alexander Cadogan）亦明言，如無中國和美國參與，英國拒絕考慮任何特殊的協定。⑭第二項任務為洽商中英經濟與軍事合作。蔣委員長在南京曾告知英國大使許閣森，授孔祥熙特使以全權進行協商，蔣氏並於五月九日及十五日，兩度致電孔祥熙指示方針，於借款，購械之外，尚盼英國能有顧問人員來華協助。⑮五月二十一日，孔祥熙偕郭泰祺訪謁英國財相張伯倫（Neville Chamberlain），有所商談。英國原則同意，具體辦法則有待繼續磋商。

五月二十日，孔特使率團自倫敦前往日內瓦。二十八日主持駐歐各國使節會議，並與各國出席國聯會議之外長如蘇俄李維諾夫（Maxim Litvinov）等人見面。旋訪意大利，晉謁莫索里尼（Benito Mussolini）。然後訪問法京巴黎、比京布魯塞爾，於六月九日再到德京柏林。⑯

德國是孔祥熙特使訪歐的重點國家，蓋中德間的軍事關係較任何歐美國家為密切。⑰孔氏在

---

⑬ 上海黨聲，三卷，十八期，一週簡評欄，日英會議與中國；同卷，二十五期，英日談判與中國；Nicholas R. Clifford, *Retreat from China*, pp. 11—12.

⑭ Clifford, *Retreat from China*, p. 12.

⑮ 總統蔣公大事長編初稿，卷四（上），頁三六一八。

⑯ 訪問過程，見郭榮生：孔祥熙先生年譜；吳相湘：孔祥熙任勞任怨。

⑰ 戰前十年的中德軍經關係，詳王正華：抗戰時期外國對華軍事援助（臺北，環球書局，民國七十六年），頁四八—六七。

柏林停留八日，先後與德國經濟部長沙赫特（Hjalmar Schacht），國防部長柏龍白（Werner von Blomberg），外交部長牛賴特（Constantin Freiherr von Neurath），空軍元帥戈林（Hermann Wilhelm Goring）等，數度會商，並曾晉謁德國元首希特勒。據德國顧問克蘭（Hans Klein）六月二十八日致電蔣委員長，報告雙方已洽商同意下列各點：

甲、雙方一致同意，所有德方供給中國之軍器，統由中國軍政部，或由其指定機關，接洽辦理。

乙、代表德方實施一切貨運供給之機關，仍爲國營合步樓公司（Hapro，全名爲 Handel Sgesell Schaft für Industrielle Produkte）。

丙、德國政府再度說明，願將軍事及技術方面認爲必要之專門人員，隨時調遣來華服務之誠意。

丁、國防部長柏龍白上將軍已準備遵照委員長意旨，調遣軍官來華服務，爲首人物當係年事稍長之軍官，率領國防組織，連同空軍方面及軍事技術方面所應有之軍事專家。

戊、中國政府再度聲明，同意所有德國軍器及其他各貨之由德政府供給中國者，均由中國以國內農礦產品抵償。⑱

---

⑱ 電報譯文，見中華民國重要史料初編—對日抗戰時期，第三編，戰時外交㈡，頁七〇五—七。

洽談過程中，柏龍白的態度最爲坦誠而友好。他一再表示，願與軍政部長何應欽，次長陳誠在德會商各重要軍事問題，並同意中國軍官佐及見習士官均可參加德軍，以資深造。他如貨物互換協定，設立中德銀行、合辦鋼鐵工廠，代建及提供潛艇等事項，亦曾談商，然未作最後決定。⑲孔氏並在德國及捷克購買大批輕重機槍、步槍和重武器，隨即裝船東運，適時運抵中國供抗日之需用。⑳

特使團訪德期間，接獲蔣委員長電令，派秘書長翁文灝前往蘇俄考察其五年計畫實施情形。㉑旋再奉令，指定駐德大使館商務專員譚伯羽爲對德談判以貨易貨手續中國方面之主持人。㉒孔氏決定由翁文灝率同吳景超、沈德燮卽行赴俄考察，㉓其本人則於六月十六日離德赴法，當日卽由查爾堡港搭輪赴美—開始其第二段落的訪問行程。

孔祥熙於六月二十一日抵達紐約。先赴耶魯大學接受博士學位，於二十七日抵達華盛頓。他在美訪問二十五天，兩度晉見羅斯福（Franklin D. Rooseuelt）總統，數度會見財政部長摩根索（Henry Morgenthau），國務卿赫爾（Cordell Hull），參議院外交委員會主席畢特門（Key

⑲ 同上。
⑳ 郭榮生前書，頁一二八。
㉑ 總統蔣公大事長編初稿，卷四（上），頁四二，六月三日記事。
㉒ 同上書，頁五〇，六月十四日記事。
㉓ 同上書，頁五一，六月十九日記事。

Pittman）等人，暢述中國現狀及中日情勢，氣氛至爲融洽。六月三十日以前，孔氏並成功的獲得三項小額借款：一爲太平洋建設銀行借款美金五百萬元，一爲美國建設銀公司所屬進出口銀行貸款美金七十五萬元，一爲美國建設銀公司董事長瓊斯（Alfred Jesse Jones）在羅斯福總統示意下，再貸美金一千萬元。㉔

七月七日，盧溝橋事變爆發。孔祥熙獲知此一消息後，即再會同駐美大使王正廷分訪美國各政要，希望獲得美國對中國抗日的支持。七月八日，即與摩根索簽訂了一項中美白銀黃金交換協定。孔氏當日向蔣委員長電告其內容如下：

弟昨（七）晨返美京，午承美總統招宴甚洽。今日與財長協定：㈠我國在美所有存儲之白銀計六千二百萬兩，按每兩四角五分售與美方，㈡同時我國售銀之所得，按每兩三十五元買進生金三千萬美元，存儲聯邦儲備銀行，作為發行準備，㈢美聯邦儲備銀行以我所存同額生金為擔保，抵用美幣五千萬元。以上各端，明日下午在此以美財長及弟名義公布。謹電奉陳。㉕

孔氏並曾訂購汽油一批，經美運港轉運內陸，供戰時急需。這批汽油的數量未見公布，只由

㉔ 郭榮生前書，頁一三〇—一；王正華前書，頁一八九。

㉕ 總統蔣公大事長編初稿，卷四（上），頁六七—八。

香港政府於轉運時所收保證金卽高達港幣七百五十萬元之鉅，可知其數量當不在少。㉖惟美國政府中人，多不同意中國與日本作戰，認爲中國全力建設以充實本身力量，當更有利。孔氏曾剴切予以解說，賀貝克（Stanley Hornbeck）等人終難省悟。㉗事實上，美國當時孤立主義（isolationism）㉘思想瀰漫，又受中立法（Neutrality Act）的束縛，㉙對中國抗日實不願介入，對中國更不欲有積極支持的表示。孔氏本有意自美返國，㉚嗣奉蔣委員長指示再赴歐洲，繼續交涉軍經援助並購置軍品。七月十五日，孔祥熙由美赴歐。

孔祥熙再返歐洲，歷訪英、法、德、捷、奧、瑞士等國，其成就重要者有下述各項：㈠在倫敦，與英國銀行界談判，簽訂關於建設廣（州）梅（縣）鐵路與浦（口）信（陽）鐵路借款兩批，共七百萬鎊，並商定俟機在倫敦發生債券三千萬鎊。以安定中國幣制，同時購得戰鬥機三十六架。㈡在巴黎，與法國銀行團簽訂金融協定，洽購轟炸機三十六架。㈢在捷克，購買步槍、輕機槍及自動步槍一批。㉛在德國，則因德國一架航機在新疆失蹤，德欲派機搜尋，我政府婉詞拒

㉖ 郭榮生前書，吳相湘前文。

㉗ Dorothy Borg, *The United States and the Far Eastern Crisis of 1933—1938*, p. 285.

㉘ Manfred Jonas, *Isolationism in America, 1935—1941* (Cornell University Press, 1966), pp. 1-31.

㉙ 史國綱：美國擴大中立法案，東方雜誌，第三十四卷第三號。

㉚ 孔祥熙歸國抵滬後之書面談話，中國全面抗戰大事記，二十六年十月十九日紀事。

㉛ 郭榮生前書，頁一三四—五。吳相湘：第二次中日戰爭史，頁四一七。

絕但允由新疆省政府代爲尋覓一事，感到不滿。㉜希特勒對中蘇簽訂互不侵犯條約，亦至感不悅，表示必要時當犧牲在華經濟利益，氣勢反見低沉。蓋日本已向德國屢提不再援助中國之要求，德亦不能不受其影響也。

八月中旬以後，孔氏以連月勞頓，損及健康，遵醫囑前往巴特諾漢溫泉休養。惟與政府及駐歐各國大使館之間，保持密切接觸。九月九日，孔氏曾對各報記者，發表談話：「中國與其他各國相較，並不落後，亦有充分力量，得與任何國家和平相處。日本侵華已非一次，中國歷年來所辛勤完成統一，已因日本侵略行爲而愈益增强，目前中國自信甚堅，決不因敗而餒，亦不因勝而驕也。」㉝

九月十二日，孔祥熙密電蔣委員長，對中德易貨付款辦理情形及德國態度，作如下之陳述：

中德易貨款，兄上月支電示以不能全部撥付，嗣後察知我不付款，德不發貨，故即撥付馬克二千五百萬，並先後在歐洲電撥一千萬元與信託局代德購貨。至我在德訂貨，弟未經手，價款更不詳。此際撥付巨額現金將使國家金融根本動搖。德對我友誼在整個利害，並非只對區區金錢，否則希特勒最近表示必要時當犧牲在華經濟利益，是以政策所關，亦非

㉜ 中華民國重要史料初編—對日抗戰時期，第三編，戰時外交(二)，頁六七八，徐謨呈蔣委員長報告及程天放大使致外交部電。
㉝ 中國全面抗戰大事記，二十六年九月份，頁一七。

金錢所能改變，反不如使其想收欠款較為得計。弟曾向德表示當將農礦品盡量賡續運德，如有不足，亦可酌付現款若干。總之，弟在此療治，無一時不力求於外交、經濟、國防方面，有所補益。在德國社黨開會前曾函布氏痛陳利害，已得圓滿結果，擬進一步運用，期能有利國家。㉞

九月二十日，孔祥熙離德至瑞士日內瓦，赴國際聯盟大會旁聽，協助顧維鈞等進行中國聲訴日本侵略案，並與英外相艾登，英外長李維諾夫見面。二十四日，經意大利搭輪返國，於十月十八日抵達上海。時日軍正猛烈進攻大場羅店間之國軍，戰況之激烈爲八一三以來之僅見，南京亦於同日遭受轟炸。㉟孔氏至感憤慨，次日發表書面聲明，於說明外國人士對中日戰爭之是非「本有定評」，不過「初尚靜觀，不願輕易有所表示」外，並懇切激勵全國上下同心協力，「抱定犧牲到底之決心，以博最後之勝利。」㊱

㈡ 在華外籍顧問

國民政府自民國十六年（一九二七）奠都南京後，即開始聘僱外籍軍人與專家爲顧問，以協

㉞ 同㉜書，頁七〇七，孔令侃轉呈孔祥熙侵電。

㉟ 中國全面抗戰大事記，十月份，頁三一—二。

㊱ 同上，頁三四。

助軍事、財政、交通各方面的建設。二十六年抗戰開始時，有德、意、美三國人員，以顧問或其他名義，在軍事各部門中工作。他們有的是集體而來，有的是個人應聘；有的是正式顧問，有的是臨時訪客；有的是軍事將領，有的是專家學者。國民政府對此等外籍人員，至爲禮遇，他們在抗戰初期也確曾爲我國作了各種不同程序的貢獻。

規模最大，人數最多，曾直接參與戰鬥，爲國際間所重視的外籍顧問，首爲德國在華軍事顧問團，茲先一述其緣起。

民國十六年八月起，國民政府一方面經由朱家驊、俞大維諸氏，洽聘德國軍事人員來華任顧問，協助中國國軍訓練與國防建設，一方面盡力採購德國軍需物品及兵工器材，建立中國國防工業的基礎。㊲德國軍事顧問初爲私人受聘性質，其後獲得德國政府的同意，成爲官方的軍事顧問團，受德國國防部長管轄。在中國之職務及行動，則直接接受蔣中正委員長之命令，其任何建議或行動，亦須經過蔣委員長的批准。㊳顧問團設總顧問，先後任總顧問薩克特（Oberst ron Se-echt）、佛采爾（George Wetzell）、法肯豪森（Alerander Von Falkenhausen）等人，均爲德

㊲ 德國駐華軍事顧問團工作紀要（國防部史政局編印，民國五十八年），頁四—五；胡頌平：朱家驊先生年譜（傳記文學社，民國五十八年），頁一八—一九。

㊳ 德國駐華軍事顧問團工作紀要，頁一三。

國名將。㊴其團員人數最多時，爲一百人左右。㊵其身分除軍事人員外，尙包括有兵工、測量、運輸、鐵道、市政、財政等各種專門人才。彼等在華服務達十一年之久（一九二七—一九三八），對中國陸軍之編制、訓練、教育制度以及戰術指導，國防工事構築等，實有相當助力。國內外史學界對德國駐華軍事顧問之研究，亦頗有成績。㊶

抗戰開始前後之四年（一九三五—三八）間，德國顧問團總顧問爲法肯豪森。彼曾駐日本五年，對日本軍備有相當認識，對日軍戰術亦有所研究。㊷他於二十四年八月，向蔣委員長提出「應付時局對策」之建議，對日軍進攻策略及中國防守計劃，均有極爲剴切之陳述，甚獲蔣委員

㊴ 佛采爾爲中將，薩克特與法肯豪森均爲上將。薩克特曾任德國國防部長，法肯豪森則爲第二次世界大戰期間，德國駐比利時軍總司令。

㊵ 德國駐華軍事顧問團工作紀要，列有七十二人之名單（頁一六—二六）；卓文義著「艱苦建國時期的國防軍事建設」，列有九十人（四〇八—一六）；Bernd Martin 所編 *The German Advisory Group in China* 一書，附件二十二，爲法肯豪森領導下的顧問人員名單，共列一一七人。

㊶ 中國學者方面，有辛達謨之「法爾根豪森將軍回憶中的蔣委員長與中國」，「德國外交檔案中的外交關係」，傅寶眞之「在華德國軍事顧問史傳」，卓文義著「艱苦建國時期國防軍事建設」—第十二章「外籍軍事顧問的延聘及其貢獻」，張緒心著「悠悠萊茵河」，張水木著「對日抗戰時期的中德關係」，王正華著「抗戰時期外國對華軍事援助」；外國學者方面，有 Bernd Martin, *The German Advisory Group in China*, William C. Kirby, *Germany and Republican China*, John P. Fox, *Germany and the Far Eastern Crisis, 1931—1938*, Donald S. Sulton, *Nationalist China's Soviet Russian and German Military Advisers: A Comparative Essay.*

㊷ 德國駐華軍事顧問團工作紀要，頁五六。

長嘉納。㊸蔣委員長請其對京滬杭地區之防禦計劃協力儘先完成，彼亦克盡其力。二十六年四月九日，復提出有關北正面防禦研究之建議案，主張「右翼絕對警戒山東，有決定一切意義，左翼須於晉北、察綏兩省有妥確之支撐。」並建議「政略上之目標，應恢復冀察兩省之主權」，㊹亦顯示其對中國國策具有充分的瞭解與支持。

上海戰爭爆發後，德國顧問遵守蔣委員長意旨，多有在戰地協助國軍將領指揮者，法肯豪森本人亦曾親臨前線。㊺法氏並曾於八月二十九日提出「淞滬兵力配備之建議」，十月十九日又提出「處理散居各地之傷兵及砲兵配置」之建議，㊻亦均為統帥部所重視。

然德國政府之立場，卻不能使駐華顧問團長久在華工作。蓋德國已於一九三六年即民國二十五年十一月與日本簽訂反共同盟條約，滬戰爆發後日本又數度提出要脅，謂除非德國停止支持中國，否則日本就中止德日反共協定；希特勒亦希望中日衝突能經由調解而告結束，故有駐華大使陶德曼調停之舉。㊼及調停失敗，德政府決定與日本結盟，乃有承認偽滿傀儡政權，拒絕接受中

㊸同上，頁五六一—六四。

㊹同上，頁六七。

㊺Paul J. Fu（傅寶眞）, The German Military Advisers' Participation in the Sino-Japanese Conflict and Their Recall in 1938，見東海大學歷史學報，第八期，民國七十五年十二月。

㊻同㊷，頁六九—七三。

㊼鮑家麟：列强對中國抗戰的態度；張水木：對日抗戰期間的中德關係。均見中國近代現代史論集，第二十六編，對日抗戰（上）。

國軍事學生，進而撤退駐華軍事顧問，禁止軍火運往中國之舉。㊽至二十七年七月，德國顧問全部離華，中德間長達十一年之久的軍事關係遂告結束。至二十九年，德國承認汪偽政權，國民政府遂宣布對德絕交。

中國與意大利的軍事合作關係，始於民國二十一年，中華民國特使孔祥熙之訪問羅馬。孔氏之公開任務是「考察歐美各國實業」，實際任務，乃是秘密接洽軍械及飛機之購買與設廠製造，以準備對日抗戰。孔氏至羅馬晉見意大利首相墨索里尼，莫氏建議「中國建國，應從空軍着手」，並願協助中國空軍之建立。㊾次年，遂有意大利空軍顧問人員之來華。

中國空軍之建立，以中央航空學校之設置為一重要的里程碑。該校設於杭州筧橋，於民國二十一年九月一日開學。㊿次年，曾自美國洽聘美籍飛行人員十五人為顧問，來校任教官，其主要者，為總顧問裘偉德（John H. Jouett），飛行組主任羅蘭，機械組主任克拉克。以是航校制度多仿照美國，並向美國訂購若干教練機、戰鬥機及其他裝備。[51]二十二年十一月，十九路軍在福建叛變，軍委會令空軍出動平亂，美國顧問竟拒不受命，中國政府遂決定於其聘約屆滿後將彼等

㊽ 有關文電，見中華民國重要史料初編—對日抗戰時期，第三編，戰時外交㈡，頁六七七—六八八；德國駐華軍事顧問團工作紀要，頁八九—九四。
㊾ 郭榮生：孔祥熙先生年譜，頁七九—八〇。
㊿ 卓文義：艱苦建國時期的國防軍事建設，頁三二九。
[51] 李才：航校瑣憶，見空軍官校五十週年校慶特刊（六十八年九月），頁五〇。

解職。52意大利空軍顧問遂取代美國顧問而為中國空軍建軍史上主要的外援，空軍飛機亦多購自意大利廠商。此一轉變情勢，如卓文義所述：

孔（祥熙）氏抵意大利，得墨索里尼之建議，建軍以發展空軍最為經濟而有效，孔返國後將此事報告，即獲蔣公（中正）採納，於是在杭州、西安、南昌等地闢建飛機修護廠，並聘請意大利人為空軍顧問，協助我軍建設空軍，更向意大利廠商訂購軍機一批。意大利顧問來華後，美國顧問遂無立足之地，於是裘偉德等在期滿後歸國，只有幾位美國人留下擔任教官。後來航空學校在洛陽設分校，即聘請意大利空軍顧問，如總顧問 Mggiore Marttini，飛行總教官 Capitano Torrali，飛行教官 Capitano zotti，飛行教官 Sig Grassa，另有偵察組教官 Gecil Lee Folmar 及 Ted A. Smith。民國二十二年夏，在羅第領導下意大利空軍顧問團正式組成，其成員全為現役軍官，其薪俸由中、意兩國各付其半，在裘偉德等人離華之後至美國陳納德志願來華前，我中央空軍之組織與訓練，幾由意人督導，德國顧問在空軍方面較不被我重視。53

民國二十三、四年間，中央航空學校與機械學校曾派遣六十餘人前往意大利，學習轟炸、驅逐、偵察、攻擊、魚雷、儀器飛行、發動機、空氣動力學、機身構造、儀表、軍械、無線電、航

52 陳納德著，陳香梅譯：陳納德將軍與中國（傳記文學社，民國六十七年），頁三八。
53 卓文義前書，頁三二九—三三〇。

空材料、航站等科類，並於二十五、六年先後學成返國服務。[54]空軍軍官黃秉衡、高志航、王勛（叔銘）等亦嘗赴意見學。[55]軍事學家蔣方震（百里）於二十四年冬以軍事委員會高等顧問名義赴歐考察總動員法時，亦曾訪問羅馬。軍事委員會另派由青年軍官組成之軍事考察團訪歐，以鄧文儀爲團長，在意大利曾有相當時間停留。

由於意大利於一九三六年以武力滅亡非洲小國阿比西尼亞（Abyssinia，今衣索匹亞 Ethiopia），國際聯盟決議對意大利實施經濟制裁，中國基於反侵略立場且有義務履行國聯的決議，但不爲意國所諒解，致兩國關係趨於冷淡。二十六年春，國民政府仍然接受蔣方震的建議，決定邀請意大利名財政學家史丹法尼（Alberto de Stefani）來華任財政顧問。[56]史氏以馬格里尼（Signo Sino Magrini）中將爲秘書，希望協助中國策劃財經動員，兼顧軍事國防。[57]史氏係於三月二十九日抵達上海，稍後即赴杭州晉謁蔣中正委員長。隨即由蔣方震陪同，由薛光前任譯員，前往南京及各省實地考察三個月，然後寫成了財政改革建議書。六月二十三日，史氏赴廬山晉謁蔣委員長，提出其改革建議，蔣委員長表示嘉納，曾面告史氏：「余希望史顧問此次來華，

---

[54] 卓文義前書，頁二四二—二四三。
[55] 卓文義前書，頁二四四。
[56] 薛光前：蔣百里的晚年與軍事思想（臺北：傳記文學社，民國五十八年），頁一〇。
[57] 薛光前上書，頁一八。

能爲中國財政改革史上開一新紀元，故凡見到各種缺點與流弊，以及有良好補救改進之方，請盡舉以告，此乃顧問來華最大之任務也。」蔣氏並自記所感：「是項談話甚有意義，樹立中央在各省之健全機關一節，則尤爲整理財政之要道也。」58

盧溝橋事變爆發後，史氏奉派至上海協助宋子文策劃戰時經濟、財政動員及安定上海金融問題。八一三事變發生後，史氏離滬赴港。及蔣方震奉派爲赴歐特使，遂與史氏同船赴意。

在中國任職最久，與蔣中正委員長伉儷至爲密切的外籍顧問，乃爲澳人端納（William H. Donald）。經由毛邦初和端納的建議，時任航空委員會秘書長的蔣夫人宋美齡決定電召陳納德（Claire L. Chennault）來華任職。陳納德爲甫自美國空軍中退役的空軍上校，他從在中國服務之朋友來信中，獲知「中國在成長中，她正在掙扎着，準備抵抗。」當他接到蔣宋美齡秘書長的電報後，就決定應召。他說：「蔣夫人的召書來了，問我是否願意來華任職。月薪一千元美元，此外還有津貼，汽車、司機、譯員，並有權駕駛中國空軍的任何飛機。我答應了。」59

一九三七年卽民國二十六年四月，陳納德自美搭輪來華。經過日本時，下船遍歷日本各地，照了一些相片，也記錄了若干日本軍事及工業狀況的資料，日人竟未察覺。60 六月間，他到了上

---

58 總統蔣公大事長編初稿，卷四（上），頁五六。
59 陳納德將軍與中國，頁三〇—三一。
60 Arthur N. Young, *China and the Helping Hand, 1937—1945*, p. 24.

海，見到端納和蔣夫人，從此決定爲中國的抗日戰爭效力。其後他任職少將，成爲戰時中國空軍的有力支柱，他也是一個具有戲劇性發迹故事的美國空軍將領。[61]

陳納德是以個人身分來華工作，也不具備顧問身分。他參觀了洛陽航校和南昌機校，對意大利籍空軍顧問的態度和訓練方法，曾作嚴厲的批評。[62]七七事變發生後，他立卽電告蔣委員長：「只要有用我的地方，我無不應命。」兩天後，他得到蔣委員長的答覆：「感謝你的自願投效，我已接受了，請卽逕赴南昌，主持該地戰鬥機隊的最後作戰訓練。」[63]他記有中國戰場的作戰日記，成爲京滬空戰中最珍貴的史料。[64]

陳納德和他的朋友們，從美國找來了十多位技術良好的駕駛員，組成一支小型的國際志願隊，協助中國空軍在東戰場作戰。然美國政府當時却禁止美國公民介入中日戰爭，透過駐上海總領事高思（Clarence Gauss）命令美國駕駛員返美，如不接受命令，則將予以拘捕。陳納德拒絕高思的命令，他在日記中寫着：「設想－我是一個中國人。」他並託友人轉告高思：「只要中國

[61] 同上。
[62] 同上，頁二四—二五。
[63] 陳納德將軍與中國，頁四一。
[64] 陳香梅曾將一九三七年八月十三日至十二月三十一日的陳納德日記，譯爲中文，發表於民國七十年一月六日至九日臺北聯合報，題曰：「陳納德將軍在華日記，一九三七年卷」。

境內的日本人有一天都被驅出，那我就會很樂意的離開中國。」65

軍事人員以外，美國也有文職人員擔任中國政府的顧問。其中任職最久的，是財政顧問楊格（Arthur N. Young），於民國十七年來華至三十五年回國，任職達一十八年之久。他親身經歷中國戰前的「黃金十年」和戰時的八年艱苦歲月，對中國的財政改革和動員，具有顯著的貢獻。他的兩種著作—「中國建國的努力—財經部分」（*China's Nation-Building Effort, 1927-1937: the Financial and Economic Record*）和「中國及戰時援手」（*China and the Helping Hand, 1937-1945*），尤爲研究中國抗日戰爭史不可缺少的必要史著。

㈢ 中蘇簽約與軍援

中華民國與蘇聯問的關係，一直缺乏友好的氣氛。十六年十二月國民政府宣布對蘇絕交，十八年八月卽因中東路事件而爆發了東北邊境的武裝衝突。66其後雖派莫德惠赴莫斯科談判，然迄未達成協議。二十年九一八事變發生後，遠東情勢驟變，國民政府爲牽制日本並便於東北義勇軍能經過蘇境撤退，乃於二十一年十二月與蘇聯復交。

雖然中國政府對蘇聯依然保持高度的警惕與顧慮，然基於抵抗日本侵略的共同利害，中國希

---

65 陳納德將軍與中國，頁五六。

66 王爾瞻輯：中俄戰役紀實，自刊本。

望與蘇聯締結一項互助性的合作條約；但蘇聯的反應冷淡。倒是新任駐蘇大使顏惠慶了解蘇聯，曾公開說明：中蘇邦交恢復後，經濟方面自可日益發展；但除此之外，「別無何種政治之合作可言。」67蘇聯新任駐華大使鮑格莫洛夫（Dmitri V. Bogomolov）蒞任後，雖處處强調「中蘇友誼」，而蘇聯政府却連續不斷的做出破壞「中蘇友誼」的行動—二十四年三月，擅售中東鐵路於偽滿；二十四年五月，擅與新疆督辦盛世才簽訂貸款合同；二十五年三月，又私與外蒙簽訂「互助協定」。這些行動，形成了「中俄復交後的新創痕」，68自然給予中國很大的傷害，「不能算是蘇聯對我們一種友誼的表示。」69

蘇聯的對華政策是現實的，也是自私的。她所期望於中國者，乃在締結一項有利於蘇聯的商約，然中國政府亦不能同意。70中國政府希望蘇聯在共同對抗日本及對解決中共問題方面，能有合作的表現，國民政府於民國二十四年多後，也確曾有意秘密進行此一方向的試探。71然由於蘇聯的兩面政策，二十五年十月以前，莫斯科並無具體可見的友誼表示。

駐蘇大使顏惠慶於二十五年六月間即已辭職，國民政府特任蔣廷黻繼任，蔣氏遲至十月始赴

67 吳相湘：俄帝侵略中國史（臺北，正中書局，民國四十三年），頁三七九。
68 吳相湘上書，頁三七八—三九六。
69 蔣廷黻：這一星期，見獨立評論，第五十八號，民國二十二年七月九日。
70 汪兆銘在廬山談話會關於外交情勢之報告，民國二十六年七月十七日，紀錄原件。
71 陳立夫：參加抗戰準備工作之回憶，傳記文學三十一卷一期。

俄履新。蔣廷黻於民國二十三年卽曾赴蘇聯考察過，又在國民政府行政院做了近一年的政務處長，對兩國的政策都有相當程度的了解，自稱其任務「是受命協商中蘇兩國進一步關係」。(72) 蔣氏對蘇聯持比較冷靜的看法；對鮑格莫洛夫在中國不斷倡言盡早抗日，並示意蘇聯準備給予中國所需要的援助，表示懷疑。他說：「儘管有鮑格莫洛夫的保證和統一戰線的叫喊，但我對蘇聯的援助並不寄予厚望。」(73) 他到莫斯科和蘇聯外交人民委員長李維諾夫（Maaim Litvinov）見面談判時，也眞的發現：「李維諾夫與鮑格莫洛夫的看法不同，李表示：一旦中日開戰，他對中國不作任何軍事援助的承諾」，「他最大限度是同意締結一項互不侵犯條約，基此條約蘇聯將貸款給中國購買蘇聯軍事裝備。他提議條約談判的地點要在南京，不在莫斯科。因爲我認爲這種條約沒有重要性，也不想在莫斯科談判。」(74)

民國二十五年十一月，鮑格莫洛夫奉調返莫斯科述職。就在他返國述職期間，發生了兩件影響中蘇關係的大事：一是十一月德日反共協約的簽訂，一是十二月西安事變的發生。前者使蘇聯感覺到已面臨德日東西夾攻的威脅，後者使蘇聯發現中國全國已團結在蔣委員長領導之下，有提

---

(72) 蔣廷黻英文口述，謝鍾璉譯：蔣廷黻回憶錄（傳記文學社，民國六十八年），頁一九六。
(73) 同上書，頁一九三。
(74) 同(72)書，頁一九六。

前爆發抗日戰爭的可能。[75]在這一背景之下，蘇聯政府對中國採取所謂「新政策」，支持國民政府，期能早日抗日。鮑格莫洛夫於二十六年卽一九三七年四月回到中國，他告訴美國的一位新聞記者說：蘇聯對中國統一事業的進展，深爲感動；他參加了最近在莫斯科舉行的一次大會，他們的觀點是：「蘇聯政府將盡力支持南京政府，視其爲中國安定的最重要力量」。鮑氏並說，在西安事變之前，蘇聯政府已經獲致結論：「一個統一、有力而對蘇聯友好的中國」，將有助於保持遠東的勢力均衡與和平。美國駐上海總領事高思將鮑氏上項談話報告華盛頓，並說他感到蘇聯的行動與中共改變態度不再反對南京，並非僅是「巧合」。[76]

鮑格莫洛夫返回南京任所後，曾與中國新任外交部長王寵惠密談數次，他提出的論點與具體的建議是：

> 蘇聯近年來感覺其在遠東所處之環境與中國同，故極願中國統一强盛。蓋中國向無侵略之野心，中國强則為遠東和平之一種保障，中國弱則為遠東戰爭之導火線。蘇聯有鑒於此，故本人此次回華携有政府訓令，向中國提議共同預防外患之步驟凡三：

---

[75] Harriet L. Moore, *Soviet Far Eastern Policy, 1931—1945* (Princeton, N. J.: Princeton University Press, 1945), pp. 78-79.

[76] C. B. McLane, *Soviet Policy and the Chinese Communists, 1931—1948* (New York, 1958), pp. 98-100; Arthur N. Young, *China and the Helping Hand, 1937—1945*, p. 19.

㈠以中國政府名義邀請太平洋各關係國開一國際會議，商定集體互助協定。蘇聯方面允許於接到邀請後，卽正式通知願意參加，如有第三國之一國或數國贊成，卽可進行，否則，

㈡中蘇訂立互不侵犯協定。

㈢中蘇訂立互助協定。(77)

王寵惠對鮑氏此項建議之可疑之處，曾提出詢問，鮑氏爲表示蘇聯之誠意，曾對王外長表示：「卽中國不與之締結互不侵犯或互助協定，亦願助中國五千萬元之軍械及軍用品，中國方面可以貨物分期償還，所以表示極盼中國鞏固國防之誠意也。」(78)

鮑格莫洛夫提出上項建議，係在七七事變之前，王寵惠的態度至爲愼重，認爲「關係我國存亡至深且鉅，我國似不宜輕於拒絕，亦不宜倉卒贊成，故始終祇允愼重考慮，迄未有切實之答覆。」(79)然盧溝橋事變爆發，日軍又復增兵華北，戰爭已起，中國政府自然需要在外交上多闢門徑，因而王寵惠開始與鮑格莫洛夫秘密談判。中國自始卽不同意召開太平洋會議，且召開此等會

---

(77) 王寵惠呈蔣委員長對蘇聯提議事項意見書，民國二十六年七月八日，全文見中華民國重要史料初編—對日抗戰時期，第三編，戰時外交㈡，頁三二五—六。

(78) 同上。

(79) 同(77)。

議的時機已過。中國傾向於主張締結「中蘇互助協定」，並已擬有「協定草案」，簡述「協定」之目的，範圍與內容，以軍事合作共同抵禦第三者之侵略行動爲主旨。[80]蘇聯方面則傾向於締結互不侵犯條約，不願公開對日本表示敵對態度。以是雙方談判，並不順利。蔣中正委員長於八月一日自述其感想：

蘇俄之外交，詭詐無比。如蘇俄先與我訂立互不侵犯條約，藉以威脅倭寇，亦要求倭寇訂立互不侵犯條約，而作為固守中立之計，此不可不注意也。[81]

蘇聯的着眼點，在對亞洲整個戰略上謀取有利的地位，不開罪日本，但支持中國與日本先行拚鬥。中國誠然需要蘇聯的軍事援助，但對外蒙地位及宣傳赤化等問題，於談判中不能不要求蘇聯表明其態度。蔣中正委員長八月六日自記：

俄提互不侵犯條約，我與之交涉時，外蒙問題與不宣傳共產主義問題，應特加注重。[82]

八月六日，中樞決定全面抗戰，迫切需要飛機及重武器的供應。八日，蔣委員長卽電令時在英倫的孔祥熙特使，卽派航空委員會處長沈德燮前往莫斯科洽購飛機。[83]駐法大使顧維鈞、駐英

[80] 同[77]書，頁三二七。
[81] 總統蔣公大事長編初稿，卷四（上），頁九四。
[82] 同上書，頁九六。
[83] 同上書，頁九六。

大使郭泰祺等，鑒於歐美諸强國之消極態度，亦聯名建議政府着重於爭取蘇聯的軍事合作，以鞏固第一線防衛，再徐圖英、法、美之物質援助，俾資長期抵抗。[84]十三日滬戰起後，中蘇間的談判更趨積極。至八月二十一日，中蘇互不侵犯條約卽在南京簽訂，二十九日在南京與莫斯科同時正式公布。全文僅四條，其要點爲：

(一)「雙方約定不得單獨或聯合其他一國或多數國，對於彼此爲任何侵略。」（第一條）

(二)「倘兩締約國之一方，受一個或數個第三國侵略時，彼締約國約定在衝突全部期間內，對於該第三國不得直接或間接予以任何協助，並不得爲任何行動或簽訂任何協定，致使侵略國得用以施行不利於受侵略之締約國。」（第二條）

(三)「本條約之條款，不得解釋爲對於在本條約生效以前兩締約國已經簽訂之任何雙面或多邊條約，對於兩締約國所發生之權利與義務有何影響或變更。」（第三條）

中蘇互不侵犯條約的公布，自然在國際間引起極大的反應。中國的目的，「當然是在制服日本的侵略，是要打破日本的侵略政策。」[85]條約公布之當日—八月二十九日，外交部發表聲明，

---

[84] William L. Tung, V. K. *Wellington Koo and China's Wartime Diplomacy* (New York: St. John's University. 1977) p. 18.

[85] 蔣委員長二十六年九月一日在國防最高會議講詞：「最近軍事與外交」，見總統蔣公思想言論總集，卷十四，頁六一七—六二六。

謂此約「純係消極性質」，其精神在「不侵略亦不協助侵略國」，(86)次日中央日報發表社論，亦認爲「性質是消極的，作用是精神的。」並特別說明：

> 若因此誤解為抗戰中突來的什麼援助，或者我們立國精神與主義要發生什麼變化，那是愚蠢，并是不幸。(87)

從字面上看，條約的內容誠然是消極的。實際上，却亦有其積極的方面。至少有兩項積極意義，不容忽視：一是蘇俄以含蓄態度，承認中國對外蒙的主權；一是蘇俄對中國提供有限度但却爲中國迫切需要的援助。

關於第一項積極意義，蔣委員長九月一日對國防最高會議的說明，最爲明白：

> 此次蘇俄駐華大使鮑格莫洛夫舊事重提，要求訂立中蘇互不侵犯條約，我國當即表示贊同，但要求俄方先擬一草案，給我方考慮，並聲明對於外蒙古問題和不宣傳共產問題，應特別注意。蘇俄答覆謂我方所聲明的兩項，現已不成問題。只要在新約當中明白規定「中蘇以前所訂條約仍然有效」一項，則一九二四年—民國十三年中俄協定第五條「蘇聯政府承認外蒙為完全中華民國之一部分及尊重在該領土內中國之主權」和第六條「兩締約國政府互相擔任在各該國境內不准有為圖謀以暴力反對對方政府而成立之各種機關或團體之存

---

(86) 南京中央日報，民國二十六年八月三十日。

(87) 同上。

在及舉動，並允諾彼此不為與對方國公共秩序社會組織相反對之宣傳。」等規定，不致因此次簽訂互不侵犯條約而發生影響或變更，如此於蘇俄甚便，於中國無損，雙方幾經談判，對於條約內容，意見相同。遂於八月二十一日，兩國委任全權正式簽字。本約當中對於外蒙古問題，並有一層極明顯的規定，也是本約與他國所訂互不侵犯條約不同的地方。即中蘇互不侵犯條約當中，並不規定蘇俄與第三國所訂條約，凡有關中國者皆為有效，換言之，凡蘇俄與第三國所訂條約之有妨害中國利益者，我國概不能承認。如蘇俄與外蒙所訂條約，我不承認，即為無效。而只規定新約對於中蘇已經簽訂之任何雙面或多邊條約，對於兩締約國所發生之權利與義務，不生任何影響或變更而已。因此對外蒙古的主權，我們仍得此約的保障。88

關於第二項積極意義—蘇聯提供軍事援助的問題，雖不見於條約文字中，九月間即已有蘇聯軍援物品運華，則係不爭的事實。故日本當時宣稱，中蘇互不侵犯條約之外必有秘密附屬條款。蘇聯的援助，包括軍械（含飛機）、人員及貸款三類，茲略述其梗概如後。

戰爭開始，中國最需要的是飛機，故沈德變於二十六年八月中旬到莫斯科後，首先談判洽購驅逐機二百架與重轟炸機一百架。89九月五日，參謀次長楊杰與中央執行委員張冲奉派以實業考

88 同85。

89 中華民國重要史料初編—對日抗戰時期，第三編，戰時外交(二)，頁四六五，蔣委員長致蔣廷黻電，民國二十六年八月二十日。

察團正副團長名義，自南京過西安飛赴莫斯科，其實際任務則爲主持洽購軍機軍械事宜。據楊、張九月十四日自莫斯科向南京報告：第一批重轟炸機三十一架，日內起運，九月二十五日前運完；第二批重轟炸機三十一架，十月五日前運完；第一批驅逐機一百零一架，十月十日前運完；第二批驅逐兼轟炸機六十二架，於十月二十五日前運完。「教官、技師等均陸續隨機赴蘭（州），另「坦克車八十二輛、防坦克砲四五公厘口徑二百門及高射砲一營，已商妥待運。」「以上各物估值已達一萬萬元。」㊸

以上是首批購置蘇械情形，以後尚陸續洽購。㊹蔣廷黻也證實：「蘇聯對中國在外交及軍事物資供給方面，都表現得較美英各國慷慨，我在蘇聯購買武器也未遭到困難。」㊺十月以後，蘇聯飛機由其空軍志願隊員駕駛已開始參加對日作戰，美國駐華外交人員曾作如下之綜合性報告：

九月二十九日，南京美國大使館報告：有三百架俄機已經蘭州東飛。於十月初自蘭州抵達杭州的美方人員報告：這些飛機已自北方飛來杭州。十月四日，高思總領事報告：上海附近，有一架由蘇聯駕駛員駕駛的俄機被擊落在日本佔領區內。十月十四日，美駐蘇聯大使

㊸ 同上書，頁四六五—六。
㊹ 同上書，頁四六六—九，蔣委員長各電。
㊺ 蔣廷黻回憶錄，頁一九九—二〇〇。

戴維思 (Joseph Davis) 自莫斯科報告：據說已有四百架飛機運往中國，最少有四十位蘇聯教官隨機前往。長列的車隊滿載補給品經中亞東行，最少有兩百輛卡車沿此路線工作着。並計劃從海上經越南運送軍品。十二月一日左右，據報已有四十二架俄機載了一百多位俄人抵達南昌，約有五十架俄機停在漢口。[93]

蘇聯飛機與人員參戰，中國政府於戰爭初期並未公布。十二月十二日—南京淪陷前一日，孔祥熙在漢口發表談話，否認外傳中蘇兩國間已成立軍事協定，但承認有蘇聯志願人員在華作戰。記者問：「蘇聯供給之飛機及飛行人員與中國究竟有何條件？」孔答：「與他國之條件同，蘇聯之飛機師多爲志願者，亦與美法等國來華之飛機師同。」[94] 十二月二十四日，蔣中正委員長在漢口接見海通社代表時，始公開說明：軍火供應之主要路線：一爲從越南經雲南；二爲從蘇聯過甘肅。蔣委員長並鄭重宣稱：「中蘇關係，決不許干涉中國內政政策，中國內政政策，仍一切皆以孫總理主義爲本也。」[95]

抗戰初期俄援飛機的數字，各方記述頗不一致。最確實可信的數字，當爲中國空軍主管人員

---

[93] *Foreign Relations of the United States*, 1937. Vol. III, pp. 565, 578, 606, 616, 780; *China and the Helping Hand*, *1937—1945*, p. 26.

[94] 中國全面抗戰大事記，二十六年十二月份，頁一六—七。

[95] 同上書，十二月份，頁三十七。

的報告，如錢大鈞氏之報告是。王正華依據國防部史政編譯局原始檔案，綜合說明二十七年四月以前購置外械的情形：

> 計民國二十六年（一九三七）十月起至二十七年（一九三八）底，俄援飛機到達蘭州者，共有四百七十一架，其中SB輕轟炸機有一百四十三架，TB重轟炸機六架，驅逐機E—一六，有九十二架，E一五有二百二十二架，又E—一六驅逐教練機則有八架。另方面觀之，從抗戰開始到民國二十七年四月止，孔祥熙及中央信託局向歐美訂購的飛機，共有三百六十三架，但運到裝妥者有七十二架，待裝者十三架，餘者皆尚未運到。[96]

蘇聯派有軍事顧問團前來中國，但不公開活動。顧問團設有總顧問一人，初由駐華大使館武官德納特芬兼任，二十七年夏，改任趙列潘諾夫（A. I. Cherepanov）。二十八年年底，趙列潘諾夫被調回俄，總顧問改由崔可夫（Vasili I. Chuihov）繼任。崔可夫任職至三十一年（一九四二）二月，離華後其職務由古巴列維赤代理。[97]此時蘇聯顧問人數已極少，已經沒有什麼作用了。

來華助戰的蘇聯空軍志願隊，頗爲各方注意，但因中蘇雙方當時均嚴守秘密，其活動的記載

---

96 王正華：抗戰時期外國對華軍事援助，頁一一四。

97 王正華上書，頁一二六—一三三。

有限，且有不實之處。徐中約謂有二千名蘇聯飛行員派至中國，⑱顯係過分誇張，據蘇方人員的記述，其志願軍人數約爲三百人左右。⑲依據中國國防部檔案文件顯示，蘇聯空軍志願隊係於二十六年十一月成立，其人數最多時爲民國二十八年十月份，有四百二十五人，最少在民國二十九年六月，僅餘四十八人。⑳

一部分「在華自願軍」的蘇聯軍官，於戰爭結束後二十餘年，發表了他們的回憶錄，對其在中國協助抗日的戰績作了生動細膩但却過分渲染的描寫。㉑實則，蘇聯飛行員的技術欠精練，戰鬥精神亦不甚高昂，看陳納德一九三七年在華日記的批評：

十一月二十九日，星期五。俄國飛行員已經停止作戰，故意躲避不見面。

十二月十三日，星期一。與蘇俄首席顧問會議，彼同意蘇俄驅逐機今後將繼續作戰，並指派鮑維爾（Poivre）、懷特海（Whitehead）、克里兹堡（Krenzberg）來南昌助戰。

十二月十四日，星期二。鮑維爾陣亡，懷特海被擊落。……其實，在空戰時，蘇俄飛行員

---

⑱ Immanuel C. Y. Hsu. *The Rise of Modern China*, (Oxford: Oxford University Press, 1983) p. 650.

⑲ 亞·雅·嘉梁欽：「抗日民族統一戰線」，蘇俄來華自願軍的回憶，頁二〇一。

⑳ 國防部史政編譯局庋藏，外籍空軍志願隊參加抗日戰史，頁一三一一六，二三。

㉑ 其中含有總顧問趙列潘諾夫的「武漢戰役總結」，亞·雅·嘉梁欽的「抗日民族統一戰線」，施·弗·施紐沙列的「在中國的空戰」，施·施白里培茨的「在戰鬥中的中國」等篇，均見王啓中譯：蘇俄在華軍事顧問回憶錄，第七部：蘇俄來華自願軍的回憶（國防部情報局的，民國六十七年）。

狡點可恥，都是貪生怕死之徒。

十二月二十六日，星期日。三架華第機飛行訓練抵此，克里茲堡真够煩人！他們只講不做，氣哉！[102]

蘇聯之協助中國作戰，主要目的在使中日兩國先行火拼，支持中國拖住日本，消耗日本，一方面「使中國變成蘇聯受過科學訓練人員試驗和觀察的實驗室」，[103] 一方面「找一點日本的新式武器做對象，來練習練習。」[104] 中國政府於二十六年十一、二月間京滬情勢告急之際，曾希望蘇聯政府對日本作直接的牽制，史達林却對楊杰與張冲直率的說：「蘇聯希望日本削弱，但目前蘇聯尚未到與日開戰時期。」[105] 史達林與蘇聯國防部長伏羅希羅夫（Kliment Yeforemovich Vorashilov）致函蔣委員長，竟又謂：「只有在九國或其中主要一部允許共同應付日本侵略時，蘇聯就可以立刻出兵。」[106]

---

102 陳香梅譯：陳納德將軍在華日記，一九三七年卷，民國七十年一月六日至九日，臺北聯合報。

103 F. F. Liu, *A Military History of Modern China, 1924-1949* (Princeton: Princeton University Press, 1956), pp. 169-170.

104 蔣經國在「反共奮鬥三十年」一文中，透露：「抗戰期間，蘇俄也有飛機和志願軍派到中國來助戰。有一天，駐蘭州的俄國飛行隊裏一個隊員，因爲多喝了幾盃酒，對我露出眞言說：『我們到中國來打仗，最主要的目的，是要找一點日本的新式武器做對象，來練習練習。』」蔣著負重致遠，頁六二。

105 中華民國重要史料初編—對日抗戰時期，第三編，戰時外交(二)，頁三三五。

106 同上書，頁三三九。

抗戰初期蘇聯對中國的貸款，前後亦有三次。第一次是美金五千萬元，係鮑格莫洛夫所主動提出者，二十六年十一月一日協議先行動用，次年（二十七年）三月始行正式簽約。二十六年十二月，國民政府派立法院長孫科為特使訪問莫斯科，並接洽借款，於是有第二次信用貸款，款額仍為五千萬美元，於二十七年七月一日簽約。以上兩次借款還本年限均為五年，年息三厘。第三次貸款合同簽訂於二十八年七月一日，年息仍為三釐，款額則為一億五千萬美元，還本期限為十年。[107]依合約規定，中國可以以礦產品及農產品各半的比例，折價購買蘇聯的軍火與武器。二十八年六月十六日，一項中蘇商務條約在莫斯科簽訂。次年一月由兩國政府分別批准，名為擴展雙方的互惠，實則蘇聯居於優勢，自然獲得較多的利益。

鮑格莫洛夫於二十六年十月被召回莫斯科，一個月後被捕下獄。他是屬於同情中國並支持中國抗日的一人，他的被捕或與蘇對華態度有關。繼任蘇俄駐華大使為盧幹滋．奧萊斯基（Ivan Lugants-Orelsky），此人乃是曾任駐新疆迪化副領事，並曾擔任蘇聯國防部副部長的史米洛夫(M. Smirov)。[108]蓋蘇聯於援助國民政府的同時，卻又於二十七年派其紅軍第八團進駐新疆哈密，並誘使新疆督辦盛世才前往莫斯科參加共產黨，二十九年又與盛世才私訂「租借新疆錫礦密

[107] 吳相湘：俄帝侵略中國史，頁四〇七—八。

[108] 蔣廷黻回憶錄，頁二〇五—六。劉馥（F. F. Liu）則記其名為 M. Smirnov, 曾任駐廣州顧問，見 *A military History of Modern China, 1924-1949*, p. 107.

約」，囊括新疆全省交通及礦產，其當時助華抗日之非出於善意，足可佐證。[109]中國於戰時的蘇聯友誼與援助，實亦付出了相當的代價。

四 向國聯申訴與九國公約會議

盧溝橋事變發生後，國民政府於準備軍事備戰後，同時開始國際外交方面的努力，一方面向各國說明日本侵華的眞相，一方面希望各國能對日本從事勸告或干涉。外交部電令駐外大使分向駐在國提出照會，各國也都立卽作了反應。七月十二日，英國外相艾登（Anthony Eden）分別接見日本駐英大使吉田茂，中國駐英大使郭泰祺，希望華北事件不要擴大，英國也同時照會美國願採互相諮詢方式來應付遠東危機。美國國務卿赫爾（Cordell Hull）也於同日接見中、日兩國駐美大使，勸告停止衝突；他認爲這項衝突將構成對世界和平與進步的打擊。七月十三日，正在紐約訪問的孔祥熙發表談話，提醒美國人士謂：

> 日本所造成的華北現狀，不僅為中日兩國政府的煩惱問題，且亦為世界和平之危機；又不祇損害兩國之關係，且亦將破壞各關係國之利益。星火不滅，足以燎原；如火如荼之侵略，苟不加以制止，勢將蔓延及各國。此種局勢，必須改變也。」[110]

---

[109] 吳相湘前書，頁四三七—四四一。

[110] 中國全面抗戰大事記，二十六年七月份，頁二一。

七月十六日，中國政府照會九國公約簽字國美、英、法、意、比、荷、葡及德、蘇九國，詳述日本侵略華北事實，並指出此種侵略行爲明顯的侵害中國主權，違反了九國公約，巴黎非戰條約及國際聯盟的盟約，然中國政府願依據國際公法及條約上規定之任何和平解決方法，以解決爭端。[111]中國顯然希望九國公約簽字國能依據公約第一條起而干預，尤其希望九國公約發起國的美國能負起召開九國公約簽字國會議的責任。然美國不願承擔此一責任，赫爾於同日聲言：美國對於同盟以及其他足以拖累美國之負擔，皆所避免；然用和平而辦得通的方法，共同努力，則爲吾人所相信。[112]赫爾聲明中，不但未提及九國公約，甚至未提及中日衝突。七月二十日，英國經由其駐美大使林賽（Sir Ronald Lindsay）向美國建議，由英美法三國以共同勸告方式迫使中日停止軍事調動，再進行調解期能和平解決，却爲赫爾拒絕。[113]美國政府此種表現自然使中國失望，故行政院兼院長蔣中正於七月二十五日在南京接見美國駐華大使詹森(Nelson T. Johnson)時，即曾詰問：「美政府何以不與英國聯合勸告日本？」[114]蔣氏並面告詹森：

---

[111] Tsien Tai, *China and the Nine Power Conference at Brussels in 1937*, (New York: St. John's University Press, 1964), p. 1; Wunsz king, *China and the League of Nations, the Sino-Japanese Controversy*, (New York: St. John's University Press, 1965) p. 71.

[112] 金問泗：從巴黎和會到國聯（臺北：傳記文學出版社，民國五十六年），頁一三一。

[113] 郭榮趙：中美戰時合作的悲劇（臺北：中國研究中心，民國六十八年），頁三。

[114] 中日外交史料叢編（四），頁四二三。

> 現在局勢，祇有各關係國尤其美英兩國之合作，可挽危機。……現在應請美政府與英國協商，警告日本，預阻其再向中國提出任何要求。否則局勢危急，戰禍必不能免。美國以九國公約之發起國，對於此次事件實有法律上的義務。而美國向來主張和平及人道主義，若東方戰端一起，歐美和平亦將受其影響，而人類所受之浩刼，實難估計，故美國在道義上亦有協助制止日本之義務。[115]

蔣委員長的呼籲，美國政府並未接受。自七月二十八日至八月三日間—中日衝突迅速擴大的時際，英國政府曾向美國提出多次聯合行動以制止戰端擴大的建議，[116]然美國國務院未爲所動，只作消極的應付，而不改變其立場與政策。八月六日至九月十四日之間，美國政府先後作出嚴禁美國人民投効中國空軍，不准載運中國所購買二十七架轟炸機的美艦運華，禁運軍火、武器及戰爭工具等，於日本無損，却對中國造成傷害的行動，一位中國歷史學者肯定的說：美國的態度助長日本的侵略。[117]這種情勢，到十月五日羅斯福發表「隔離演說」(The Quarantine Speech)之後，始有改變跡象。

國際聯盟第十八屆大會定於九月十日起，在日內瓦開會，中國政府決定向大會提出控訴日本

115 同上，頁四二四。
116 *Foreign Relatians of the United States*, 1937, III, pp. 286, 289, 319, 328, 339.
117 鮑家麟：列强對中國抗戰的態度，見國立臺灣大學歷史學系學報，第六期。

侵略的申訴，並要求對日本實施制裁。行政院早於七月二十日，即決定特派顧維鈞、郭泰祺、錢泰爲中國出席國聯第十八屆大會的代表，並密電各大使與駐在國政府先作磋商，期能得其支持。孔祥熙亦於八月十五日自歐洲致電中樞諸領袖，主張及時運用外交以壯我國聲勢。孔電建議兩點：

㈠國聯九月又開大會，我政府當事先將最近日人侵略諸事訴諸國聯，要求經濟制裁，此舉既可使各國不得藉口袖手旁觀，我方又重新喚起世人道義上同情。

㈡同時並依九國公約請美國召開太平洋會議，屆時再由簽字各國求一解決辦法，未嘗非我監理財政之利。[118]

孔祥熙第一項建議，政府當然接受，第二項建議則因美國不願居於主動地位，而無法實行。八月三十日，外交部訓令駐日內瓦中國代表團辦事處處長胡世澤，向國聯秘書長愛文諾（Monsieur Joseph Avenol）提出第一次聲明書，[119]是爲正式提出申訴的先聲。胡世澤於致函秘書長時，要求將此照會分送各會員國及遠東顧問委員會（The Far Eastern Advisory Committee）

118 中日外交史料叢編（四），頁三四四—三四五，上海孔令侃轉呈孔祥熙來電。

119 中文全文見總統蔣公大事長編初稿，卷四（上，頁一〇四—一〇九；中國全面抗戰大事紀，二十六年九月份，頁一九—二三。英文全文見 C. Kuangson Young（楊光泩），ed. *The Sino-Japanese Conflict and the League of Nations*, 1937 (Shanghai: The China Press, 1937), pp. 107-113.

各國，俾各國先行了解中日衝突的實際情形。「聲明書」於縷述自七月七日盧溝橋事變以來之日本侵略與交涉情形外，並作如下的認定：

> 日本既如此居心擾亂東亞和平，實已違背國聯盟約之基本原則，以戰爭為國策之工具，置一切解決國際糾紛之和平方法於不顧，則又違背一九二八年巴黎非戰公約，不遵守其尊重中國主權獨立及領土與行政完備之義務，則更違背一九二二年在華盛頓締定之九國公約。[120]

九月七日，中國政府又向國聯提出第一次聲明書的補充報告，將上海戰況及日本濫炸廣州，日本宣佈封鎖中國海岸，日機轟炸紅十字會，恣意攻擊非戰鬥人員，恣意摧殘教育文化機關等罪行，提出說明。[121]十二日，顧維鈞以中華民國出席國聯大會首席代表身分向大會秘書長提出第二次聲明書，正式對日本的侵略向國聯提出申訴；並要求國聯依據盟約第十、十一、及十七條的規定採取適當而必要的方法和行動。[122]

國聯盟約第十條規定：「國聯會員國承擔尊重並保持各會員國之領土完整與現有政治獨立，

[120] 總統蔣公大事長編初稿，卷四（上），頁一〇九。

[121] 中文全文見中國全面抗戰大事記，二十六年九月份，頁二九—三一；英文全文見楊光泩前書，頁一一五—一一九。

[122] C. Kuangson Young, *The Sino-Japanese Conflict and the League of Nations*, 1937, pp. 120-123.

防禦外來之侵略。如遇此種侵略或有此種侵略之任何威脅或危險時，理事會應籌劃履行此項義務之方法。」[123]這是中華民國提出申訴並要求國聯大會採取行動的依據。第十一條規定：任何戰爭或戰爭威脅，均視爲有關國聯全體的事，應採取任何明智與有效步驟，以保障各國間的和平；如發生此等情況，秘書長經任何會員國之請求，應立卽召集理事會會議。[124]第十七條規定非會員國的義務，特別是該條第三款之規定，非會員國被邀請參與解決爭端的會議而拒不出席，並向一國聯會員國作戰時，則國聯對之應卽適用盟約第十六條之規定，依理事會之決議由會員國予以經濟上的制裁。[125]此條最適合於中日衝突，蓋日本已於一九三三年退出國聯，此次日本如拒絕與國聯合作，國聯卽逕行採取制裁行動。

九月十三日，國聯第十八屆大會開幕。十五日，顧維鈞對大會發表演說，歷述日本的侵略行爲和暴行，最後聲言：「遠東的局勢異常嚴重，需要國聯迅速採取措施。中國政府依據盟約的第十條、第十一條、和第十七條，正式向理事會呼籲，請理事會決定是否應立卽討論採取行動或由

[123] 譯文採自董霖：顧維鈞與中國戰時外交，頁一二，英文原文是：The members of the League undertake to respect and preserve as against external aggression the territorial integrity and existing political independence of the members of the League. In care of any such aggression or in case of any threat or danger of such aggression the Council shall advise upon the means by which this obligation shall be fulfilled.

[124] 董霖前書，頁一二，註二八；英文件見 Wunsz King, *China and the League of Nations*, p. 101.

[125] 董霖前書，頁一三，註二九—三〇。

大會討論，或先把它交給一九三三年二月二十四日由大會設立處理中日衝突的顧問委員會。」[126]

國聯大會於九月十六日公開決議，將中國之申訴案移交顧問委員會討論處理。顧維鈞昨日演說中本提及此一方式，故表示接受此項安排，但附有保留條件，卽中國仍有權將此事提出國聯理事會考慮，並保持盟約第十七條下之各種權利。[127]中國另一代表錢泰，亦認爲此一安排係屬明智，理由有二：其一，美國以觀察員身分參加顧問委員會，雖無投票權，却能在此一問題的處理上發揮其世界性的影響；其二，暫時使國聯大會不必急於面臨依據憲章對日本作是否制裁的考慮，以免重蹈意阿戰爭時遽作不切實際之處理的覆轍。[128]

遠東顧問委員會包括二十三個國家：英、法、意、德、蘇、美、比利時、捷克、波蘭、挪威、西班牙、瑞典、荷蘭、瑞士、土耳其、匈牙利、葡萄牙、愛爾蘭、墨西哥、哥倫比亞、瓜地馬拉、巴拿馬、加拿大。委員會設主席一人，原由荷蘭代表擔任，此次則改選拉脫維亞外長孟特斯（Munters）。其中有强烈支持中國的國家，如蘇聯，亦有强烈支持日本的國家，如意大利和波蘭。顧問委員會於九月二十一日開會，決定邀中、日雙方參加，日本拒絕，中國則由顧維鈞參

---

[126] 顧維鈞講詞英文原稿見楊光泩前書，頁一九－二九；中文爲龐曾濂譯文，見董霖前書，頁八七－九四。

[127] 中國全面抗戰大事記，二十六年九月份，頁三七。

[128] Tsien Tai, *China and the Nine Power Conference at Brussels in 1937*, p. 1

加，並於九月二十七日發表演說，強烈指責日本濫炸中國不設防城市並殺戮平民及兒童。[129]同日，顧問委員會通過議決案，譴責日機肆意轟炸中國不設防城市並慘殺平民的暴行。[130]這一決議復經國聯大會於二十八日決議通過，是爲中國申訴日本侵略案首次獲得之精神支援。[131]

關於整個申訴案，中國代表團建議採取四項具體辦法：㈠宣佈日本爲侵略國；㈡日本利用上海公共租界爲作戰根據地（其時淞滬戰爭尚在進行中），故應加以譴責；㈢給予中國財政上之援助；㈣對日本禁運軍械與軍用資料。[132]但與各國接洽時，均認爲此乃對日本施行制裁，各國深恐惹起日本之反感與報復，不願支持。尤有進者，顧問委員會計劃組織分委員會（sub-committee）研議處理辦法並起草報告書，其成員十三國，但不包括中國在內。經顧維鈞力爭並堅持，始獲允參加。[133]分委員會於十月二日起連夜開會，討論其起草之決議案與報告書，經過激烈之爭論，[134]始於十月四日定稿，五日提經顧問委員會通過，六日再提經大會通過。此項決議案含兩項報告及

[129] 講詞全文中譯稿見顧維鈞與戰時中國戰時外交，頁九五—九九。

[130] 中國全民抗戰大事記，二十六年九月份，頁五五。

[131] 會議討論情形，詳金問泗：從巴黎和會到國聯，頁一四三—一四五，支持中國最力者爲蘇聯代表李維諾夫(Maxim Litvinov) 及紐西蘭代表姚登 (William Joseph Jordan)。

[132] Wunsz King, *China and the League of Nations* p. 83.

[133] 同上，頁八三—四。

[134] 詳金問泗：從巴黎和會到國聯，頁一四八—一五〇；中日外交史料叢編（四），頁三五〇，日內瓦顧維鈞等致外交部電，民國二十六年十月六日。

一項結論，[135]其要點有三：

一、認定日本已違背九國公約及非戰公約：「對於日本以陸海空軍對中國實行軍事行動一節，不得不認為與引起衝突之事件殊不相稱，而此項行動並不能促進中日兩國之友好合作，如日本政治家所聲明為其政策之目標者。上述行動不能根據現行合法約章或自衞權認為有理由，且係違背日本在九國公約及巴黎非戰公約下所負之任務。

二、請會員國個別考慮對中國之援助：「大會表示對於中國予以精神上的援助，並建議國聯會員國應避免採取一切動作，其結果足以減少中國抵抗之能力，致增加中國在現在衝突中之困難。又建議國聯會員國，應考慮各該國能單獨協助中國至何種程度。

三、召開九國公約國會議，尋求結束兩國衝突辦法：顧問委員會第二報告聲言：「本委員會認為大會以國聯名義應採取之第一步驟，厥惟邀請簽訂九國公約之國聯會員國於最早時期開始此項商討，本委員會提議，上述會員國應即開會決定實行此項邀請之最良與最速方法。本委員會又希望關係各國能與其他在遠東有特殊關係之國家聯合工作，尋求以協定方式結束衝突之方法。」大會之決議為：「關於所擬召集舉行九國公約各國聯會員國會議一節，茲請求主席採取必要之行

[135] 英文原文見國聯文件 A. 78. 1937; A 79. 1937; A 80. 1937; C. Kuangson young, *The Sino-Japanese Conflict and the League of Nations*, 1937, pp. 62-80. 中文原文見中日外交史料叢編（四），頁三五九—三六二。

動。」

顧維鈞等向外交部報告：「初開會時空氣頗不佳，嗣後漸漸好轉。」136其好轉之原因，一則由於中國代表團的妥爲因應，靈活運用；一則由於美國政府態度之有限度轉變，特別是羅斯福總統十月五日在芝加哥發表之「隔離演說」與美國國務院十月六日發表譴責日本之聲明，對國聯會員國態度自有若干影響力。金問泗記曰：「羅斯福總統特擇十月五日演說，以期與國聯通過報告的日子相配合。當五日晨起草委員會開會時，我代表團於該演詞發表前，已先覓得一份，顧代表因以之傳示他國代表，並附一小條，謂假使該演詞早幾天發表，國聯方面，可能採取較爲強硬的態度云。該演詞竟遭受美國國內輿論的激烈反應，則非始料所及也。」137

羅斯福演說，將不尊重國際條約與法律的侵略行動，比喻爲疫癘。疫癘正在蔓延中，應設法使其隔離，以免傳染。138他沒有提到日本、德國和意大利的國名，實際他所說的疫癘指的就是這三國。139甚且在發表演說前二十天，羅斯福與其秘書艾克思（Ickes）談話時，曾稱日、德、意三國爲「匪國」(Three bandit nations)，其厭惡侵略的情緒可見一斑。140在孤立主義大本營的

136 中日外交史料叢編（四），頁三五〇，日內瓦顧維鈞等來電。
137 金問泗：從巴黎和會到國聯，頁一五〇。
138 羅斯福演說中文譯文見中日外交史料叢編（四），頁四二四—四二九。
139 Dorothy Borg, *The United States and the Far Eastern Crisis of 1933-1938*, p. 380.
140 *Ibid*, p. 379.

芝加哥發表演說，本是國務卿赫爾的建議，一部分講稿也係由赫爾起草，但「隔離」（Quarantine）一詞却是羅斯福本人加進去的，赫爾事後才知道。[141]出乎意料之外的，羅斯福態度積極語氣强硬的演說，却引起美國民間的强烈反應，多數團體不贊成美國捲入世界事務的漩渦。[142]面對美國民間輿論的壓力，羅斯福的態度也有了改變。當美國派往布魯塞爾出席九國公約會議的代表戴維斯（Norman Davis）於出發前向他請示方針時，羅斯福就反對使用「制裁」（Sanctions）一詞，並說：「這是不應該再使用的一個字，必須找別的字代替。」（This was a word that ought not to be used anymore, some other word must be found.）[143]

國際聯盟大會既於十月六日決議召開九國公約會議，以一九二二年之九國公約原由英國發起，美國附和，此次召開自應以英國與美國爲主動。英國亦未逃避責任，首先與美國接觸，建議在華盛頓舉行。但美國立即拒絕，羅斯福總統認爲比利時首都布魯塞爾最爲適宜。[144]比利時初亦猶豫，嗣後英、美同意於邀請書中載明「係應英國之請並由美國贊同」（at the request of the British Government and with the approval of the American Government）字樣，比利時

---

[141] Dorothy Borg 前書 p. 384；赫爾回憶錄中文譯本（臺北：水牛出版社，民國六十年），頁九〇。
[142] Dorothy Borg 前書，頁三八六—三九八。
[142] Dorothy Borg 前書，頁三八四。
[144] Dorothy Borg 前書，頁三九九。

始同意於十月十六日發函邀請有關國家於十月三十日至布魯塞爾集會。開會日期其後延為十一月三日。[145]

比利時邀請的國家分為三類：一為九國公約原簽字國，為中國、英國（連同加拿大、澳大利亞、紐西蘭、南非洲、印度）、美國、法國、意大利、日本、比利時、荷蘭、葡萄牙；一為補行簽署九國公約之玻利維亞、瑞典、挪威、丹麥、墨西哥；一為在遠東有特殊利益，亦即與遠東關係密切之德國與蘇聯。由於日本、德國拒絕參加，實際出席比京會議者為十九國。各大國所派出席會議之代表，如英之艾登，美之戴維斯，法之戴爾波（Yvon Delbos），蘇聯之李維諾夫等人，均為一時之選。中華民國政府仍特派顧維鈞、郭泰祺、錢泰三人與會。

九國公約會議以討論並處理中日衝突為主題，中國政府自然希望能有制裁日本侵略，並援助中國的具體決定，尤其希望美國能表現其積極維護九國公約的行動。然美國政府一開始卽將比京會議限制於「協商解決紛爭」的範圍內，絕不討論制裁之事。英國雖有意採適當之制裁行動，但因在原則上決定與美國採一致行動，因而孤掌難鳴。[146] 羅斯福總統雖同情中國，但對中國抵抗侵略的能力表示擔心，並建議中國出席比京會議代表於陳述事實後「不妨退席，表示深信各國主

---

[145] Tsien Tai, *China and the Nine Power Conference at Brussels in 1937*, p. 3.

[146] 鮑家麟：列強對中國抗戰的態度。

持公道。」[147]中國政府自不能接受。[148]中國政府以自身利害為考慮，至盼蘇聯代表能對中國全力支持，蘇聯亦允相助，惟自認並非主要角色。據楊杰、張沖報告蘇聯國防部長伏羅希洛夫之談話：「比京會議，蘇決助我，已令出席代表盡無限之力量，與我代表切取協助應付。惟會議主角為英美，務從英、美作強有力之主力與實際之行動，方為有利。」[149]

中國政府已預料比京會議困難重重，外交部曾於十月二十四日密電顧、郭、錢三大使，坦告：「依照目前形勢，會議無成功希望」，然仍須以和緩態度，「求得在九國公約規定之精神下謀現狀之解決」，「使各國認識會議失敗責任應由日本擔負」，「使各國於會議失敗後，對日採取制裁辦法」。[150]二十五日，外交部復向國防最高會議常務委員第二十六次會議提出比京會議應付原則兩項，當經修正通過，其原文：

一、此次會議，我國最應注重之原則，卽在維護九國公約第一條之規定，各國考慮任何問題或建議任何辦法，必須符合該條之文字與精神。

二、中國不獨願與日本進行經濟合作，且願與各國同樣合作以發展中國經濟事業，機會均

---

[147] 王正廷、胡適上蔣委員長兩電，民國二十六年十月十二日，見中日外交史料叢編（四），頁三六二。

[148] 國防最高會議常務委員第二十四次會議紀錄，民國二十六年十月二十日，南京。

[149] 中華民國重要史料初編—對日抗戰時期，第三編，戰時外交(二)，頁三三四，楊杰、張沖上蔣委員長電，民國二十六年十一月一日。

[150] 外交部致巴黎中國大使館電，民國二十六年十月二十四日，中日外交史料叢編（四），頁四〇二—三。

等主義在中國領土內任何部分應予普遍適用。151

十一月三日，布魯塞爾會議開幕。首由荷蘭代表柯林（Hendrik Colijn）提議，英、法、美、意代表同意，推比利時外長斯巴克（Paul-Henri Spaak）爲大會主席，斯巴克於致歡迎詞時，對德、日之拒絕與會表示惋惜，並謂：「本會議並非一種國際法庭，目的在停止戰爭間的衝突，均可以調解或仲裁加以解決。」152美、英、法、意、蘇各國代表相繼演說，153顧維鈞亦於當日下午演說，於縷述日本侵華情形後，聲言：

我們希望和平，但在日本侵略的現狀下，我們曉得無法獲致和平。我們需要的和平，不是不顧一切代價—對中國不公正或對文明不信任，所換得的和平；而是依據九國公約原則的和平。過去數月來，中國已經為這一目標作了重大的犧牲，只有在此種和平下，中國始能對國際間的法律與秩序，有所貢獻。154

布魯塞爾會議開始之初，卽已出現令人失望的風波。第一、是意大利於會議開始後第三日—十一月六日，正式宣布參加日德反共協定，在會議中興風作浪，一意爲日本講話，其代表馬卡第

151 會議記錄原件，民國二十六年十月二十五日，南京。
152 顧維鈞等致外交部電，民國二十六年八月三日，中日外交史料叢編（四），頁三九三—五。
153 志剛：比京九國公約會議，東方雜誌，第三十四卷，第二十、二十一號。
154 Tsien Tai, *China and the Nine Power Conference at Brussels in 1937*, p. 5.

(Aldrovandi Marcscotti) 聲言日本未參加，此一會議毫無意義，主張由中日直接交涉，無異於東京的傳聲筒。第二、英國建議組織一委員會 (Sub-Committee) 實際執行其任務，並以英、美、比三國代表組成之，但法國要求參加，意大利以法國參加，亦要求參加，蘇聯則以意大利參加，蘇聯不應擯之門外。[155]要求不遂，法、美間已有芥蔕，李維諾夫則憤而於十一月九日離開布魯塞爾，不復與會。[156]第三、由於美國公開聲言不準備施行對日制裁，北歐諸國深受德國影響，荷蘭則以南洋羣島問題恐遭日人報復，因而會場中瀰漫恐日氣氛。第四、會議開議後，中國在京滬作戰失利，北方太原又告淪陷，各國對中國之信心不無動搖。及上海於十一月十日宣告撤守，予各國代表心理上之影響尤大。實際上，大會於十一月九日起休會，至十三日始再復會。

大會對日本，備極遷就。十一月六日，決定再對日本作第二度之邀請，措詞十分謹慎，「根本不提國聯，亦不說起日本的軍事行動，以期避免刺激；然聲明交換意見，須在九國公約範圍之內。」[157]日本再度拒絕大會的邀請，其覆文中竟謂：「日本目前在華行爲，乃中國挑釁舉動迫使日本採取之自衛行爲，故不在九國公約範圍之內。」[158]

---

[155] 程天放、顧維鈞致外交部電，民國二十六年十一月六日，中日外交史料叢編（四），頁三九六—七。

[156] 金問泗：從巴黎和會到國聯，頁一五六—七。

[157] 同上，頁一五四。

[158] 志剛：比京九國公約會議。

中國政府對於布魯塞爾會議，原則上不反對各國的調解，但主張調解失敗後，須有進一步的積極行動。日本拒絕第二次邀請，顯示調解已經無從進行。顧維鈞於十三日舉行之第七次會議中，卽大聲疾呼：「現在，妥協和調解之門已關閉了。面對日本政府最近的答覆，諸位能不決定停止對日本的戰略物資供應與貸款，轉而支持中國嗎？那是實現各位協助制止日本侵略及維護條約之義務的最適當之途徑。」[159]

然美、英、法三主要國家，已在考慮只在一般原則上作成宣言，藉以結束會議。推美國代表起草宣言，於十四日下午討論修正後，於十五日下午由大會以十五對一的表決通過。反對之一票爲意大利，瑞典、挪威、丹麥三國棄權。這三個波羅的海國家的代表們私下解釋他們國家棄權的原因：任何以反日爲目標的「共同態度」（Common attitude）均將導向制裁，但以往的經驗顯示任何的制裁行動，小國均蒙受嚴重的犧牲而得不到任何補償。[160]宣言文字意義亦不夠明顯，[161]綜其要點有三：

㈠中日兩國爭端，有關於九國公約及非戰公約全體締約國，並非僅與中日兩國相關。

[159] 同[154]，頁一〇。

[160] Dorothy Borg 前書，頁四二七。

[161] 中文譯文見中國全面抗戰大事記，二十六年十一月份，頁二九—三〇；英文原文見 Tsien Tai *China and the Nine Power Conference at Brussels in 1937*. pp. 30–35.

㈡不得以武力干涉別國內政。

㈢中國依照九國公約，從事於充分的開誠佈公的討論，日本則否，又各國均認該公約為適用於現在局面，日本獨否；故比京會議認為應考量各國共同態度，以資應付。[162]

中國代表對此宣言自然不能滿意，外交部長王寵惠於同日——十一月十五日在南京向國防最高會議報告時，卽謂此一宣言「恐無實際效果」。[163]然顧維鈞仍在大會中慷慨陳詞，建議對日本作四項制裁行動：㈠禁止戰爭及實業所用之必需原料、運往日本；㈡抵制日貨及日船運輸，㈢停止對日信用放款；㈣以軍火及信用放款援助中國。此一建議，並未為各國代表所接受。[164]大會於通過宣言書後，宣佈休會，並定於二十二日復會。然英外長艾登，法外長戴爾波均於休會後各回本國，會議已屆尾聲了。

十一月二十二日下午，比京會議復會，首對英、美、法三國代表在休會期間所草擬的一份「報告書」草案，進行討論。「報告書」的主要內容，於歷述以往事實及一般性原則外，主張無限期延會。當日未作決定。顧維鈞聲言須有充分時間向政府請示，各國同意於二十四日再行開

[162] 金問泗：從巴黎和會到國聯，頁一五八。
[163] 國防最高會議常務委員第三十一次會議記錄，民國二十六年十一月十五日，南京。
[164] 志剛：比京九國公約會議；中國全面抗戰大事記，二十六年十一月份，頁二九。

會。二十四日下午開會後，順利將「九國公約會議報告書」通過。[165]「報告書」雖係一冗長文件，內容則「說經過情形者多，將來辦法者少。」[166]除重述一般性原則外，了無新意，卽對十一月十五日通過之「宣言書」中所提及之各國「共同態度」，亦無任何交代。

布魯塞爾九國公約會議在失望的空氣中，無限期的休會了。中國當然最爲失望，但仍表現了泱泱大國風度，接受了此一「九國公約會議報告書」，以示與各國始終團結一致之意。國民政府已於十一月二十日宣布遷移重慶，蔣中正委員長則仍坐鎭南京。他於二十五日晚接見外國新聞記者答覆有關比京會議之詢問時說：「確信九國公約簽字國將援助中國；如無此援助，則所有條約，悉屬無效，而破壞條約之擧動反得奬勵。」[167]

就整體而言，布魯塞爾九國公約會議是失敗的。然平心而論，亦非毫無有利的影響。會議重申九國公約和非戰條約的原則並申明日本的侵略行動不符合此等條約的精神，自然可在國際宣傳上發生有利的作用。中國政府因對九國公約會議抱持樂觀的希望，因而不理會日本十一月初旬的和談攻勢，迫使日本企圖在會議有所決定前解決「中國問題」的陰謀，爲之破產。美國代表戴維

---

165 中文全文見董霖：顧維鈞與中國戰時外交，附錄五，頁一〇九—一一六。英文全文見同書英文本 V. K. *Wellington Koo and China's Wartime Diplomacy*, pp. 147-160; Tsien Tai, *China and the Nine Power Conference at Brussels in 1937*, pp. 25-37.

166 國防最高會議常務委員第三十三次會議紀錄，王寵惠發言，民國二十六年十二月三日，漢口。

167 中國全面抗戰大事記，二十六年十二月份，頁四五。

斯也認為會議並非毫無成就，他於一九三七年十二月十六日向美國國務院提出的報告中，曾舉述六項他認為的「顯著的成就」：㈠十九國政府交換意見，使每個代表團以及其他政府認識了其他政府的態度與地位。㈡顯示日本不願以和解方式解決爭端。㈢使日本一直堅持中日衝突與他國無關的事實，得到澄清；除意大利外，各國均否認日本的說詞，並確認此一情勢與彼等全體，實際上對所有國聯會員國有關。㈣除意大利外，與會各國重加確認了九國公約的原則。㈤各國注意到，最後的解決必須符合九國公約的原則，並必須使與會各國感到滿意。㈥各與會國家顯示將繼續關切遠東情勢，會議並未結束，只是休會，並將再行集會。[168]

㈤ 特使的派遣

民國二十六年秋冬間，政府為促進國際間對中國抗戰的瞭解並爭取精神上與物質上的支援，曾先後派遣特使多人，分赴歐美各國活動。其主要者，為蔣方震、胡適、張彭春、李煜瀛、陳公博、孫科、陳光甫、張人傑等人。其成效顯著且備受重視者，厥為胡適、蔣方震、張彭春、孫科、陳光甫。

胡適係於二十六年九月七日受到蔣中正委員長的邀請，以特使名義，赴美「說明日本侵華經

168 Tsien Tai, *China and the Nine Power Conference at Brussels in 1937*, p 20.

過及其暴行事實」。169 胡於九月十五日飛美，先後在美國各大城市發表講演，說明中國的處境、國策以及對美國的期望，於促使美國朝野對中國的瞭解與同情，頗具功效。十月上旬，他到華盛頓，曾於十月十二日與駐美大使王正廷同謁羅斯福總統，談商中國情勢。羅斯福雖對中國同情，但對中國之抵抗能力，表示憂慮。羅問胡氏：「華軍能否支持過冬？」胡答以：「定能支持」；羅並以甚為誠懇之態度，要胡氏轉告中國朝野「不要悲觀」。170 可見當時中國國際環境之艱難，胡氏主張「苦撐待變」，自係針對國際環境而不能不作長遠打算之建言。

胡適在美十月，以學人身分從事國民外交，其成效固見仁見智，然於美國輿論發生相當程度之影響，則屬無可爭議。二十七年七月，胡自美赴歐洲各國訪問。九月十七日，奉國民政府命令出任駐美大使。171 多數美國人都認為在當時胡適實為最理想的中國駐美代表。172

蔣方震奉派赴歐，亦係二十六年九月間事，目的地則是德、意兩國，任務是相機爭取援助並分化意、德與日本間的關係。173 他帶了蔣中正委員長寫給意大利首相墨索里尼的介紹信，說蔣方震此次係以委員長私人代表身分來訪。蔣氏於十月中旬抵達羅馬，並於十月二十五日晉見墨索

169 總統蔣公大事長編初稿，卷四（上），頁一一二。
170 胡適上蔣委員長電，民國二十六年十月十二日，中日外交史料叢編（四），頁三六二。
171 胡頌平：胡適之先生年譜長編初稿，第五册，頁一六四五。
172 Howard L. Boorman, ed., *Biographical Dictionary of Republican China*, vol, II. p. 172.
173 薛光前：蔣百里的晚年與軍事思想（臺北：傳記文學社，民國五十八年），頁三五。

里尼。蔣勸告墨氏明悉中國的反共立場並顧全兩國已存在的友好關係，以不參加德、日反共協定為宜，墨的答覆則是：「我的參加防共協定，完全是政治作用。請蔣將軍報告蔣委員長，我的參加日德軸心，並非反對中國。因為我為西班牙問題，困於英法。我反英法，日德亦反英法，利害一致，我不能不聯合日德。假使中國亦反英法，我必與中國加强一切關係。」[174]

蔣方震未能說服墨索里尼改變態度，乃離意赴德，德國方熱衷於調解中日衝突，自然不會有友華反日的表示，十一月三日，九國公約會議在布魯塞爾開幕，蔣氏奉令前往相助，他知道會議前途黯淡，勞而無功，[175]遂又回到柏林。二十七年春，再赴英、法兩國考察政情後，於四月間自馬賽搭輪返國。

張彭春，南開大學教授。他於二十六年九月訪英，曾參加九月二十九日在倫敦舉行之自由教會主政者會議，並講述日軍轟炸天津的慘象。大會因而通過決議，表示對日本轟炸中國不設防城市之震怒，並促請英國政府與國際聯盟即採種種可能方法，制止此種殘暴行為之繼續進行。[176]二十七年春，張氏再赴美訪問，並在美發起「不參加日本侵略委員會」，進行國際宣傳。旋再赴

---

[174] 同上書，頁四四。
[175] 蔣方震：國防論（臺灣中華書局，民國五十一年版），頁二二一。
[176] 民國二十六年十月一日，七日，上海大公報。

英，推展國民外交。二十九年五月，轉任中國駐土耳其公使。[177]

李煜瀛（石曾）係於二十六年冬，訪問法、俄。係以私人身分活動，然亦不時向中央提出報告。在莫斯科時，曾訪晤蘇聯外長李維諾夫，及法駐蘇聯大使考朗德（Coulondre），希望促成中、法、蘇的合作，然無效果。[178]陳公博則係經由行政院的決議，於二十六年十一月以專使身分訪歐。他於十一月八日晉謁意首相墨索里尼，一週之後赴比利時，十二月中旬抵達英倫。[179]曾晉見英國首相張伯倫（Arthur N. Chamberlain），[180]卻未能受到重視。

任務最繁重的訪蘇特使，爲立法院長孫科。孫氏曾參與中蘇互不侵犯條約的談判，並爲「中蘇文化協會」會長，頗相信蘇聯能援助中國，二十六年十二月十三日南京淪陷後，國家處境艱難，國民政府因派孫氏爲特使訪問莫斯科，洽商借款及軍援。孫氏率同傅秉常、吳一飛等於十二月二十七日啓程，經歐洲，轉往蘇聯。二十七年春、夏間，孫氏往返於莫斯科與巴黎間，三度訪蘇，「觀察蘇聯方面的軍事外交動向」，「幸均能不辱使命，圓滿達成任務。」[181]

---

[177] 關志昌：張彭春小傳，民國人物小傳，第三冊，頁一八〇—一。

[178] 蔣廷黻回憶錄，頁二〇一—二。

[179] 中國全面抗戰大事記，二十六年十一月份，頁七、三一、三七；十二月份，頁二一。

[180] 李鍔、汪瑞炯、趙令揚編註：苦笑錄—陳公博回憶，一九二五—一九三六（香港大學，一九八〇），頁三八九。

[181] 孫科：八十述略，革命人物誌，第十三集。

陳光甫，卽上海著名企業家與金融家陳輝德。他於抗戰爆發前一年卽民國二十五年訪美，與美國政府簽訂白銀協定，深獲美國財經界器重。戰爭爆發後，奉令主持軍事委員會貿易調整委員會，管理貿易以充裕外滙，績效顯著。二十七年，奉派赴美與美國財政部進行「桐油借款」，達成協議，並在美設立世界貿易公司（Universal Trading Corporation），以爲美國對華援助之中間機構，避免美國政府直接援華引致非議的顧慮，設想極爲周到。陳氏之貢獻，不僅在於「打開美國經濟援華之門」。尤在其表現了卓越的經營才能，建立了良好信用，於戰時中美經濟關係，貢獻良多。[182]

抗戰開始，國民政府的基本政策乃是自立更生。尋求外援，但不因外援而改變國家的立場與既定的國策。抗戰初期之派遣專使出國訪問，主要目的仍在揭發日本侵略中國的野心及其在華的暴行，洽商軍援，尙係次要任務。各專使未必皆能達成其使命，然於增進與各國間的瞭解，激發其民間輿論對中國抗日的同情與支持，確有相當助益。對華一向友好的意大利外交部長齊亞諾（C. G. Giano）曾進忠告：「世界上無一能眞正援助中國者，中國惟一生存之條件，卽忠勇抗戰之中國將士。」[183]信哉斯言，中國政府諸領袖豈有不知！

---

[182] 姚崧齡：陳光甫的一生（臺北：傳記文學社，民國七十三年），頁七九—一〇一；吳相湘：陳光甫服務社會，民國百人傳，第四册，頁一—四二。

[183] 唐祖培：蔣方震傳，見革命人物誌，第十二集，頁四五一。

引用及參考書目

甲、中文部分

一、會議紀錄

中國國民黨第四次全國代表大會會議紀錄
　民國二十年十二月　南京

中央政治會議特種外交委員會會議紀錄
　民國二十年十—十一月　南京

中國國民黨第四屆中央執行委員會第一次全體會議紀錄
　民國二十年十二月　南京

中國國民黨第四屆中央執行委員會常務委員會會議紀錄
　民國二十年十二月至二十四年十一月　南京

中國國民黨第四屆中央執行委員會第二次全體會議紀錄
　民國二十一年三月　洛陽

中國國民黨第四屆中央執行委員會第三次全體會議紀錄
　民國二十一年十二月　南京

中國國民黨第四屆中央執行委員會第四次全體會議紀錄

民國二十三年一月　南京
中國國民黨第四屆中央執行委員會第五次全體會議紀錄
民國二十三年十二月　南京
中國國民黨第四屆中央執行委員會第六次全體會議紀錄
民國二十四年十一月　南京
中國國民黨第五次全國代表大會會議紀錄
民國二十四年十一月
中國國民黨第五屆中央執行委員會第一次全體會議紀錄
民國二十四年十二月　南京
中國國民黨第五屆中央執行委員會第二次全體會議紀錄
民國二十五年七月　南京
中國國民黨第五屆中央執行委員會第三次全體會議紀錄
民國二十六年二月　南京
中國國民黨第五屆中央執行委員會常務委員會會議紀錄
民國二十四年十二月—二十七年二月　南京　重慶
中國國民黨第五屆中央執行委員會政治委員會會議紀錄
民國二十四年十二月至二十六年十月　南京
盧山談話會紀錄
民國二十六年七月
國防最高會議常務委員會議紀錄

民國二十六年八月至二十七年三月　南京　漢口
中國國民黨臨時全國代表大會紀錄
民國二十七年三月二十九日至四月二日　武昌
中國國民黨第五屆中央執行委員會第四次全體會議紀錄
民國二十七年四月　漢口

二、文獻專集、論文集、文集

革命文獻　中國國民黨中央黨史委員會編刊
第六十八輯　新生活運動史料
第六十九輯　中國國民黨宣言集
第七十輯　中國國民黨黨章政綱集
第七十一—五輯，八十一至九十三輯　抗戰前國家建設史料
第七十六—七輯　中國國民黨歷次全國代表大會重要決議案彙編(一)(二)
第七十九—八〇輯　中國國民黨歷次中全會重要決議案彙編(一)(二)
第九十四—五輯　西安事變史料
中日外交史料叢編　中華民國外交問題研究會編印
(一)國民政府北伐後中日外交關係
(二)九一八事變
(三)日軍侵犯上海與進攻華北
(四)蘆溝橋事變前後的外交關係

㈤日本製造偽組織與國聯的制裁侵略
㈥抗戰時期封鎖與禁運事件
中華民國重要史料初編—對日抗戰時期 中國國民黨中央黨史委員會編印，全七編，參考以下五編
第一編 緒編
第二編 作戰全程
第三編 戰時外交
第五編 抗戰時期中共活動眞相
第六編 傀儡組織
中華民國建國史討論集
中國國民黨中央黨史委員會編印 民國七十年十月
中華民國歷史與文化討論集
中國國民黨中央黨史委員會編印 民國七十三年
孫中山先生與近代中國學術討論集
中國國民黨中央黨史委員會編印 民國七十四年
蔣中正先生與現代中國學術討論集
中國國民黨中央黨史委員會編印 民國七十五年
抗戰前十年國家建設史研討會論文集
中央研究院近代史研究所編印 民國七十三年
抗戰建國史研討會論文集
中央研究院近代史研究所 民國七十四年

抗戰勝利四十週年論文集
　國防部史政編譯局編印　民國七十四年
中國現代史論集
　張玉法主編，聯經出版事業公司出版，全十輯，參考兩輯：
　第八輯　十年建國
　第九輯　八年抗戰
抗戰勝利的代價—抗戰勝利四十週年學術論文
　許倬雲、丘宏達主編　臺北聯合報社出版　民國七十五年
中國近代現代史論集
　中華文化復興運動推行委員會主編　臺灣商務印書館印行　全三十編　參考下開三編
　第二十五編　建國十年
　第二十六編　對日抗戰
　第二十七編　中共問題
中國現代史專題研究報告
　中華民國史料研究中心編印　全十一輯　民國六十年至七十五年
先總統　蔣公思想言論總集
　秦孝儀主編　中國國民黨中央黨史委員會印行　民國七十三年
何上將抗戰期間軍事報告
　何應欽著　民國三十八年二月初版　五十一年臺北文星書店影印再版
抗戰文獻

獨立出版社編印　民國二十七年五月

盧溝橋
陳彬龢編　桂林前導書局出版　民國二十六年九月

九一八事變史料
李雲漢編　臺北正中書局出版　民國六十六年

抗戰前華北政局史料
李雲漢編　臺北正中書局出版　民國七十一年

張季鸞：季鸞文存　臺北：臺灣新生報出版部　民國六十八年

孫子和：民國政黨史料　臺北：正中書局　民國七十年

成惕軒等　百年來中日關係論文集　臺北　民國五十七年

宋委員長言論集（一九三五—一九三六）
余天休編，北平正風雜誌社印行　民國二十五年二月

宋哲元先生文集
中國國民黨中央黨史委員會編印　民國七十四年

宋故上將哲元將軍遺集
孫湘德、宋景憲主編　臺北傳記文學出版社出版　民國七十四年

張上將自忠紀念集
張上將自忠傳記編纂委員會編　上海藝文書局出版　民國三十七年九月

十年來之中國經濟建設　南京：中國國民黨中央國民經濟建設委員會　民國二十六年

薛光前：艱苦建國的十年　臺北：正中書局　民國六十年

卓遵宏：抗戰前十年貨幣史資料(一)　臺北：國史館　民國七十四年
羅家倫先生文存　臺北：羅家倫先生文存編輯委員會　民國六十五年
王健民：中國共產黨史稿　自印本　民國五十四年
抗日民族戰線指南　延安：解放社　一九三八
茂川秀和審判紀錄　北平警備司令部軍法處藏本　民國三十五年
中國全面抗戰大事記　上海：華美出版公司　一九三八
郭廷以：中華民國史事日誌　第三册　中央研究院近代史研究所　民國七十三年

三、專著、年譜、回憶錄及訪問紀錄

梁敬錞　九一八事變史述　臺北：世界書局　民國五十三年
——：日本侵略華北史述　臺北：傳記文學出版社　民國七十三年
周開慶：抗戰以前之中日關係　臺北：自由出版社　民國五十一年
——：民國四川史事　臺北：臺灣商務印書館　民國五十八年
——：民國劉甫澄先生湘年譜　臺北：臺灣商務印書館　民國七十年
——：四川與對日抗戰　臺北：臺灣商務印書館　民國六十年
蔣中正：蘇俄在中國　臺北：中央文物供應社　民國四十三年
——：西安半月記　臺北：中央文物供應社再版本　民國六十六年
宋美齡：西安事變回憶錄　臺北：中央文物供應社再版本　民國六十六年
孔祥熙：西安事變回憶錄　見孔庸之先生演講集，附錄十　劉振東編　美國紐約：中美文化中心　民國四十九年
顧祝同：墨三九十自述：西安事變憶往　臺北：傳記文學社

秦孝儀：總統蔣公大事長編初稿　未發行稿
董顯光：蔣總統傳　臺北：中華文化出版事業委員會　民國四十一年十二月
古屋奎二著，中央日報社譯印：蔣總統秘錄　共十五册
鄭學稼：日帝侵華秘史　臺北：地平線出版社　民國六十四年
沈雲龍：民國史事與人物論叢　臺北：傳記文學出版社　民國七十年
——：黃膺白先生年譜長編　臺北：聯經文化事業出版公司　民國六十五年
李雲漢：宋哲元與七七抗戰　臺北：傳記文學出版社　民國六十二年
——：西安事變始末之研究　臺北：近代中國出版社　民國七十一年
郭廷以：近代中國史綱　香港：中文大學出版社　一九七九
何應欽：日軍侵華八年抗戰史　國防部史政編譯局　民國七十一年
左舜生：近三十年見聞雜記　臺北：文海出版社影印本
張其昀：黨史概要　臺北：中央文物供應社　民國四十年
張　羣：我與日本七十年　臺北：中日關係研究會　民國六十九年
沈亦雲：亦雲回憶　臺北：傳記文學出版社　民國五十七年
傅樂成：傅孟眞先生年譜　臺北：文星書店　民國五十三年
阮毅成：政言　臺北：臺灣商務印書館　民國六十九年
吳相湘：俄帝侵略中國史　臺北：正中書局　民國四十三年
——：民國百人傳　臺北：傳記文學出版社　民國六十年
——：第二次中日戰爭史　臺北：綜合月刊社　民國六十二年
——：民國人物列傳　臺北：傳記文學出版社　民國七十五年

司馬桑敦：張學良評傳　美國加州蒙特雷公園：長春出版公司　一九八六
蔣永敬：胡漢民先生年譜　臺北：中國國民黨中央黨史委員會　民國六十七年
鄒　魯：回顧錄　重慶：獨立出版社　民國三十五年
董　霖：顧維鈞與中國戰時外交　臺北：傳記文學出版社　民國六十七年
金問泗：從巴黎和會到國聯　臺北：傳記文學出版社　民國五十六年
王正華：抗戰時期外國對華軍事援助　臺北：環球書局　民國七十六年
曹伯一：江西蘇維埃之建立及其崩毀　臺北：國立政治大學東亞研究所　民國五十八年
陶希聖：潮流與點滴　臺北：傳記文學出版社　民國十年
陶希聖、唐縱：清共剿匪與戡亂　臺北：蔣總統對中國及世界之貢獻叢書編纂委員會　民國五十六年
淩鴻勛：十六年築路生涯　臺北：傳記文學出版社　民國五十七年
卓文義：艱苦建國時期的國防軍事建設－對日抗戰前的軍事整備　臺灣育英社文化事業有限公司　民國七十三年
卓遵宏：中國近代幣制改革史（一八八七－一九三九）　臺北：國史館　民國七十五年
賴淑卿：國民政府六年禁烟計劃及其成效－民國二十四年至二十九年　臺北：國史館　民國七十五年
陳鵬仁：近代日本外交與中國　臺北：水牛出版社　民國七十五年
——：日本侵華內幕　臺北：黎明文化事業公司　民國七十五年
陳香梅：陳納德將軍與中國　臺北：傳記文學出版社　民國六十七年　陳納德原著我與中國重譯本
薛光前：蔣百里的晚年與軍事思想　臺北：傳記文學出版社　民國五十八年
金曼輝：我們的華北　上海雜誌無限公司　民國二十六年
洪桂己：日本在華暴行錄，一九二八－一九四五　臺北：國史館　民國七十四年
馮玉祥：馮在南京第二年　三民圖書社　民國二十六年　馮氏叢書第十二種

沈　思：政府抗敵的準備　準備書局　民國二十六年
馬起華：抗戰時期的政治建設　臺北：近代中國出版社　民國七十五年
包遵彭：中國青年運動史　臺北：正中書局　民國四十三年
曹汝霖：一生之回憶　臺北：傳記文學出版社　民國五十九年
姚崧齡：張公權先生年譜初稿　臺北：傳記文學出版社　民國七十一年
——：陳光甫的一生　臺北：傳記文學出版社　民國七十三年
郭榮趙：從珍珠港到雅爾達：中美戰時合作之悲劇　臺北：中國研究中心出版社　民國六十八年
國防部史政局：中日戰爭史略　一—四册　民國五十一年
——：抗日戰史　第五章　平津作戰　民國五十一年
白崇禧先生訪問紀錄　中央研究院近代史研究所　民國七十二年
熊斌將軍訪問紀錄　中央研究院近代史研究所　未刊稿
國防部史政局：德國駐華軍事顧問團工作紀要　民國五十八年
陳布雷回憶錄　臺北：傳記文學出版社　民國五十六年
秦德純：海澨談往　自刊本　民國五十一年
——：秦德純回憶錄　臺北：傳記文學出版社　民國五十六年
王冷齋：七七回憶錄　民國二十七年七月七日　重慶香港各報
——：七七十週年—刧後盧溝橋巡禮　民國三十六年七月七日　上海大公報
吉星文：盧溝橋保衞戰回憶錄　民國四十年七月七日在臺灣省立豐原中學講詞
劉汝明：劉汝明回憶錄　臺北：傳記文學出版社　民國五十五年
劉健羣：銀河憶往　臺北：傳記文學出版社　民國五十五年

張發奎：抗日戰爭回憶錄　香港打字印本　民國七十年

胡光麃：波逐六十年　香港：新聞天地社　民國六十年

胡頌平：朱家驊年譜　臺北：傳記文學出版社　民國五十八年

———：胡適之先生年譜長編初稿　臺北：聯經文化事業出版公司　民國七十四年

鄒　琳：鄒琳年譜　臺北：傳記文學出版社　民國六十四年

郭榮生：孔祥熙先生年譜　自刊本　民國六十九年

孫仿魯先生述集　臺北：孫仿魯先生九秩華誕籌備委員會　民國七十年

郭華倫：中共史論　中華民國國際關係研究所

張學良：西安事變反省錄　未刊稿

右　軍：西安事變的前因後果　香港：春秋出版社　民國六十年

李金洲：西安事變親歷記　臺北：傳記文學出版社　民國六十一年

蔣廷黻回憶錄　謝鍾璉譯　臺北：傳記文學出版社　民國六十八年

程天放：使德回憶錄　臺北：正中書局　民國五十六年

蔣夢麟：西潮　臺北：中華日報社　民國四十八年

陳公博：苦笑錄　李鍔、汪瑞炯、趙令揚編註，香港大學　一九八〇

張國燾：我的回憶　香港：明報月刊社　一九七四

蘇俄在華軍事顧問回憶錄　王啓中等譯　國防部情報局印　民國六十七年

赫爾回憶錄　臺北：水牛出版社譯本　民國六十年

四、論文、文件、報告

丁文江：抗日的效能與青年的責任　獨立評論　第三十七號

——：所謂「剿匪問題」　獨立評論　第六號

——：蘇俄革命外交史的一頁及其教訓　民國二十四年七月二十一日天津大公報星期論文　獨立評論　第一六三號

王鐵漢：不抵抗之抵抗　傳記文學　四卷一期

王聿均：戰時日軍對中國文化的破壞　中央研究院近代史研究所集刊　第十四期

王寵惠：對蘇聯提議事項意見書　民國二十六年七月八日

——：國防最高委員會結束之談話　民國三十六年四月二十四日　南京中央日報

公　敢：天津海河浮屍疑案　申報週刊　二卷二十期

方覺慧：中央華北黨務特派員報告　未刊稿

白雪峯：蘭州事變紀略　自刊本　民國二十六年

史國綱：美國擴大中立法案　東方雜誌　三十四卷三號

札奇斯欽：三十年代的內蒙古—從蒙古人的觀點看蔣中正先生與蒙古　蔣中正先生與現代中國學術研討會論文

朱文長：抗戰艱苦的前因與後果　傳記文學　四十九卷一期

——：抗戰時期之民心士氣與知識份子　見許倬雲、丘宏達主編：抗戰勝利的代價—抗戰勝利四十週年學術論文集　民國七十五年

朱霽青：義勇軍抗日經過　民國二十一年八月一日在南京中央黨部留京辦事處報告

阮毅成：記時代公論與政問週刊　民國六十六年十一月二十九日　臺北聯合報

西　侯：日本在華北的駐屯軍　黃埔月刊　八卷一、二期合刊　民國二十六年

任昉如：塘沽築港的意義　申報週刊　二卷十期

艾　納：全面抗戰的展開—從平津失守到全面抗戰　東方雜誌　三十四卷，十六、十七期合刊

何　廉：抗戰初期政府機構的變更　傳記文學　四十一卷一期

何應欽：河北事件中絕無所謂「何梅協定」　近代中國第三期　民國六十六年九月

呂實强：抗戰前蔣中正先生對四川基地的建設　蔣中正先生與現代中國學術研討會論文　民國七十五年

李雲漢：九一八事變前後蔣總統的對日政策　師大學報第二十一期

———：抗戰前知識份子的救國運動　臺北：教育部社會教育司　民國六十六年

———：挑起戰爭的眞正禍首—日本華北駐屯軍　中國評論　六卷七期

———：有關西安事變幾項疑義的探討　中華民國歷史與文化學術研討會論文　民國七十三年

———：九一八事變後日本對華北的侵略　中華民國建國史討論會論文　民國七十年

———：一段慘痛史實的回憶—中共在抗戰初期僞裝民族主義者的騙局　民國七十四年九月三日　臺北中央日報

———：張自忠赴日考察經緯　傳記文學　三十一卷三期

李國祁：臨時全國代表大會　中華學報　四卷一期　中國國民黨歷次全國代表大會專輯

志　剛：比京九國公約會議　東方雜誌　三十四卷二十、二十一號

吳相湘：盧溝橋頭第一槍　近代史事論叢第一册　臺北　文星書店　民國五十三年

———：中國對日總體戰略及若干重要會戰　厄本納：伊利諾大學，戰時中國研討會論文　民國六十五年

沈雲龍：從撤鄄到通鄄　傳記文學　十二卷四期

———：九一八事變後的上海學生請願潮　傳記文學　三十卷四期

——：抗戰時期的黨派團結　民國七十一年十月三十一日　臺北中國時報
拙　民：日本增兵華北的調查　外交月報　十一卷一期　民國二十五年
東北問題研究會：平津至山海關各國駐兵問題之研究　天津　民國二十一年
洪　同：不平凡時代中的一個平凡人　自由青年　六十卷五期
胡　適：內田對世界的挑戰　獨立評論　第十六號
——：我們可以等待五十年　獨立評論　第四四號
——：用統一的力量守衞國家　民國二十四年十一月十七日　天津大公報星期論文
——：調整中日關係的先決條件—告日本國民　民國二十五年四月十二日　天津大公報星期論文
——：華北問題　獨立評論　第一七九號
——：爲學生運動進一言　民國二十四年十二月十五日　天津大公報星期論文
——：張學良的叛國　民國二十五年十二月二十日　天津大公報
——：中日問題的現階段　獨立評論　第一三一號
胡應信：北平突圍血腥錄　陸軍獨立第二十七旅司令部印　民國二十八年
陸　俊：最後關頭的盧溝橋事件　時事月報　七卷二期　民國二十六年八月
徐新生：「一二九運動」與「民先隊」　國立政治大學東亞研究所論文　民國六十四年
郭增愷：一個歷史問題的交代　見西安事變三憶　澳門　一九六二
陳立夫：參加抗戰準備工作之回憶　近代中國第二期　民國六十六年六月
陳衡哲：我們走的是那一條路？　獨立評論　第一五七號
陳之邁：政制改革的必要　獨立評論　第一六二號
——：從國民大會的選擧談到中國政治的前途　獨立評論　第二三二號

陳香梅：陳納德將軍在華日記─一九三七年卷　民國七十年一月六日至九日　臺北聯合報

崔萬秋：幣原外交與中國　百年來中日關係論文集

張水木：對日抗戰時期的中德關係　近代中國雙月刊　第三十五期

張公量：戰時政治機構之演進　東方雜誌　第三十七卷第五號

張明凱：抗日戰爭中的宣戰問題　中國近代現代史論集　第二十六編對日抗戰（上）

張奚若：冀察不應以特殊自居　獨立評論　第二二九號

張佛泉：我們沒有第二條路　獨立評論　第二四四號

張其昀：盧溝橋之位置　民國二十六年七月十八日

姚薦楠：河北省戰區特警第一總隊兼教導總隊總隊長張慶餘成軍經過暨開入戰區剿匪殲敵始末記　中央黨史會藏未刊稿

傅斯年（孟眞）：中華民族是整個的　獨立評論　第一八一號

───：北方人民與國難　獨立評論　第一八一號

───：中國現在要有政府　獨立評論　第五號

曹伯一：抗戰初期共黨問題重要文獻　臺北：中國現代史叢刊第六册　民國五十三年

彭澤周：辛亥革命與日本西園寺內閣　東亞季刊　九卷一期

劉鳳翰：戰前的陸軍整編　抗戰前十年國家建設史研討會論文　民國七十三年

鄧元忠：民族復興運動在民國史中的意義　中華民國建國史研討會論文　民國七十年

蘇振申：石原莞爾的世界帝國構想　中華學報　六卷一期

楊雲竹：駐日大使館撤退經過　外交檔案　見中日外交史料叢編（四）

蔣永敬：從九一八事變到一二八事變中國對日政策之爭議　抗戰前十年國家建設史研討會論文集

——：九一八事變中國方面的反應　新時代　五卷十二期
蔣廷黻：這一星期　獨立評論　第五十八號
——：未失的疆土是我們的出路　獨立評論　第四十七號
——：中俄復交　獨立評論　第三十二號
——：國聯調查團所指的路　獨立評論　第二十二號
蔣經國：反共奮鬪三十年　見負重致遠
鮑家麟：列强對中國抗戰的態度（一九三七—一九三九）　國立臺灣大學歷史學系學報　第六期
簡笙簧：第八路軍的改編　國史館館刊復刊第一期　臺北　民國七十六年
嚴靜文：七七事變誰先開槍的問題—駁若干日本歷史學者的謬說　香港明報月刊　八卷七期　一九七二
龔德柏：駁石村教授的胡說　愚人愚話　臺北：傳記文學出版社　民國六十年
——：我所知道的七七事變　愚人愚話
熊　斌：塘沽協定經過　傳記文學　十二卷六期

五、公報、期刊、報紙

國民政府公報　國民政府文官處編印　民國二十年至二十六年部分　南京
冀察政務委員會公報　冀察政務委員會秘書處編譯室編印　民國二十五年至二十六年　北平
河北月刊　河北省政府秘書處編印　民國二十五年　保定
國史館館刊　第一—四期，民國三十六年至三十七年　南京　復刊第一—二期，民國七十六年　臺北
中央研究院近代史研究所集刊　第一—十四期　臺北南港
中央週報　中國國民黨中央宣傳部　民國二十年至二十六年部分　南京

獨立評論　民國二十一年至二十六年　北平
正風雜誌　民國二十四年至二十六年　北平
東方雜誌　民國二十年至二十六年　上海
國聞週報　民國二十年至二十六年　天津
上海黨聲　民國二十五年至二十六年　上海
申報月刊　民國二十四年至二十六年　上海
黃埔月刊　民國二十六年　南京
新中華雜誌　民國二十二年至二十六年　上海
中華學報　中國國民黨中央文化工作會編刊　民國六十三至六十六年　臺北
近代中國　中國國民黨中央黨史委員會　民國六十九年至七十六年　臺北
傳記文學　傳記文學雜誌社　臺北
山東文獻　山東文獻編輯委員會　臺北南港
臺大歷史學報　國立臺灣大學歷史系　臺北
師大歷史學報　國立臺灣師範大學歷史研究所、系　臺北
政大歷史學報　國立政治大學歷史系　臺北
東海歷史學報　私立東海大學歷史研究所、系　臺中
大公報　民國二十年至二十六年部分　天津　上海
中央日報　民國二十年至二十六年部分　南京
上海新聞報　民國二十四年至二十六年部分　上海

乙、外文部分

一、日文

日本防衛廳防衛硏修所戰史室：戰史叢書，支那事變，陸軍作戰⑴；北支の治安戰⑴。東京：朝雲新聞社，昭和四十三年（一九六九）
現代史資料　東京：みすず書房　一九六四　本書參考：⑦滿洲事變㈢，⑧日中戰爭㈠，⑨日中戰爭㈡
國際政治學會太平洋戰爭原因調查部編：太平洋戰爭之路③日中戰爭　朝日新聞社印　一九六二
日本外務省：日本外交年表並主要文書　一九五五
讀賣新聞社編輯局：支那事變實記　東京：凡非閣　昭和十二年（一九三八）
伊藤正德：軍閥興亡史　中華民國國防部譯本
朝日新聞法庭記者團：東京裁判　朝日新聞社　一九四八
秦郁彥：日中戰爭史　東京：河出書房新社　一九六一
——：盧溝橋事變與蔣中正先生的開戰決意　蔣中正先生與現代中國學術討論會論文　一九八六
臼井勝美：日中戰爭　東京：中央公論社　昭和三十八年（一九六二）
古屋奎二：盧溝橋の謎の一發を檢證する　中華民國建國史討論會論文　一九八一
寺平忠輔：蘆溝橋事件—日本之悲劇　東京：讀賣新聞社　昭和四十五年（一九七一）
——：蘆溝橋畔の銃聲　現代史資料月報　第九回　一九六四
今井武夫：支那事變の回想　昭和三十九年（一九六五）
石島紀之：中國抗日戰爭史　東京：青木書店　一九八四年

近衞文麿：日本政界二十年—近衞手記　高天原、孫識齊中譯　上海：國際文化服務社　民國三十七年
重光葵：昭和之動亂　中央公論社　一九五二
國際知識：日本國際協會發行　一九三五—一九三六

二、英文部分

Abend, Hallett. *My Life in China, 1926–1941* New York: Harcourt, Brace & Company, 1943.

Bison, Thomas B. *Japan in China,* New York: The MacMillan Company, 1938.

Boorman, Howard L. ed. *Biographical Dictionary of Republican China,* New York: Columbia University Press, 1971.

Borg, Dorothy, *The United States and the Far Eastern Crisis of 1933–1938,* Cambridge, Mass: Harvard University Press, 1964.

Buhite, Russel D. *Nelson T. Johnson and American Policy Toward China, 1925–1941* Michigan State University Press, 1969.

Chang, Maria Hsia *The Chinese Blue Shirt Society,* Berkeleg, Calif.: Institute of East Asian Studies, University of California, 1985.

Chen, Kung-Po, *The Communist Movement in China,* edited with an introduction by C. Martin Wilbur, New York: Octagon Books Inc. 1966.

China Weekly Review, Shanghai, 1935–1937.

Clifford, Nicholas R. *Retreat from China, British Policy in the Far East, 1937–1941* Seatle: University of Washington Press 1967.

Crowley, James B. *A Reconsideration of The Marco Polo Bridge Incident.* Journal of Asian Studies XXII, No. 3, May, 1963.

Crowley, James B. *Japan Quest for Autonomy Princeton,* N. J: Princeton University Press, 1966.

Dorn, Frank. *The Sino-Japanese War, 1937–41,* New York: Mac Millan Publishing Co., 1974.

Eastman. Lloyd E. *The Abortive Revolution, China Under Nationalist Rule, 1927–1937,* Cambridge, Mass: Harvard University Press, 1974.

Foreign Relations of the United States. Washington, D. C. 1931–37

Fu, Paul J. The German Military Advisers, Participation in the Sino-Japanese Conflict and Their Recall in 1938, Taichung, Taiwan: *Bulletin of the Graduate Institute of History and the Depa-rtment of History,* Tunghai University, No. 8, December, 1986.

Furuya, Keiji, Abridged English Edition by Chun-Ming Chang: *Chiang Kai-shek, His Life and Times,* New York: St. John's University Press, 1981.

Grew, Joseph C. *Ten Years in Japan,* New York: Simon and Schuster, 1944.

Grew, Joseph C. *Turbulent Era,* Boston: Houghton Mifflin, 1957.

Hsu, Immanuel C. Y. *The Rise of Modern China,* Oxford: Oxford University Press, 1983.

Hsu, Shuhsi, *How the Far Eastern War Was Begun,* Shanghai; Kelly & Walsh, LTD., 1938.

International Military Tribunal of the Far East, Tokyo: 1947–1948

Israel, John *Student Nationalism in China, 1927–1937,* Stanford, Calif: Stanford University Press, 1966.

Israel, John & Klein, Donald W. *Rebels and Bureaucrates,* Berkeley: University of California Press, 1976.

Japan's War in China, Compiled and published by China Weekly Review. Shanghai, 1938.

Kataoka, Tetsuya. *Resistance and Revolution in China, The Communists and the Second United Front.* Berkeley: University of California Press, 1974.

King, Wunsz. *China and the League of Nations,* New York: St. John's University Press, 1965.

Kirley, William C. *Germany and Republican China.* Stanford, Calif: Stanford University Press, 1984.

Koo, Wellington V. K. *Reminiscences,* Vol. IV New York: East Asian Institute, Columbia University

Lee, Bradford A. *Britain and the Sino-Japanese War, 1937–1939,* Stanford, Calif: Stanford University Press, 1973.

Li, Lincoln. *The Japanese Army in North China, 1937–1941* London: Oxford University Press, 1975.

Liu, F. F. *A Military History of Modern China, 1924–1949,* Princeton, J: Princeton University Press, 1956.

Lu, David J. *From the Marco Polo Bridge to Pearl Harbor,* Washington, D. C.: Public Affairs Press, 1961.

Martin. Bernd. *The German Advisory Group in China*

Maclane, Charles B. *Soviet Policy and the Chinese Communists, 1931–1948,* New York: 1958

Moore, Harriet L. *Soviet Far Eastern Policy, 1931–1945,* Princeton, N. J.: Princeton University Press, 1945.

Selle, Earl, A. *Donald of China,* New York: 1948.

Sih, Paul K. T. (ed.) *The Strenuous Decade: China's Nation-Building Efforts, 1927–1937,* New

York: St. John's University Press, 1920.

Smedleg, Agnes. *Battle Hymn of China*, New York: Knopf, 1943.

Thomson Jr. James C. *While China Faced West-American Reformers in Nationalist China, 1928-1937*, Cambridge, Mass: Harvard University Press, 1969.

Tong, Te-kong *China's Decesion for War*, New York: Columbia University Faculty Seminar Paper on Modern East Asia: China, November, 1963.

Tong, Te-kong & Li, Tsung-jen. *The Memories of Li Tsung-jen*, Westview Press, 1979.

Tsien Tai, *China and the Nine Power Conference at Brussels in 1937*, New York: St. John's University Press, 1964.

Tung, William L. *V. K. Wellington Koo and China's Wartime Diplomacy*, New York: St. John's University Press, 1977.

Van Slyke, Lyman P. *Enemies and Friends, The United Front in Chinese Communist Party*, Stanford, Calif: Stanford University Press, 1967.

Wu, Tien-wei *The Sian Incident: A Pivotal Point in Modern Chinese History, Ann Arbor: Center for Chinese Studies,* The University of Michigan, 1976.

Young, Arthur N. *China's Nation-Building Effort, 1927-1937: The Financial and Economic Record.* Stanford Junior University, 1971.

———. *China and the Helping Hand, 1937-1945*, Cambridge, Mass: Harvard University Press, 1963.

Young, C. Kuangson. *The Sino-Japanese Conflict and the League of Nations*, 1937, Geneva; The Press Bureau of the Chinese Delegation, 1937.

滄海叢刊已刊行書目(八)

書名	作者	類別
文學欣賞的靈魂	劉述先	西洋文學
西洋兒童文學史	葉詠琍	西洋文學
現代藝術哲學	孫旗譯	藝術
音樂人生	黃友棣	音樂
音樂與我	趙琴	音樂
音樂伴我遊	趙琴	音樂
爐邊閒話	李抱忱	音樂
琴臺碎語	黃友棣	音樂
音樂隨筆	趙琴	音樂
樂林蓽露	黃友棣	音樂
樂谷鳴泉	黃友棣	音樂
樂韻飄香	黃友棣	音樂
樂圃長春	黃友棣	音樂
色彩基礎	何耀宗	美術
水彩技巧與創作	劉其偉	美術
繪畫隨筆	陳景容	美術
素描的技法	陳景容	美術
人體工學與安全	劉其偉	美術
立體造形基本設計	張長傑	美術
工藝材料	李鈞棫	美術
石膏工藝	李鈞棫	美術
裝飾工藝	張長傑	美術
都市計劃概論	王紀鯤	建築
建築設計方法	陳政雄	建築
建築基本畫	陳榮美、楊麗黛	建築
建築鋼屋架結構設計	王萬雄	建築
中國的建築藝術	張紹載	建築
室內環境設計	李琬琬	建築
現代工藝概論	張長傑	雕刻
藤竹工	張長傑	雕刻
戲劇藝術之發展及其原理	趙如琳譯	戲劇
戲劇編寫法	方寸	戲劇
時代的經驗	汪琪、彭家發	新聞
大衆傳播的挑戰	石永貴	新聞
書法與心理	高尚仁	心理

滄海叢刊已刊行書目(七)

書名	作者	類別
印度文學歷代名著選(上)(下)	糜文開編譯	文學
寒山子研究	陳慧劍	文學
魯迅這個人	劉心皇	文學
孟學的現代意義	王支洪	文學
比較詩學	葉維廉	比較文學
結構主義與中國文學	周英雄	比較文學
主題學研究論文集	陳鵬翔主編	比較文學
中國小說比較研究	侯健	比較文學
現象學與文學批評	鄭樹森編	比較文學
記號詩學	古添洪	比較文學
中美文學因緣	鄭樹森編	比較文學
文學因緣	鄭樹森	比較文學
比較文學理論與實踐	張漢良	比較文學
韓非子析論	謝雲飛	中國文學
陶淵明評論	李辰冬	中國文學
中國文學論叢	錢穆	中國文學
文學新論	李辰冬	中國文學
離騷九歌九章淺釋	繆天華	中國文學
苕華詞與人間詞話述評	王宗樂	中國文學
杜甫作品繫年	李辰冬	中國文學
元曲六大家	應裕康 王忠林	中國文學
詩經研讀指導	裴普賢	中國文學
迦陵談詩二集	葉嘉瑩	中國文學
莊子及其文學	黃錦鋐	中國文學
歐陽修詩本義研究	裴普賢	中國文學
清真詞研究	王支洪	中國文學
宋儒風範	董金裕	中國文學
紅樓夢的文學價值	羅盤	中國文學
四說論叢	羅盤	中國文學
中國文學鑑賞舉隅	黃慶萱 許家鸞	中國文學
牛李黨爭與唐代文學	傅錫壬	中國文學
增訂江皋集	吳俊升	中國文學
浮士德研究	李辰冬譯	西洋文學
蘇忍尼辛選集	劉安雲譯	西洋文學

滄海叢刊已刊行書目㈥

書名	作者	類別
卡薩爾斯之琴	葉石濤	文學
青囊夜燈	許振江	文學
我永遠年輕	唐文標	文學
分析文學	陳啓佑	文學
思想起	陌上塵	文學
心酸記	李喬	文學
離訣	林蒼鬱	文學
孤獨園	林蒼鬱	文學
托塔少年	林文欽編	文學
北美情逅	卜貴美	文學
女兵自傳	謝冰瑩	文學
抗戰日記	謝冰瑩	文學
我在日本	謝冰瑩	文學
給青年朋友的信(上)(下)	謝冰瑩	文學
冰瑩書柬	謝冰瑩	文學
孤寂中的廻響	洛夫	文學
火天使	趙衛民	文學
無塵的鏡子	張默	文學
大漢心聲	張起鈞	文學
回首叫雲飛起	羊令野	文學
康莊有待	向陽	文學
情愛與文學	周伯乃	文學
湍流偶拾	繆天華	文學
文學之旅	蕭傳文	文學
鼓瑟集	幼柏	文學
種子落地	葉海煙	文學
文學邊緣	周玉山	文學
大陸文藝新探	周玉山	文學
累盧聲氣集	姜超嶽	文學
實用文纂	姜超嶽	文學
林下生涯	姜超嶽	文學
材與不材之間	王邦雄	文學
人生小語㈠㈡	何秀煌	文學
兒童文學	葉詠琍	文學

滄海叢刊已刊行書目(五)

書名	作者	類別
中西文學關係研究	王潤華	文學
文開隨筆	糜文開	文學
知識之劍	陳鼎環	文學
野草詞	韋瀚章	文學
李韶歌詞集	李韶	文學
石頭的研究	戴天	文學
留不住的航渡	葉維廉	文學
三十年詩	葉維廉	文學
現代散文欣賞	鄭明娳	文學
現代文學評論	亞菁	文學
三十年代作家論	姜穆	文學
當代臺灣作家論	何欣	文學
藍天白雲集	梁容若	文學
見賢集	鄭彥棻	文學
思齊集	鄭彥棻	文學
寫作是藝術	張秀亞	文學
孟武自選文集	薩孟武	文學
小說創作論	羅盤	文學
細讀現代小說	張素貞	文學
往日旋律	幼柏	文學
城市筆記	巴斯	文學
歐羅巴的蘆笛	葉維廉	文學
一個中國的海	葉維廉	文學
山外有山	李英豪	文學
現實的探索	陳銘磻編	文學
金排附	鍾延豪	文學
放鷹	吳錦發	文學
黃巢殺人八百萬	宋澤萊	文學
燈下燈	蕭蕭	文學
陽關千唱	陳煌	文學
種籽	向陽	文學
泥土的香味	彭瑞金	文學
無緣廟	陳艷秋	文學
鄉事	林清玄	文學
余忠雄的春天	鍾鐵民	文學
吳煦斌小說集	吳煦斌	文學

滄海叢刊已刊行書目㈣

書名	作者	類別
歷史圈外	朱　桂	歷史
中國人的故事	夏雨人	歷史
老臺灣	陳冠學	歷史
古史地理論叢	錢　穆	歷史
秦漢史	錢　穆	歷史
秦漢史論稿	刑義田	歷史
我這半生	毛振翔	歷史
三生有幸	吳相湘	傳記
弘一大師傳	陳慧劍	傳記
蘇曼殊大師新傳	劉心皇	傳記
當代佛門人物	陳慧劍	傳記
孤兒心影錄	張國柱	傳記
精忠岳飛傳	李　安	傳記
八十憶雙親 師友雜憶　合刊	錢　穆	傳記
困勉強狷八十年	陶百川	傳記
中國歷史精神	錢　穆	史學
國史新論	錢　穆	史學
與西方史家論中國史學	杜維運	史學
清代史學與史家	杜維運	史學
中國文字學	潘重規	語言
中國聲韻學	潘重規 陳紹棠	語言
文學與音律	謝雲飛	語言
還鄉夢的幻滅	賴景瑚	文學
葫蘆・再見	鄭明娳	文學
大地之歌	大地詩社	文學
青春	葉蟬貞	文學
比較文學的墾拓在臺灣	古添洪 陳慧樺　主編	文學
從比較神話到文學	古添洪 陳慧樺	文學
解構批評論集	廖炳惠	文學
牧場的情思	張媛媛	文學
萍踪憶語	賴景瑚	文學
讀書與生活	琦　君	文學

滄海叢刊已刊行書目㈢

書名	作者	類別
不疑不懼	王洪鈞	教育
文化與教育	錢穆	教育
教育叢談	上官業佑	教育
印度文化十八篇	糜文開	社會
中華文化十二講	錢穆	社會
清代科舉	劉兆璸	社會
世界局勢與中國文化	錢穆	社會
國家論	薩孟武譯	社會
紅樓夢與中國舊家庭	薩孟武	社會
社會學與中國研究	蔡文輝	社會
我國社會的變遷與發展	朱岑樓主編	社會
開放的多元社會	楊國樞	社會
社會、文化和知識份子	葉啓政	社會
臺灣與美國社會問題	蔡文輝 蕭新煌 主編	社會
日本社會的結構	福武直 著 王世雄 譯	社會
三十年來我國人文及社會科學之回顧與展望		社會
財經文存	王作榮	經濟
財經時論	楊道淮	經濟
中國歷代政治得失	錢穆	政治
周禮的政治思想	周世輔 周文湘	政治
儒家政論衍義	薩孟武	政治
先秦政治思想史	梁啓超原著 賈馥茗標點	政治
當代中國與民主	周陽山	政治
中國現代軍事史	劉馥著 梅寅生譯	軍事
憲法論集	林紀東	法律
憲法論叢	鄭彥棻	法律
師友風義	鄭彥棻	歷史
黃帝	錢穆	歷史
歷史與人物	吳相湘	歷史
歷史與文化論叢	錢穆	歷史

滄海叢刊已刊行書目(二)

書名	作者	類別
語言哲學	劉福增	哲學
邏輯與設基法	劉福增	哲學
知識·邏輯·科學哲學	林正弘	哲學
中國管理哲學	曾仕强	哲學
老子的哲學	王邦雄	中國哲學
孔學漫談	余家菊	中國哲學
中庸誠的哲學	吳怡	中國哲學
哲學演講錄	吳怡	中國哲學
墨家的哲學方法	鐘友聯	中國哲學
韓非子的哲學	王邦雄	中國哲學
墨家哲學	蔡仁厚	中國哲學
知識、理性與生命	孫寶琛	中國哲學
逍遙的莊子	吳怡	中國哲學
中國哲學的生命和方法	吳怡	中國哲學
儒家與現代中國	韋政通	中國哲學
希臘哲學趣談	鄔昆如	西洋哲學
中世哲學趣談	鄔昆如	西洋哲學
近代哲學趣談	鄔昆如	西洋哲學
現代哲學趣談	鄔昆如	西洋哲學
現代哲學述評(一)	傅佩榮譯	西洋哲學
懷海德哲學	楊士毅	西洋哲學
思想的貧困	韋政通	思想
不以規矩不能成方圓	劉君燦	思想
佛學研究	周中一	佛學
佛學論著	周中一	佛學
現代佛學原理	鄭金德	佛學
禪話	周中一	佛學
天人之際	李杏邨	佛學
公案禪語	吳怡	佛學
佛教思想新論	楊惠南	佛學
禪學講話	芝峯法師譯	佛學
圓滿生命的實現（布施波羅蜜）	陳柏達	佛學
絕對與圓融	霍韜晦	佛學
佛學研究指南	關世謙譯	佛學
當代學人談佛教	楊惠南編	佛學

滄海叢刊已刊行書目(一)

書名	作者	類別
國父道德言論類輯	陳立夫	國父遺教
中國學術思想史論叢(一)(二)(三)(四)(五)(六)(七)(八)	錢穆	國學
現代中國學術論衡	錢穆	國學
兩漢經學今古文平議	錢穆	國學
朱子學提綱	錢穆	國學
先秦諸子繫年	錢穆	國學
先秦諸子論叢	唐端正	國學
先秦諸子論叢（續篇）	唐端正	國學
儒學傳統與文化創新	黃俊傑	國學
宋代理學三書隨劄	錢穆	國學
莊子纂箋	錢穆	國學
湖上閒思錄	錢穆	哲學
人生十論	錢穆	哲學
晚學盲言	錢穆	哲學
中國百位哲學家	黎建球	哲學
西洋百位哲學家	鄔昆如	哲學
現代存在思想家	項退結	哲學
比較哲學與文化(一)(二)	吳森	哲學
文化哲學講錄(一)(二)(三)(四)	鄔昆如	哲學
哲學淺論	張康譯	哲學
哲學十大問題	鄔昆如	哲學
哲學智慧的尋求	何秀煌	哲學
哲學的智慧與歷史的聰明	何秀煌	哲學
內心悅樂之源泉	吳經熊	哲學
從西方哲學到禪佛教 —「哲學與宗教」一集—	傅偉勳	哲學
批判的繼承與創造的發展 —「哲學與宗教」二集—	傅偉勳	哲學
愛的哲學	蘇昌美	哲學
是與非	張身華譯	哲學